中国玉器年鉴

（2015）

于　明／主编

科学出版社

北　京

内容简介

本书从事件到人物、从文化到理论、从作品到审美、从材料到价格、从企业到市场，全方位、多角度、系统地总结了2014年中国玉器行业的全貌。为读者提供了2014年中国玉器行业的整体状况，并提供了翔实的参考资料，是国内外玉器玉文化研究者、玉界从业人员、艺术品投资人士和广大玉器爱好者必备的工具书。

图书在版编目（CIP）数据

中国玉器年鉴. 2015 / 于明主编. --北京：科学出版社，2015. 6
ISBN 978-7-03-044576-6

Ⅰ.①中… Ⅱ.①于… Ⅲ. ①玉器-中国-2015-年鉴 Ⅳ.①K876. 8-54

中国版本图书馆CIP数据核字（2015）第120049号

责任编辑：孙 莉/责任印制：肖 兴
封面设计：陈平贺

科学出版社出版
北京东黄城根北街16号
邮政编码：100717
http://www.sciencep.com

文物出版社印刷厂印刷
科学出版社发行 各地新华书店经销
*
2015年6月第 一 版 开本：889 × 1194 1/16
2015年6月第一次印刷 印张：25
字数：720 000

定价：498.00元

（如有印装质量问题，我社负责调换）

《中国玉器年鉴（2015）》编委会

前 言

又一年，《中国玉器年鉴》走过了三周年。

回首这三年，我们既有欢乐也有忧伤，更多的还是感恩！看到我们辛苦编纂的“年鉴”在大家手中传阅，俨然成为玉器界的经典书籍，成为玉器收藏家书房的必读书，成为玉器雕刻家案头的必备书，我们欢乐。我们为能把玉器界的正能量传播出去而自豪，为能为玉器的创作和收藏提供服务而欣慰，为能将玉器界的精彩华章留存青史而努力。我们也有忧伤，我们为因能力有限而无法将更多的信息传递出去而自责，为有些业内人士对我们的辛苦和付出的不解而伤感，为担心得不到更多有识之士的肯定和支持而焦虑。我们又有太多的感恩，我们为能够分享玉雕家们五彩斑斓的玉路人生而欣喜，为能体味收藏家们苦辣酸甜的心路历程而感动，为能见证玉界营销、展览和教学来之不易的成长壮大而兴奋。

如今，我们三岁了，我们成长起来了。《中国玉器年鉴》就像中国玉界共同哺育的一个孩子，从孕育到出生再到成长乃至成人，无不归功于玉界的鼎力支持和同仁的共同努力。我们深知，我们今天的工作是为当代玉器界的千秋大业树碑立传，为人类留下一部当代中国玉器的“史记”。我们的愿景宏伟，我们的责任重大，我们会用更高的标准要求自己，不遗余力地逐步完善“年鉴”。无论前程是坦途还是坎路，我们都会义无反顾、勇往直前、坚持不懈地走下去。

我们明确而且铭记：我们在续写中国文明史的中国玉器史，历史将在我们手中传承。这是时代赋予我们的使命，更是我辈之幸！我们将珍惜这一历史的机遇，兢兢业业、披肝沥胆、呕心沥血，决不辜负这份珍贵的殊缘。天佑中华！天佑中国玉器！

《中国玉器年鉴》编委会

中鼎元作品《观音摆件》

目　录

目　录

佳作赏析

目　录

目　录

学界心语

权威奖项

市场概况

材料状况

价格指数

大事记载

2014年，是玉石行业发展比较艰难的一年。无论是专业市场还是店面或柜台，人气普遍不足，总体感觉玉石市场趋冷，甚至有些许凄凉，整个玉石市场全年销售额可能低于150亿元，较比前几年又创新低。2014年玉石市场的低迷，与社会经济大环境有关，也与存量过剩与创新乏力有关。人们在观望，在思考，也在行动。

纵观2014年玉石行业的一系列重大事件，一场场高规格的论坛、研讨会，一场场规模盛大的玉石节、博览会，一场场人头攒动的展销会，一场场玉器拍卖，一次次玉器评奖……我们不难发现玉石行业从业人员在艰难中仍耕耘不辍、锐意进取的脚步。他们深挖玉器美学内涵、积极消化市场存量，创作适销产品、整合优势资源、创新销售模式，适应新常态、谋划新发展、孕育新希望，力争尽早找到振兴玉器市场的良策，让玉石行业再度出现应有的繁荣。

2014年中国玉石市场的情况，和臧克家先生《老黄牛》诗句之所写很有几分相像："块块荒田水和泥，深耕细作走东西。老牛自知夕阳晚，不待扬鞭自奋蹄。"有艰难，也有耕耘；有坚持，也有希望。

我们在编辑"2014年中国玉石行业大事记载"时，梳理了全年有关中国玉石行业的大小新闻，从中甄选出最具影响力的大事。其标准是：首先，是和玉石行业有关的反映行业动态的新闻事件；其次，要具有一定的社会影响力；第三，要有一定的行业印记和典型意义。力争选取最具代表性的事件，反映出2014年中国玉石行业的整体风貌，以实言事，以事言史。

我们的玉石行业或许还会有一段比较艰难的调整期，但是，玉石这个恒久而美丽的产业，随着人们生活水平的提高，市场潜力将会越来越大，市场前景将会越来越好。这个信念，就是我们玉石企业创新发展的动力。这个希望，就是我们玉石界同仁勇克时艰的力量。

（王海峰）

2014年中国玉石行业大事记载

王海峰

1月

200种玉器考古收藏类图书在北京图书订货会集中展销

在2014年1月8日至10日举行的2014北京图书订货会上，北京辉煌前程图书发行有限公司精选了200余种以“中国玉器”为主题内容的精品图书参展，有考古报告、玉器研究专著、玉器鉴赏图录等类别，图书品种以科学出版社文物考古分社近几年出版的图书为主，也有部分其他出版社出版的玉器专著以及一批港台版玉器图书。

北京辉煌前程图书发行有限公司是专业的文物考古、艺术收藏类图书编辑制作、出版发行公司，同国内诸多的文博机构、玉器专家有着密切的联系和合作，玉器类图书为其主要出版发行方向。该公司同科学出版社文物考古分社合作出版的《中国出土玉器全集》《中国传世玉器全集》《中国玉器年鉴》等玉器类图书以其资料的全面性、编委的权威性成为学习、研究、鉴定中国玉器的重要参考资料。

▲北京辉煌前程图书发行有限公司2014年北京图书订货会玉器图书展区

60余位海派玉雕大师携力作"献"玉第七届上海玉器节

2014年1月11日，由上海宝玉石行业协会和东华美钻·上海玉苑主办，上海宝玉石行业协会玉石专委会和上海玉雕大师俱乐部承办的"第七届上海玉器节"在城隍庙东华美钻·上海玉苑开幕。倪伟滨、吴德昇、刘忠荣、于泾、洪新华、袁新根、翟倚卫、王平、宋鸣放、沈德盛、庞建新、郑升帅、蒋喜、蒋宏利、颜桂明、易少勇、崔磊、汪德海等上海玉雕界的60位大师以自己的新作、力作，拉开同期举办的第二届上海玉雕大师"真人真品真价、大师大作大爱"展销月活动的大幕。这些大师自己设计创作的作品通过展示、销售、拍卖等，让消费者体验这些上海大师作品的材料、技艺、价格的真实性，既保护了玉雕专业人士和作品的知识产权，也保障了消费者欣赏、购买到真品真价玉雕精品的权益。

敖汉玉料的发现为红山文化玉器材料来源提供线索

2014年1月13日，中国社会科学院考古研究所"敖汉史前考古研究基地"、内蒙古赤峰敖汉旗政府共同举办的"敖汉玉料新发现与玉文化起源座谈会"在北京召开。

2009年至今，经过多年勘探，敖汉旗主要发现两个透闪石玉矿区、两个玛瑙矿区和两个玉髓矿区。2013年10月，经地质专家鉴定，明确敖汉玉料矿区属透闪石软玉矿，成矿条件与规律同辽宁岫岩一致，成矿范围达50公里。随着近期"敖汉玉料与辽西地区史前玉器综合考察研究"课题的启动，考古学家在大平房透闪石玉矿区的柳北西遗址采集到青玉锛残器、叶蜡石箭镞、大量石器、陶片及透闪石原料，矿区东南发现赵宝沟文化房址并采集到加工过的玛瑙片体和石核。在杨家湾子透闪石玉矿区发现一个大型祭祀区及三个小型祭坛。在榆树林子玉髓矿区发现大型祭祀区及居住区，并采集到玉玦及大量石器、陶片。考古材料表明，敖汉旗大甸子村大瓜翅遗址、丰收乡骆驼营子遗址、双井董家营子遗址及新发现的贝子府镇柳北西遗址均发现有玉器坯料，应是专门制作玉器的场所。敖汉旗玉料和红山文化古玉器有不可分割的历史渊源，敖汉玉料的发现给"就地取材"的推断提供了新的证据。

中国社会科学院考古研究所研究员、领衔"敖汉玉料与辽西地区史前玉器综合考察研究"课题的刘国祥先生指出："敖汉旗史前文化的玉料来源问题，传统的研究都认为来自辽宁岫岩，此次敖汉旗发现玉料，对解决中国西辽河流域乃至东北地区史前玉器的原料来源问题提供了有益的线索。"

深圳海关网络拍卖53吨玉石

2014年1月14日至15日，深圳海关委托拍卖企业将依法没收的玉石毛料53345.5千克进行公开网络拍卖，总拍卖成交价为2.3亿元。

该批玉石数量大，价值高，引起了玉石行业的普遍关注。拍卖前，全国各地约有1000余名玉石行家参观了标的物的展示。本次拍卖会共举办3场，吸引了70位竞买人参加竞拍。经过204次激烈的网上竞价，该批玉石总拍卖成交价比拍卖保留价增值15980万元，增值率达227%。按照国家有关规定，全部变卖款将依法上缴国库。

全国玉雕大师数百件作品汇集山西展出

2014年1月15日，由中国玉雕艺术研究院、山西省工艺美术协会主办的“屯美流远——中国三雕艺术家作品展”在山西省太原市山西工艺美术馆举行。

本次展览汇聚了来自北京、上海、江苏等地的47位当代著名的中国玉雕艺术家近200件获奖作品，许多展品还是历届“百花奖”“天工奖”“神工奖”的获奖作品，代表了当代玉雕的最高水平，反映了当代玉雕南秀北雄的艺术风格。

该展览已连续举办4年，吸引了全国玉雕大师的积极参与。本次展览，老一代艺术家宋世义、柳朝国，锐意进取的青年艺术家苏然、崔磊、李东、王平，享誉两岸的台湾艺术家叶金龙、洪福寿等都有代表作品入选参展，材料涵盖白玉、翡翠、珊瑚、水晶、象牙等玉石主要品种。

腾冲翡翠博物馆开馆

2014年1月19日，“腾冲翡翠博物馆”开馆。腾冲翡翠博物馆坐落于云南省腾冲县腾冲城东高黎贡山国际旅游城欢乐湖畔，占地2000多平方米，展厅总面积1000多平方米。博物馆按自然科学、文化商业、历史人文地域三大领域划分，由“序厅”“翡翠天成”“天工琢翠”“鉴宝识翠”“翡翠大观”等9部分组成，并附有拍卖厅、书画厅、临时厅等，展示了各种奇特矿物晶体标本1万多件。9大展厅各具特色，以实物为载体，多角度、全方位展示翡翠开发史，展示翡翠鉴赏识别的学术成果，探寻翡翠文化源头，集中展示独特的翡翠文化，再现腾冲作为翡翠加工发源地、翡翠贸易集散地的历史风貌。

19日下午3点，在腾冲翡翠博物馆三楼拍卖厅进行了名为“腾冲美玉如斯”的翡翠专场拍卖会，现场成交860.4万元，“标王”被拍价82万元的翡翠梅花牌夺得。

2月

云南省出台南红玛瑙地方标准

2014年2月10日起，云南省保山市质量技术监督综合检测中心编制的云南省地方标准《南红玛瑙》正式实施。该标准的批准发布，对促进相关部门对南红玛瑙的市场管理，进一步规范南红玛瑙市场，保护消费者的合法权益，提高南红玛瑙的资源保护力度和资源利用程度等方面都将起到积极的推动作用。

保山中心在编制标准过程中，在收集国际国内最新研究成果的基础上，对3000多件保山南红玛瑙样品进行了测试分析和研究，找出了南红玛瑙的特征性技术参数和关键性鉴定指标，通过反复论证和多方验证，最终制定出了《南红玛瑙》地方标准。

福建举办首届玉石文化节

2014年2月14日，福建省首届玉石文化节在福州市三坊七巷举办。本次活动由福建省宝玉石协会支持，中华玉文化馆主办，凤凰网福建承办。活动旨在通过行业协会、领军企业、权威媒体三方合作来共同规范福建玉石消费市场，促进玉石消费透明化、理性化，推动玉石市场稳健发展，弘扬玉雕工艺和玉石文化。

玉石文化节期间开展了玉石博览会、玉石鉴赏交流会、玉石市场投资高峰论坛、玉石文化及市场走势名人讲堂、福建“玉德”人物评选等活动，中华玉文化馆还展出了全国现存最大翡翠作品——“玉如意宝刀”。

宁波港查获大型玉石走私案

2014年2月19日，浙江省公安边防总队宁波边检站通报了一起特大玉石走私案，16日，宁波边检站破获一起涉嫌利用外籍货轮“盖兹”号轮进行的走私玉石案，涉案的3名黑龙江籍犯罪嫌疑人落网，查获玉石原料30块，重达5.5吨，初步估算案值在人民币500万元以上。这样数量巨大的玉石走私案件在中国国内尚属罕见。

3月

“玉器·玉文化·夏代中国文明”玉器精品展落下帷幕

2014年3月2日，为期近三个月的“玉器·玉文化·夏代中国文明”玉器精品展在浙江余杭良渚博物院落下帷幕。此次展览集中展示了二里头、夏家店、石峁等八个遗址出土的精美玉器。本展览集中了山西省襄汾陶寺遗址，河南省巩义花地嘴遗址、偃师二里头遗址，陕北延安芦山峁、神木新华与石峁遗址，山东省临朐西朱封大墓以及内蒙古自治区敖汉旗大甸子遗址出土的193件（组）玉器精华，展示夏时期玉文化的特色以及中华玉文化发展至夏时期所取得的巨大成就，从一个侧面展示了中国第一王朝这个新时代的风采。

新疆玛纳斯碧玉申报地标产品保护通过审查

2014年3月10日，国家质检总局发布公告，新疆玛纳斯碧玉申报地理标志产品保护形式审查合格。

玛纳斯碧玉产自新疆北疆玛纳斯县一带的天山深处，主要分布在玛纳斯河上游、塔西河上游和玛纳斯河支流清水河一带，处于北天山超基性岩带的东段。玛纳斯碧玉颜色鲜艳，玉质细腻，光泽良好。其特点是：颜色呈菠菜绿，夹杂有点状和条状的白斑，同时还存在墨点，呈灰绿、深绿、墨绿色。碧玉含透闪石90%以上，质地细腻、半透明、呈油脂光泽，为中档玉石。玛纳斯碧玉开采历史悠久，清代时即已著名，是我国早期开发利用的玉石品种之一。

新疆和田玉商会正式成立

2014年3月18日，新疆和田玉商会在乌鲁木齐市正式成立。该商会由新疆华凌国际珠宝玉器城部分企业家和经营者发起成立，目前共有会员近200人，其中包括新疆华凌国际珠宝玉器城的商户以及昌吉回族自治州、石河子等地州的玉器商户。商会成立是为了净化市场，带领商家实现行业自律，推动新疆和田玉产业的健康发展。新疆和田玉商会成立以后，将不失时机地开展一些和田玉的论坛、讲座，普及和田玉知识，传承弘扬新疆和田玉文化，不断提升和田玉的知名度和美誉度。

2014春季珠宝展隆重开幕

2014年3月27日，由中国珠宝玉石首饰行业协会主办的“2014春季珠宝展”在北京展览馆隆重开幕。本次展会的展位超过600个，汇聚了国内外近200家珠宝供应商。展品从黄金饰品、钻石饰品，到目前市场上热销的琥珀蜜蜡、南红玛瑙、碧玺、青金石、水晶、翡翠、和田玉，以及极具投资价值的红蓝宝、祖母绿、坦桑石、海蓝宝石等彩色宝石，有中国人最喜爱的中国红的顶级阿卡红珊瑚，具有女人气质的珍珠饰品等，品种齐全，应有尽有。展会上，国家珠宝玉石质量监督检验中心还在现场提供了免费鉴定和咨询服务。

泰山玉文化与创作研讨会成功举办

2014年3月28日至30日，泰安市人民政府与中国珠宝玉石首饰行业协会共同组织召开了泰山玉文化与创作研讨会。来自全国各地的专家、学者、玉雕大师以及泰安市相关部门领导共计80余人与会，从政府、专家、从业者的不同角度广纳谏言，共同探讨泰山玉文化与创作。认为泰山玉文化建立需要准确定位，应当集中智慧与力量创作出几件泰山玉器精品，利用泰山文化优势宣传泰山玉文化。

上海联合拍卖举办中国当代玉雕名家作品及翡翠精品拍卖会

2014年3月29日，“玉润冰清（三）——中国当代玉雕名家作品及翡翠精品拍卖会”在上海龙之梦丽晶大酒店四楼宴会厅开拍，该场拍卖会是上海联合拍卖有限公司以“玉润冰清”为主题的系列玉雕作品拍卖会的第三次拍卖，共有333件当代玉雕名家作品参拍，最终拍卖成交额344.586万元，成交率76.58%。

4月

2.14亿港元刷新翡翠首饰世界拍卖纪录

2014年4月7日下午，苏富比香港2014春拍“瑰丽珠宝及翡翠首饰”专场上，来自传奇名媛芭芭拉·赫顿的旧藏——“天然翡翠珠项链”经7名投标者历时20分钟超过40口的叫价激烈竞投后，由一名电话投标者夺得。此项链最终以2.14亿港元成交，刷新了翡翠首饰的世界拍卖纪录。

▲天然翡翠珠项链

项链上27颗来自清末宫廷的翡翠玉珠颗颗瑰丽非凡，项链本身则辗转流传于西方上流社会，被誉为拍卖史上最贵重的翡翠饰品。此项链在1988年首次现身拍卖场，以200万美元成交，曾经轰动一时，成为全球最高拍卖成交价的翡翠首饰。六年后，此项链在香港再次上拍，成交价飙升至420万美元。

项链上的27颗“老坑”翡翠珠子相配绝伦，郁绿柔亮，直径由19.20毫米至15.40毫米不等，颗颗硕大，分量无与伦比，洋溢皇者气派，实为世间罕见之珍品；加上卡地亚（Cartier）镶配的红宝石镶钻链扣，充分体现了其逾百年来的拥有者之非凡身份和气度。

2014“百花·玉缘杯”中国玉石雕精品奖揭晓

4月17日至20日，由中国工艺美术协会、扬州市人民政府共同主办的“第九届中国玉石雕精品博览会”在扬州市工艺品交易中心隆重举办。展会同期举行了2014年“百花·玉缘杯”中国玉石雕精品奖评审活动。本次申报参加精品奖评审的作品共计781件（套），实际参评作品742件（套）。经评审委员会现场评审，顾永骏、张云创作的白玉籽“放鹤图”等92件作品获金奖，刘骏创作的碧玉“犀牛”等107件作品获银奖，唐子涵创作的白玉“颜如玉”等135件作品获铜奖，143件作品获优秀奖。

“百花·玉缘杯”中国玉石雕精品奖，是由中国工艺美术最高奖项“百花”与扬州玉器厂中国驰名商标“玉缘”联合冠名的全国玉石雕精品专业奖项，自2006年以来已在扬州评审了八次。

北京艺术博物馆举办“汉代玉器掠影”展

2014年4月26日，由北京艺术博物馆、安徽博物院、陕西历史博物馆联合主办的“飞扬灵动——汉代玉器掠影”在北京艺术博物馆开展，展期三个月。本次展览汇集了以安徽省巢湖汉墓、天长汉墓为主的出土玉器，另有北京地区和陕西省境内的汉代玉器加以补充，共展出196件（套）玉器，种类多样，精品众多，其中不少是首次在北京地区展出。展览期间举办了学术会议，来自全国近百位玉器专家学者参加了会议，其中六位专家学者发表了主题演讲。

2011年春季，北京艺术博物馆启动了“中华文明之旅”系列展工作，以每年一个展览的计划，成功举办了“神圣与精致——良渚文化出土玉器精品展”“时空穿越——红山文化出土玉器精品展”“天地之灵——中国社会科学院考古研究所发掘出土商与西周玉器精品展”。今年的“飞扬灵动——汉代玉器掠影展”是这个系列的第四个展览。

▲飞扬灵动——汉代玉器掠影展学术会议现场

独山玉国家标准通过审查

2014年4月27日，南阳独山玉国家标准审查会在郑州召开，全国珠宝玉石标准化技术委员会组织的委员及相关领域专家一致通过了对独山玉国家标准的审查，并建议尽快根据审查提出的意见和建议修改完善后按国家标准制定程序报批，力争早日发布实施。

独山玉国家标准由河南省国土资源厅牵头制定，河南省地质博物馆、河南省珠宝玉石首饰行业协会、南阳市国土资源局共同承担起草。审查委员会委员一致认为，独山玉国家标准建立了一套科学规范、合理可行、操作性强的分类体系，以独山玉颜色为主线，确立了独山玉的分类标准，给出了不同种类独山玉的鉴定特征，填补了独山玉分类及其鉴定国家标准的空白。其内容科学严谨、特色鲜明，具有广泛性、实用性和可操作性，具有自主知识产权，对我国进行独山玉的分类及鉴定具有重要指导意义。

第十一届南阳玉雕节及“玉华奖”评选举行

2014年4月28日，“中国·南阳第十一届玉雕节暨国际玉文化博览会”在南阳市体育中心开幕。南阳第十一届玉雕节暨国际玉文化博览会由河南省人民政府、中国珠宝玉石首饰行业协会主办，河南省国土资源厅、南阳市人民政府承办。

玉雕节开幕当日，来自全国各地的90余位国家级、省级工艺美术大师和玉石雕刻大师的2600余件美玉精品对外进行展出。4月29日，第二届中国玉石雕刻作品“玉华奖”颁奖仪式举行，本届“玉华奖”共评出金奖13件、银奖31件、铜奖45件、最佳工艺奖16件、最佳创意奖13件、优秀作品奖372件。

中国水贝（深汕）国际珠宝文化产业园奠基

2014年4月28日，“中国水贝（深汕）国际珠宝文化产业园”奠基仪式在深圳汕尾特别合作区举行。

“中国水贝（深汕）国际珠宝文化产业园”位于汕尾市海丰县鹅埠镇，是深汕特别合作区启动区域的重要项目，由深圳古玩城、雅诺信集团联合建设。产业园规划总用地约1.53平方公里，投资近80亿元。园区拟建成珠宝产业区、综合服务区、配套商业区、生活服务区四大功能区域。预计建成后将成为集设计、生产、加工、展示、检测、销售、拍卖、文化交流于一体的产业链条，形成集各类黄金制品、钻石镶嵌、彩宝白银、翡翠玉器、珍珠玛瑙的产品研发设计、加工制造、批发交易、检验检测、形象包装、外贸出口等于一体的专业珠宝生产基地。

5月

满洲里欲打造俄罗斯玉石集散中心

2014年5月1日，内蒙古自治区满洲里市珠宝玉石首饰行业协会正式成立，标志着满洲里玉石行业将向规范化、产业化、专业化方向发展，打造国内最大、最专业的俄罗斯精品玉石集散中心。

20世纪90年代，中国玉石商人尝试通过满洲里口岸进入俄罗斯进行玉石贸易，由此开启了中俄边境珠宝玉石贸易，满洲里市被称为“中俄玉石贸易的新丝绸之路”。为此，满洲里市政府因势利导，借助地利优势，引导民间贸易走向正规，把200多家俄罗斯玉石贸易商联合起来成立珠宝玉石首饰行业协会，制订行业规则，整合有利资源，优化产业结构，扩大产业格局，加强与俄罗斯远东地区的资源合作，打造俄罗斯精品玉石文化和专业有序的俄罗斯玉石集散市场，由玉原石口岸向玉石文化产业名城转身。目前，中国每年从满洲里口岸进口的俄罗斯玉石达到几百吨。

第六届上海“玉龙奖”评奖揭晓

2014年5月7日，第六届上海“玉龙奖”颁奖典礼在上海国际会议中心隆重举行。

本届“玉龙奖”共评出获奖作品金奖95件、银奖136件、铜奖115件，以及最佳创意奖46件、最佳工艺奖32件、最受观众喜爱奖10件。此外，为表彰在玉雕行业作出突出贡献的人士，上海宝玉石行业协会还特意举办了“2014年价值人物”评选活动，共有“追求卓越奖、爱心大使奖、开拓进取奖、双星耀辉奖、领军大师奖、基石伯乐奖、杰出新人奖”七个类别的奖项。

泛亚（盈江）珠宝玉石交易所投资合作签约

2014年5月7日，云南省政府与红石资本在云南举行了“泛亚（盈江）珠宝玉石交易所”投资合作签约仪式。该交易所是国内乃至世界第一家将珠宝证券化、金融化、行业指数、居民投资等有机结合的交易机构。

交易所围绕交易平台建设，立足实体经济，通过二大公盘基地的实物招投标活动，建立具有真实性、预期性、连续性和权威性的珠宝玉石行业景气指数。交易所将联合商业金融机构、金融监管部门、工商、税务、海关、商务、鉴定机构、担保机构等第三方相关机构，将交易所建设成为公开公平、诚信透明、高效集约的国际性资源产业统合平台，实现居民投资珠宝玉石溢价收益和转让变现的通道，在国内和国际上建立行业标准。

2014上海国际珠宝首饰展览会开幕

2014年5月8日，“2014上海国际珠宝首饰展览会”在上海世博展览馆隆重开幕。

“2014上海国际珠宝首饰展览会”由中国珠宝玉石首饰行业协会和国土资源部珠宝玉石首饰管理中心、上海黄金交易所、上海钻石交易所、上海黄金饰品行业协会、上海宝玉石行业协会等多家权威机构联合主办。展览面积达50000平方米，设2000多个展位，有国内众多知名珠宝首饰企业以及来自美国、以色列、德国、澳大利亚、泰国、韩国、法国、巴西、意大利、斯里兰卡、印度、缅甸、新加坡、波兰等22个国家和地区的近千家参展商参展。

北京翰海2014春拍中国玉器专场完美落幕

2014年5月11日，北京翰海2014年春季拍卖会“中国玉器”专场在北京嘉里中心饭店举行。本次专场高量推出200余件明清玉雕佩饰、摆件，拍卖现场气氛热烈。本次“中国玉器”专场274件拍品最终成交比率为75.55%，成交总额5040万元。

和田玉文化发展高峰论坛在乌鲁木齐举行

2014年5月16日，《新疆和田玉（白玉）子料分等定级标准及图例》首发式暨

▲《新疆和田玉（白玉）子料分等定级标准及图例》首发式

“盛世美玉——和田玉文化发展高峰论坛”在新疆乌鲁木齐市举办。此次活动由新疆维吾尔自治区文化厅、新疆和田玉市场信息联盟交易中心、新疆职业大学、新疆珠宝玉石首饰行业协会、新疆工艺美术协会和新疆和田玉文化创意产业园共同举办。

参加本次中国和田玉发展高峰论坛的中国玉雕界顶级大师及专家学者100余人，针对和田玉版权化、和田玉美学、和田玉资本运营、和田玉产业发展模式、和田玉创作思想、和田玉原料开发等方面进行了广泛的交流探讨，形成众多共识。

徽派玉雕高端学术论坛举行

2014年5月27日，在安徽省徽派玉雕文化协会成立一周年之际，由安徽徽派玉雕文化协会主办的“玉华徽派——徽派玉雕文化协会第二届（2014）年会暨高端学术论坛”在安徽合肥举行。近200名徽派玉雕协会会员参加了本次盛会。

会上发布了《徽派玉雕文化协会一周年工作报告》《徽派三雕调研报告》。来自全国各地的玉雕界翘楚积极参与了“徽派英华·徽派玉雕大师座谈”“璞玉徽贤·徽派青年艺术家座谈”“论道琼玉·专家点评”等一系列“玉华徽派”主题活动。

▲玉华徽派——徽派玉雕文化协会第二届（2014）年会暨高峰学术论坛现场

6月

“琬琰天工——懿德轩玉雕名家专场”成保利春拍焦点

2014年6月4日，北京保利2014春季拍卖会“琬琰天工——懿德轩玉雕名家专场”在北京四季酒店举行。

本次“琬琰天工——懿德轩玉雕名家专场拍卖”共汇聚89件玉雕珍品，拍品来自懿德轩白玉藏馆的当代白玉雕刻精品，涵盖吴德昇、汪德海、俞挺、翟倚卫、宋鸣放、崔磊等老中青三代玉雕名家的作品。从摆件到挂件、从圆雕到浮雕、从山水到人物、从传统题材到现代主题都有涉足，流派风格突出，匠心独具，全面展示了当代白玉玉雕艺术的发展水平。89件作品中近40件作品成功拍出，总成交额近5500万元，拍品数量、成交量均创下近年来保利当代玉雕拍卖的新纪录。其中海派玉雕大师吴德昇的作品《妙趣横生》以1380万元的价格成交，创下本场拍卖最高价。

北京匡时2014春拍推出当代玉雕大师作品专场

2014年6月5日，北京匡时2014年春拍“百业呈财——当代玉雕大师作品专场”在北京国际饭店会议中心举槌。

本次专场拍卖，120件当代玉雕大师作品华丽亮相，汇集了如陆爱风、陈冠军、吴金星、高毅进、苏然、蒋喜等几十位国内顶级玉雕大师的佳作，多件为国家级玉雕评比获奖作品。件件玉质精良，白腻无暇，皮色变化丰富，京造与苏工并场同辉，全面呈现了当代和田玉雕的最高水准。本场拍卖120件拍品成交率67.5%，最终成交总额为4475.57万元。

《中国玉器年鉴（2014）》出版发行

2014年6月6日，《中国玉器年鉴2014》由科学出版社和北京辉煌前程图书发行有限公司联合出版发行。该年鉴是国内唯一一本专门介绍中国玉器行业整体状况的专门年鉴，2013年首册出版即引发中国玉器界强烈的反响和广泛好评。全书从“大事记载”“权威奖项”“特别报道”“名家风采”“佳作赏析”“名家论玉”“市场概况”“材料供给”“价格指数”“年度佳作”等方面全方位、多角度、系统地总结了2013年中国玉器行业的整体状况，并提供了翔实的参考资料。《中国玉器年鉴2014》是玉器玉文化研究者、玉器行业从业人员、艺术品投资人士和广大玉器爱好者必备的参考书。"中国玉器年鉴"将每年出版一卷。

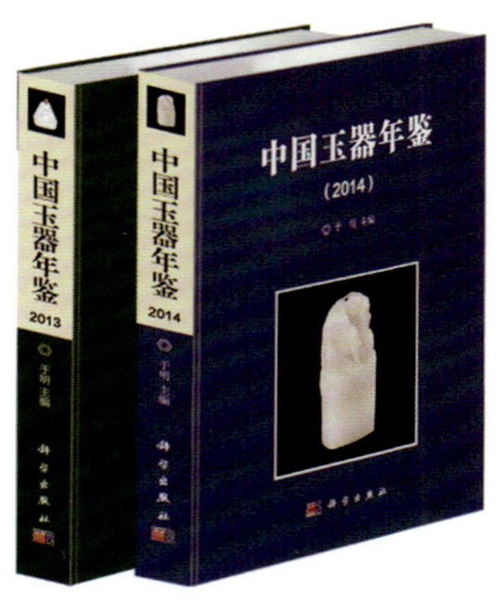

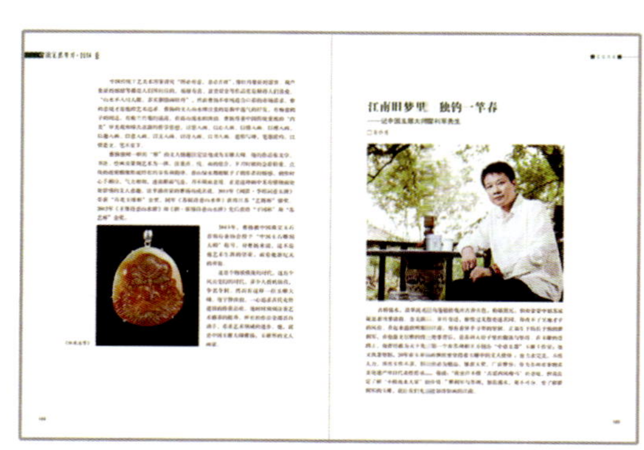

▲《中国玉器年鉴（2014）》

2014缅甸翡翠公盘在内比都举行

2014年6月24日，全球瞩目的2014缅甸翡翠公盘在内比都举行，公盘吸引了数千名中国买家。据统计，本届公盘参加原石份数约7500份，入场需交押金5万欧元。此次公布的原石较上届10300份有大幅度下降，估计缅甸方面有惜售的心态，高端原石的数量也减少了许多。7月7日，翡翠公盘落下帷幕，最终总成交量约为430亿元人民币，与2013年相比，整体涨幅在35%左右。

全世界95%的翡翠矿石来自缅甸，缅甸翡翠"公盘"，即缅甸政府组织的翡翠原料石拍卖与交易会，是全世界规模最大的翡翠交易会，也是全球翡翠市场的风向标。自2010年后，缅甸政府对翡翠资源的管理严格，只有通过"公盘"才可交易出境，其他一律视为走私。

7月

石峁遗址出土玉器确定为龙山文化晚期至夏代之间

2014年7月1日，陕西省考古研究院专家孙周勇向记者透露，当地考古人员目前已完成对中国史前规模最大城址——石峁遗址外城东门的考古发掘。在石峁遗址内发现的20余件玉器，其年代被确定为龙山文化晚期至夏代之间。

距今约有4000年的石峁遗址，是目前中国史前时期规模最大的城址，位于陕西省北部神木县高家堡镇石峁村山梁上。遗址总面积超过400万平方米，由外城、内城和皇城台三部分构成。1976年首次被发现，2006年被公布为中国重点文物保护单位，此后又相继被评为2012年"全国十大考古发现和2014年"世界重大田野考古发现"。从2011年起，考古人员对石峁遗址外城东门区域进行发掘，发现出土了大量玉器、石器、陶器及壁画等。

江苏爱涛拍卖"澄怀——玉器专场"完美收官

江苏爱涛拍卖2014春季艺术品拍卖会于2014年7月3日至6日在苏州万豪酒店宴会厅举行，包括中国书画、东方油画、瓷器、玉器、文玩、佛像、铜器、珠宝翡翠等门类在内的九大专场，千余件艺术精品上拍。

7月6日举行的"澄怀——玉器专场"拍卖，推出了历代玉器精品79件，其中包括春秋、汉、元时期高古玉数十件。本次玉器专场拍卖最终成交额达2454.492万元，成交比率为72.15%。

在同日举行的"悦容——珠宝翡翠专场"，呈现精品翡翠珠宝186件，成交额达3824万元。

2014年北京博观当代玉雕春拍平稳收槌

2014年7月6日，北京博观当代玉雕春季拍卖会在北京环贸会议中心平稳收槌，四大专场230件拍品共计成交128件，成交率为55.6%，成交总额为3411.7050万元（含佣）。

在本场春拍230件拍品中，有底价拍品为130件，共计成交28件，成交件数占有底价拍品的比率为21.5%，成交数量不多。而在"小酌——当代玉雕名家精品无底价专场"，竞争激烈，场面火爆，100件拍品悉数成交，总成交额为813.28万元（含佣），创造了北京博观无底价拍卖的拍品成交均价新纪录。作为中国首场针对当代玉雕推出的夜场拍卖，“夜宴——顶级和田玉、翡翠珍品夜场”受到了业内外的广泛关注，表现不俗。在本次夜场拍卖中，35件当代玉雕与翡翠珍品有9件拍品成交，总成交价近2000万元（含佣）。

2014中国昆明泛亚石博览会开幕

2014年7月10日至17日，“2014中国昆明泛亚石博览会”在昆明国际会展中心开幕。本届博览会由云南省政府主办，石博会共设7个展馆，展会面积超过6.5万平方米。展会国际色彩浓厚，泛亚品牌逐渐显现，吸引了来自斯里兰卡、阿富汗、韩国、缅甸、巴基斯坦等国的参展商，他们所展销的斯里兰卡蓝宝石、猫眼，阿富汗青金石，缅甸红宝石、琥珀，印度尼西亚玉髓、金田黄，越南红宝石，非洲坦桑石，巴西碧玺等，受到了参观者的广泛关注。

中国玉石之路与齐家文化研讨会举行

2014年7月13日，“中国玉石之路与齐家文化研讨会暨玉帛之路文化考察活动”启动仪式在西北师范大学举行。“玉帛之路文化考察活动”考察团成员由15名专家学者组成，自7月13日从兰州出发，途径武威、张掖、瓜州、敦煌、阿克塞、德令哈、青海湖、西宁、临夏等地，于26日到达定西市。此次考察活动被视为是对史前文化齐家文化的一次再发现之旅，期间主要围绕齐家文化遗址以及更早的马家窑文化遗址进行了考察。

7月26日下午，“中国玉石之路与齐家文化研讨会”暨“玉帛之路文化考察活动”总结会在定西市召开。研讨总结会上，原文化部副部长、原故宫博物院院长郑欣淼，中国文学人类学研究会会长、中国民间文艺家协会副主席叶舒宪，中国社会科学院人类学与民族学研究所研究员易华，西北师范大学副校长丁虎生，《丝绸之路》杂志社社长冯玉雷，新疆师范大学民族学与社会学学院副院长刘学堂，陕西师范大学文学院院长孙清潮等专家学者，就共同研究、挖掘、弘扬“玉石之路”与齐家文化的深刻文化内涵进行了广泛的交流与研讨。

北京爱家珠宝城举办玉雕大师和田玉籽料精品展

2014年7月15日至31日，“小品大艺——玉雕大师和田玉籽料精品展”在北京民族园爱家珠宝城举办。此次展览为“中鼎元”“有儒玉府”两大品牌联合主办，展览汇集了苏然、吴德昇、易少勇、翟倚卫、蒋喜、倪伟滨等顶级中国玉雕大师的作品及众多小件精品。展览期间还开展了两次大师现场交流活动：中鼎元总设计师苏然大师讲座“如何买玉不打眼”；“中国和田玉第一人”蒋有儒先生讲座“如何辨料辨产地”。

2014北京夏季珠宝展举行

2014年7月18日，“2014北京夏季珠宝展”在中国国际展览中心隆重举行。

本次展览规模近20000平方米，展位数量近1000个，参展珠宝玉石品种齐全，几乎囊括所有的珠宝种类，钻石、翡翠玉石、红蓝宝石、海蓝宝石、祖母绿、琥珀、珊瑚、猫眼、碧玺、欧泊等各种高中低档的宝石琳琅满目；珍珠首饰、钻石首饰、铂金首饰、白银首饰、黄金首饰、玉石首饰等数万款时尚精品首饰应有尽有。展会期间，主办方邀请了国家珠宝玉石质量监督检验中心的权威专家在现场提供了免费鉴定、咨询服务。

大凉山南红玛瑙城举办首届南红玛瑙节

2014年7月24日，首届中国（大凉山）南红玛瑙节在四川西昌大凉山南红玛瑙城举办。本次活动展出有价格不菲的精品和原石，也有供游客选择的物美价廉的饰品。在本届南红玛瑙节期间还举办了南红高峰论坛、南红玛瑙公盘活动、南红教育基金义拍活动、“玉鹰奖”暨中国玉石雕“神工奖”南红作品初选颁奖晚会等活动，旨在全面提升大凉山南红玛瑙在全国范围内的知名度和品牌价值。

8月

尚品润博第三届尚品美玉拍卖圆满收锤

2014年8月3日，北京尚品润博第三届“尚品美玉——和田玉籽料原石、当代玉雕名家精品拍卖会”在北京西单天安天地珠宝艺术汇平稳收槌。

本次拍卖会，“和田玉原石籽料专场”“风情玉镯专场”和“名家玉雕精品专场”三大专场208件拍品共计成交173件，成交率为83%，成交总额698.23万元（含佣）。三大专场各有千秋，而从交易结果看，更多的藏家关注和青睐和田玉籽料名家作品。

“玉润东方——大汶口—龙山·良渚玉器文化展”隆重开幕

2014年8月9日，由山东省文化厅、山东省文物局、山东省文物保护与收藏协会联合主办，山东博物馆、杭州良渚博物院、山东省博物馆学会承办的“玉润东方——大汶口—龙山·良渚玉器文化展”在山东博物馆隆重开幕。

此次展览是杭州良渚博物院与山东博物馆首度合作，山东博物馆借调了山东各地市博物馆及山东大学博物馆在内的17家单位的史前玉器，将4000年前中国大地上大汶口——龙山文化与良渚文化玉器联袂展出，撷取了海岱地区和良渚文化代表性玉器共计300余件（组），其中良渚文化精品158件（组）。展出玉器涵盖了玉璧、玉琮、玉圭、玉璋、玉璜、玉琥等多个玉器类别，是中国迄今为止展出大汶口——龙山文化和良渚文化玉器最多的展览，展出玉器造型各异、精美绝伦。这次玉器文化展为欣赏、研究、对比我国新石器时代南北两种文明的玉器文化提供了难得的机会。

第四届“彩云杯·大师奖”优秀玉雕作品揭晓

2014年8月9日至14日，“创意云南2014文化产业博览会”在昆明国际会展中心举行。作为本次博览会的重要组成部分，“2014年云南玉雕大师作品展”同时在约1000平方米的1号展厅开展，集中展出云南各地玉雕大师的222件作品，包括翡翠、黄龙玉、和田玉、墨刚玉、水晶等，其中191件作品参加第四届“彩云杯·大师奖”优秀玉雕作品评选，最终评出53件获奖作品，其中金奖10件，银奖20件，铜奖20件，新秀奖3件。

克拉玛依举办金丝玉大赛

2014年8月10日，首届中国“翼龙奖”金丝玉大赛在新疆克拉玛依市乌尔禾区开幕，绚丽多彩的金丝玉原石，美轮美奂的金丝玉雕刻作品，流光溢彩的宝石光首饰集中亮相。

金丝玉主要产于以乌尔禾为中心的准噶尔盆地戈壁荒原上，因为它产于古丝绸之路，玉石为金黄色，内部带萝卜纹而得名“金丝玉”。金丝玉十分稀有，当地民族把这种美丽的石头仔称作雅丹玉，意思是带金丝的圣地之石，寓意“吉祥盛德”“永恒存在”。金丝玉是近几年才被发掘出来的玉石新品，其精品“宝石光”所做的首饰颇受珠宝市场欢迎。

“大成玉汇”珍藏名家玉雕艺术展开幕

2014年8月14日至24日，由北京“中鼎元”、新疆“有儒玉府”主办的“大成玉汇——珍藏名家玉雕艺术展”在北京保利艺术博物馆10层展厅隆重开幕。

本次展览汇集了苏然、吴德昇、易少勇、蒋喜、倪伟滨等当今中国玉雕界顶级大家作品百余件，其中很多难得一见的珍藏级大师上乘之作也亮相此展，可谓艺术、工艺、文化、玉料最高水准的当代玉界盛事。展览期间举办了两场大师论坛，苏然、吴德昇、易少勇、蒋喜等中国玉石雕刻大师，以及“中国和田玉第一人”蒋有儒、著名玉器玉文化专家于明、玉雕艺术评论家陆华等业内人士就“当代玉雕艺术与收藏”及“原料与玉雕的投资”等主题展开了讨论。

▲“大成玉汇”珍藏名家玉雕艺术展开幕式现场

140余件美玉亮相“汉代玉器精华展”

2014年8月15日，由安徽省博物院举办的“安徽汉代玉器精华展”在安徽博物院老馆东一楼拉开帷幕。

安徽省自古出美玉，本次展览是安徽省汉代玉器精品首次大规模集中展示，也是“安徽省博物馆陈列展览联盟”成立后，集全省博物馆之力举办的首次精品展览，展出的140余件精美玉器体现了汉代玉器的制作工艺。这次展览展出的汉代玉器全部是安徽省境内出土，其中相当一部分来自巢湖市放王岗1号汉墓和北山头西汉墓、天长市三角圩汉墓和安乐北岗汉墓群。另外，还遴选了合肥市、六安市、淮南市等地出土的汉代玉器50余件。

本次展出的汉代玉器分四个单元，涉及礼器、兵器、葬器、生活用具等多个种类，从中可以看出两千年前的汉人生活中，处处都有美玉的存在。

汉代是中国玉器工艺发展的繁荣时期，安徽省出土的这一时期的玉器数量众多，堪称上乘。其中“玉朱雀踏虎衔环纹卮”“白玉龙纹环”等更体现了汉代玉器顶尖制作工艺，是全国罕见的精品。

故宫博物院举办“故宫博物院藏清代碧玉器与玛纳斯”展览

2014年8月16日，“故宫博物院藏清代碧玉器与玛纳斯”展览在北京故宫博物院开幕。这次展出的故宫博物院藏清代碧玉器共110件（套），涵盖陈设器、日用器、文玩佩饰、仿古器四个方面，器型有山子、插屏、花插、碗、盘、杯、盒、笔筒、水丞、笔洗、扳指、香囊、尊、觥、觚、壶等。

此次参展的玉器是从故宫馆藏的玉器中筛选出来的，很多藏品是首次亮相。这些碧玉藏品与玛纳斯碧玉在玉料和特征方面有许多近似之处。这次展览展现了我国灿烂的碧玉文化，是故宫与新疆维吾尔自治区共同挖掘碧玉历史文化的一次文化实践活动。当日，故宫博物院还召开了“故宫博物院藏清代碧玉器与玛纳斯”学术研讨会。《故宫博物院藏清代碧玉器与玛纳斯》一书也正式发行，书中共收录了157件（套）清代碧玉作品。

苏州玉雕展暨新疆—苏州玉雕大师论坛在乌鲁木齐举行

2014年8月16日，“姑苏玉宴——苏州玉雕文化艺术展”暨“新—苏玉雕大师高峰论坛”在新疆乌鲁木齐新疆玉都玉器城拉开帷幕。

新疆是和田玉的主要产地，苏州是玉雕技艺顶尖的加工地。新疆与江苏——和田玉的产地与加工地进行了一次“亲密接触”。展会上，400余件精美绝伦的玉雕作品几乎涵盖了苏州玉雕各个题材，仿古、花鸟、人物、薄胎器皿、俏色巧雕等琳琅满目的玉雕艺术作品，极具江南之细腻清秀风格，又不失大气风范。论坛上，新疆、苏州两地玉雕大师就玉文化的传承、玉雕工艺的探索进行了面对面的交流，就玉雕艺术的创作与创新交换意见，深入探讨，旨在促进新疆、苏州两地玉石雕刻水平的提高，加快新疆玉石市场的发展，两地资源共享、优势互补。

新疆和田玉市场信息联盟商会成立

2014年8月23日，经由新疆和田玉市场信息联盟交易中心、新疆珠宝玉石首饰行业协会、新疆和田玉行业协会等5家单位作为发起人，并会同乌鲁木齐、和田、喀什、阿克苏、库尔勒等地知名企业与商家，在原新疆和田玉市场信息联盟的基础上，正式成立“新疆和田玉市场信息联盟商会”。联盟商会下设专家委员会、信息委员会、玉文化委员会及各专家委员会高级顾问。

联盟商会对和田玉原料进行科学的分类认证及行业内分等定级、采集调研和发布和田玉市场交易行情实时动态信息，有利于引导和促进和田玉行业规范经营、有序经营，推动新疆和田玉行业健康、有序的发展。

新疆和田举办第十一届和田玉石文化旅游节

2014年8月28日至29日，由新疆和田地委、和田地区行署主办，和田市委、和田市人民政府承办的“第十一届和田玉石文化旅游节”在新疆和田市举行。玉石节活动内容包括新疆和田玉石交易中心揭牌仪式、和田玉原石及玉雕作品展销、玉雕大师作品展示、首届“和田玉王”原石评选及玉雕作品评奖、和田玉文化产业发展高峰论坛、和田地区旅游推介会等。

在8月28日下午的和田玉原石、玉雕作品展销及玉雕大师作品展及拍卖会上，15件玉石作品参加拍卖并成交，成交价值4447.5万元，拍出最高价的是起步价为1980万元的原石加工料（籽料），最后拍到了3100万元的高价。

顶级南红玛瑙尊享会亮相北京

8月29日，由翠钻珠宝展厅与苏州南红交易中心共同举办的“红韵千秋——中国当代顶级南红玛瑙尊享会”在北京环球贸易中心翠钻珠宝展厅隆重举行。此次尊享会展出了中国南红雕刻领域领军人物侯晓峰、黄杨洪、范同生、李栋等众多玉雕大师的南红作品，现场还有顶级的珠链、配饰等集中亮相。展品品类丰富、品质上乘，可谓当今顶级和专业的南红尊赏会。尊享会期间举办了专业沙龙讲座，资深南红专家全方位地讲述了南红的底蕴与魅力，并举行了精品南红无底价竞买会。

9月

第五届“玉满乾”杯龙陵黄龙玉雕刻大赛成功举办

2014年9月1日，由中国珠宝玉石首饰行业协会、云南省保山市龙陵县黄龙玉协会、保山市黄龙玉开发有限公司共同主办的第五届“玉满乾’杯龙陵黄龙玉雕刻大赛在龙陵县黄龙玉公盘交易中心隆重举办。本次大赛参赛作品历届最多，作品来源地历届最广，作品雕刻技艺更精湛。大赛共有来自全国10多个省市的350件作品参与角逐，最后评选出金奖6名，银奖12名，铜奖20名，最佳创意奖8名，最佳工艺奖10名，优秀奖80名。

上海文化产权交易所玉石交易中心成立

2014年9月3日，“上海文化产权交易所玉石交易中心（上海）”在上海浦东揭牌，作为国内领先的“文化＋产业＋金融＋资本”的创新交易形式，将成为上海乃至全国玉石交易和投融资服务的重要交易平台。依托上海文交所平台，玉石交易中心将在相关现货、物权交易、产权交易、无形资产交易、产业投融资、企业孵化器、文化创意等功能平台的基础上，建立我国玉石产权交易的服务体系，在国家相关法规政策许可范围内从事各类玉石文化资产交易运营服务、玉石艺术品实物交易、玉石金融产品设计开发、玉石文化基金投融资管理等相关产权交易服务方面的工作，包括信息披露、挂牌、预审、交易经纪、咨询策划、会展论坛、基金设立、股权转让、增资扩股、私募引进、上市培育、质押融资、资产租赁等前置服务。

第十一届“国石杯”和田玉玉雕精品展评会圆满落幕

2014年9月7日至12日，第十一届“国石杯”新疆和田玉玉雕精品展评会暨第13届“天工奖”新疆区入围选在乌鲁木齐市新疆玉都举行。

“国石杯”新疆和田玉玉雕精品展评会是由新疆玉石珠宝首饰行业协会举办的、中国唯一以和田玉为主要参评对象的玉雕奖项。此次展评会参评企业129家，参评作品745件，为历届展评会之最。745件由和田玉子料、山料、青花、碧玉等雕琢而成的摆件、把件、炉瓶壶、玉牌以及玉镯中，既有国家级玉雕大师的精品之作，也有80后玉雕新生力量敢于创新的个性作品。评委会最终评选出获奖作品金奖22件，银奖66件，铜奖129件，最佳工艺奖17件，最佳创意奖26件，优秀作品奖224件。

2014深圳国际珠宝展、珠宝节盛大开幕

2014年9月11日至15日，“2014深圳国际珠宝展览会、深圳珠宝节”在深圳会展中心同期举行。此届展会展览面积52500平方米，展位约2700个，有1200家国内外参展商盛装参展。海外展商约300家，展位约900个，来自二十多个国家与地区，包括印度、以色列、比利时、意大利、泰国、南非、英国、德国、法国、越南、新加坡、马来西亚、韩国、土耳其、缅甸、日本、巴基斯坦、波兰、斯里兰卡、韩国、俄罗斯、香港、台湾、澳门等。本次展会吸引了全球超过73个国家与地区的逾四万名专业买家参观、洽谈和交易。

辽宁阜新举办第九届玛瑙博览会

由中国珠宝玉石首饰行业协会和辽宁省人民政府主办，阜新市人民政府承办的第九届中国·阜新玛瑙博览会、第五届“红玛瑙杯”玉雕大赛暨第十三届“天工奖”入围赛评选活动于2014年9月12日至18日在辽宁省阜新市红玛瑙广场举办。阜新玛瑙博览会自2006年起已连续举办了八届，不仅有力推动了阜新玛瑙特色文化产业的快速发展，而且填补了全国无玛瑙专业展会的空白，逐渐发展为享誉国内外的专业展会。

辽宁丹东发现600吨巨型单体玉王

2014年9月18日，辽宁丹东宽甸满族自治县宣布，经过中国珠宝玉石首饰协会副会长史洪岳等专家鉴定，在该县红石镇一座已持续开采了近20年的滑石矿洞里发现的巨型单体玉石将冲击世界纪录。

这块巨型玉石显露在外的部分直径8米、高4米、厚3米，体积96立方米，估重约600吨。宽甸县方面表示，鉴于这块玉石显露部分已超过岫岩“玉王”，决定冲击世界上体积最大的单体玉石记录，成为新“玉王”。通过打磨抛光，发现该玉石色泽碧绿温润，晶莹剔透，纹理细腻，质地坚硬，整体性完好，为透闪石玉，玉材硬度可达到莫氏硬度6−6.5度，与新疆和田玉的玉质相同，从体量、品质等方面来看，都非常罕见。

2014“子冈杯”玉石雕精品暨国际玉雕艺术家作品博览会举行

2014年9月19日，由中国工艺美术协会、中国文化产业协会和苏州市经济信

息化委员会共同主办的“2014中国（苏州）‘子冈杯’玉石雕精品暨国际玉雕艺术家作品博览会”在苏州光福中国工艺文化城盛大开幕。

参加本届“子冈杯”精品展的有来自北京、上海、浙江、河南、安徽、广东、辽宁、新疆、福建、山东等省份以及江苏的苏州、扬州、徐州、连云港等地300多家玉雕工作室的近800件玉石雕作品参展，范围基本涵盖了全国主要玉石雕产地与传统制作基地，还有来自英国、新西兰、美国、加拿大等国玉雕艺术家的60多件玉雕作品参展。经来自北京、上海、河南、江苏扬州与苏州的专家、大师评审，有44件作品获金奖，66件作品获银奖，81件作品获铜奖，9件作品获最佳创意奖，2件作品获最佳工艺奖。其中，苏州共获得24个金奖、41个银奖、68个铜奖、8个最佳创意奖和2个最佳工艺奖。

第七届中国玉石雕“神工奖”颁奖典礼在上海举行

2014年9月19日，“2014中国玉雕品牌博览海派玉雕艺术大展暨第七届中国玉石雕‘神工奖’颁奖典礼”在上海国际会议中心举行。由上海海派玉雕文化协会、中福古玩城发起主办的中国玉石雕“神工奖”已连续举办6届。“神工奖”立足上海，辐射全国，已经成为具有风向标意义的知名奖项和业界盛事。

▲2014年第七届“神工奖”颁奖活动现场

首届中国宣化“战国红”玛瑙及珠宝文化博览会开幕

2014年9月19日，“2014首届中国宣化战国红玛瑙暨珠宝文化博览会”在河北省张家口市宣化县开幕。本届博览会由张家口市宣化县工商联合会主办，宣化县青泉战国红玛瑙交易市场有限公司承办。来自全国各地的500余家玛瑙玉石珠宝商齐聚上谷，参加展会的客人达1.2万人次，玛瑙玉石珠宝交易额近亿元，上谷“战国红”玛瑙声名鹊起。

宣化“战国红”玛瑙蕴藏于宣化县南部山区塔儿村乡、深井镇一带，在明清时期已有相当数量开采和加工，享誉京师。因其与出土的战国时期文物中一些玛瑙饰物近似，故被称为“战国红”玛瑙。它以质地坚硬、色彩艳丽、存量稀缺而备受推崇。近年来，产自宣化地区的上谷“战国红”玛瑙逐步成为一种时尚，以其完整性高、裂纹少、色彩浓而富于变化等特点深受收藏爱好者的追捧，市场热度很高。

广东省“玉魂奖”颁奖仪式举办

2014年9月21日下午，第三届广东省玉雕作品“玉魂奖”在广东省广播中心演播大厅举行颁奖仪式。本届“玉魂奖”共征集500件玉雕作品参加角逐，最终评出金奖作品32件、银奖作品59件、铜奖作品85件以及最佳工艺奖、最佳创意奖若干。

北京潘家园第九届中国玉器精品展开幕

2014年9月26日至10月7日，“第九届中国玉器精品展——中国当代玉雕大师精品展”在北京潘家园艺术展厅举行。中国传统文化促进会玉文化研究委员会主任于明，中国社会科学院考古研究所研究员卢兆荫，北京大学地质系教授、北大鉴定中心技术总监王时麒，中国玉石雕刻大师、京派玉雕代表人物苏然等嘉宾出席了开幕式。

此次展会由中国传统文化促进会玉文化研究委员会、潘家园旧货市场有限公司主办，当代和田玉网协办，展览汇集了以苏然、倪伟滨、吴德昇、刘忠荣、翟倚卫等为代表的国内顶级玉雕大师、国家级工艺美术师和南北派玉雕大师共11人的和田玉雕精品，参展作品近百件，代表了中国当代玉雕的最高水平。

▲北京潘家园第九届中国玉器精品展开幕式

10月

2014哈尔滨秋季国际珠宝玉石博览会盛大开幕

2014年10月9日至13日，“2014哈尔滨（秋季）国际珠宝玉石博览会暨第二届‘天龙杯’珠宝玉石雕刻设计大赛”在哈尔滨国际会展中心举行。本届珠宝展是目前中国东北地区规模最大、参加人数最多、国际化程度最高的品牌展会。展览面积为12000平方米，设国际展位450个。有来自巴西、美国、泰国、缅甸、斯里兰卡、南非、韩国、日本、巴基斯坦等国家及台湾和香港地区的400家知名珠宝企业参展。展会品种齐全，钻石、翡翠、和田玉、红蓝宝石、水晶、碧玺、青金石、祖母绿、南红、琥珀、蜜蜡、人造宝石等各种高中低档的珠宝玉石在展会上都有展销。

新疆和田玉产品质量监督检验中心将升格为国家级

2014年10月10日，《国家质检总局关于同意筹建国家和田玉产品质量监督检验中心（新疆）的批复》（国质检科[2014]521号）正式下达。

国家和田玉产品质量监督检验中心由新疆维吾尔自治区产品质量监督检验研究院负责筹建。新疆质检院将在新疆和田玉产品质量监督检验中心现有基础上筹建国家和田玉产品质量监督检验中心。届时，新疆和田玉产品质量监督检验中心将升格为国家和田玉产品质量监督检验中心。该中心建成后，将充分发挥综合检测服务功能，承担珠宝玉石、钻石、珠宝玉石饰品的标志、贵金属制品、养殖珍珠、和田玉、贵金属、和田玉器工艺质量等方面的检验检测任务，为珠宝玉石产业发展提供强有力的技术支撑。国家和田玉产品质量监督检验中心在新疆建成后，其业务不仅有普通的检测，还可以接受国家相关职能部门下达的任务，在全国抽样检查、检测和田玉。

竹山绿松石采矿权拍得逾5亿

2014年10月12日，备受社会关注的湖北省竹山县4个国有绿松石采矿权在武汉光谷产权交易所十堰有限公司拍卖大厅进行公开拍卖，共有7家企业参与竞拍，竹山县政府、十堰市国资委及竹山县绿松石产业办进行现场监督。竹山县秦古镇小林扒绿松石矿采矿权的竞拍异常激烈，从122.74万元起拍，最终由竹山县宝源绿松石矿业公司以2.765亿元竞得，其成交金额是起拍价的225倍。另外两个拍品，竹山县（溢水）寨沟绿松石矿采矿权最终被湖北昭德投资有限公司以1.801亿元竞得；竹山县秦古镇小寨绿松石矿采矿权最终被竹山县宝源绿松石矿业有限公司以8000万元竞得。两拍品起拍价分别为200.11万元和374.09万元，其成交价均超出起拍价数十倍。

苏帮·海派玉雕高峰论坛举行

2014年10月14日，苏帮·海派玉雕高峰论坛在上海举行。来自苏州、上海等地的30多位玉雕大师、行业专家、艺术评论家就玉雕的传承与发展等热点问题进行了深入探讨。

苏州市工艺美术行业协会积极组织参与，派出了杨曦、瞿利军、葛洪、俞艇、程磊、赵显志、陈冠军、李剑、马洪伟等组成强大的大师阵容，苏帮玉雕在取得近年来大发展后，开始走出去兼容并蓄，重视跨区域跨行业的交流和学习。上海方面邀请了洪新华、易少勇、颜桂明、陆华、吴灶发、陈健、王金忠、黄杨洪、黄罕勇、游高轩等玉雕大师参加论坛，就海派玉雕近年来的发展趋势，当前遇到的瓶颈，未来发展方向等行业内关注的焦点问题展开了深入的讨论。

玉恒堂2014当代玉雕发展高峰论坛成功举办

2014年10月16日，首届“玉恒堂·2014当代玉雕发展高峰论坛”在上海龙之

▲“玉恒堂·2014当代玉雕发展高峰论坛”现场

梦大酒店召开。本次高峰论坛由中国传统文化促进会玉文化委员会、上海宝玉石行业协会、上海海派玉雕文化协会、江苏省珠宝玉石首饰行业协会、苏州市玉石文化行业协会、扬州市工艺美术行业协会、徐州玉文化研究会联合主办，由上海玉恒堂艺术品有限公司独立承办。300余位来自全国各地的玉雕大师、专家、学者以及玉雕从业人员济济一堂，就当前玉雕业的生产、创作、经营、收藏等问题进行了建设性的探讨与交流，合力为中国玉雕业的创新与发展献计献策。

会上，玉恒堂品牌创始人、艺术大师 、海派玉雕大师、徽派玉雕大师、国家高级技师彭志勇就玉恒堂“前店后厂”模式发表了题为《玉恒堂的品牌优势》的精彩讲话。此次高峰论坛的举办正值玉恒堂成立10周年，会议同期展出了玉恒堂黄金十年的精品玉雕作品。

上海震旦博物馆举办“先秦两汉动物玉雕展”

2014年10月17日，上海震旦博物馆举办的为期半年的“传统与创新——先秦两汉动物玉雕展”开幕。展览试图从两个时代迥然不同的玉雕风格呈现出古代玉器发展史上的一次极为重要的嬗变。

本次展览共展出了百余件战国到汉代时期的馆藏玉器精品。展览由五个单元构成，分别是“材质多样”“似玉材质”“依料施工”“圆雕动物题材”与“玉龙百态”。展览展出的文物以战国片饰器和汉代圆雕玉器为主，包括千姿百态的战国玉龙、各种汉代圆雕动物、人物等，回首拱身的战国“S”龙形玉佩、俯首帖耳的玛瑙兔、仰头卷尾的小玉豹、憨厚笨拙的玉猪握以及敦实可爱的玉狮子等都是极具看点的展品。除动物主题外，还有部分人物玉雕展出，如两件玉雕仕女就是其中的佼佼者，玉工刻画出长发及腰、长裙曳地的汉代女子形象，白玉者温婉，青玉者娴静，可谓当时的精品重器。

第四届中国玉石雕刻“陆子冈杯”精品展在苏州举办

2014年10月25日，“第六届中国苏州玉石文化节暨第四届中国玉石雕刻‘陆子冈杯’精品展”在江苏省苏州市观前街朵云轩拉开帷幕。来自北京、上海、河南、广东等全国主要玉器产区的1426件作品参展，入围作品有1222件。参赛作品质量提升、数量再创新高、用材范围也有扩大。最终，第四届中国玉石雕刻“陆子冈杯”分别评选出金奖、银奖、铜奖、优秀奖、最具创意金奖、最佳工艺金奖等奖项，获得金奖的作品共119件。

▲中国·苏州第六届玉石文化节开幕式

国检成立沈阳检测站

2014年10月28日，国家珠宝玉石质量监督检验中心首次进驻东北，在辽宁省沈阳市成立“沈阳珠宝检测咨询服务站”（以下简称“沈阳站”）。沈阳站配备了国际先进常规检测设备及多种大型分析测试仪器、并拥有多名珠宝检测专业技术骨干。沈阳站主要承担进出口珠宝玉石首饰的检验，为各珠宝公司、加工厂、批发商、零售商提供批量检验服务，为广大消费者提供委托检验服务，为社会各界提供珠宝知识的咨询普及服务。

国家珠宝玉石质量监督检验中心（简称NGTC）是依法授权的国家级珠宝玉石质检机构，通过了国家级产品质量监督检验机构的资质认定（计量认证、授权认可）、实验室认可，为国内珠宝玉石首饰检测方面的权威机构，并被指定为国家级科技成果鉴定机构、进出口商品检验实验室、中消协商品指定实验室。

11月

翟倚卫海派玉雕作品飞天圆梦载誉归来

2014年11月1日，“嫦娥五号”试验器的返回器成功着陆，2日上午在交接仪式和开仓仪式上，全部搭载物品顺利取出，两块海派玉雕玉牌也在其中，中国玉雕由此首登“奔月之旅”壮游太空并实现地月往返。

这两块玉雕的作者是国家非物质文化遗产项目玉雕（海派玉雕）代表性传承人、中国玉石雕刻大师翟倚卫。两块玉牌中，一块是“云台清曲”，该作品曾获2011年中国工艺美术“百花奖”金奖，刻画的是一位少女坐在庭院中倚着镂花铁门吹奏笛子，云台则代表着天上宫阙；另一块玉牌“云带钟声”刻画的是一处山水美景，有飞流直下三千尺的瀑布，也有骑马郊游的人，代表的则是人间烟火。两幅作品刚好象征着天上和人间，契合了登月的主题。

▲翟倚卫：《云台清曲》

▲翟倚卫：《云带钟声》

2014中国国际珠宝展在京开幕

2014年11月13日，为期5天的2014“中国国际珠宝展”在北京开幕。一年一度的“中国国际珠宝展”是中国内地规模最大、最具影响力的珠宝行业盛会，并已跻身全球最重要的珠宝展会之列。本次展会展览面积60000平方米，近3000个展位。有来自美国、以色列、德国、澳大利亚、泰国、法国、韩国、意大利以及中国等19个国家和地区的1257家企业参展，其中境外展商376家，展会国际化程度创历史之最。展会期间，主办单位还举行了十几次行业会议，涵盖基地建设、金融模式研讨、设计、珠宝文化、专业奖项评比、教育、科研等领域。据中国国际展览中心管理方统计数据显示，5天的时间里有10多万人次的观众进入展会现场。

首届金镶玉创意设计大赛完美落幕

2014年11月14日晚，由中国珠宝玉石首饰行业协会主办，中宝协首饰设计委员会协办，《中国宝石》杂志社、中国台湾《珠宝世界》杂志社承办的“2014首届中国金镶玉创意设计大赛”颁奖晚会在北京金隅喜来登酒店隆重举行。晚会上揭晓了首届金镶玉创意设计大赛的获奖名单，来自深圳的青年珠宝设计师谭明汇以东情西韵的“为爱加冕”成功夺得头筹带走十万大奖；来自宝岛台湾的设计师林淑雅的作品“金科玉律”以及国内新锐设计师盖淼的作品“玉瓶梅”双双夺得金奖；作品“书虫”“爱自己惜生命”“自玉莲”获得银奖；另有铜奖10名、最佳创意奖14名分别颁发给了来自中国内地与台湾地区的设计师们。获奖作品于2014年11月至12月，分别在北京、台湾、香港珠宝展上进行了展出。

2014中国玉雕石雕作品“天工奖” 在京颁奖

2014年11月15日，2014中国玉雕石雕作品“天工奖”颁奖晚会在京举行。2014 “天工奖”评选活动在经历半年筹备与13个地区的联合选拔，经最终评选后产生了本年度的各个奖项。共有13件作品获得金奖，35件作品获得银奖，56件作品获得铜奖，13件作品获得最佳创意奖，11件作品获得最佳工艺奖，275件作品获得优秀作品奖。

“天工奖”评选活动是由中国珠宝玉石首饰行业协会主办的专业评选活动，自2002年创办以来，已连续举办了十三届。“天工奖”评选范围的广泛性，评选结果的公正性以及作品图籍的史实性都得到业内的认可和公众的欢迎。每年的“天工奖”评展都成为业内的一次年度聚会，成为向公众展示一年来玉石雕刻主流成就的大展台。

▲2014"天工奖"评选活动现场

长江中游地区出土玉器及玉文化研讨会召开

2014年11月15日至17日，中国文物学会玉器专业委员会"2014年理事会会议暨长江中游地区出土玉器及玉文化研讨会"在湖北省武汉市召开。

本次长江中游地区出土玉器及玉文化研讨会是新一届理事会成立后首次召开的学术会议。研讨会对长江中游地区出土的玉器进行了深入的研究和探讨，围绕长江中游地区从新石器时代晚期到明代的出土玉器及玉文化进行了热烈的研讨。对新石器时代的石家河文化玉器、东周时的荆楚文化玉器、明代梁庄王墓玉器等重点内容进行了深入研究和分析，使今后长江中游地区出土玉器及玉文化的研究方向有了进一步的目标。

中国嘉德2014秋拍推出三场玉器专场拍卖

中国嘉德2014秋季拍卖会于2014年11月20日至23日在北京国际饭店会议中心三层紫金大厅举行。在全部42个专场中，11月20日举行的3个中国玉器专场颇受关注。

中国嘉德古代玉器部分推出"于玉比德——玉器选粹""玉玩珍赏"两大专场，分别以乾隆宫廷玉雕艺术和文玩珍赏类玉器为特点。"于玉比德——玉器选粹"专场，90件拍品成交率44.44%，成交额2527万元。其中仿古之作"清乾隆白玉饕餮纹出戟朝冠耳三足盖炉"以575万元成交，"清乾隆白玉龙纹活环双耳壶"以460万元成交。"玉玩珍赏"专场拍品总数145 件，成交率49.66%，总成交额436

万元。中国嘉德首次推出的“天撷英华——当代玉石雕刻艺术家专场”的59件拍品成交率45.76%，总成交额约1885万元。

“和田籽料成因探讨座谈会”在北京举行

2014年11月25日，“和田籽料成因探讨座谈会”在北京“国玉新疆和田玉文博馆”举行。参加此次座谈会的专家学者有：北京大学地质系教授王时麒，中国传统文化促进会玉文化研究委员会主任于明，故宫博物院研究员、玉器专家徐琳，“有儒玉府”董事长蒋有儒，北京中鼎元珠宝有限公司董事长刘书占，“观喜堂”董事长林子权，“国玉新疆和田玉文博馆”馆长杨翔宇等。此次研讨会达成了山料经过山体崩塌滚入河流中经过长时间冲刷能够形成籽料的观点。

▲和田籽料成因探讨座谈会现场

台北故宫推出为期一年的“宋辽金元玉器展”

2014年11月28日，“源头活水来——宋、辽、金、元玉器特展”在台北故宫博物院举行。展览分为四个单元及一个专区：“继承与变革”单元、“冲击与融合”单元、“个体与环境”单元、“华丽与质朴”单元和“玉顶专区”。

10世纪到14世纪，中国历史陷入汉族与契丹、女真、蒙古等少数民族政权并立、更迭、对峙的局面，直到元朝才实现了统一。玉器在政权动荡中反而因为文化的冲击与交融得以多元、生动，为后世留下许多玉器精品。“源头活水来——宋、辽、金、元玉器特展”即聚焦这一特定历史时期的中国玉器。

12月

2014成都珠宝展隆重开幕

2014年12月4日，“2014成都珠宝展”在成都世纪城新国际会展中心隆重开幕。此次展会由中国珠宝玉石首饰行业协会、四川省珠宝展玉石首饰行业协会主办，展览总面积达11000平方米，设有展位近500个。成都珠宝展吸引了国内外众多优秀品牌参与，国内知名品牌企业百泰黄金、天使之泪、佳丽珍珠、千叶珠宝、健兴利、缘与美、秋眉翡翠、南阳恒信等缤纷亮相。特色展团如成都本地优品道国际珠宝交易中心展团、台湾展团、香港珠宝制造业厂商会、泰国展团、斯里兰卡展团、韩国展团等均积极踊跃参展。

中国传统文化促进会玉文化研究委员会挂牌

2014年12月9日，“中国传统文化促进会玉文化研究委员会”正式挂牌，委员会主任由中国著名玉器专家于明担任。该委员会成员包括当今中国玉学玉文化研究领域一批权威的专家学者、众多知名中国玉石雕刻大师以及玉石业界名家

▲中国传统文化促进会玉文化研究委员会授牌仪式现场

名企。该委员会的成立，势必对推动中国玉学玉文化的学术研究，对促进当代玉器行业的发展创新，为弘扬中国博大精深的玉文化起到积极的作用。

“良渚灵玉：神与人的对话——良渚文明展”开展

2014年12月11日，由南京市文化广电新闻出版局、南京市博物馆总馆主办，南京市博物馆、良渚博物院承办的“良渚灵玉：神与人的对话——良渚文明展”在南京市博物馆（朝天宫）多功能厅正式对外开展。这是该馆2014年最为重要的一次展览，展出于2015年3月10日结束。

此次展览展出的120件（套）精品玉器，均来自良渚博物院。它们多角度、全方位地展示了5000年前良渚古文明的神圣与精致。玉器是良渚文明的重要内容，作为物质与技术结晶的良渚文化玉器，件件雕琢细腻、制作精美，渗透着宗教、政治、军事、礼制等诸方面的重要内容，代表了新石器时代玉器制作工艺的最高水平。良渚先民赋予琮、璧、钺等玉器沟通人神天地的功能，这种用玉制度随着文化的交流与融合，长久地影响着此后的历史，成为中华玉文化发展的动力与源泉。

西泠十周年庆典秋拍两大玉器专场备受瞩目

2014年12月15日，西泠十周年庆典秋拍圆满收官，38个专场总成交额18.33亿元创新高，总成交率83.33%继续领衔全国。也创造了西泠拍卖规模最大、成交额最高、专场最多、艺术门类最广的历史，其中的两个玉器拍卖专场也备受瞩目。

12月14日，西泠携手当代玉雕革新代表人物邱启敬在“和光同尘III · 邱启敬玉雕作品专场”中呈现艺术家新近创作的59件作品，本场总成交额为1.19亿元，成交率为88%。尤为值得关注的是“极乐世界”系列拍品，十八件实验性创作作为整体标的拍卖，从4600万起拍，7360万成交，创下全场最高、当今中国白玉雕拍卖最高两项纪录。同日的“中国当代玉雕大师作品专场”，上拍玉器245 件，成交196件，成交比率80%，成交金额（含佣）1.45亿元。

“和氏璧家族”玉器集体亮相南越王博物馆

2014年12月19日，由西汉南越王博物馆、荆州博物馆联合举办的“荆山有玉——熊家冢墓地出土玉器展”在广东省广州市西汉南越王博物馆开幕。本次展览共展出近200件（套）来自楚国故都荆州的珍贵文物。本次展览展出的文物与“和氏璧”处于同一时代，系其“家族成员”。这次展览也是它们首次在公众面前集体亮相。

此次展出的玉器均来自荆州市川店镇的熊家冢墓地。熊家冢墓地是目前保存较完整，规模最大的战国中早期楚国王陵墓地群，在中外考古界都享有极高的荣誉。熊家冢墓地仅在2006年8月至2007年春季考古发掘了其中的一小部分，出土了近2000多件（套）玉器。本次来穗展出的玉器只是熊家冢出土玉器中的一小部分，但类别丰富多彩，包括玉璧、玉珩、龙形佩、玉牌、玉串饰等。其中，玉璧是熊家冢墓地出土数量最多、种类最丰富的一种玉器。

“寿山石市场未来发展与走向专题研讨会”成功举办

2014年12月20日，由福建省艺术品行业协会、福建东南拍卖有限公司主办的“集珍东南——寿山石拍卖十周年臻品回顾展”在福建集珍艺术馆开幕。开幕当天，“寿山石市场未来发展与走向专题研讨会”在海峡文交所成功举办。此次寿山石市场未来发展与走向专题研讨会得到了业界的高度重视，中国工艺美术大师王祖光、林飞、陈礼忠，福建省工艺美术研究院院长余卫平，福州寿山石鉴定中心主任李霖华、艺术评论家何光锐等几十位业界知名专家学者出席了此次研讨并做了精彩发言，共同探讨寿山石市场现状和趋势。与会专家、学者针对寿山石行业现状提出了“新格局、新常态”、“天下石、福州工”等观点，这些观点或将对寿山石行业未来发展产生导向性作用。

2014北京博观当代玉雕秋拍成功举行

2014年12月21日，北京博观当代玉雕秋季拍卖会在北京环贸会议中心举行。“清隽”“小酌”“夜宴”三大专场199件拍品共计成交152件，成交率为76.3%，成交总额为2219万元（含佣）。有底价拍品市场反应平稳；无底价拍品竞争激烈，高品质有特色夜场精品广受藏家关注。在“清隽——当代名家精品拍卖专场”的61件拍品中，最终成交35件，成交比率占本场拍品的57.4%。在“小酌——当代名家精品无底价专场”，精彩纷呈、竞争激烈，115件拍品悉数成交，总成交额为642万元（含佣）。“夜宴——顶级和田玉珍品夜场”，定位于最稀缺、最珍贵的当代玉雕艺术精品，最终成交额495万元，表现不俗。

纪念红山文化命名60周年系列活动举行

2014年12月27日至28日，由中国考古学会公共考古专业指导委员会、中国社会科学院考古研究所敖汉史前考古基地、内蒙古自治区文物局、敖汉旗人民政府共同举办的“五千年文明见证——纪念红山文化命名60周年”系列活动在内蒙古自治区赤峰市敖汉旗举行。来自北京、辽宁、安徽、浙江、内蒙古等地研究红山文化的主流团队及与红山文化研究密切相关的权威专家、学者百余位嘉宾出席了这次活动。

纪念红山文化命名60周年的系列活动有：(1)召开了“纪念红山文化命名60周年学术座谈会”。(2)与会代表观看了“五千年文明见证——敖汉红山文化专题展”，专题展展出了红山文化各时期的文物125件，其中国家一级文物30余件。(3)评选出了“红山文化十大精品文物”。(4)颁发了“敖汉史前考古突出贡献奖”，对徐光冀、王巍、刘晋祥、郭大顺、塔拉、刘国祥、赵志军、朱延平、邓聪(中国香港)、马丁·琼斯(英)等10位考古专家学者进行了表彰。

▲纪念红山文化命名60周年系列活动现场

唐山首届玉石文化节开幕

2014年12月28日，“2014唐山(中国)首届玉石文化节”在唐山冀东古玩城隆重开幕，这是唐山市举办的首次全国性大型玉石类专项文化活动。有来自北京、天津、上海、江苏、辽宁、新疆等20多个城市的近百位玉石商家参展。玉石品种涵盖了和田玉、翡翠、岫玉、独山玉、玛瑙、宝石、碧玺、祖母绿、红珊瑚、猫眼、绿松石、孔雀石等几十个类别。

甘肃省肃北县马鬃山发现古代玉矿遗址

由中国社会科学院主办，中国社会科学院考古研究所、考古杂志社承办的“中国社会科学院考古学论坛·2014年中国考古新发现”在中国社会科学院学术报告厅举行。评审委员会从全国考古机构推荐的数十项2014年全国最新考古发现中遴选出六项重要发现，其中，甘肃省肃北县马鬃山玉矿遗址位列其中。

马鬃山玉矿遗址位于甘肃肃北县，初步确定年代为战国至汉代，是中国已发现的最古老的玉矿遗存之一。在玉矿遗址中，首次发现作为拣选玉料作坊的半地穴房址、玉矿周围的防御型建筑，以及地面式石围墙作坊。出土了大量玉器废料、玉料石皮等遗物，揭示了当时的玉矿布局结构及生产与组织情况。这是我国目前发现的唯一由采矿区、选料作坊区及防御型设施区等组成的与玉矿开采相关的聚落。玉器在中国文明起源过程中发挥过重要作用，但学术界几乎从未对玉器的产地和开采作过考古学探索。马鬃山玉矿遗址的发现，为了解中国历史上战国至汉代玉器玉料的来源提供了线索，也为中国玉器历史过程研究提供了新材料。

2014年度全国十大考古新发现揭晓

2014年度全国十大考古新发现揭晓，按时代顺序依次为：广东郁南磨刀山遗址与南江旧石器地点群；河南郑州东赵遗址；湖北枣阳郭家庙曾国墓地；云南祥云大波那墓地；浙江上虞禁山早期越窑遗址；西藏阿里故如甲木墓地和曲踏墓地；内蒙古正镶白旗伊和淖尔墓群；河南隋代回洛仓与黎阳仓粮食仓储遗址；北京延庆大庄科辽代矿冶遗址群；贵州遵义新蒲播州杨氏土司墓地。

名企风貌

《中国玉器年鉴（2015）》企业篇我们分别选择了玉界50、60、70、80后所创建的杰出企业进行采访和报道。这并非有意为之，入选企业篇的标准一直是独具风格并且在玉行做出了示范和引领作用的成功企业。然而有趣的是，入选的企业均能够在日趋冷静的玉界商海中逆流而上，均有着自己的忠实拥趸和牢不可破的疆土。这代表着江山代有才人出，更代表着玉界生生不息的力量！对爱玉人来说，就像孩子打翻了糖果盒子，步入玉界的桃花源，打开阿里巴巴的宝库之门，走进神秘莫测的玉龙喀什河，都是不同味道的甜；对正在奋斗中的玉行同仁来说，他们是一杆大旗，是攀登的希望，也是自己的明天；而对企业家自己来说，这仅仅是一个开始！我们庆幸，自己是这前进不息的玉界的彻底见证人和忠实记录者之一，也愿我们的记录给你带来启发和力量！

（张侨恩）

尚善堂

张侨恩

▲尚善堂艺术展示馆

在众星云集的玉行里，对“尚善堂”这个品牌，人们总能心领神会地露出钦佩与向往之情。“尚善堂”是高端和田玉收藏服务的代名词，它所经手的玉雕作品自始至终都是超凡脱俗、卓然出众的玉中精品。口口相传的服务品质，诚信可靠的行业信誉，使得无论是买家还是卖家，都以与“尚善堂”合作为荣。用“渭北春天树，江东日暮云”来形容“尚善堂”的品牌创始人晏贺林先生甚为贴切，仿佛只有生机蓬勃的春日绿树，旖旎炫目的天边云霞，才能描摹出他的气质。晏贺林是他的原名，正因为玉行之人各个亲切地称他贺林，以至于原名反而知者甚少了。

贺林说：树高千尺，根植地很重要。坐落在老上海中心的新华路483号“尚善堂艺术展示馆”是他亲自设计打造的一处玉界桃源。这栋拥有80多年历史的3层名楼，保留着20世纪上半叶建筑的优雅与简约风格。走进这座宅院，仿佛于闹市中步入十里桃花源。园境幽雅，花树绕楼，水活石润，草木垂藤。大落地窗玲珑空透，偶尔透过其中一个窗户向外望去，不经意中会看到一只美丽的孔雀在绒毯般的绿地上悠闲散步，宛然画意。这座极其著名的宅邸曾经住过“造纸大王”金润庠、“上海滩”电影皇后胡蝶这样的风云人物，而今“尚善堂”入驻，修葺翻新，不仅重现了当年优雅、尊贵的风格，更把它改造成了爱玉人品茗赏玉的博雅之所。

▲访客在尚善堂品茶聊天

尚善堂并不是一个一般意义上的玉雕品牌，而是一个汇集了诸多当代顶级玉雕艺术品的经典品牌。多年来，尚善堂坚持的品牌精神就是“品质至上”。时尚和流行并不是尚善堂所看中的，眩艳逞奇、名气大小都不在贺林的考虑范围内，艺术品质才是他选择玉雕作品的唯一标准。正如一句名言：时尚，初看之下美丽动人，奈何时间流转丑相渐生；艺术，第一眼看上去或许并不惊艳，然而光阴划

▲尚善堂展馆大厅

过真美绽放。尚善堂所看中的正是玉雕作品是否具有这种能够经得起时间考验的美。一件好的玉雕艺术品，不光拥有天地赐予的珍贵的美质，更有妙手偶得的神奇蕴造。此类作品，入则为传家之宝，出则能抵值万金，随着时间的推移，这些艺术品会变得越来越珍贵。正因为多年来贺林一直遵循这一原则，使得尚善堂以及诸多跟随尚善堂的忠实藏家得以在玉海沉浮中越加稳健、壮大。

如果想要领略当代顶级的玉雕艺术品之美，聚精荟萃的尚善堂艺术展示馆是一个值得一去的地方。步入尚善堂艺术展示馆，一楼大厅高敞轩亮，两侧挂着弘一法师的一幅行书七言联真迹“利益一切苦众生，远离一切放逸行”。这件作品作于1936年，至今已有79年的历史。弘一法师当年热心时事，关心百姓疾苦，不料世态炎凉，导致一场大病。病愈后，他写下此联，以此告诫自己：世事自有因果，应当放手，顺其自然。从此脱胎换骨，更为严格自律。弘一法师的书法被后世誉为“佛书”，此联所书毫不矜才使气，结字狭瘦，笔意天真，呈现出一种淡泊宁静，不落一丝一尘的白贲之美。此书如玉，乍看并不惊艳，然无论是行文还是墨意，都越品越有滋味。入室生香，门外事放在门外，此处是心灵休憩的净土，安静温润的美玉萦绕在每一个角落。无一处是金碧辉煌、光华耀目的，只是安稳、宁静、如深山中的少女，给人以美、以爱、以纯、以享受，最高的艺术总能使人净化、升华，无论是弘一法师的书法还是尚善堂的美玉。与之相称的是贺林的性情，谦和温雅，如同十里春风，于是尚善堂就少了高高在上的距离感，只是一个悠闲安静的雅地，任谁来，都可以舒适自在。

▲ 尚善堂艺术展示馆内景

像可可·香奈儿之于时装界，尚善堂的品牌创始人贺林在玉界也是一个励志的传奇。出身平凡，但靠一份对玉雕品质的精益求精，对顾客的真心实意，对玉雕艺术品出众的鉴赏力，几千元起家，迅速积累了口碑和行业信誉，赢得了业界同仁的认可和藏家不离不弃的追随，从而达到以亿元计的年销售额，这是业界众口相传的商业奇迹，也是诚信经营在玉界所能赢得的实实在在的认可。只有慧眼识珠，能够从茫茫玉海中拣选到最为珍贵的艺术品，才能够获得尚善堂一直追求的玉雕家、藏家和商家三方获益的局面，这一切有赖于贺林出众的鉴赏能力和对市场敏锐的判断力。行家都知道，玉雕艺术家从童子功开始练起，玉雕机前琢磨半生，天赋、机遇与勤奋并存，才会在一众玉雕人中脱颖而出。当一个玉雕人有了自我觉知，开始继古开今，形成个人艺术风格的时候，在人生中的某一时刻，灵感的缪斯突然降临，一件天地精华汇集而成的美玉，恰恰得到了玉雕艺术家最为恰当的雕琢，艺术家的文化底蕴与美术功底给予作品出众的灵性与美感。这样的作品，定然高风绝尘，自然从容。而尚善堂所追求的，正是这样的作品。

▲ 尚善堂活动现场

一琴几上闲，数竹窗外碧。有花树、有琴，枣红色温润的木地板散发出清雅的木香。一楼空间开放，凤尾竹连接着窗外的四时烂漫，手工打磨的中式花梨木桌椅后面静静地摆放着顶级的玉雕名作，没有刻意的装饰，优雅而平静，所有的惊艳隐藏在观者细细品味的瞬间。爱玉人可以在中厅围坐吃茶，听琴赏玉，也可以闲坐幽篁里，看取窗外一树花。尚善堂的美，是舒适的美，从容的美，如同静静陈列的美玉，安静、优雅，幽淡处暗藏美艳，似已经舒展开的一芽春茶，慢慢品，可以品出绝好的滋味。

“天有时，地有气，材有美，工有巧，合此四者，然后可以为良。”材质坚重，触手柔滑的良木打造出的优美旋梯连接着尚善堂二楼的风景。半敞开的形式为爱玉人士打造了更为私密的空间。

▲ 尚善堂艺术展馆内景

二楼中厅开放。中厅又被拱形花窗隔成三厅，花窗玲珑空透，只是分景隔境，光线自由出入，别有意趣。厅前挂一副对联：“室雅何须大，花香不在多。”落款高式熊。高老先生是当代著名书法家、篆刻大家，其书法楷、行、篆、隶兼擅，清逸洒脱，尤以小篆最为精妙，此联是其小篆作品中之精品，笔笔中锋到位，墨透纸背，宛如利刃刻石，金石之味牵引书法的气脉流动，有种流荡回环之美。中厅雕刻四大名楼的碧玉屏风挡住了内室的光景，窗隙处间或露出影影绰绰。左右两侧花窗各挂一幅画作，分别是捧寿金童与纳福玉女各伴一只活泼可爱的玉兔。仔细一看，原来所画竟是雅室主人贺林先生于兔年所得的一对粉雕玉琢的双胞胎儿女，所画惟妙惟肖，正是好友对贺林的一份浓浓的祝福。众所周知，贺林家庭和睦，双儿活泼，小女娇美，妻子于创业之始便一路支持鼓励贺林走到今日之辉煌，如今恩爱更胜从前。雅趣十足的尚善堂时时有童颜稚语，西厢是尚善堂的小厨房，亲朋好友吃个舒服的家常便饭，没有应酬，便如在家般随意。“随意”，是尚善堂的主人贺林先

▲ 尚善堂艺术展示馆内景

生要给尚善堂的一个标签。为了这个标签，尚善堂的每一把椅子坐上去的感觉，都要在美观之外极具舒适度，所摆放的每一个位置，都要有合理的光线和私密度。当你发现阳光刚刚好，想要晒晒太阳的时候，几把舒适的欧式座椅恰好在阳光最好的位置，当你坐下的时候，发现这把椅子恰好最服帖地给了你一个舒服的拥抱，可以跟朋友暖洋洋地晒着太阳，喝喝下午茶；当你和好友就一件出色的玉雕艺术品讨论的时候，就在身边，有一组可以对坐的沙发，欧式，舒适度一流，手工订制，半球状黄铜铆钉不温不火的散发着淡金光泽，柔软的皮质透气而又韧性十足。坐下讨论，发现此处隔音极好，光线正佳，对着一件佳品美作反复把玩，可以看清所有细节，可以共同发掘出新的惊喜；若是三五好友，话话家常，赏玉品酒，更可以随处落座，花窗隔出舒适的偏厅，名玉萦绕，兰香浮动，也可以去更私密的雅间，一窗绿意洋洋洒洒，有名画可赏，有名玉可玩，兴致高处，也可以三五人下棋玩牌，欢声笑语，门外却因极好的隔音仍然安安静静……一切随意，一切刚刚好，宾至如归——这是雅室主人的玲珑心。“室雅何须大，花香不在多”，当年郑板桥的一腔文人情怀，恰应了异时空尚善堂的一室风雅。

一个人的书房，隐藏着一个人的许多秘密。法国人会客一般在客厅，亲密的客人可以一同用餐，如果主人邀请你来到书房，无疑，他愿意跟你共享他的秘密。尚善堂主人贺林的秘密，在他三楼的书房里。画案上有一叠书房主人的书法习作，观之气韵生动，风流蕴藉。儒家的审美与玉的格调同出一辙，讲究外柔内刚，如锥画沙。一个“藏”字，既道出玉之美，也道出书法之美，更是君子的美好气质。如非亲眼所见，很难相信贺林的书法已经颇有气象，他性情谦和，纵有十分努力，也只露一分光芒。正如贺林对“言念君子，温其如玉”的理解：如玉，是气质修养兼收并蓄，雍容而不露锋芒，这是玉之善道的平衡。多年来，贺林在收藏领域涉猎甚广，书房里摆放着印刻着历史与岁月痕迹的玲珑美石，倾注着匠人精神的牙雕日本武士，各类瓷器珍玩，更有品味不凡的书画藏品……如果要摸出一个脉络来，那所有的藏品都与一个玉雕家的审美有关。藏的最高境界是品味，书画对贺林的影响是最为直接的，尚善堂的厅、堂、廊、阁处处有画，或于幽室带来活泼泼的生趣，或于长廊照亮明媚春光，或于闹处带来田园吟咏，或在不经意间走入一个房间，一位纯洁的少女最为动人的微笑镶嵌在缓缓的时光里……每画必有妙意，细品花似有香，仿佛一幅画可以点燃一个房间的诗情。不得不叹贺林在书画收藏上的境界，然而品味亦藏，玲珑心思的贺林平日里和若春风，穿着亦自在随意，唯有在参与艺术创作之时，处于对美的敏锐，对艺术的追求，才隐露锋芒。

▲ 尚善堂艺术展示馆内景

当年尚善堂艺术展示馆开业之际，贺林的良师益友倪伟滨先生亲自作一幅笔墨生动、构图奇佳的《葡萄图》赠与尚善堂。这幅画是倪伟滨的精心之作，枝叶洒脱，浓淡有致，两串葡萄鲜嫩可爱，延续了倪伟滨在玉雕作品上的清雅风格，贺林越看越喜欢。喜欢之余，他还想锦上添花。便邀请当代画花鸟草虫尤为著名的画家韩敏老先生添上了一只纤毫毕现、栩栩如生的绿蚱蜢，动静结合，田园之情跃然纸上，更有了活泼泼的精神。此画钤三印，落双款，既有知己之情，又有成全之意，贺林的求善求美也在这幅画作上体现得淋漓尽致。此画如此，放眼于尚善堂的玉雕艺术作品更是如此。“万趣融于神思”，尚善堂所订制，所参与，所拣择的玉雕艺术品，无不有贺林的奇思妙想在其中。少时居于江西小村，花鸟草虫，牧归田园的生活给予贺林对土地和大自然的热爱。玉雕创作本就是天地精华与人文精神的结合，“同自然之妙有”便是贺林在艺术上不变的精神追求。被誉为海派教父的玉界大家倪伟滨先生在创作《四世同堂》的时候，巧妙地把一块青花俏色出了四只蜗牛，亲亲热热的一家子，最小的赖在最老的蜗牛背上，就像祖孙俩的互动，十分生动有趣。开始设计的时候是准备把玉石下方俏色成一块山石，但贺林建议设计成一块更符合自然规律的朽木。小时候他在江西老家常常观察这些小昆虫，蜗牛喜欢在阴暗潮湿的环境中生活，破败的树干是它们最喜欢的根据地。倪伟滨采纳了贺林的建议，惟妙惟肖地雕刻了一段足以乱真的朽木，《四世同堂》因此成了一件让人拍案叫绝的俏色奇作。贺林的生活经验丰富，奇思妙想非常多，尚善堂许多作品融汇了他的心血。他了解藏家的需求，眼光也更有艺术前瞻性，他的建议常常会让本来迟滞的创作过程灵感爆棚，也常常让很多与他合作的玉雕家茅塞顿开、受益无穷。古、今、中、外，从艺术传承到艺术发展，从眼睛的艺术，到心灵的陶冶，贺林非但能够体会美，更能够创造美。然而贺林在书画上的造诣，在收藏上的底蕴，在玉雕界的影响力都如和田玉的精光内蕴，只有有心之人才能窥其一二。正如墙上所挂女书法家周慧珺先生的书法作品“宠辱不惊”，笔力遒劲，取势跌宕多姿，疾徐有致，疏密得当，字势八面出锋，颇有女中巾帼之豪情。在人生风雨中保有本真的性情，于商海起伏中宠辱不惊。这四个字正是贺林的心境写照。

当我们在三楼的大会客厅漫步的时候，仿若进入了顶级玉雕艺术品的殿堂，许多玉雕界传说中的名作在这里得见真颜。倪伟滨的《麻姑献寿》、吴德昇的《和谐》、王平的《净瓶观音》、崔磊的《钟馗嫁妹》、刘忠荣的《仕女山水把件》、贺林的《羲之爱鹅》、颜桂明的《雄霸一方》……翻开尚善堂的图册，懂玉之人尽可以心悦诚服。如果说中国当代和田玉顶尖作品要做一个大全，这本册子绝大部分玉雕作品可以付梓成册。贺林不遗余力地收集、订制、参与、创造这样的顶尖之作，以至于玉行很大一部分大家耳熟能详的经典作品，都来自于尚善堂。玉雕企业做的大不稀奇，但要做的高却非常难。好作品需要等，需要碰，甚至需要极具眼光的经营者本人也参与其中。收集与打造如此多的名作难度可想而知，不少人好奇尚善堂是如何做到的？品质、品质、还是品质。把力气花在品质上，让藏家亲身的经验为尚善堂做宣传，这是贺林的经营之道。一旦作品入驻尚善堂，就已经是对玉雕艺术家最好的肯定和褒扬。许多如今如日中天的玉雕艺术家尚未成名之时已被贺林所关注，他不遗余力地给予他们创作上的支持，并把这些有艺术价值和升值空间的作品推荐给藏家。如今许多作品的艺术价值早已得到了市场的肯定，贺林有一双点金手，大凡经过贺林参与或者指导的作品，往往更能够形神兼备、一鸣惊人。收藏其作的藏家也因尚善堂的推荐而受益无穷，这种三赢局面，正是尚善堂所追求的。吴德昇的《和谐》是他的经典名作之一。当年贺林慧眼识珠，38万买入，中间几经易手，几年后贺林又从藏家手里600多万买回。贺林认为，这件作品是吴德昇坐标交汇处的神来之作，无论是时代性和工艺性，都属于一流的玉雕艺术品。在他看来，尚善堂有责任尽可能地收集更多有升值空间的作品。这是对藏家的一份负责，也是对玉雕艺术品品质的坚持。这份坚持最终赢得了大家的尊重，做玉人以作品进尚善堂为荣，也以贺林拜访为傲。众人对“尚善堂”的信任，让贺林总能第一时间看到玉行里最顶尖的作品，而贺林以其专业、独到的艺术触觉为玉雕艺术家提供了许多艺术灵感和思路，更以贵重的人品和绝佳的品位为玉界打造了一个让人叹服的高端玉器的王国。尚善堂成就了一桩又一桩

▲ 颜桂明：《雄霸一方》

▲ 崔磊：《钟馗嫁妹》

玉界美谈！也获得了一个又一个的朋友。对品质的坚持、对艺术的尊重，让尚善堂揽尽天下名玉而享誉玉坛。

玉之情结，是国人骨子里无法抗拒的诱惑。爱玉之人，必然是彼此的知音，即使相隔万里，也能在尚善堂琴瑟共鸣。精致、清雅、纯美、祥和，充满了东方精神和真挚的情怀。美玉在斯，徜徉其间，爱玉人尽可以在这桃源里度过一段梦幻般的时光。玉雕艺术品本该匹配这样的殿堂，仿佛超越瞬间与永恒的对立，把永恒引到当下、瞬间，要徜徉其中的观者从当下体验永恒。当我们在巴黎参观世界奢侈品牌卡地亚的旗舰店时，常常佩叹法国人对珠宝艺术的尊重，在典雅精致的殿堂里欣赏“皇帝的珠宝商，珠宝商中的皇帝”，不由得对法国的文化和品牌对珠宝领域的探索心生敬佩。而集天地精华与东方精神的和田美玉，在当代玉雕艺术家的不懈努力下，也有着震撼人心的力量。如今，远离嘈杂与浮躁，属于我们东方特有的奢侈品——玉雕艺术，也有了相匹配的博雅之所。爱玉之人闲时相约，于闹市中步入十里桃源，在尚善堂品茗赏玉，缘晤一厢。能够传递东方文化与人力之极致的尚善堂艺术展示馆，在贺林的带领下，正向着旖旎的世界艺术品殿堂努力，这里是和田玉雕刻艺术的王国，每一个爱玉人，愿我们在不久的将来在此处相逢。

徐州玉道馆

张侨恩

▲徐州玉道馆

2014年，美国《外交》双月刊网站于11月17日发表文章称题为“Dragon Net-China's Next Economic Miracle（龙网——中国的下一个经济奇迹）”，高度评价了中国互联网的发展前景。2014年11月19日，首届世界互联网大会在浙江省乌镇开幕，习近平总书记发来贺词：“中国正在积极推进网络建设，让互联网发展成果惠及13亿中国人民。”毫无疑问，中国已经以一种绝对自信和开放的姿态做好了迎接奇迹的准备。在这样一个大背景下，中国的玉界，互联网潮流已悄然席卷全国。大凡泡过几天论坛，玩过一阵微博，或者在微信时代玩得不亦乐乎的玉界玩家们，几乎没有不知道“徐州玉道馆”大名的。“以玉会友、专注籽料、名家名作、包退包换”——徐州玉道馆的微博平台，是业内公认的做得最成功、最专业的微博平台之一……绝对的籽料，让人尖叫的价格，近千人同时整晚竞标，最终获胜者如同中了头彩一样的让人艳羡……在采访中，馆主对于自己这成功且不可复制性的网络平台是这样说的："这里是中国最顶级的和田籽玉雕刻作品及原石的微博微信展示窗口，我们毫无保留地展示给大家最美好的玉，更毫不吝惜的普及真正的籽玉文化知识，我们希望玉友们越来越懂籽玉的料与工、史与鉴，这样我们才能更好地交流，也能更轻松的为玉友服务。说白了一句话：玉友们越懂，我们才能越好卖给他们产品，也越容易成为他们的朋友……"

在"华夏九州"之一的古城徐州，有一千多家玉器实体店，"玉道馆"正以"工、料、形"的优势引领风潮。这个由一群阳刚十足的纯爷们儿组成的团队，在如今稍显平静的玉市中线上线下一片红火。许多人好奇：徐州玉道馆为什么可以逆流而上，独占鳌头？一点一点探索下去，笔者惊奇地发现，玉曾经以一种谁也不曾见过的面貌展现给了玉道馆的主人——倪润杰。这个魁梧而刚强的汉子，当年既不是大师，也并非专家，在血与沙的洗礼中，用一千多个跟头换来了对玉道的了悟。玉选择了倪润杰，命定的缘分为倪润杰铺就了玉路，也奠定了玉道馆的辉煌。

▲ 倪润杰读玉

不入徐州，不知汉高祖刘邦"大风起兮云飞扬"之豪情！如果小桥流水代表苏州，那么龙吟虎啸就是徐州！因为黄河泛滥连年水患，又因为"彭城之得失，辄关南北之盛衰"的军事地位，古彭城里地势最高的户部山，是西楚霸王的点将台，也是文人墨客登高怀古、题诗咏词之地。户部山是最能代表徐州的地方，既有居高临下、崇台峻基如戏马台之森竦威严；又有鳞次栉比、华灯璀璨如步行街之繁华熙攘；胡同里是古树成荫、诗情画意的江南秀美，却在不经意的回首间，瞥见残破的楚汉石雕、神秘古朴的明清花窗，似乎瞬间把你送回到杀声震天、金戈铁马的古战场……在这些古迹与繁华的包裹下，“玉道馆”似一个起始，又似一颗圆心，静静地矗立在户部山步行街的北首。高门华榱，金铺玉户。没有江南玉企那曲径通幽的韵味，却有一种明朗贵重的风神。与诸多玉界名企有所区别的是，徐州玉道馆是“一个人的传奇”。企业就是这样，要么是接力赛式的传承，一代又一代持之以恒的造就；要么是一呼百应，一个灵魂人物的崛起，铸就品牌的传奇。玉道馆显然是后者，创始人倪润杰与玉道馆就像不可分割的一个整体，命运和机遇，都紧密地连接在了一起。于是企业的采访，就从一个人的故事说起……

一方水土养育一方人。徐州男人大半身材魁梧，挺拔健硕，哪怕是头发花白的老人，也在晨练时健步如飞，丝毫不见老态。仿佛大街上喊一嗓子，立即就能组织起一支“来之能战，战之能胜”的队伍。如果倪润杰出现在这支队伍中，见到他的人丝毫不会怀疑他会成为这支队伍的首领。“力拔山兮气盖世”！这样的男儿，与生俱来的使命就是“征服”！在徐州玉道馆的三楼悬挂着一组照片：

▲徐州车道馆·倪润杰·于2007年环塔拉力赛

一名摩托车手在塔克拉玛干的漫天黄沙里驰骋！还有一张是脱下头盔的倪润杰那张粗粝、脱皮、黝黑的脸！这是环塔克拉玛干汽车摩托车越野拉力赛！每天在地狱似的无人区里与死神搏斗，从30米的沙堆上连人带车翻滚而下，从沙里挖出自己，挖出车……在和田河里翻滚、挣扎、被V型坑别倒一次又一次，右大臂骨关节捣进胸大肌里，和田河吞噬了倪润杰……在爱玉人的心里，和田河美丽而神秘，在倪润杰的心里，和田河让从不流泪的他热泪盈眶。三年的环塔，摔了一千多个跟头，无数次与死神擦肩而过，不服输的倪润杰最终捧回了HT6组第八。一个铁塔一样的汉子，在暗藏杀机的河床上翻滚挣扎的时候，大脑一片空白，肉身流血，无数次磕碰，内心越来越坚韧，没有谁会像倪润杰一样，曾经像一块玉一样在和田河里翻滚、挣扎、承受。夜晚的和田河变成了冰河，在零下5℃的水里趟过，倪润杰突然明白了玉的道。

了解倪润杰的人称他为“大玩家”，无论玩什么，玩深了，玩到大境界，大格局了，如珠玉之于瓦砾，代表的是一种超越。在诸多变换而又成功的身份中，拉力赛车手和玉者，始终是他不变的身份。极动与极静——赛车手代表着他的力量和释放，而玉道，却是倪润杰沉淀与回归的心灵世界。作为拉力赛车手，他曾是环塔拉力赛的“始作俑者”（2005年第一届环塔拉力赛，倪润杰是灵魂人物），拥有一呼百应的声望。作为一名在和田河里搏杀翻滚、生死相交的玉者，他最终臣服，最终懂玉，最终在环塔捧誉而归之后，继徐州车道馆后又创立了“徐州玉道馆”。

2012年徐州电视台采访倪润杰，说他年仅33岁玩玉28年，一方面玉道馆是这条繁华玉街上最有影响力的品牌，另一方面倪润杰也是门里出身的一个人。了解他的人都知道倪润杰从小玩玉并非虚言，他有位爱玉如命的父亲，更知道从倪润杰懂事开始，小小的他就在徐州博物馆进进出出，成了当时老专家们宠爱的小徒弟。倪润杰铮铮铁骨下有着玉一样的心性，仁厚、义气、智慧、勇敢、纯良。在兄弟们的心里，倪润杰就像他的名字一样，温润而泽，卓牵为杰。而倪润杰，在三年环塔拉力赛把生死交付给和田河之后，他突然明白了‘玉之道，是成圣之道”。他更爱玉，更懂玉，当他像一块玉一样在和田河里翻滚和挣扎的时候，倪润杰的心里突然明白了什么……像有如神助一般，他活着走出和田河的时候，下定了决心：后半辈子，把自己交付给玉。

他说：“要么不做，要做就做到极致！徐州玉作的两个问题：一是籽料渠道少，二是雕刻工艺滞后。”从此以后，为了开拓籽料的进货渠道，倪润杰数次深入籽料产区腹地探索玉路。因为环塔拉力赛，他对南疆很熟悉，于是一次又一次踏上征程，不为环塔，而是为了寻找心中的玉。玉有玉路，当年倪润杰的摩托车，闯过丝绸之路的英吾斯塘，翻过传说中的北山便道，他在无人区里触碰到了没有人见过的克里雅河。倪润杰此后一年必定去新疆至少一次，在老河道附近一遍一遍摸索，从总闸口的玉石大巴扎，到30公里至70公里处的产玉弯道，从洛浦县上游飞机场底下英阿瓦提的玉石巴扎，到洛浦县下游吉亚乡的玉石巴扎，倪润杰不光对当地的地情玉貌了如指掌，还总结了一手人称“倪氏辨玉法”的绝活儿：只要是和田的籽料，倪润杰只需要一上手，就知道具体出自哪个地区，前后距离不会超过二三十公里。维吾尔族老乡拿来一手的料源，倪润杰经常看玉就知道老乡的家住在哪个乡！这不光让同行和专家钦佩不已，也让维吾尔族老乡对这个长得很新疆的汉族爷们儿多了一份由衷的钦佩！豪爽义气的倪润杰奇迹般地得到了维吾尔族人的认同，被老乡们亲切地称为“阿达西（维语意思是好朋友）”！彪悍的人自有彪悍的人生，翻开倪润杰的手机，通讯录里一半是新疆各地阿吉们的电话。相较于其他买家，阿吉们给“阿达西”的价格是自己人的价格，谁也不会卖给他榔头料，因为连他们拥戴的大阿吉也说了：倪润杰“几千万面子滴有！”倪润杰把新疆的籽料渠道打通了，不光是玉道馆的玉料，连徐州的玉料市场也都焕然一新，有不少人成为徐州玉道馆的合作商铺，从此徐州籽玉的价格更合理，质量却远胜从前。与此同时，“玉道馆”在户部山步行街第一个打出了招牌：无有欺瞒，包退包换。闪亮的霓虹灯一直重复着这8个大字，一诺千金的背后是倪润杰的底气和诚信！而这一时期，倪润杰又敏锐地觉察到了互联网刚刚崛起的商机，于是抢占先机，玉道馆开发了网络部，一次又一次在微博和微信里推出质优价廉的拍卖，油润细腻的好籽玉雕件，远远低于市场的好价格，玉道馆的名气在线上线下都一炮而红！

玉料渠道解决了，倪润杰下面主要要攻下工艺的难关。玉不琢不成器，倪润杰成立了玉雕工作室，找来了徐州最好的工匠开始研究探索玉雕工艺。接近一年的时间，倪润杰工作室所出的精品已经在徐州首屈一指。倪润杰当时充满了雄心壮志，准备带领徐州玉雕，进军全国市场。在这之前，倪润杰是雅园玉道网站的一名忠实粉丝。他说：“对工艺的要求和诠释，我只折服于雅园。”中国玉雕界让他最为钦佩的非上海雅园的掌舵人倪伟滨莫属。倪润杰知道，倪伟滨是真玉者，是给玉赋予灵魂的人。初生牛犊不怕虎，倪润杰拿出环塔拉力赛上闯无人区的勇气，带着自认为最棒的玉雕作品去了雅园，准备与倪伟滨先生探讨一下三雕。

玉界皆知传奇如倪伟滨是何等人物，小倪碰到老倪，吃了闭门羹是再正常不过的事。但小倪不放弃，几次三番，终于见到了心目中的偶像倪伟滨。回想这次会面，倪润杰现在还历历在目。他说当时“海派教父”倪伟滨瞟了一眼作品抛下一句：“虽然你很喜欢玉，但现在还没有资格跟我谈玉！”把倪润杰噎得面红耳赤。最后深深地鞠了一个躬，小倪飞也似地跑了，玉道馆的总店经理王骁把车从上海开回徐州地界，倪润杰还是一言不发。他心里如同打翻了五味瓶，什么滋味都有了。此刻谁也没有想到，双倪的这次尴尬的会面，竟然成就了徐州玉雕未来的腾飞。倪伟滨更没想到：这个五百年前同一家的小倪，也有着跟他一样锲而不舍、倔强好学的劲头儿。这次会面成了开始，一而再，再而三，三而四五六，倪伟滨从不谈，到谈，到无话不谈，小倪对玉的领悟，对玉的执著打动了老倪。老倪也给了这个同姓的后辈一次莫大的机会。于是从玉料到工艺，有了亦师亦友的亲授。从家庭到事业，也有了亦父亦兄的合作。如倪润杰解读倪伟滨：老倪不是牛气冲天，而是爱玉如痴，见不得人把玉当成求名求利的工具糟蹋了。跟随老倪的都是懂得玉道的人，懂得玉之所以成为玉，选择的是天地间的成圣之道，风刀雪剑，冰火洗礼，最终保留下来的，是天地间的舍利，怎么能让我们这一代人糟蹋了呢？

他说：“老倪为了做好一片水花，铺了一面墙的近千张江水照片；为了做好金蟾，花园里养了一缸蟾蜍，前后左右上下360度拍照，贴在每个人的玉雕机前面；老倪养过鹰、养过猴、养过我们知道或不知道的各种与作品相关的东西。这是每一个雕刻者应该学习的地方，因为老倪如此的纯粹，才有了别人无法仿制的作品。”倪伟滨说：“没有见过，怎么做的好，做的传神呢？就算是艺术创作，也必须是胸有成竹的创作！照猫画虎，那就不是做玉，是糟蹋玉！”倪润杰听了，铭记于心！把手里顶尖的玉料，给到中国最顶尖的玉雕家去做。倪润杰说：做高端艺术品，虽然本大利小，但咱们对得起玉。藏家们也会慢慢成熟，明白用一生成就的一颗匠心，对于玉的意义和真正的价值。

继玉料渠道解决之后，倪润杰成功地完成了徐州玉道馆的高端转型。倪润杰懂玉，兄弟们懂倪润杰。与倪润杰形影不离的旗舰店店长王骁，是当年第一个站出来跟随倪润杰的兄弟。如果在古战场，他必是一名勇逮无双的骁将！玉道馆十年，一个铁铮铮的汉子夙兴夜寐，对内打理玉道馆的上上下下，对外跟随倪润杰走南闯北，是倪润杰的贴身司机、是内务大总管，更是倪润杰胜似亲弟弟的人。网络部总经理李原，是倪润杰的发小，南京理工大学的高材生，为了十年前的一个承诺和梦想，毕业后来到徐州玉道馆，管理全国闻名的徐州玉道馆网络平台，是团队中审美和悟性无双的军师。倪润杰属于跳跃性思维的老板，点子一天三变，无论倪润杰的点子多么超前，李原总能迅速跟上他的步伐。徐州玉道馆的微博和微信平台，页面干净、漂亮、文字亦幽默风趣娓娓道来，几千人的火热竞拍，次次都能有条不紊地圆满完成，并让中标者满意、参与者信服。可以说徐州玉道馆如今能够在互联网平台上一呼万应、占得先机，李原是玉道馆的头号功臣！

▲玉道馆团队

说起合作伙伴，倪润杰一脸骄傲，话匣子打开一晚上都收不住。公关能力超强、细腻周全、对玉雕工艺很有悟性的魏祥，对古玩遗珍颇有研究、灵气十足的柴雷鹏……这些都是倪润杰最珍视的兄弟，也是别人求也求不去的人才。随着徐州玉道馆的发展，他们如今都在玉道馆的分店玉道堂中独当一面，成了在徐州有影响力的店长。兄弟几人当年因为相信倪润杰而了解玉，学习玉，继而懂玉、爱玉，同气连枝，带领自己的团队共同在玉界打下了一片天下。

2012年，配合上千件高端白玉籽料作品，徐州玉道馆户部山400多平方米的总店重装面市，一楼风格典雅，挑高的空间设计配合新中式的装修，既开放视野，又沉稳安静，置身于美玉营造的世界，心情别样的愉悦而放松。众星捧月

▲ 玉道馆一楼大厅

般，名家名作围绕着倪伟滨先生为徐州玉道馆亲提的一副对联：莫失莫忘，仙寿恒昌。中间“玉道馆”三个字墨透纸背，雄健有力。左下角郑重的落着“伟滨”二字，旁边钤印，仿佛寄托着厚望。二楼被名玉萦绕的茶室舒适自在，这里常常高朋满座，不少远道而来的玉友们欢聚一堂、谈笑风生。也常常有三五知己相约此处品茗赏玉，在玉润珠光中静静地享受世外桃源般的时光……玉道馆的三楼，最为接近倪润杰的内心世界。嵯峨飞动、奇态突兀的崖柏根木托举着一件件传世美玉，同是时光与天地造就的趣灵和谐共生，如同茫茫沙漠中千年不死，千年不倒，千年不朽的倔强胡杨，伸出双手托举出一滴玉露，张开怀抱揣着天地的精华。又如公孙大娘走马如飞，舞动天下，这奇绝的舞蹈被定格成自然的天趣，刚柔并济，正如倪润杰如玉的性情，温润于外，坚韧于内。走进这个空间，可以看到玉道馆所追求的艺术高度……在国内诸多重量级奖项里屡获殊荣，与诸多业内一线名家的成功合作，在玉友和藏家那里的有口皆碑，都使得玉道馆在玉界建立起了不可撼动的行业地位。

行至今日，徐州玉道馆无论是籽料品质还是工艺水平，非但引领了徐州的风潮，在很多方面，也走在了全国的前列。玉界从来没有一朝明星唱独角戏的时候，后浪推前浪，一代有一代的贡献，一代有一代的精彩，作为后起之秀，倪润杰平素并不张扬，但却并不满足于现在所取得的成就。他说：徐州是我国三大文化交汇之地，齐鲁文化、吴越文化和荆楚文化，这三大文化兼同其他地域文化共同孕育了中国历史上最为璀璨的“大一统汉文化”。徐州是汉文化的发源地，汉

▲黄杨洪：《大日如来》

▲张明泉：《金戈铁马》

▲忠荣玉典：《双面山水牌》

▲吴能：《共鸣》

▲王平：《天师钟馗》

玉之美更是难以言喻。倪伟滨曾带雅园大团队来徐州博物馆及徐州各地观摩学习多日，这位玉界泰斗级人物也不由得惊叹汉玉之博大精深、精美绝伦。倪伟滨先生说："雅园会对两汉文化的传承尽一份力，毕竟这是一个民族的底蕴。"

接下来的日子，将会是玉道馆真正腾飞的时刻，当大汉之千年古韵结合独特籽玉之亿年风华，共同创造出玉界的一股全新的风潮，玉道馆的玉道之路，也将在当代玉界的舞台上，时刻准备着！那时那地，我们再与玉道馆相约未来！

扫一扫上面的二维码，
加入玉道馆微信

琢境

张侨恩

▲琢境内景

在北京，如果坐上一辆出租车，目的地是“盘古大观”，司机师傅多半会比平常客气。如巨龙一样屹立在千亩奥林匹克公园的盘古大观，自建成之始，就以其种种传奇成了北京人心目中的新地标。玉界大名鼎鼎的“琢境”就在这里。虽然曾经因为众口相传而对“琢境”抱持很多的猜想、期待和情结，然而真正走进门的那一刹那，奢贵无比的盘古大观瞬间被一种花草与典雅木色营造出的舒适感所替代，心情在那一瞬间变得放松惬意起来。

琢境位于盘古大观15号楼的6层。660平米的空间按功能被分成四个大区域，分别是小厨房、客厅、会议厅和两处风格迥异的茶室。好玩的是，这里被主人布置成家的样子，如果不刻意探知，你几乎以为走进的是一位爱玉人的私人豪邸。在盘古大观近百米的空中凭窗眺望，无敌的视野确实给人以震撼！一望无际的蓝天白云下，梦幻的水立方在180米的正前方，鸟巢在其后，艳黄间隔开无尽葱茏的绿，延伸到视野的深处，止于隐约能看见的城市建筑的剪影。巨大的窗户不光能收四时之烂漫，纳千顷之风光，还给了室内舒适的光线和温暖。天然的树瘤木皮纹路绚丽，质地细腻，伴随木头的肌理在阳光下呈现出奇特的光影效果，在整体空间铺陈，犹如帷幕般奇妙。

“妙”这个字，在琢境可以被演绎成各种姿态。

▲琢境内景

妙意 当阳光照射在屋内，木地板反射出温暖的光泽。靠在客厅里柔软的小牛皮沙发上，颈后的气枕为调整出最舒适的角度缓缓隆起，品一口明澈嫩绿的猴魁，回味唇齿间的甘香，忍不住要长舒一口气。坐在这里，仿佛在蓝天白云间置一光影迷人的帷幔，可以暂时断了自己与红尘琐事间的一切联系，享受一份难得的闲情。这份妙意，来自琢境团队对细节的精心打造。你所不知道的是，那修长剔透的玻璃高杯，是为精心挑选的顶级猴魁所特制，材质、高度、容量、形状乃至把的位置及舒适性都经过反复调整；那处处绽放的或俏皮可爱、或曼妙娇柔的花艺均为私人订制，保持着每两周更换一次的绝无重复的新鲜和迷人；小厨房送来的时令水果都是有机水果，色彩、分量以及搭配都经过精心挑选；牛皮沙发来自阿尔卑斯山的小公牛背上的一块韧性及完整性最佳的皮；哪怕地上踩的一块地毯，都有着背后不为人知的良苦用心……没有夸张和炫耀的成分，每一个小小惊喜都是在不经意间触动你内心的柔软，这一切构成一种难以言喻的舒适，懂得珍惜、尊重一个人内在的愿望，不光有关品味，更涉及贵族精神的核心价值观，此刻，琢境已经舍弃表面的豪奢与虚荣，转而走向一种恰到好处的精致与典雅。

▲琢境内景

妙趣 在琢境，客厅与会议室之间没有硬性隔断，只在中间置一红木博古架，自然光线流动于每一个角落。相悖于一般会所中，博古架上会置放一些古董珍玩类的重量级藏品，主人的趣味收藏显然十分轻松且富有情趣。最显眼的是一件“刘海戏金蟾”的竹雕作品，众人戏称从未见过如此欢乐的刘海，眉开眼笑地站在一只又胖又可爱的金蟾上。呆萌的金蟾长了一口整齐的切牙，还隐约有个双下巴、张开大嘴欲咬刘海手中的穿钱绳。这生动活泼的竹雕作品来自于安徽的竹雕名家，看样子最好的雕刻皆有相通之处，作品传递出来的欢乐情绪让每个人的脸上都满溢了笑容。博古架的正中是一片悠游的海底世界，珊瑚石上游过一群剔透可爱的七彩小鱼，仔细一看，竟全部由各色的冰糖心玛瑙雕刻而成，仿佛一瞬间明白了“琢境”二字的含义，再纵观雕琢精美的红木博古架上的陈设，砚台、竹雕、根雕、牙雕、漆雕……这由“琢”衍生出来的诸多乐趣，非置身其中不能意会。

▲琢境内景

当我们走进会议室，惊奇随之发生，就像阿里巴巴的宝库之门，木质墙壁缓缓打开，伴随着一众惊奇的目光，琢境向我们展示了它的琳琅美玉。美轮美奂的陈设、各具特色的大师作品、美艳的南红与纯净的白玉交相辉映，惊艳了一众的眼睛。在被这神秘而动人的开场打动的同时，我们也被琢境的良苦用心所打动。琢境的本意是为“琢”延伸来的艺术提供一个展示和交流的平台，除了玉雕艺术以外，亦承接根雕、唐卡、纸砚……等艺术品类的交流活动。为了营造轻松舒适的交流氛围，琢境团队在设计的细节上下了很多功夫，一个可选择开合的人性化展柜，却因史无前例而必须亲自寻找每一个环节的厂商订制。最终的方案：选定了进口的顶级轨道，这种轨道的开合并非匀速，例如会在开合时越来越缓慢，以避免观者或者孩童不小心被夹伤；皮加亚麻的展柜隔层与琢境的设计思路吻合，皮质的时尚典雅与亚麻的舒适自在传递了琢境要给予我们的感觉；木门则依然是选择了天然树瘤皮，以保证关闭时房间的统一性。一个妙趣横生的细节，背后是贴心的关怀。精致、贴心、独一无二，有万般理由让我们钟爱琢境。

▲琢境内景

妙人　人是环境的主体，若无妙人，环境再好也少了灵魂。高挑美丽的东方女孩，有白净的皮肤和黑色的长发，淡妆，素手，可能是茶艺室里煮茶的茶艺师，也可能是葱郁高大的滴水观音下弹古筝的姑娘，又有可能是眼前这位声音好听、业务娴熟，笑起来眼睛弯弯的刘璐小姐。最精彩的是接受采访的丁晓英、丁晓丽这对笑靥如花的姐妹，她们在玉行多年，采访过程中问到任何一件作品，都得到了专业、贴心的回答。在大家各司其职、有条不紊的背后，每一位成员还要具备各自专业领域中的极高水准，玉如美人，美人如玉。人给琢境注入的，是一份青春洋溢的生机，也是一份灵动聪慧的美丽。

▲卢开飞、曹扬：《荷塘情趣》

妙工　众人皆知在琢境可以看到顶级的玉雕艺术品。当下吸引我们的是沪上名家卢开飞先生与苏州玉雕家曹扬先生合作的《荷塘情趣》籽玉牌。卢开飞先生以花鸟雕刻成名，尤擅雕鹅。曹扬则具扎实的书法功底，阴刻书法独具个人特色。此二人虽居沪、苏两地，但都属于常年埋首于创作，低调务实的玉雕家。玉界盛传卢开飞非宝不雕，从不落款。众人仅能凭借其灵韵生动、逼真传神的风格判定出自其手。这件《荷塘情趣》的玉质极其细腻油润，洒金红皮被俏雕成两片翻卷摇曳的荷叶　一只悠游自在的白鹅从荷叶下游出，池水清波荡漾，白鹅神态悠闲，翅膀半展　细腻蓬松的绒羽与整齐优雅的正羽因为角度的不同折射出不同层次的光影，老熟籽玉那种独特的油性在这样的光影里散发出迷人的光泽，柔波线条流转，消逝于俏色而出的明艳浮萍，洒金皮本就斑驳，此刻仿佛有晶莹的水珠在其间滚动。是不是大白鹅刚刚抖擞了翅膀，溅洒了一池的水花？还是清晨的露珠还未曾消散？这荷塘的情趣引得我们浮想联翩。另一面有曹扬从容潇洒的阴刻行楷书法，南宋诗人杨万里的七言绝句《晓出净慈寺送林子方》诗文如下：

毕竟西湖六月中，风光不与四时同。接天莲叶无穷碧，映日荷花别样红。文末落款：润宗琢字。曹扬先生行文朝向偃仰、阴阳起伏、大小错落、顾盼生姿。是其阴刻作品中之佳作。《荷塘情趣》图文双绝，堪称完美。正当我们还沉浸在这田园情趣中意犹未尽之时，“大工斩玉”的海派玉雕名家崔磊先生的《函三为一》瞬间把我们带入了宇宙的原命题中。《汉书·律历志上》中言“太极元气，函三为一”。中国的古人认为，太极囊括天、地、人三才。崔磊由此灵感，创作《函三为一》。东方美学中存在着两种不同的审美倾向。一种是初发芙蓉、自然可爱，一种是错彩镂金、繁复眩目。国人雕玉，传统上越是干净温润的极品，越往前者走，仿佛只有避裂藏绺时才用上繁复的玉雕工艺。崔磊偏偏要反其道而行之，他的作品向来石破天惊，以艺术上大刀阔斧的创新和工艺上大工斩玉的决心在玉雕舞台上唱出一曲惊天动地的摇滚。《函三为一》也不例外，红皮白肉的一块大籽玉，枣红皮上俏雕出交缠与一体的烈日、祥云与巨龙。凝润洁白的玉幻化成扶龙吐珠的天神“玉帝”、手持玉简的大地之神“后土”、孔道圣人“孔子”，代表天、地、人三种精神气。张烈、繁缛，崔磊把和田玉中的阳刚与力量，透过这件充满哲思的作品传递给了观者。

一件作品是一个心灵的境界，疏影横斜中牵引出冯铃的娇憨青牛，古韵青砖上升腾起黄罕勇的蓄势黑豹，玲珑湖石畔游动着赵显志的灵动金鱼，不经意的回

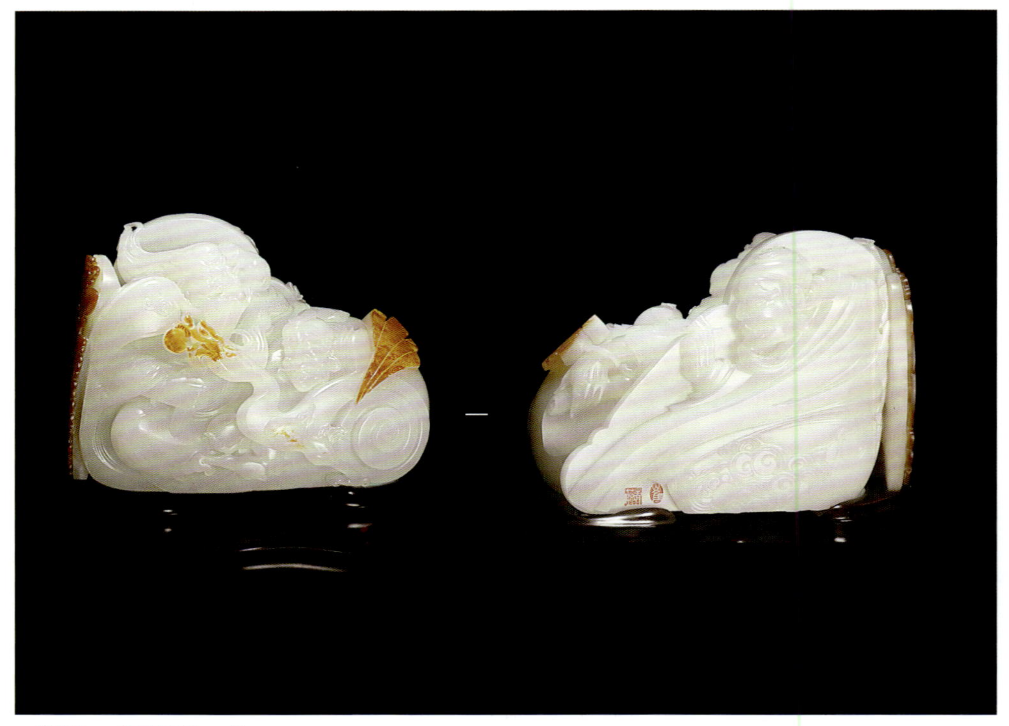

▲ 崔磊：《函三为一》

首，“一户侯”的葡红弥勒在一棚新绿搭出的荫凉下朝我们眉开眼笑…… 琳琅满目，漫步其中，品玉论工，好不欢喜。当雅园展厅之门为我们缓缓打开的时候，我们见到了传说中的上海雅园的作品。这个由“玉坛教父”倪伟滨先生创立的玉雕品牌，以其俊朗飘逸、清雅别致的风格，匠心独运、巧夺天工的技艺，精益求精、追求完美的精神，站在中国当代玉雕艺术的巅峰。如果琢境愿意为你打开这道美玉之门，我们可以看到诸如《锦灰堆》这样的传奇名作。这块重达1756克的和田籽玉，红皮白肉、玉质细腻温润，是一件重量级的原料。倪伟滨先生抚摸这块玉料，周身的红皮是时光的见证、淡淡的伤裂是万年的磨砺、而那老熟油润的玉质，就像一块天地间的舍利，以这至刚至柔的身躯负载着历史的沉淀。倪伟滨想到了《锦灰堆》。这是古代文人雅士间盛行的一项斗艺绝技。把书房中的杂物，例如烧过的古旧字画、破损的青铜器拓片、虫蛀的古书、废弃的画稿、扇面信札等逼真地绘制出来。绘制《锦灰堆》需要画者既善笔墨丹青，又懂青铜造型，还要能篆刻、以及模仿各家字体等绝活，由于制作难度大、耗时长，能胜任者少之又少，后来渐渐走向失传。在纸上绘制锦灰堆都有如此难度，更何况做玉！玉制锦灰堆，具有三维的视觉艺术特点，创制除了要具备以上能力，还要能在玉石之上呈现出纸张、瓦当、拓片等不同的质感，并且要根据玉石的特点合理布局，以达到乱真奇趣之效。当雅园在玉上重现了这项古老的绝技，《锦灰堆》一经问世，便引起了各界的轰动。当今不少玉雕师开始挑战锦灰堆题材，然始终难以超越此作。近距离观察这件奇作，构思之巧妙，工艺之奇绝，让人叹为观

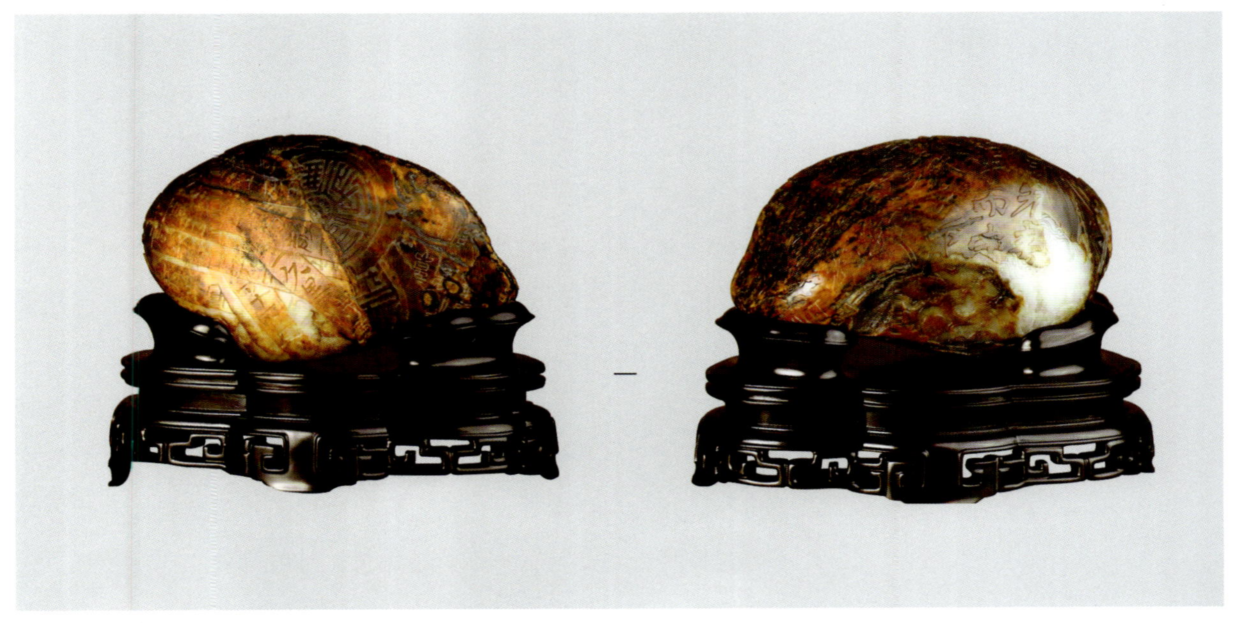

▲上海雅园：《锦灰堆》

止！一个琢境，在山苍树秀、水活石润的天地之外，为我们别构了一番妙工的灵境，一花一树、一丘一壑，皆因心而造，因巧成就。满室奇宝，华裔照耀，爱玉人徜徉其中，可尽享快意无边！

经营理念 舒适典雅的环境！精挑细选的经典名作！贴心而周到的服务！这一切的背后是否隐藏着玉行的暴利？事实却恰恰相反，恰恰因为坚持经营本大利小的玉雕艺术品，有了品质和性价比做保证，琢境推出了史无前例的承诺：终生包退包换！丁晓英女士为我们讲述了几个有趣的故事：在琢境举办的大师作品展上，经常遇到对玉雕艺术品一见钟情的顾客。许多人之前从来对和田玉不触电，却因为见到琢境所展示的玉雕艺术品而从此一发不可收拾。其中有一位顾客，当时一见钟情一下子买走三件大师作品。但回去后妻子觉得买得太多了，两人就尝试性地打了一个电话问能否退掉其中一件，没想到琢境非常热情地退货了，而且他们发现这件作品很快被其他买家买走了。从此以后，不光是这对夫妻成为了琢境的忠实顾客，还介绍了他们的朋友成为了琢境的忠实买家。丁晓英说：相比品质差但价格低的中档产品，琢境所经营的高端玉雕艺术品反而本大利小，正因为琢境的作品全部是料工皆佳的大师名作，在薄利的基础上，琢境敢于承诺终生包退包换，这与工作室或者品质不能保证的商家相比，无论是可选择空间还是可靠度都要高得多。琢境采取专业性强的一对一服务模式，对于藏品出处、年份、创作者的信息等都会进行耐心的专业解答。同时也会组织展览、讲座、论坛等艺术活动，在不断的交流和学习中，买家会慢慢变成行家，从而建立正确的消费观。例如有一次，琢境的爱家门店来了两位阳光大男孩，他们看了几件作品觉得很喜欢，问了其中一件作品的价格，丁晓丽报价50万，他们还价8万。听到这个还价，姐妹俩判断他们明显不了解行情，也不太懂鉴赏玉雕作品，处在收藏初期，但还是互相留了微信。此后两位玉友经常会发一些淘来的玉件讨论，并且因为非常喜欢琢境的玉作，经常去爱家门店喝茶聊玉，每来一次，就发现前一次喜欢的作品基本都被别的藏家买走了。观望了大约1年的时间，两人在市场上买了不少东西，但都不十分满意。终于有一天，在反复确定了琢境的承诺“终生包退包换”之后，这两位大男孩决定花26万买入一件料工俱佳的作品。两个月之后，他们再来喝茶，颇有感触地说：“我们终于明白你们为什么敢于承诺终生包退包换，我们以前之所以总买那么多东西，是因为当时贪便宜，买了不久就不喜欢了。人家不给退，我们只好再买看似好一点的，反复这样，手里始终没有自己喜欢的玉雕作品。琢境的东西买回去以后，越看越耐看，越玩越喜欢，你现在别说让我退，就算再加五万想要买回，我也不会退给你的。原来你们之所以敢承诺，

琢境内景

是因为你们对作品有足够的信心！”从此以后这两位玉友参加琢境举办的各种活动基本从不缺席，慢慢从不懂到懂，不光成了琢境的忠实顾客，也慢慢成了买玉藏玉的行家。

有朋自远方来，不亦乐乎！一行人赏玉品茶，从阳光明媚的午后，聊到夜幕降临，离开的时候，水立方在夜色中闪烁起美妙迷人的蓝。我们庆幸北京有了琢境，一个可以放松下来聊聊玉的地方。这里安静，但又常常有欢声笑语。这里有传奇美玉，但又不高高在上无法接近，可以畅所欲言，可以无所不问，更可以在这奇妙的琢境体悟玉路人生的奥妙。我想，这不过是一个爱玉人，建立的一个爱玉人的家，我们总归可以在这里，找到自己喜欢的那份美妙。

▲琢境周边环境

玉界摇篮

京师玉界摇篮——北京轻工技师学院

文 张侨恩

▲北京轻工技师学院在“天工奖”评奖现场的展区

当代玉雕所处的时代，学者为其定名为“民玉时代”，一个“民”字，涵盖了包括市场、职能、自由度等诸多不同以往的历史定位。玉是国宝，玉雕技艺也是国家的一门不能中断的古老传承，当玉界同仁在玉雕的舞台上挥洒汗水的时候，我们的政府也在默默托举着这个舞台。有心人不难发现，当代玉界很多有思想、有创新能力的玉雕大师，他们都有着一个共同的特点：受过正规的教育，上过正规学校，受过专业的系统训练。虽然不乏天才般的例外，然而这个绝对的大多数仍然十分引人注目。当代玉雕走到现在，在诸多因素的影响下，渐渐地呈现出了青黄不接的人才断层状态。玉界面临的问题是：传统的师带徒显然有一定的局限性，同质化的院校教学又不能适应玉雕学习的实践性和灵活性。在这样的大环境下，2012年，北京轻工技师学院常明院长接过了北京市人力资源和社会保障局局长张欣庆交给的培养首都玉雕高技能人才的重任！三年过去了，北京轻工技师学院玉雕专业的建设情况如何？带着疑问，我们来到了北京轻工技师学院玉雕教学区。

▲学生在学习书法

这座地处北京天坛西门，占地8000平方米的玉雕实训基地，临近天安门、琉璃厂、前门、天坛公园、潘家园等北京特色文化中心地带，是北京传统文化气息最为浓郁的寸金之地。刚进学校的电梯，一名十六七岁的学生抱着一摞书匆匆进来，高高的个子，阳光的面容，朝气蓬勃的青春扑面而来。他极有礼貌地询问了我楼层，并且帮我按了电梯，出了电梯，不忘微笑说一声："再见！"这一个小小的细节，透露了很多信息，这所有着50多年建校史的国家级老牌职业院校，从校容校貌，到学生的一言一行，无不透露出一种深入到细节中的文化底蕴。正值一节课结束的空当，刚刚结束玉雕实训课的同学们，自觉地将玉雕机擦洗收拾得干干净净，这是为了便于下个班级在接下来的实训课时可以用的舒适洁净。正如常明院长所言：教书、育人，不光是把知识教给学生，更重要的是一种做人的品质，一种可以到了社会的秤砣上称一称：你的能力、你的品德、你的待人接物、你的文化修养……方方面面到底有多少分量。学院现在所用的各种玉雕实训设备，都具有很强的先进性、目的是为了这些学生毕业走到社会后，这些设备正好是当时的主流设备，他们用的十分熟练、顺手，学生到哪里都受到欢迎。如果学院的玉雕实训设备老旧脱节，学生再努力，还要毕业后重新学习，这都是不负责任的！这是一个27岁就当上副校长，在职业教育的道路上实实在在干了近30年的教育实干家说的话！正是常明院长灵活而又接地气的办学思路，使得我们对如今玉雕专业170多名学生，还未毕业就被各个用人单位和工作室抢先预定甚至签走的情况并不感到奇怪。

▲学生在进行玉雕实训

一个班里总有学生能解开难题，一件难事儿到了常明手里就有了不一样的解决办法。三年前，常明手里有两个难题：国家示范校建设和创办玉雕专业。当时，很多人对国家示范校建设项目并不了解，但都了解德国制造。德国学童十岁“分流”，各自走入“大学轨”和“技工轨”。有个耳熟能详的故事是德国工人来到中国画了个圈带走了10万美元，但我们所不知道的是德国培养一名职校学生的年均花费是普通学校学生的3倍。2013年德国莱比锡第42届世界技能大赛，比赛期间，当地中、小学生全部放假到比赛现场观摩学习。而德国中小城市的政治家以及一些大企业家，他们的职业生涯也都是从技工开始的。德国这种对技工职业的重视和尊重，为德国的经济发展打下了坚实的基础。国人自古：“万般皆下品，唯有读书高。”大学毕业生就业难和高技能人才的极端缺乏形成了鲜明的对比。

2010年6月17日，教育部、人社部、财政部三部委联合启动国家示范校建设计划。中央财政投入100亿元支持这个项目。国家示范校建设要求获批的学校在两年的建设期内，对专业设置、师资队伍、人才培养、课程体系、校企合作和校园文化提升等方面进行深度建设，取得的建设成果要在互联网上进行公示，方便其他职业院校学习查询，最终在职业教育领域达到示范引领的作用。学院自2011年成功申报国家示范校建设项目后，通过加强软环境建设，取得了显著的教育教学改革成果，为学院的下一步发展奠定了坚实基础。在紧锣密鼓开展国家示范校建设的同时，常明院长了解到了北京玉雕人才断层、技艺人才年龄结构老化、人才分布不合理和培养渠道断流等问题，在北京市人力资源和社会保障局局长张欣庆同志的支持鼓励下，他立即组织召开领导班子会，会上做出了一个重大决定，在北京轻工技师学院开设玉雕专业，借此挽救恢复濒临失传的京作宫廷技艺，为首都玉雕高技能人才队伍建设提供人才保障。

▲学校与企业合作签约仪式现场

在北京市人力资源和社会保障局、北京一轻控股有限责任公司的指导帮助下，常明院长带领学院领导班子，怀着满腔的热情，一次又一次实地走访、考察北京的玉雕企业，一次又一次奔赴全国的老牌职业玉雕学校参观学习，在分析了诸如天津工艺美术学校、玉雕之乡的镇平工艺美术学校，乃至扬州商科高等职业学校……一系列在全国范围内设有玉雕专业的名校情况之后，学院领导们感到开发全新的玉雕人才培养模式迫在眉睫！玉雕课程体系要开发，玉雕人才教育方式要开发，连玉雕专业的任教老师也要根据玉雕专业的特殊情况量身打造。怎样解决一直以来，玉界所面临的教育困惑？常明院长想到了中国职教历史上最为接近欧洲职业人才培养的一个时期，即：半工半读时期。半天的知识学习，半天的实践学习，一静一动，实践与理论的互相促进，有效结合。那一时期培养的人才，到今天仍然以扎实的职业能力而著称，而玉界，更不乏那一时期培养出来的杰出大师。学校要坚持非同质化的教育思路，要突出灵活机动的人才培养特色。就是在这样的教育思路驱动下，最终成就了一段与有着多年办学经验的“紫气东来工作室”以及北京玉雕名企“中鼎元”的校企合作美好佳话。

▲学生在学习素描

在克服了招生、硬件设施建设、名师资源引入、企业与学校的并轨合作、课程设置、课程标准等一系列问题之后，我们见到了这样的一个校区：崭新的艺术理论教室里传来老师的讲课声，泥塑教室里摆放着栩栩如生的奔马、艺术感染力十足的人物，笔者甚至在一个角落见到了一个比例精准、超级动感的大型忍者神龟！画室、图书室、玉雕、泥塑、素描、白描等多间实训室，一间间走过，到处都是埋头创作、练习的孩子，甚至在高级实训室里，我见到了一个高挑美丽的女孩儿，20岁上下的面容，长长的头发，青葱玉指握着一块半成品的和田玉在玉雕机前磨玉，我被这个场景吸引住，在她身侧观摩了许久，她竟专注到完全没有发觉……当在展览室中见到了学生的玉雕作品时，一种难以言喻的情绪在心中升腾。我们能感受到老师们的骄傲情绪，他们也能感受到我们的震撼，清新雅致的玉牌、张力十足的玉壶、栩栩如生的玉件……难以想像这竟然是刚刚接触到玉雕两、三年的学生作品，孩子们的潜力是无穷的，更难得的是，北京轻工技师学院作为一个专业的院校，能够不被传统的教育模式所左右，在培养了艺术素养的前提下，为他们打下了如此专业、扎实的职业基础 。

随着采访的深入，我们的疑问得到了解答，北京轻工技师学院如何解决玉雕教育的难题？如何在职业院校建立玉雕人才的培养之路？常明院长给了我们准确而明晰的答复：

一、高端发展，打造首都玉雕高技能人才培养新模式

在玉雕专业创办之初，学院多次深入北京、天津、扬州、河南等玉雕集散地，实地走访数家兄弟院校和玉雕企业，积极拜访玉雕名师，组织开展多次实践专家访谈会，认真提炼典型工作任务，并对玉雕专业人才培养模式、课程体系建设思路和院企合作模式等方面进行了科学规划。学院明确以成为中国玉雕大师培养摇篮为目标，以推动中国玉雕文化走向世界为己任，荟萃知名玉雕大师，聚集资深玉雕企业，使专业建设实现高起点建设、高起点发展。为此，学院先后与中鼎元珠宝有限公司、紫气东来玉雕有限公司签订了院企合作协议，院企双方将现代学制教育与传统师带徒紧密结合起来，探索并建立了“招工即招生、入厂即入院、企院双师联合培养”的企业新型学徒制，双方在人才培养过程中共商专业规划、共议课程体系、共创工学一体、共组教师队伍、共建学习环境、共搭管理平台、共享教学资源，共评学生能力，院企双方实现了强强联手、深度合作、互通融合，共同构建了“理论教学和实践教学融通合一、专业教学和工作实践学做合一、能力培养和工作岗位对接合一”的玉雕人才培养体系，并创新了“院企双制、工学一体”的综合特色技能人才培养模式。

二、大师引领，塑造德技双馨的玉雕名师团队

▲宋世义为学校题字

为实现院企合作无缝衔接，学院聘请孟庆东大师亲自担任玉雕专业主任，让企业负责人直接参与学院学制教育，开创了玉雕大师国内办学的先例，真正做到了大师引领、高端发展。通过学院“发动”，院企“互动”和政府“推动”，先后聘请了中国工艺美术大师崔奇铭、张铁成，中国玉雕大师苏然作为学院客座教授，参与专业建设和教学指导工作，邀请了宋世义、郭石林、李东、王希伟等多位中国工艺美术大师和业内权威人士于明、奥岩等资深专家，来院进行指导和讲座，共同为学院高端玉雕人才体系建设献计献策。学院玉雕专业现有教师均毕业于中央美院、清华美院、首都师范大学等高等院校，并由经验丰富的紫气东来企业玉雕技师担任实训指导教师，实现了基础理论教师和实习指导教师的高标配备。为了进一步提升院企双方教师的教学科研能力，学院出台了《科研成果及竞赛奖励办法》《教材建设管理办法》《学历进修管理办法》《职业资格提升管理办法》等激励政策作为制度保障，以国家人社部、北京市人社局在项目建设、竞赛选拔等方面提供的技能人才培养培训渠道作为能力提升平台，鼓励、引导院企双方教师通过说课、示范公开课、职业技能竞赛、参与北京市人社局一体化创新团队建设和北京市工艺美术保护发展项目等院内外教研教改活动，营造了“项目建设助推教学研究水平，教学研究提升课堂教学能力”的良好氛围，现已建立了一支“数量充足、结构合理、师德高尚、业务精良、专兼结合”的一体化师资队伍。

▲郭石林为学校题字

三、创新发展，构建具有技工教育特色的课程体系

学院遵循“真实原料雕刻、真实设备操作、真实项目训练、真实环境育人”的“四真实”原则，坚持“车间教室合一；学生学徒合一；教师师傅合一；理论实践合一；作品产品合一；育人创收合一”的课程建设思路，根据国家人社部一体化课程开发流程，搭建了玉雕专业一体化课程构架。学院打破了传统学科体系建设，借鉴紫气东来玉雕有限公司培训中心的成熟经验，通过将企业需求嵌入职业培训，职业资格认证嵌入课程体系，行业标准嵌入课程标准，在课堂教学实践中实现了课程设置内容与企业典型工作任务紧密相连、课程学习内容与企业生产实践紧密结合。学院开发的玉雕专业一体化课程包括通用职业能力素质、核心课程和拓展课程三部分内容。院企双方联合撰写的《玉雕基础》《泥塑》等一批反映玉雕专业教研教改成果的优秀教材和微课教学资源，现已成为深受玉雕师生喜爱的精品教材资源。

▲汤涛副部长到学校调研

学院高度重视学生动手实践能力培养，采用造型基础课程和玉雕实践课程双管齐下的教学方式，聘请艺术功底深厚的玉雕名师，通过集中讲授与分散指导相结合、横向分班与纵向分层相联动的培养方法，将相同年级的学生，根据他们的技艺水平和兴趣爱好，开展分班教学、因材施教；将不同年级的学生，进行分层培养，着重让中级工学生练习琢玉手感、高级工学生培养设计灵感。教学实践证明，示范教学、集中讲授、分类指导、小组教学，起到了良好的课堂教学效果。

为进一步满足同学们日益高涨的学习兴趣，院企双方根据玉雕专业教学特点，组织开展了一系列丰富多彩的课外拓展课程：由企业定期聘请玉雕大师进行专题讲座，营造浓郁琢玉氛围，开阔学生视野，拓展创作思路；由学院聘请中央美院、清华美院知名教师，为学生开设技能强化训练课程，提升学生雕刻技艺水平；院企双方共同组织学生前往中国美术馆、首都博物馆等知名博物馆欣赏馆藏佳作，提升同学们的审美情趣，激发设计灵感。通过院企双方发挥各自资源优势、紧密合作，有效促进了玉雕专业教育教学工作的快速发展。

四、开放融通，提升多元化社会服务水平

为了将玉雕专业办学成果更广泛地惠及普通百姓，学院敞开校门办教育，依托学院办学经验和企业资源优势，以举办玉雕艺术展览为载体，搭建学院、企业、社会交流平台。学院多次联合举办玉雕艺术展览，集中展示玉雕名家、教师和学生的优秀作品，营造良好琢玉氛围。“清美拙艺”画室作品邀请展，名家云集，精品荟萃，作品件件精湛唯美、底蕴深厚，让参观者大饱眼福、交口称赞；“琢磨”玉雕专业教师作品展，展现了玉雕教师们的艺术创作水平，直观反映了院企双方办学水平和玉雕专业师资力量；“琢玉之路”玉雕专业学生作品汇报展，集中展示了同学们的白描、书法、素描、泥塑和玉雕等优秀作品，教学成果获得了高度赞誉；特别是在河南镇平举办的“大美无言”玉雕展，参展观众上千人，人潮涌动，场面宏大，在宣传玉雕专业的同时，极大程度提升了学院的知名度和社会影响力。在近年来的校园开放日活动中，学院邀请孟庆东主任亲自讲授玉雕知识，并且开放玉雕专业教学场所，向学院周边居民全面展示玉雕专业的实训、培养全过程，受到了居民们的高度认可和普遍欢迎。学院举办的一系列社会活动，使百姓受益、社会得益、学院获誉，中央电视台、北京电视台、《北京日报》《北京晚报》《北京青年报》等多家主流新闻媒体对学院进行了专题报道，受到了社区居民和社会的广泛好评。

从2012年秋季，首届3个玉雕班78名学生入学，经过两年的发展，玉雕专业现有8个教学班，在校生170多人，每年“天工奖”获奖作品展览，北京轻工技师学院都有自己的展区。很多大师见到学生的作品，也都非常愿意给学生们做一番指导！玉界的前辈关怀着这些学生，就像老一辈守护了一辈子玉，要教会未来的守护者把玉雕做好。到了今天，首届玉雕班的学生面临着毕业，马上要走到社会上称一称分量！所有的人都满怀信心！这就是答案！中国的画家、建筑师、艺术家有中央美院、清华美院等一系列对口院校，而作为世界雕塑的一枝，深得国人喜爱、传承8000年历史的玉雕，在经历了各种起伏之后，也有了北京轻工技师学

▲杨志明副部长到学校调研

院这样的大师摇篮。就像常明院长所言：学校的教育，只是给学生们打下一个扎实的基础，当他们走上社会很多年之后，再回望自己的这一段路，会发现，这一阶段的学习，对他们的整个玉路人生而言，至关重要！这就是我们玉雕专业开办的意义！

在采访学生的过程中，我们不断听到“红星杯”三个字！据说为了这个展览，学生们晚自习时在玉雕实训室里拼命练习，老师催着也不走，这种拼命的劲头儿的确有了玉雕人的气质！“燕京八绝”红星杯作品展是北京轻工技师学院全体师生正在倒计时备战的一个评选，在2015年的9月-10月在北京东城区隆安寺举行。届时玉雕专业的获奖作品还将会被送到台湾、德国去巡展！这给了玉雕专业的学生们无限的动力！多方的支持，多方的努力，为玉雕人才的培养提供了坚实的后盾。随着政府对传统玉雕文化的重视，投入的力度也在日渐加强，如今北京轻工技师学院已经在北京朝阳区东坝规划了建筑面积近5万平方米的书院式玉雕分院，到时将会邀请更多的玉界前辈为学生们传递知识和经验，这将是一个培养玉雕人才的更大的平台，也将是带给玉界希望的地方。仿佛看到了玉界的光，虽然前路漫漫，人才的培养、学院的建设都还将面临极大的挑战和考验，但攻坚克难、众志成城，我们坚信在各方的共同努力下，北京轻工技师学院玉雕专业，将会为玉雕界的未来点燃了一盏希望之灯，它将翻开玉界培养人才的崭新一页，为中国的玉雕在世界艺术舞台上的崛起提供无限可能！

玉器展馆

中鼎元玉器馆

梵华泽厚 福裕德泽

——记中鼎元玉器馆

口述：苏然 撰稿：白静

▲中鼎元玉器馆

中鼎元玉器馆落成于2014年中，朴素的外观却内有乾坤。自开馆之日起，前来参观的客人无不给予盛赞，在口耳相传之际，中鼎元玉器馆已然成为京城和田玉雕的标志性建筑。

“既幸落成，佛光灿然”，中鼎元玉器馆所珍藏的六大系列作品，包含了中国玉雕大师苏然多年来心血之作的精华，玉器馆定期推出的苏然玉雕工作室新近佳作，形制品种之齐全，材质用料之上乘，文化艺术水准之高超，品位寓意之精雅，引领着京都首善之区的玉雕时尚潮流。

一、中鼎元玉器馆馆藏之佛教造型系列：“既幸落成，佛光灿然”

佛像造型是传统玉雕的重要组成部分。中鼎元首席设计师、中国玉石雕刻大师苏然在传承传统佛像造型艺术的基础上，吸收、融合藏传佛教壁画、唐卡艺术的绘画技巧，多以故宫博物院珍藏宫廷玉作为蓝本，融入现代人物处理的技法，用精美的和田玉创作出法相庄严、手印吉祥的佛像造型系列作品，深得佛玉精髓。

▲ 苏然大师在青海考察

佛教在人类文明发展史上具有重要地位，弘扬佛教对增进人类福祉发挥巨大作用。佛教传入中国后与中华文化会通融合，与儒、道二家共成为中华传统文化的重要组成部分。佛教在传入中国之后形成了中国特有的文化，在发展的过程之中不断地受到我国文学、艺术等各个方面的影响。佛教是精神文化的产物，而玉器是物质文化的体现，在玉器之中也有着不少佛教造像和纹饰、器物的出现。它们互相渗透，互相启发，都对中国文化有着深刻的影响。

（一）玉能与佛结缘，原因有二

其一，玉雕具有深厚的文化承载力，包括佛教在内的很多优秀精神文明成果都是玉雕创作不可或缺的题材内容。玉雕作为一种有形的物质文化，于中华文明发展中占据着重要的位置，玉雕将中华民族的创造力和想象力鲜明地印刻其上。佛教题材中的造型艺术为玉雕的文化承载力注入了深刻的人文内涵。

其二，石之美者，为玉。玉是美好的化身、完美的信仰。在中国人的文化基因中，玉天生具有宗教意义；佛学教义提倡真善美，尤其是大乘佛教义理深刻，劝人向善，普度众生。考古发掘表明，我国发现玉石和使用玉器有上万年的历史。中国人把玉看做是天地精气的结晶，用作人神心灵沟通的媒介物，“通灵宝玉”能够帮助人类对生活的美好愿望顺利达成，玉具有不同寻常的宗教象征意义。因此，玉能与佛教结缘，是一种必然结果。

目前，学术界对玉器生产制度的研究和玉器学术史的研究进行得很深入，佛教文化与玉文化之间相互依存，密不可分，作为中国传统文化的这两种重要组成部分的联系已经渗透进中华文明的各个方面。只要我们从文化现象来直观感受，就可以看出，佛教文化与玉文化的相互渗透，在各个历史时期的佛教艺术题材都极大地丰富了玉器的表现内容，例如，唐代玉器中飞天是佛教中的人物，玉飞天为玉器纹饰开拓了一个全新的领域；同时，中国历朝的佛教题材玉器各有特色，但都在以美的形式展示出佛家普度众生的宗教情怀。

中鼎元玉器馆所珍藏的新京派佛教玉雕作品，具有浓厚的皇家气息，严格按照佛教造像的法度规则，不允许有任何出入，摒弃了过分的雕琢匠气和世俗化倾向。佛教题材玉雕在宫廷艺术中独具一格。佛、道、儒三种文化互相影响渗透，形成了中华民族赖以生存的文化根基，我们当今的玉文化同样是与佛结缘的文化，这是古老的中华文明留给后代的宝贵财富。

苏然说，“与玉结缘令我感悟到，玉石用温润的灵性和坚定的质地更容易感化众生，玉石的品质就是中国传统文化中理想人格品质的象征，佛教题材的玉雕作品最符合中国人礼佛、敬佛、净化心灵的需求。”中鼎元玉器馆藏有精美的牌佩如《三世佛》《西方三圣》等，雕工繁简得当，形制考究适于佩戴。也有大气华美的摆件，如《玉骨卧佛》《金山佛印》。《玉骨卧佛》这件作品，雕刻了“佛祖涅槃，天降花雨”的佛教典故。佛经记载，释迦牟尼佛感于大限，便设床“入寂灭乐，于双树间北首而卧”。看到弟子悲戚不止，佛祖“右胁卧狮子床”呈吉祥卧来安慰大家。在临终时，佛祖对诸弟子作最后的教诫，授诸行无常、诸法无我、涅槃寂静的三法印，以及正见、正思惟、正语、正业、正命、正精进、正念、正定的八圣道，而后平静地入灭。这情景便是后来流传人间的卧佛形象。据说，佛祖舍寿前，平静安详，月明风息，鸟兽不语，形躯无常而法身永恒不灭。苏然在此作品的设计上，主要突出了佛祖安详、慈悲的法相，以俏色的手法表现曼陀罗花飞舞飘落，烘托出圣洁超俗的艺术氛围。

苏然亲身体会到，把玉雕的创作作为礼佛向善的修行是一种非常好的方式，玉石的雕刻即是向佛礼拜，忏悔吾人所造之业，以此为灭障消灾增加福慧的殊胜法门。世俗之人礼佛的方式很多，包括：雕刻佛像、供养塔寺和佛菩萨形象、赞叹诸佛像好庄严、歌颂佛德等等，《妙法莲华经方便品》中告诉我们：这些都可以成佛道。用一颗佛心来做玉，一切的灵感和追求自然水到渠成、毫不偏离。

经苏然设计创作的佛教玉雕作品，经过高僧大德的开示，也经过专家学者的指导，创作过程中件件谨慎打磨、一丝不苟，既有佛法的庄严，又要有宫廷艺术的风范。苏然创作的新京派佛教造型系列玉雕在当代宫廷艺术中独具一格。她的佛教系

▲ 苏然：《玉骨卧佛》

列作品已被行内推崇为“佛玉之冠”。很多藏家收藏后玉不离身，爱不释手。

《金山佛印》原籽得天地润养，通体遍布金黄皮，切开后玉质细腻纯净，真是世间罕有。一日午后，案头上渐渐映出霞光，苏然观此玉若一座“心”形金山，佛光灿然，即取“金山佛印”为题，发愿以此玉弘扬正法，流传百世。玉石切面纹理图案历经二稿雕刻、磨平，图形自成章法，宛如一棵参天古松，苏然感到似乎在向她讲述佛教历经千年的发展历程。在佛光广布的无量大千世界，今日佛教根深叶茂，派系众多，包含万千教义，中国藏语系和汉语系佛教为主要衣钵正统，汉藏佛教秉承不同的传承体系，各自结出了丰硕成果。佛印上的松树寓意众多教义出自于一个根本，松树分枝茂盛，寓意佛法博大精深，远播中外。佛印刻字由著名书法家张同印先生书写并布局，印章所刻各体书法“禅”“觉”“正”“净”“在”“行”六字环绕，“佛”字于中央，墨法苍劲有力，古朴圆融，将书法艺术所蕴含的佛理智慧呈现在玉印上，真是绝无仅有、前无来者，观此玉印后，行家内外拍手叫绝、好评如潮。

2014年秋，青海堪达佛学院举行盛大的讲经法会，德高望重、极负盛名的佐钦白玛格桑大宝法王前来为僧众灌顶传法、传戒，并为《金山佛印》开光。佛教界至尊金刚上师白玛格桑法王与堪达活佛一睹此印心中无限欢喜，破例为《金山佛印》单独举行了神圣的密闭开光仪式，对佛印赋予了极大的认可和无量功德的加持。是日，佛学院上空祥云变幻，院内灯火通明，金光灿烂，上万信众前来朝拜胜境，仪式无比庄严殊胜。

《念佛三昧宝三论》卷中：“金山晃然，魔光佛光，自观他观，邪正混杂。”《金山佛印》创造性地将佛法与玉印相结合，为当今婆娑世界祈福，传播佛法，救渡芸芸众生早日脱离诸病苦痛。

（二）佛与玉结缘，福惠着众生

苏然，当之无愧的“佛教玉雕第一人”。她的佛教玉雕用料考究、题材丰富、技艺精湛，令人叹为观止。她以一颗虔诚向善的心研究佛学文化，多次与佛学大家探讨交流，去寺院吃素斋，体悟佛学文化，研究佛像造型艺术的演变，多次不远千里去敦煌莫高窟观摩研究，换作别人都觉得苦的事情，苏然沉浸其中，乐而忘返。她对佛像的形体、容貌和姿仪的演化体悟之深入可敬可叹。当我们对苏然所制佛像的祥和、宁静、清明、庄严感到震撼的时候，也能体悟到一个真正的艺术家平和，中正，虔诚的内心世界。苏然深知，一等之人品才有一等之艺术。只有这样的艺术家，才能够做出艺术之塔上，最顶尖的作品。

二、中鼎元玉器馆馆藏之浆石巧雕系列：“好玉不雕，顺应天然”

从2010年开始，中鼎元推出了一大批浆石俏色巧雕系列作品，率先打破了“玉只有皮肉之分”的传统用玉观念，将浆石材质俏色巧用、和田玉籽料整作保形，还原了玉石原生态的朴茂之美，也同时拓展了玉雕的用料范围，苏然在浆石俏色巧雕系列玉雕的创作上强调原创、哲理深刻、个性多元，她从社会现实生活中观察总结，以生活化的方式表达出了一种属于当代人内心深处的思想感悟，令作品题材新颖、思想深刻，在展出的过程中颇受瞩目，同时成为中鼎元大胆创新、引领时代的里程碑式标志。

古人曾说：玉乃石之美者，玉之所以区别于石，在于玉的美感与众不同，玉拥有天然之美，“天生丽质难自弃”，玉终从石之中脱颖而出。在中国人的信仰中，玉是完美的化身，能带给人无穷的正能量和审美的享受。人们传承了千万年的玉雕，在精神文明的创造中，其分量重之又重。玉雕如同国画、京剧一样，是国粹的一种，是中华文化所延伸的一脉。玉雕能够得到世代人的钟爱，流传至今，终其原因，在于玉雕选材于玉。玉的完美，将七八千年的通灵在中华大地上延续；玉的神圣，令古今帝王圣贤、平民百姓将其如宗教一般顶礼膜拜。

《石窟佛韵》是苏然大师2015年重点创作的一组以佛教为题的浆石巧雕系列作品。苏然创作这一组作品本着两个原则，一是在选材用料上要做到极致，只选与最上乘的玉质伴生部分的精美浆石，浆石部分俏色巧雕石窟佛像，将浆石的形、质、色、韵发挥到极致；二是由玉的珍稀性决定作品的特殊性，即在雕刻石窟佛像的过程中，保证最大限度保留籽料白玉部分的完美、完整。

中鼎元玉器馆所珍藏的浆石巧雕系列作品有三绝：

选料一绝

在玉行，选料俗称“相玉”，俗话说“神仙难断寸玉”，选料是最见功夫的，甚至有相当大的“赌”的成分。中鼎元的浆石巧雕系列的用料独辟蹊径。

首先，并不是所有带浆的籽料都可以入选。我们观察中鼎元玉器馆陈列的浆石系列玉雕，发现每件作品白玉部分的玉质都细腻无比，玉的油润度、白度、纯净度堪称极品羊脂。按市场价来估算，仅白玉部分的价格就已远远超出了整个产品的标价。有趣的是，在未开料之前，这些玉肉竟然完全被浆皮包裹着，一般人只能看见色杂且粗糙的浆皮，这些璞玉被丢弃、浪费、埋没者十有八九。只有在打磨、切割的过程中，白玉才慢慢露出原形，最终呈现出一块可塑之材。

再者，由于玉肉的质地之上乘、极为稀有，雕工仅进行在浆石上，这就要求浆石部分必须在形、色、质上有很强的观赏性和可塑性。浆石是与白玉伴生的天然矿石材料，是还未“玉化”的石头，一块好的浆石其不透明的质地和浑朴的色泽可以精彩地表现立体结构，在表达现实主义题材或者表现丰富的情感内容时效果又别具一格。

稀有的玉质伴生可塑性强的浆石，这类玉料被苏然大师归为“新、奇、特、怪”一族，她说“就像每个人都有他独一无二的个性”，这些玉料如果发挥出它的长处，往往比那些单色材料更有艺术趣味，常常成为独此一件，无法复制的孤品。

设计一绝

籽料浆石和白玉的并生，在形、色、质感上的层次对比与反差，弥补了白玉色彩单一的局限，因此苏然在设计上突破固有的传统题材，以更加大胆和开放的心态施展才华。她从社会现实生活中观察总结，以生活化的方式表达出了一种属于当代人内心深处的思想感悟，令作品题材新颖、思想深刻，在展出的过程中颇受瞩目，同时成为中鼎元大胆创新、引领时代的里程碑式标志。由于大量作品在各类玉雕奖项中屡获殊荣，以及随之而来的收藏热潮，玉雕界开始普遍认同和效仿这种浆石俏色巧雕的创作理念。

如在《俺爹俺娘》《蒙面巫师》《太平有象》《因果》《断舍离》等作品

中，玉与石的相映成趣，以及多层次、多角度思想意味的表达，都使得玉雕作品展露出了从未有过的生动表情和生机活力；玉与石结合，原生态的浑朴状貌在作品中一庄一谐，亦雅亦俗，变丑为美，化腐朽为神奇。

琢玉如教人，正如朱熹所言："孔子教人，各因其材。"只有量料取材、因材施艺使其特长都得到充分发挥，才能顺应造化，最终达到天人合一的境界。苏然相玉，独具慧眼，她用灵思妙想将别人眼里的顽石点化成玉雕杰作。

创作一绝

在苏然的巧手中，每一件璞玉都能带来奇迹。由于浆石的物理特性，在开料、雕琢、打磨等过程中，充分与外界接触，接受到一定的湿度、温度以及人类肌肤的润养，出活儿的过程中浆石逐渐发生变化，如果条件恰当，一块苍白干涩的料最终会"进化"得色泽浓郁、油润如脂。可以说，只要用心对待，璞玉都是"潜力股"，浆石俏色玉雕从料性到设计创作体现出独一无二的原创性。

"俏色巧用"是苏然对有特色原料惯用的处理方法。苏然说："对一些同行的俏色方法我是不赞同的，他们用原料上大面积的天然红皮俏出一双眼睛、一副眼镜或一只蝴蝶，而去掉绝大部分珍贵艳丽的天然皮色，令人痛心。"苏然认

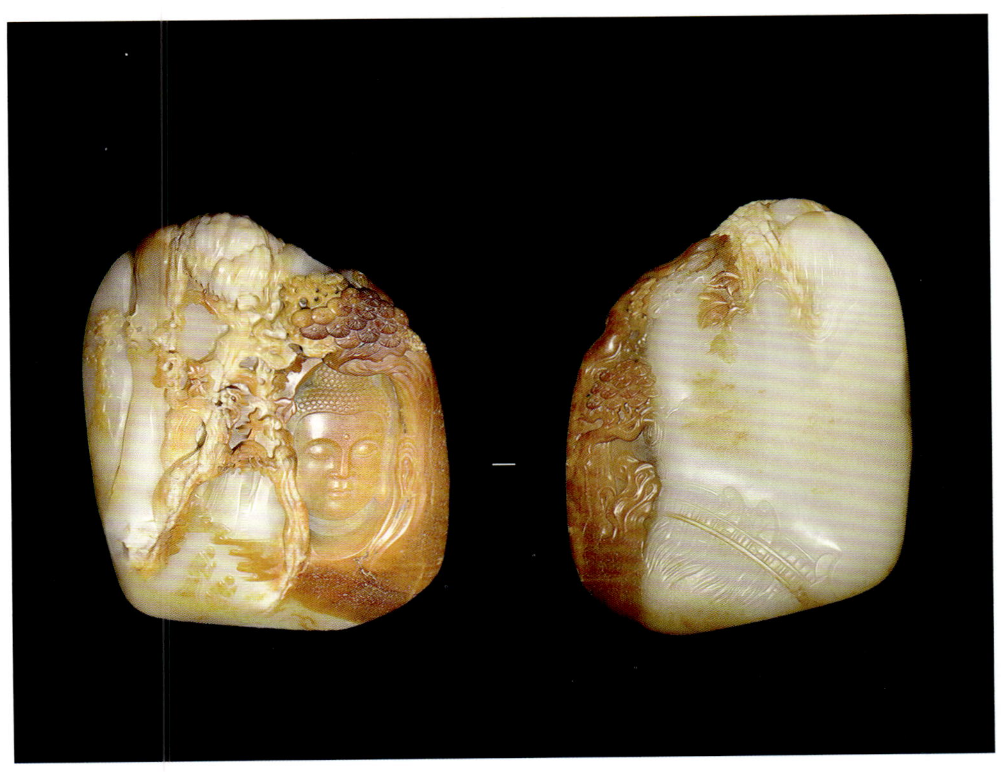

▲ 苏然：《石窟佛韵》

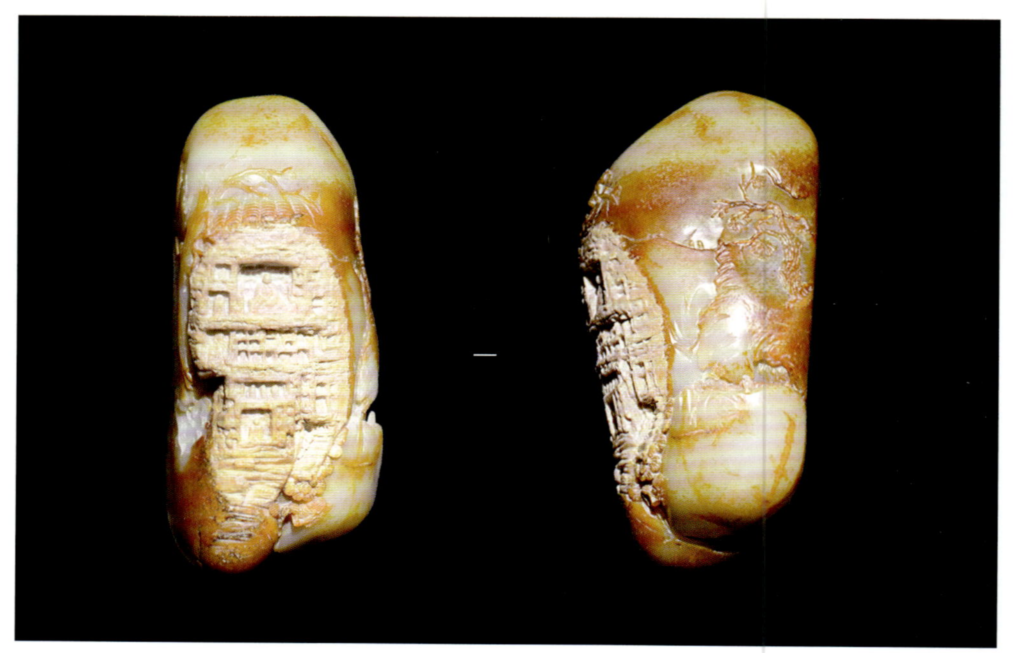

▲苏然：《石窟佛韵》

为，在大自然的鬼斧神工面前，再精妙的人工技巧也不过是雕虫小技，和田玉经过亿万年的演变已趋于完美，只是存在这样或那样的瑕疵，俏色巧雕关键在于一个“巧”字，就是巧妙地去除存在的瑕疵，提炼精华，将大自然造就的绝妙景观合理取舍，辅以恰当的人工衔接，塑造出完美的形象。苏然对和田玉籽料的俏色巧用，尤其是对“浆石”的巧妙运用，往往可收奇妙之功，常能化腐朽为神奇，创作出天人合一、不可复制的精妙之作，展现和田玉的天然神韵。

“顺应自然”是苏然对浆石籽玉材质创作方法的理念总结。自然与天工巧妙结合，方能成就出富有灵气的佳作。“千姿百态的浆石籽玉材质令我有感于造化的神奇，这些大自然赐予的美玉需要用心对待，在琢玉人手中发挥最大的艺术价值”。苏然说，既然《红楼梦》里尚且对“无才堪补天”的宝玉嗟叹连连，那么，可想而知，任何一块有灵性的玉石必然也会对自己的命运极为看重，作为玉石的雕琢者，就要充当“解语人”的角色，把自然的灵秀与人文精神结合起来，把它最美的风姿传递给世人。浆石在有心人的手中，稍加点化便可化腐朽为神奇，我们“解语人”的作用就是，画龙点睛，使其“经世致用”。

苏然所开创的“浆石巧雕”系列玉雕设计理念，在继承传统的基础上，也在以更开放的态度探索，进行更符合时代精神的改良，引领着当代玉雕艺术的发展走向多元化，个性化的方向。有感于玉料开采过度，日趋稀有，苏然大师把目光投向了一直被人忽略的浆石领域。不但改善了传统玉作容易浪费原料的加工方式，也突破了传统玉雕的表现形式。立足于当下，使得玉雕具有更强的文化承载力与时代适应性，题材上较以往呈现出更加多元的面貌，品位高雅，风格大气，形制独特，为传统艺术构架出一座通向现代社会的桥梁。

三、中鼎元玉器馆馆藏之宫廷风格系列："宫廷玉作，王者之风"

宫廷玉作中正大气、高贵典雅，是我国传统玉器的精髓。作为华夏民族正统道德标准的物质表征之一，玉石的自然之美与人文之美皆于宫廷玉作之中得到了极佳的诠释。

苏然被誉为"宫廷玉作新一代传人"，她的名气，如今已在收藏界家喻户晓。凭借地理优势，长期受京城人文环境的熏染，潜移默化中，苏然全面继承了传统宫廷玉作的技法，在长期实践中运用到玉雕创作中，逐渐形成了自己的艺术风格。苏然在宫廷风格作品中将设计元素精简巧妙地达到平衡，与皇家风范中的贵族气质和谐一体，让当代人亲身感受这些优秀的传统文化。

中鼎元玉器馆珍藏的宫廷玉雕系列，充分显示了中鼎元"宫廷玉作，王者之风"的品牌理念。作品强调材质、形制、气韵以及突出玉料的天然特色，题材猎取广泛、器型规整、布局合理、工艺精湛、品位高雅，制作上不遗余力追求极致。

宫廷玉器由来甚久，而盛行于清代。宫廷玉雕是中国北方玉雕的典范，是北京玉雕的起源。清代皇亲国戚对于玉器的情有独钟，直接促成了诸如养心殿造办处、武英殿造办处等皇家专属玉作、金玉作的建成。这时的宫廷玉雕可谓集合了全国最优越的玉雕创作资源，来自全国各地技艺精湛的艺人们，经由皇家御用文人的指导，汲古博今，因而创造了北京玉雕前所未有的辉煌成就。

宫廷玉雕从设计到技法均走在玉器行业的最先锋，成为民间艺人争先效仿的摹本，从清代后期到民国，随着皇家造办处的兴衰，宫廷玉器的成果逐渐散落到民间。唯一完整保留了皇家玉作历史风貌的便是北京故宫博物院，至今还珍藏着宫廷玉器的设计图稿、制作流程、工艺步骤等档案，以及大量明清宫廷玉雕的实物和样本。

作为中国正统文化的艺术载体，宫廷玉作的优秀成果理当得到传承与进新。

中鼎元得地气之利传承中国宫廷玉作，对故宫博物院的珍藏文物仔细考察，最终总结出了宫廷玉作的精髓：

传承宫廷玉作，首先要对传统文化有深入的理解，得其神韵，得其精华，才能取之有道，承之有效。宫廷玉雕的核心包括两个方面，一是载道，道是正统、纯粹的民族文化精神，也是宫廷玉作的主旨。在古代社会，宫廷玉器作为帝王专属的皇家礼器，一方面被用来表明皇族至高无上的权威；另一方面被用在举行祭祀、宴飨、征伐及丧葬等礼仪活动中，为“礼治”的象征。如璧、璋、琥、琮、圭、璜等，便是以器载道，向普天下宣扬正统正道的代表器物。其用途是彰显身份、威仪天下，统摄乾坤，规范礼仪制度，引领道德典范。

中鼎元一直致力于用玉之器来表达天地之道，向社会传扬仁义礼智信的传统精神，其在形制、内容上以儒家正统文化为标准，以引领主流社会意识形态为主旨。从而赋予了作品强大的艺术内蕴，引领着宫廷玉作的主流创作方向。

宫廷玉雕的另一个核心是艺术理念，就是在“量料取材，因材施艺；顺应造化，天人合一”。“器为道之形”，于是，宫廷玉器的这种与生俱来的文化属性，便决定了它厚重、大气、典雅、富丽的艺术风格，在人道与天道之间寻找恰当的平衡，遵循玉雕艺术的天人合一。

例如作品《乾坤和谐璧》，这对玉璧材料裁选自同一块和田玉籽料，玉质细腻油润，延用宫廷玉璧的艺术手法。规格形制，规整大气、古朴典雅，玉璧正面分别饰以十二生肖大团圆和日月星辰、山川河流图案，背面饰以相同的兽面纹与铠甲纹，预示政通人和、江山永固；家业兴旺、基业永存。

中鼎元传承玉道，弘扬玉德，在此基础上探索宫廷玉雕的创新发展，是源于一种崇高的艺术理想，更是对千年历史文明的一脉相承。

▲中鼎元玉器馆内景

四、中鼎元玉器馆馆藏之国学运用系列："以器载道，化育人文"

"弘扬传统文化哲理，讴歌传统道德风尚"是苏然大师一贯坚持的设计思路和方向，将经典传统文化有机融合于和田玉创作，精制出"国学系列作品"。弘扬传统美德，寓教于玉，以玉言德，提升了和田玉作品的文化内涵和艺术品位。

中庸思想对中国古典艺术精神有着不容忽视的影响，尤其在宫廷玉雕艺术的发展过程中，更加具体物化为一种对"中和之美"的追求。所谓"中也者，天下之大本也；和也者，天下之达道也"。中鼎元正是本着中庸中和之精神创作出国学运用系列玉雕。如《志存高远》这件作品，采用极品羊脂玉为材，主纹饰为浅浮雕文人山水画，背面诗文相映；辅纹饰为象征皇家气象的瑞兽螭龙纹。此作选题出自二则古代文学典故，其一《金缕衣》是唐代杜秋娘所作并为世人广泛传唱的佳作，寓意韶光易逝，机不可失，"莫等闲，白了少年头，空悲切"；其二《瀑布联句》是香严闲禅师与唐宣宗李忱唱和而成，意在励志进取，思有作为，"志当存高远"。画面分别雕刻了杜牧过金陵，驻足江畔，有感而作《杜秋娘诗》这一场景；另一玉牌刻画了波涛翻滚之间一乘方舟鼓帆远航，二人于舟上以诗言志的艺术形象。

苏然大师的新京派玉雕内涵立体丰富，风格端庄古雅，又具备现代感。其温柔敦厚，化育人文，无声胜有声的天地之大美，是玉德的精神，是玉道的圆融，也是尽善尽美的至高品格。

五、中鼎元玉器馆馆藏之锦绣山河系列："以玉为鉴，可成圣贤"

苏然曾说："锦绣山河系列是我创作的重点，我有幸赶上这国富民强、安定祥和的太平盛世，作为一个有良知的作玉人，要讲玉的品德，要用我们手中的玉，歌颂大好时代和壮丽河山，激扬爱国热情，为建立和谐社会出一份力。"

苏然所创作的锦绣山河系列玉牌，在继承子冈牌一面山水一面诗文的基础上，有所创新，主要体现在三个方面。一个是玉牌的尺寸改变很大，根据当今的审美取向和延续宫廷风格的需要，用超大规格尺寸的玉牌替代子冈牌的4×6厘米，这样，更方便在牌面取景布局，可以添加更多的景致来表现复杂的题材。二是外形上有所改进，根据原料的具体情况，以灵活多变的形状来表现丰富多彩的主题，令作品更加神形兼备。三是题材内容上进行现代题材的创作，比如将毛主席经典诗词诗意化作品，把主席诗词手迹和相应的景致融汇于玉牌之上，创作的作品《咏梅》《无限风光在险峰》《沁园春·长沙》等，实景真迹，集诗、书、画、玉于一体，交相辉映、千古流传。

苏然在很早以前就已经心中默许，计划创作以抗日战争为主题的“红色历程”系列的玉雕作品，来纪念抗战胜利69周年，并献礼中华人民共和国成立65周年。直到她偶然邂逅一件南红玛瑙，原石的色泽殷红浓郁，质地层次丰富，润度和细度都已达到艺术创作的标准。惜玉如痴的苏然几经易稿，在南红玛瑙的外层上雕刻出富有透视感的景物，可谓一气呵成。作品创意源于聆听国歌之后所得的思想领悟。歌词中“把我们的血肉，筑成我们新的长城”于是，将作品命名为《国歌联想》。这件作品巧妙运用南红玛瑙的色泽和结构，雕刻出蜿蜒起伏的长城和连绵的山脉，作品正面利用黑褐色皮雕刻陡峭的山石，远近曲折的长城，背面长城下露出鲜红色的玛瑙质地，恰似血肉凝结而成，晶莹而醒目。

一个伟大的艺术家，必然是一个有社会责任感的人，她设计制作的这件《国歌联想》作品，充分体现了苏然大师对祖国对人民之爱，当人们问到她创作体会时，她讲，一个作玉人，在她收获人们的赞扬和利益时，更应当联想到“甲午中日战争”“南京大屠杀”这一幕幕惨痛的历史，所以，我创作了这件作品，从而提醒当代人不忘记中华民族先烈为建立新中国而走过的艰辛历程，告诫同胞勿忘国耻，振兴中华。

以铜为鉴，可正衣冠；以玉为鉴，可成圣贤。锦绣山河系列作品摒弃了传统

▲ 苏然：《国歌联想》

诗文牌中无病呻吟的消极懈怠内容，而是讴歌繁荣盛世，引导人们健康向上，向社会传达积极乐观的正能量。

六、中鼎元玉器馆馆藏之金玉镶嵌系列："尽善尽美，金玉满堂"

对于原料的边角余料或极具特色的精美小籽，苏然的设计宗旨是积小成大，借用现代先进、成熟的贵金属镶嵌技术，将众多单个的精华元素整编成有机的整体，创作个性化的，时尚精致、造型优雅的金玉镶嵌系列作品，将和田玉作品珠宝化、系列化。

例如《八宝转经筒》一组作品，取"八宝吉祥""金玉满堂""金玉良缘"的吉祥寓意，由和田玉籽料镶嵌彩金及钻石精制而成，八宝转经筒为佛教圣物，依据藏传佛教的教证，凡转动经筒一回，等于诵读了一遍内藏经文。转经筒与六字真言关系密切，藏传佛教认为，持颂六字真言越多，越表对佛的虔诚，可得脱轮回之苦，转经筒是忏悔往事、消灾避难、修积功德的最好方式。其中：法螺表示佛音吉祥，遍及世界，是好运常在的象征。法轮表示佛法圆轮，代代相续，是生命不息的象征。宝伞表示覆盖一切，开闭自如，是保护众生的象征。白盖表示遮覆世界，净化宇宙，是解脱贫病的象征。莲花表示神圣纯洁，一尘不染，是拒绝污染的象征。宝瓶表示福智圆满，毫无漏洞，是取得成功的象征。金鱼表示活泼健康，充满活力，是趋吉避邪的象征。盘长表示回贯一切，永无穷尽，是长命百岁的象征。这组作品一经推出，即引来众多玉石收藏者的定制和收藏。

苏然大师带领的中鼎元创作团队大胆尝试，利用金银镶嵌技术，将和田玉小籽料及大块籽料切割整形摘出的小料进行创作，经过合理整编，精心组合，设计制作出了许多精美的挂件、佩饰、首饰，这些作品时尚、靓丽、新颖、别致，在璀璨的珠宝映衬下，让和田玉更加华丽耀眼，提升了和田玉作品的品位，深受新老客户的青睐，市场前景广阔。

尖端设计理念与紧随时代脉搏的思想内涵，使得中鼎元自然而然成为了玉雕界创作潮流的引领者之一。中鼎元玉器馆吸引了众多玉雕大师、收藏家、专家的到访，大家来到馆内共话玉缘，分享从业经验，传播行业信息，犹如一个布满琳琅美玉的世外桃源，早已成为爱玉人士的"俱乐部"。

"梵华泽厚"，"福裕德泽"，分别是书法大家董正贺与张同印为中鼎元玉器馆所题的墨宝。"梵"，天也。意为寂静、清净、净洁、离欲。"梵华"取意于佛教造像宝库梵华楼，梵华楼是乾隆盛世建造的皇家御用佛楼，是今日研究藏传佛教造像的珍贵材料。"梵华泽厚"寓意中鼎元的新京派玉雕与古代皇家玉作一脉相

▲ “梵华泽厚”匾

承，将流传后世，倾倒众生。所谓“阳春布德泽，万物生光辉”，“福裕德泽”意为中鼎元玉器馆倾诚治玉，功德无量，苏然大师的玉雕创作必会如佛家八万四千法门，正本清源，章法有度，为玉界典范，普度众生，泽被无尽。

名家风采

如果用一个词来总结2015年年鉴的人物篇，我们认为应该是“希望”。从2012年开始，玉界一改往日的熙攘，开始变得安静。这三年里我们不断地采访、记录，也见证着玉行的变化。当市场低迷的时候，很多人感到迷茫。我们感到一种责任，认为有必要去寻找玉界繁荣的因果和真相。从2014年8月份确定年度人物人选，到2015年5月末，10个月的时间，我们一直在采访、写作、修改、易稿、再度采访、反复修改，直至最终如同大水冲刷过河道，带走障碍，留下一个人最本真的模样。我们终于看到了希望，就像往一棵大树的根部挖，在那些采访的凌晨，在那些交流的深夜，日以继夜中见证了我们的玉界之所以繁荣的“根”！这些来自玉行的藏家、艺术家、商家、教育者、组织者……代表着玉界不同领域的根脉，他们独具个性与才华，同时又无比勤奋和执着，他们还有鲜活的力量，正在玉界的各个领域蓄积和释放！这样的人是玉界繁荣的始，也是未来繁荣的因。我们坚信，根在，希望就会发出新芽，活泼蓬勃地成长，长成更加茂盛的一片森林。

（张侨恩）

易少勇

孟庆东

晏贺林

于　泾

刘晓强

陈　建

吴元全

周振兵

易少勇先生

我还在这里

——记“玉界文人牌第一人”易少勇先生

张侨恩

多年来的采访工作，让我推开过许多扇门。在每扇门推开之前，都十分期待门里的故事，这些故事或者繁花似锦，或者荆棘坎坷，都曾给了我们启发、欢笑和感动。如果没有几个月以来几次心灵的碰撞，也许我们永远没有机会推开一扇让很多人可以泪流满面的门。我将认认真真地采访易少勇，他将客客气气地讲一下自己的成功经历，然后完成一篇传统意义上的好文章。然而，事实是，我终于得到推开那扇门的机会，见到了我们并不曾了解的真相，我睁大眼睛看、支开耳朵听，动用全部的感官和心灵去接近、理解一个自己见所未见、闻所未闻的世界，以至于回到北京酝酿许久，才最终决定彻底删除之前一万多字的文章，为大家呈现一个人们所不知道的易少勇。

玉界所知道的易少勇，是1961年生于上海，祖籍巴蜀，于玉界璀璨星海中独创天蜀牌，以阴刻绝技名冠天下的当代“文人牌第一人”。他白发、清瘦、洒脱，传说中他一字千金，得到一件“天蜀牌”，比得到卡地亚的私人订制还要难得多。易少勇早年成名，很多年前，他的作品已经在台湾和东南亚一件难求，如今他一年只能做有限的几件，在赝品成灾、模仿大军甚众的情况下，要得到一件真正的天蜀牌难度可想而知。传说中易少勇太成功了，成功的遥不可及……所以当我走上极其古旧的木旋梯，站在一扇又高，又旧，又破的门前，心中充满疑惑。开门，迎接我的是一个阴暗的公共空间，又吱呀推开一扇门，书的味道扑面而来，我的视野被书所阻挡，我不得不侧身挤过一段书山中硬开出来的逼仄通道，来到了一块可以转身的角落，得以看看这里，天蜀牌的诞生地，成功人士的居所，一个人的工作室。这所20多平方米的老房子，很高，书占据了绝大多数空间。碑帖、诗文、史书、古画……绝大部分跟创作相关，靠着所有的墙壁，一直延伸到屋顶。一张旧床、一张旧沙发、一张练字的旧桌子，全部淹没在书海里，露出仅供一个人坐，一个人吃饭，一个人休息的空间。阳台，玉雕机和工作台中间夹着一把转椅。玉雕机是湿的，显然刚才易少勇还在工作，工作台上散放着三四件未完成的天蜀牌，有的刚完成牌型，有的画好了稿子，还有的已经美韵初绽……几盏灯，一台迷你电视机在头顶上方，放着音乐。还有一个白发、清瘦、坦然的易少勇，在半夜12点钟，吃着朋友刚刚带来的，一碗已经微凉的小云吞。

他拿来几件作品，装在一个小的透明袋子里，微笑递给我。打开，一件一件看，鲜美、光洁、饱满，这竟然是天蜀的“金镶玉首饰”系列作品。我肯定是这个世界上最早一个看到这些作品的人之一，从来不喜欢金镶玉的我，此刻终于明白，什么叫做：金镶玉。易少勇亲自磨的白玉珠子，或长或圆，米粒或者小米粒大小，楚楚动人的衔接，是那种叫做“金”的材质从来没有呈现出来的精致与唯美，一条诱惑的弧线勾出一滴白玉，仿佛是颤巍巍，似绽未绽的青莲沁出一滴欲落的白露，香魂在其中，清魄在其中，白玉那种清纯洁净而又勾魂摄魄的美仿佛一瞬间点亮了这个小小的房间，一切变得那样和谐，散发着书香墨韵的空间，简单到只剩下玉的世界，如果不是这里，还有哪里可以孕育出这样极简极净的美丽？我坐在工作台前面，回想他的至交好友刚才的讲述。假设自己是易少勇，想象一生中没有收过徒弟，没有开办过工作室的他，是怎样一个人在这盏灯前构思创意，踱步到书山字海中抽取一本一本他需要的书，在无数个日夜中查看、翻阅、寻找合适的字体，修改符合的诗文，然后开始在玉上设计，他的眼睛上带着高倍的放大镜，反复地看，反复地摩挲，安静的世界里，常常伴随着音乐，伴随着韵律的流动，他那极为平静的内心滋养出了心花，小小的花朵散发出淡淡的清香，里面有空谷幽兰，松竹冰心，也有梅花的一缕清魂傲然映雪。既不骄傲，也不孤独，不过在艺术创作的海洋中怡然自得，山取一角，云裁半边，寥寥数笔，却把玉牌的方寸天地，变幻成了一个动人的世界……越睡越晚，累极而眠，醒来是最简单的饭菜，除了最基本的生活，玉是唯一。从设计，研究用笔、结构、章法，反反复复地修改；到制作，一气呵成后长舒一口气，擦一把汗；到修正，一遍又一遍的对着光，每一个角度都看上无数遍，哪一点高了，用铅笔点上一个点，再改，每一个环节，甚至到最后小小的一颗佩珠，都是这个玉界的传奇人物亲手磨制，他看着最终的成品，就会用一个小小的透明袋子将她装起来，就像一个如花似玉的女儿，陪伴了无数日日夜夜，养到最美丽的时候，为她穿戴整齐，却等待一双手将她牵走。我能想象他的失落，就像刚才在车里大家说到易少勇只要送走一件作品，就难过好几个月。现在勾魂摄魄的天蜀作品就挂在我的胸口，我看着她，纯净美丽得难以想象，我突然感到难过，为拥有过她一瞬间又终将失去。没有见过天蜀牌的人无法理解，那些蜂拥而至的“文人牌”为什么总是差那么一点点。额首差一点点，牌型差一点点，诗、书、画、印都好看，为什么就缺少这种打动人心的灵韵？也许这篇文章，会告诉你答案。

时光回转到70年代，上海淮海中路的一条弄堂里，所有的人都搬着小板凳往一户人家里跑。在这户人家的院子里，摆放着一台5寸的黑白电视机。这是这个弄堂里第一台电视机，人们对这个玻璃里面有些小人儿会动的神奇机器感到十分好奇，个个睁大眼睛仔细看着屏幕，不肯漏掉任何一个镜头……这一幕发生在易少勇的家里，9岁的他和父亲对着一张图纸，找来了可能找到的各种电子元器件，亲手组装起了一台传说中的电视机，制造了这个小弄堂里的一个爆炸性的新闻！易少勇的父亲有一双神奇的手，这双手，会修收音机、会自己打家具、做沙发、开汽车、写毛笔字，水电煤，车钳刨，都无师自通。甚至女儿的的确良百褶裙也由他们夫妻共同完成。而他们调皮的小儿子易少勇，天生能写会画，只要来了客人，他就“人来疯”现场表演画画，他那惟妙惟肖的“国宝熊猫”，让包括父母在内的很多亲戚朋友都感到吃惊。家里无论什么电子产品，他都要拆开研究一番再组装起来，到了9岁组装这台电视机的时候，作为父亲一直以来的助手，他机敏、灵巧，画电路板、打眼、接线、调试……游刃有余，当电视机的影像清晰地显现时，父亲并没有特别夸赞他。完成任务后，小家伙又像往常一样在几米高的围墙上飞檐走壁，带领小伙伴们“侠客行”！此刻他只是觉得自己完成了一件事情，一点都没有意识到旁人惊奇的眼光。我们必须承认，上帝在造人的时候，有时候会有一点偏心，易家的男人，格外心灵手巧，相比父亲看到任何东西都可以很快DIY，到了易少勇这一代，这种灵巧被发挥到了极致，他常常把一块方形的小橡皮切成几块儿，每一块儿上面都整齐地刻上精美的小字，他写字、画画、折纸、木工、水电……只要是过手的东西，他都青出于蓝而胜于蓝。这样的天赋，因为1974年的一部电影《向阳院的故事》，迎来了彻底的爆发。电影中其中一个小主人公用刻刀雕刻小猴子的情节，深深地吸引了易少勇，简单的几个雕刻方面的镜头，不知怎么就像有魔力一样，一直召唤着易少勇。第二天，他跑到皮匠摊儿买了一把8分钱的修脚刀，磨成适合雕刻的刻刀。班里有个同学，父亲在上海钢铁三厂工作，他很快为易少勇找来了在钢铁上画线的大滑石笔，易少勇把大滑石笔截成跟电影中章料一样大小的样子，一双小手就开始忙活起来，老师发现他上课不抬头，班里的男同学也总是用期待的目光偷偷向他座位上瞄，很快，精美可爱的小石猴儿就被老师发现充公。在同学们一片惋惜的目光中，易少勇不气馁，充公后再生产，不多久，班里每位男同学手里都有了一个跟电影里面一模一样的小猴子！电视机、《向阳院的故事》、被老师没收的小石猴儿……这一切连成了一条线，似乎在牵引着什么。一年以后，上海玉雕厂的两位老师到学校来选特长生，老师推荐了会雕刻的易少勇。懵懵懂懂的易少勇以为只是兴趣班的展示，后来才知道，出色的表现让他从两百多个学生中脱颖而出，层层审核后，他获得了学校里唯一一个进入上海玉雕工业中学学习的名额。

一颗种子，在最恰当的时间落地、生根，在一片肥沃的土壤中发出了新芽。这片沃土，就是上海玉雕厂的工业中学。虽然在当初那个年代，为了买到一本珍贵的《动物画技法》，或《艺用人体结构》，要跑遍整个上海的书店，但这些有艺术天赋的孩子们那颗渴望知识的心，却像一颗颗充满力量的种子，突破所有的困难，倔强地成长！而当初动荡的大环境，丝毫没有影响工业中学的学习氛围，谁有一本技法书，全班传着练习。学校的教学方法也非常科学和系统，先是在课堂中素描临摹，随后老师带领着同学们去写生、继而把速写稿变成线描稿，到最后变成玉雕设计稿，乃至最终玉雕实践，这个过程要经历几年，每一种技法，都铺垫在前一种学习的基础上，最终让每一个学生，都能够完整地掌握整套与玉雕相关的技法及工艺流程。据同学们回忆，当年班里根据性格和学习爱好基本分为四派：学霸型、马屁帮、调皮型和美术型。易少勇还是延续了小时候的性格特质，既保持了对任何事物都持有高度兴趣的好奇宝宝性格，也充分发挥了自己在美术方面的天赋，介于调皮型和美术型之间。据易少勇的好朋友陆华回忆，那时候两个班隔着一块大木板上课，有一天，上着课，靠着木板的陆华发现木板上被钻出了一个小洞，那边露出一只小眼睛。原来调皮的易少勇趁老师不注意，偷偷抠了一个小洞，似乎想探索一下对面的世界。陆华用指头堵了一下小洞，易少勇也伸出了小手，两只手指就这样有了第一次“肌肤之亲”。当年在木板小眼儿里无意的、调皮的一点，连接了陆华和易少勇延续到现在接近40年的友谊。这两个在后来的人生中越走越近的好朋友，在学生时期，有过这样一次有趣的会面。成功有时候不可复制，正是这种单纯快乐的性格，让他有可能安下心来，毕业后在环境艰苦但有兴趣支撑的玉雕厂里一干就是十多年。

1978年毕业时，易少勇以出色的表现，赢得了进入上海玉雕厂炉瓶车间工作的机会，师从海派琢玉名家钟建琳学习炉瓶雕刻制作技术。“规矩、对称、端庄”是炉瓶雕刻最显著的特点，而炉瓶的制作，又运用到圆雕、浮雕、镂空等技术工艺，浮雕中又辅以阴刻、阳刻、线刻等工艺。对于雕玉来说，切料是最基础的，当年炉瓶车间里有个出坯小组，专门负责出坯，进车间的学徒都要在这个小组中工作半年以上，在这一时期，切料的时候要用一个吊称，一面吊着一块大秤砣，另一面吊上玉料，要完全靠双手来平衡、切割，对年少清瘦的易少勇来说，这并不是件易事，切料小伤小蹭是常事，有一次切得非常厉害，立时血流如注，一直到缝合，易少勇都一声没吭，这道深长的伤疤，永久地留在了他的右手上。这样艰苦而危险的磨砺，让不少人打了退堂鼓。但非常热爱玉雕的易少勇，却比任何人都拼命地练习。在经历了炉瓶车间严苛的训练之后，他的手变得极其稳健而有力，更是扎实地掌握了诸如造型、平面、弧面的处理以及各种雕刻工艺。在玉雕厂工作满四年以后，可以评职称了。易少勇用青玉做了一个仿青铜器的爵杯，厂里技术科的老师仔细看了很久，说：我在玉雕厂这么多年，就没见到有人能把爵杯做到那么标准，线条可以这样挺拔！这让易少勇感到很开心。易少勇的工艺做的这样好，但他的收入却一直是以速度论工分的玉雕厂中最低的。“任性”的易少勇做的很慢，每一根线条都仔细琢磨后再下砣，干净利落地完成作品，还要反复地修正细节。因此是出了名的慢工细活。别人笑他太疯癫，他笑别人看不穿。人的追求不同，对于扣工时钱来说，对得起自己手里这件作品，才是易少勇看中的。虽然收入微薄，他却在业余时间拿出所有的积蓄来上夜校，买字帖，练绘画，并且报了一个篆刻班。一边进修，一边苦干，作品越做越好，大家内心里也都慢慢佩服起他来。1981年车间里选团干部的时候，从不溜须拍马的易少勇以绝对的票数当选了炉瓶车间的团支部书记！虽然赢得了民心，工时钱依然照扣，收入依然微薄，作品依然做起来不计成本！1984年易少勇做了一件青玉的《八仙盒》，线条挺拔、形制规整、工艺让人叹为观止。整件作品通体壁厚不到2毫米，放到水上竟然可以飘起来！这传说中的“水上漂”竟然真的可以做到！大家纷纷跑来参观这件精美的杰作！易少勇说：我的“任性”，都靠父母和两个姐姐的支持！采访过程中，看着姐姐对弟弟那种关怀的眼神，能够深刻感受到易少勇原生家庭的温暖和精神富足，这个家庭里的成员，都能理解易少勇的精神追求。

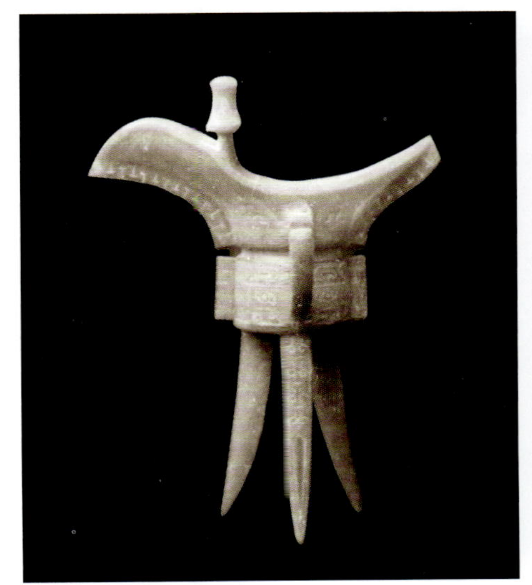

▲易少勇：青玉《爵杯》

▲易少勇：青玉《八仙盒》

▲易少勇：《碧玉猪彝》

这样温和的姐姐，却曾经为弟弟鸣不平，找到了厂子里去。事情的起因是一次厂里改革，由于社会大环境的变化，上海玉雕厂慢慢由国家出口转向自负盈亏，在一段时期里，玉雕厂把销售任务分配到个人手里。一旦作品面对市场，很多人叫苦连天，易少勇面对一年承包4500元人民币的销售指标却毫无压力。不多久厂子里有老外参观，一位德国先生对易少勇正在制作的玉雕作品一见钟情。那是一件青玉材质的《提梁鸭壶》，制作十分精美传神，德国先生当即找来翻译表示要买下这件作品，这是厂子里有史以来第一次，有人在参观的时候当场坚持要订制还未完成的作品。面对顾客的强烈要求，玉雕厂只好找卖品部和销售科现场定价，最终作品以8000元的价格被卖出。德国先生让翻译告诉易少勇："作品我买下了，但一定要保持相同的水准完成这件作品。"易少勇让翻译告诉他："我要对得起你，更要对得起我的工作，

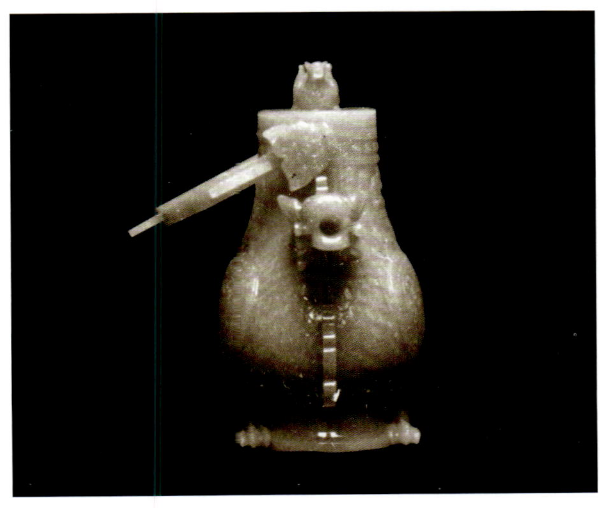

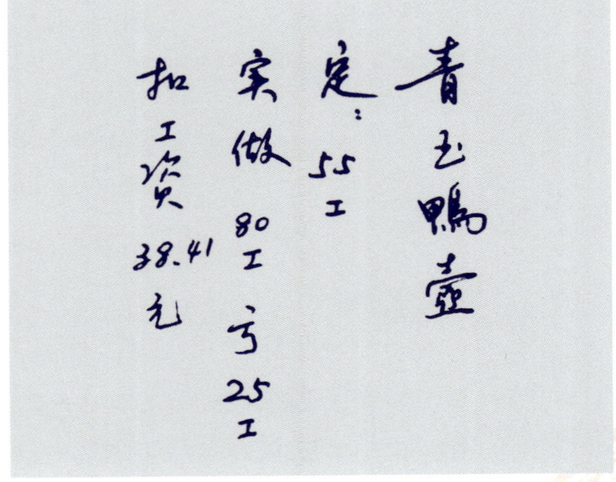

▲易少勇：《提梁鸭壶》

请你放心，我一定比现在做得还要好！”德国先生听了这句话，开心地握着易少勇粗糙的手。仅仅一件作品，就超额完成了一年的销售指标，本来是十分高兴的事情，却因为易少勇要更好地完成这件作品，超出了原定55天的工时，于是又扣了25天的工时钱。这时连一向淡定的家人也十分气愤，姐姐找到厂里讨说法。没想到这件事情一传十、十传百，大家为易少勇鸣不平，纷纷质疑制度的公平性，竟然引发了一场工人们的维权运动。最终的结果是，承包制废除，但易少勇的工资还是照扣。热血男儿，面对这样不公正的待遇，改变思路，顺应潮流，以量取胜也无可厚非。然而易少勇还是认真做玉雕厂的活儿，扣自己的工时。至今很多人不理解他当初的选择，易少勇说：“我只是想对得起自己的作品，不留遗憾。”无法不钦佩这样的易少勇，如果仅仅是一时的认真，那只是一场热情，然而能够在任何环境下，坚持一辈子的认真，试问谁又能做到？可以想象，玉雕厂的这种僵硬的体制，在改革开放的大潮中，必然难以为继。仅仅1986年到1987年两年的时间里，玉雕厂就外流了多达178位技术工人。在这期间，易少勇虽然没有离开，但他也意识到玉雕厂已经日薄西山了。

机会留给有准备的人，从小时候刻橡皮的爱好，到篆刻班的专业学习，易少勇的篆刻一直在厂里十分有名。1991年，一次偶然的机会，易少勇受邀帮一个商家在一件岫玉印章上刻字。作品出来后，他清秀俊逸的刻字受到了市场的极度欢迎。市场要的是好的作品，这件事给了易少勇更大的信心，他决心听从自己内心的声音，从玉雕厂走出来！他大胆地把自己的工作重心转向自己一直喜欢的白玉制作。细腻如脂、干净无瑕的白玉，就像易少勇一直以来喜爱的国画和书法，白色的宣纸，初看起来有些单调，但抛却令人目眩的色彩，这种纯真素净的材料，能够承载易少勇心中最安静、最深邃的创作。易少勇是玉器厂较早出来从事白玉雕刻的几个人之一，进入了白玉领域，易少勇就像回归到自己的主场一样，天高任鸟飞，海阔凭鱼跃。相较于其他玉雕形式，玉牌的制作，是在极为局限的空间与形式中进行艺术创作，在可以感觉到的形中，创造出形式之外的韵味。为了心中的梦想，到了1994年，易少勇毅然决然地辞去了公职，在家专心攻研白玉玉牌的制作。到了这时候，他已经确定要攀登一座前人都没有攀登过的高山，就是在玉牌制作的最高峰，插上属于自己的旗帜。易少勇很清楚，玉牌经过多年的演变，真正流传于世的，只有子冈牌。这仿佛是一座难以超越的高山，想要在后世留下属于我们这个时代的牌型，让它像子冈牌一样生生不息地流传，在玉牌这个领域，几乎是难于上青天的事情。

古人说：蜀道难，难于上青天。作为一个拥有巴蜀血脉的玉雕人，易少勇要挑战的，是蜀山一样的天险之峰。他为自己起了字“天蜀”，在自己那方小小的工作室里，开始了坚忍不拔的攀登。废寝忘食、夜以继日，独立工作的易少勇慢慢没有了白天和黑夜的概念，越睡越晚，累极而眠，他就像回归到了小时候独自守家的时光，这样的天赋和勤奋，如同一颗掩在黄沙中的钻石，一旦遇到合适的阳光，就折射出炫目的光彩，很快被有心人发现了。这个人就是现代玉雕的推手，观喜堂的创办人——林子权先生。来自台湾的林子权是最早把现代玉雕的概念引进大陆的。在当时巨大的仿古浪潮里，林子权到处寻找一流的玉雕师傅，想看到具有时代精神的，独特的作品。林子权发现，易少勇的作品中散发出一股安闲淡雅的特殊韵味，无论是整体布局还是刻字行文，都有一种卓尔不群的精神气质，这在古人或是当代玉牌中是前所未见的。而林子权对品质的追求，也与易少勇不谋而合，于是两人展开了很长一段时间的合作。林子权的太太皮楚荣是玉雕界的知名人士，同时也是书画鉴赏方面的行家。她见到易少勇的刻字，便赞他：“书法造诣，堪称一绝”，在双方的共同努力下，台湾玉雕界对易少勇的作品趋之若鹜。张爱玲说：成名要趁早。在易少勇的世界里，从来不缺名气，刚刚开始白玉玉牌的制作不久，他让人耳目一新的风格就已经名扬四海，而刻字一绝，亦受到了非凡的追捧。然而，易少勇本性淡泊，对名利二字从未上心，他的目标高远，这起步不久就赢得的成功，就像攀登路上沿途的风光，非但没有让他驻足欣赏，反而加快了他前进的步伐。

这个时候玉雕界的大环境很值得一提，海外的需求促使上海的仿古市场火爆，林子权之所以从台湾来到上海，就是因为在寻找货源的时候，发现了来自上海的一批质量非常好的仿古玉。虽然因为历史的原因，中国的文化传承在很多方面都曾断裂，但玉文化因为中国人骨子里的喜爱和崇拜，从来就有传人。在这些传人里，当时最突出的是以倪伟滨为代表的海派一众，但在这些“一众”里，上海玉雕厂出身的这一批精英，因为体制的缘故，在一开始并没有紧紧跟上市场的脚步，所以在对古玉的理解和制作上，都没有先天的优势。一个人最怕的是没有努力的方向和目标，知不足而后奋进，没有什么比一群年轻人你追我赶地学习、研究、进步更让人振奋的了。随着影响力越来越大，易少勇开始从行业的角度思考自己的位置，他慢慢明白，必须有一批人站出来，继古开今，让玉界的薪火传承下去，同时，开拓属于我们当代玉雕的风格。易少勇并不知道，当他下定这个决心的时候，他已经挑起了普通人难以承受的重担，而他，必须以绝对的勇气和决心，坚持不懈地走下去。

▲ 易少勇工作照

每一个黑夜，都很漫长。但是永远亮着灯光的玉雕机前，是易少勇曾经年轻的面庞。365天地熬，到了凌晨，人群开始活动，世界开始熙攘，易少勇才会沉沉睡去。只要醒来，等待他的，除了一餐简单的饭菜，必要的生活，其他时间，几乎都是与创作有关的活动。2003年年底，易少勇接了一个让他终生难忘的大活儿，要为台湾的一位藏家制作108块牌子。原本预计一年半的制作时间，却因为易少勇不肯放弃对品质的追求而拖到2007年年底。这是一个玉雕人体力、眼力、精力和创作力最旺盛的时候，是比钻石还要珍贵的年华，这几年里，玉界像坐上直升机一样开始繁荣，而易少勇仍然“躲进小楼成一统”，一心一意完成他的承诺，不肯懈怠一丝一毫。知道这一切，再看易少勇如今的一头白发，清瘦的面庞，心里会有很多感慨。易少勇哪怕有一次重复自己的作品，或者愿意稍微放松一点对天蜀牌艺术高度的追求，他可以轻轻松松地住上别墅，买上豪车。然而相较于别人的青云直上，辗转腾挪，易少勇的努力方向却是垂直扎根，他只交知心朋友，只过最简单的生活，在艺术追求的道路上越走越深，他对天蜀的要求就越来越高，作品越出越慢，耗时却越来越长，皱纹就这样慢慢长出来，头发也一根根白了。人的活法很多，但选择这样生活，需要极大的勇气。易少勇当得起名字中的这个“勇”字，是我们当代玉界的莫大福气。

易少勇：《108玉牌》

▲易少勇与他的108玉牌

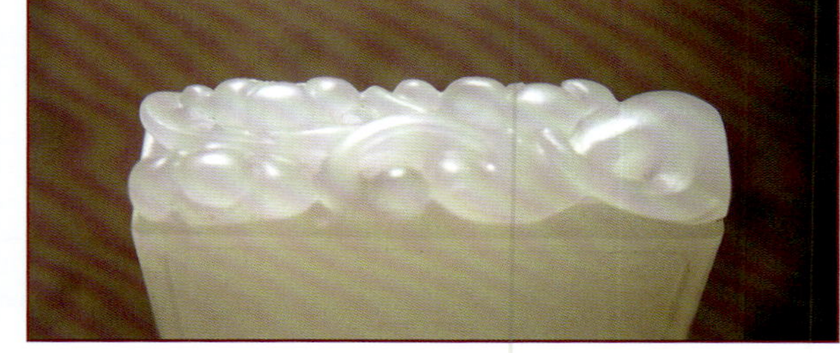

▲108玉牌局部图

回顾易少勇攀登玉界蜀峰的历程，我们梳理出他为玉界奉献的四个第一。

现代玉雕落款第一人

易少勇落“天蜀”款的初心十分简单，他既然做，就要做精、做好，既然已经辞职全力创作，那他就要为自己殚精竭虑的用心之作负责到底，每件作品都像自己的孩子一样，无论未来到了那个藏家的手里，“天蜀”二字都能让藏家知道，有一个叫易少勇的琢玉人永远为这件作品负责。易少勇说：我要对玉、对己、对藏家、对历史负责。在当时那样的环境里，勇于落下自己的款识，就足以证明易少勇对其玉牌的信心，但是易少勇不知道的是，当他落下“天蜀”二字的那一刻，他独一无二的玉牌造型，简洁优美的整体布局，安闲淡雅的文人风格，已经区别于传统的子冈牌，在玉牌历史上，独成天蜀一脉了。清、雅、精、细的天蜀牌，引起了藏家的喜爱与追捧，人人以得“天蜀”为幸。然天蜀牌从设计到制作都是易少勇本人亲力亲为，一年才出寥寥几件。三四件玉牌，至多再做几件精致可爱的小品，得之十分不易，因而天蜀款更显珍贵。从易少勇的“天蜀”款之后，玉界慢慢兴起了落款的风潮，乃至而今玉器上落款已成一件平常之事。甚至有人为了商业利益仿制名款乃至有人以卖款为生。底层这样的玉界乱象，实在让易少勇这样站在高山之巅的前辈们哭笑不得了。玉界自有大道与小道，一样的精力和时间，走一条大道，虽然需要付出巨大的心力，但其心坦荡，这是易少勇从始至终的选择。

创制现代阴刻佩牌第一人

易少勇开创了现代阴刻佩牌的先河。他一生最开心的，是在当代玉雕历史上，白玉阴刻佩牌的空白是自己填补的。在易少勇之前，当代佩牌上的刻字会用阳刻手法，为了手感更舒服，易少勇开始尝试在佩牌上作阴刻。很多人以为玉雕上阳刻文字比较困难，阴刻文字比较容易。实际上阳刻文字虽然步骤多，时间长，但是只要书写者将文字写好，雕琢者用心琢磨即可，如有小错误，还可以做修饰补救。阴刻文字则完全靠真才实学，百字的作品，哪怕一个笔画失误，则全盘皆输。没有书法底子或工艺水平不够的人，很容易显露出其藏拙不足之处。籽玉珍贵，要求创作者在雕刻时万无一失，阴刻玉牌对玉质的要求更高。所以阴刻玉牌必须兼具工艺技巧与书法艺术修养。几次尝试下来，易少勇发现阴刻玉牌手感舒适，线条灵动，干净素淡，极具抱朴之美。而阴刻本身，亦可以通过书法的收放开合以及绘画的疏密虚实完成自身的平衡与圆满，更可以淋漓地表现中国画之美。于是他开始大胆地挑战颇具难度的阴刻玉牌。玉性坚韧，寻常刀具绝不可入，全赖研磨之功。玉上作书，大者不过如豆，小则细如毫发，正、草、隶、篆，皆有体势，差之毫厘则失之千里，除非全部磨掉重来，否则绝无更改之可能。天蜀牌阴刻书法，章法巧妙奇绝、行文疏密有度、令人玩味不尽，正如天蜀藏家所言：“一件天蜀牌可以终年常看不厌，越深入领略玩味，越觉幽深无际，喜爱不已。再见毫无灵韵的电脑高仿或者章法全失的元素拼凑，如西施东施，不可同日而语。”

改变传统牌型第一人

易少勇最拿手的，是玉牌的造型。歌德曾说：“题材人人看得见，内容意义经过努力可以把握，而形式对大多数人是一秘密。”玉牌，最早应由玉佩演化而来。早期转化过程中形制多变，但经过历代流传，到了近现代，唯以子冈牌传世。在子冈牌的制牌定式里，以四六牌和五七牌为主，鲜少出现其他制式。易少勇认为：传统牌型比较严谨，缺乏变化，人们对美好的东西有着各种各样的需求。随着社会的进步，全民中山装的时代已经一去不复返了。玉牌也该在当代有全新的面貌。玉牌做方很容易，改变传统牌型是一种挑战！而他的性格就是要挑战和创新！易少勇亲自设计出了几十种天蜀牌型，这些具有时代风格，设计感极强的牌型，打破了呆板的玉牌传统形态。牌型由方到圆过渡中的各种变化，牌面由平到弧过渡中的各种弧度，都根据要表现的主题做了最佳的组合。天蜀藏家曾经总结：天蜀牌有别于子冈牌的最显著特征是，一个牌型的本身已经是一个完整的作品。再配以国画的构图、书法的布列以及灵活的阴刻运用，就创造出了属于天蜀玉牌的独特风格。在一众玉牌里，你可以一眼就辨别出天蜀牌，这就是易少勇的独特符号。易少勇说："一件好的玉牌，应该不扎手、不扎眼、不扎心。"这个看似简单的要求，背后是易少勇多年潜心制玉的理解和心得。天蜀牌之前的玉牌，通常是"额首"设计在牌廓内，易少勇非常喜欢以"出廓"的形式作为额首，最先采用瑞兽、如意、拱桥等形式，有时还在玉牌的下方与之对应做出廓的半圆雕与之对应。他一改子冈牌的方、平，首创了符合人体工学的弧面牌，由于倒角做的非常细致到位，天蜀牌把玉的温润手感体现得淋漓尽致，方中有圆、圆中有方，中正饱满、张力十足，让人爱不释手。我们可以从以下几件作品的演变，了解易少勇的探索之路：1997年4月的《晴空万里》牌，椭圆牌型、双面浮雕、上下出廓对

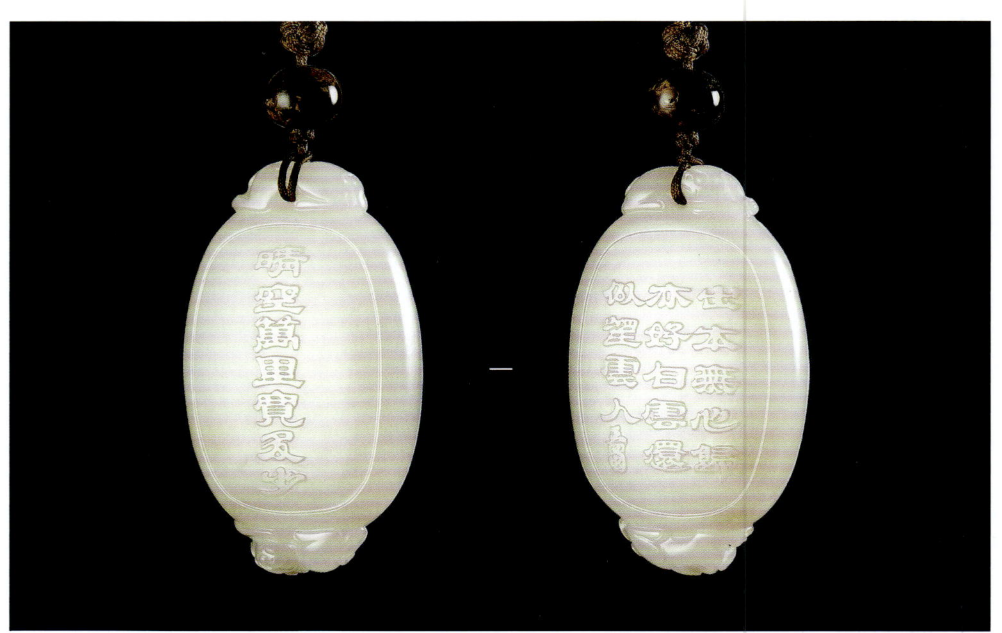

▲ 易少勇：《晴空万里》牌

应，落以天蜀；1998年1月的《怡然自得》牌，长椭圆牌型、双面字体都是阴刻，配以简单的浅浮雕图案，书卷气十足，落天蜀款；1999年7月的《法界》牌，额首出廓，上窄下宽的椭圆牌型，一面阴刻线条与文字，另一面阳刻文字并配以简约的图案纹饰，留白部分突破了子冈牌书法占满牌框的限制，开始在文字与图案上进行合理的布局。2000年4月完成的《万善同归》玉牌，易少勇又跨越了一大步，线条更加灵活，加上凹凸面的运用，灵芝额首更加写实，周边采用了独创的圆弧包边方式，并且巧妙地将“天蜀”落在了花瓣上。2001年3月完成的《玉骨同妍》玉牌，用更加

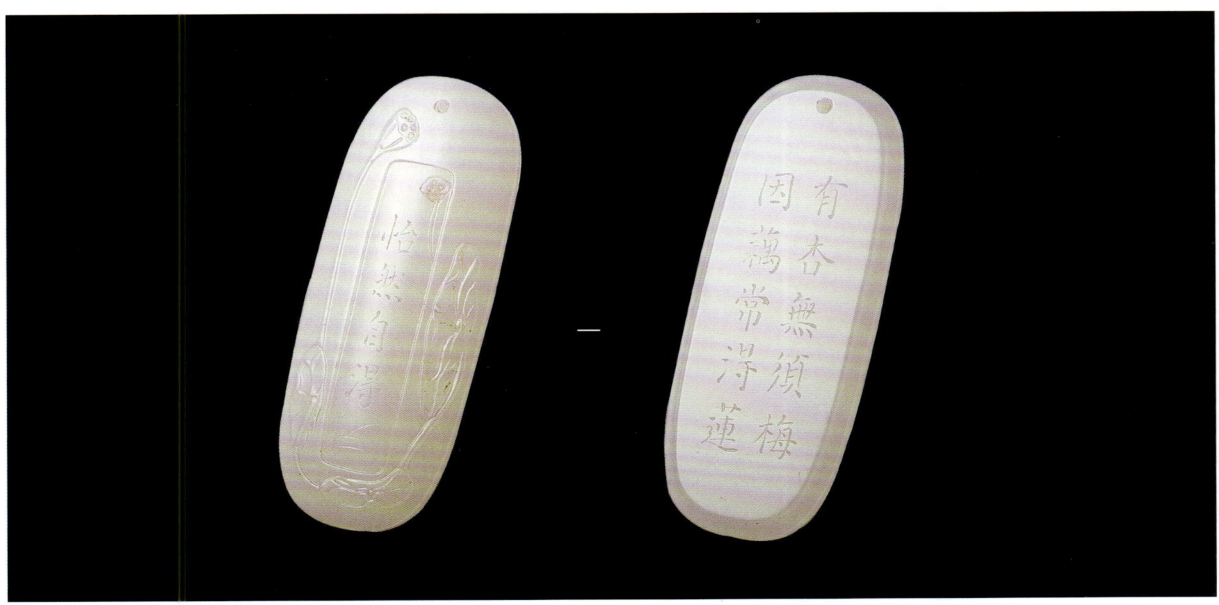

▲易少勇：《怡然自得》牌

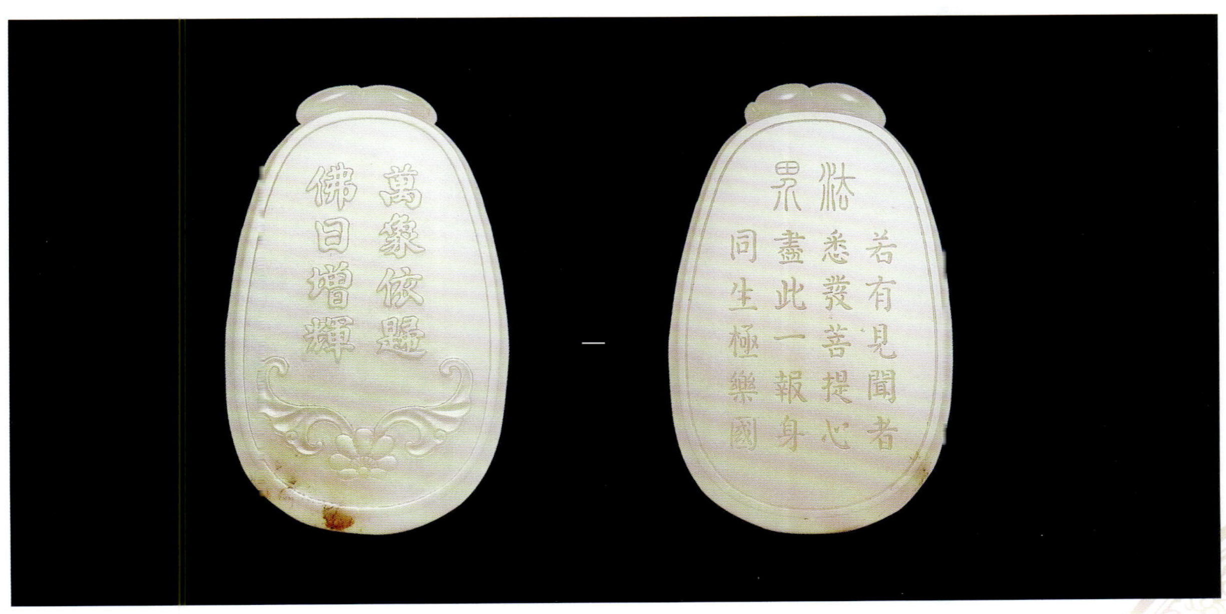

▲易少勇：《法界》牌

细致的手法来雕琢灵芝额首，镂空半圆雕的方式既秀美又凸显玉质的温润，系带的孔很自然地隐藏在镂雕之中，在以后的作品中，无论是松树额首还是梅花额首，都是如此，易少勇在牌型上的风格，越加明朗。天蜀牌牌型多变，完全脱离了子冈牌的影子，独创了自己的制牌形式。如今市面上早已经不再是子冈牌的天下，从易少勇之后，玉界琢玉高手纷纷跳出子冈牌的形式，开始突破传统。但是无论是牌型设计、整体布局、元素运用，节奏韵律以及诗、书、画、印的文人气质，天蜀牌仍然在玉牌领域卓尔不群，引领群雄，有着自己极其强烈的风格和个人符号！

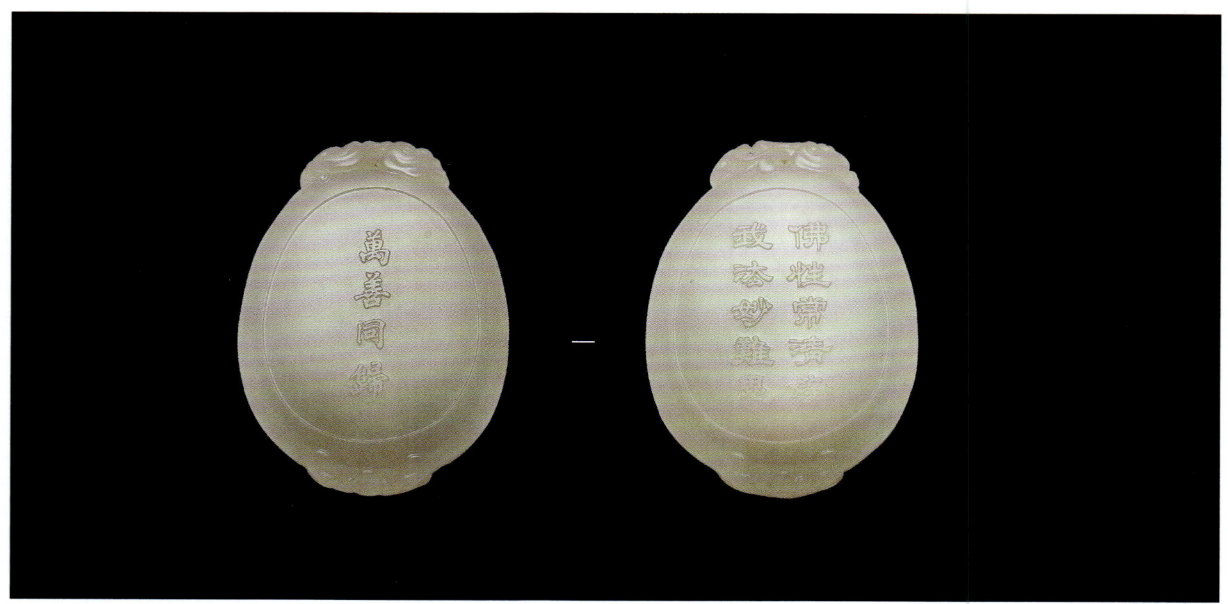

▲ 易少勇：《万善同归》牌

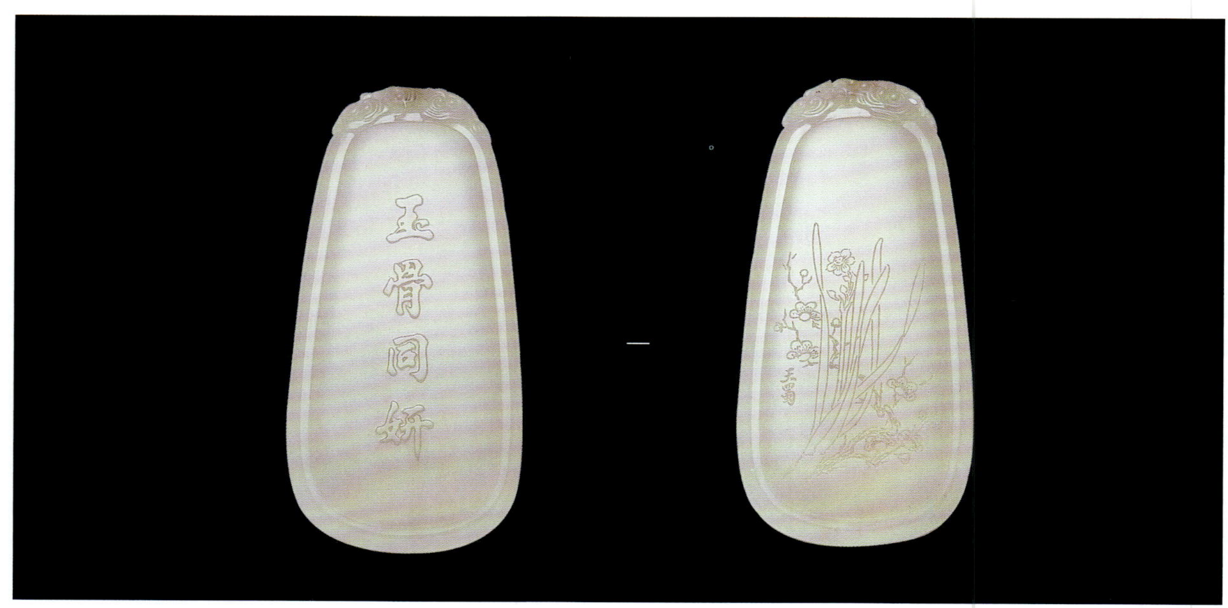

▲ 易少勇：《玉骨同妍》牌

融诗书画印元素于玉牌的第一人

一块玉，素淡、干净、纯美、可爱，握在手中时，温润细腻，如同婴儿纯净温柔的肌肤。易少勇难以想象上面热热闹闹的刻画，在他的心里，只有世间最美的诉说才配得上这样的材质。艺术品是要有生命的，一件玉牌本身，要具备、展现一个完整的精神世界。刀耕笔耘，他要塑造的世界，是他心灵最深处那一泓清潭里，让他安静和强大的力量。中国文化的根脉——诗、书、画、印，是易少勇的精神之源，华夏文明传承千年，清洁的灵魂和风骨都寄托在诗书画印中，留给了后人。梅的孤傲、兰的静美、竹的劲节、菊的素贞，松的傲骨峥嵘，水仙的冰清玉洁……只有这些蕴含着生命香味的元素，才是易少勇最想赋予天蜀牌的精神气质。2000年12月的《蘭香》牌，外形是水滴状的椭圆形，不设牌额。正面上方阴刻楷书“蘭香”二字，下方设计为团扇扇面，扇面下方一株迎风幽兰，垂枝如带露、舒蕊似含馨，叶虽数笔，然翩翩自由。花出叶外，幽姿生动，扇面半处留白，并钤上“自芳”阳文印章。兰花的香气，仿佛自扇面悠悠溢出。另一面，以隶书刻诗两句：自是淡妆人不识，任他红紫斗芬芳。表现空谷幽兰淡泊高雅，与世无争的品质。在易少勇的创作理念里，一直很注重阴阳的平衡。从开始创制阴刻佩牌，就着意根据不同的形制需要，钤以阳文印章，或凸显额首，以求阴阳合

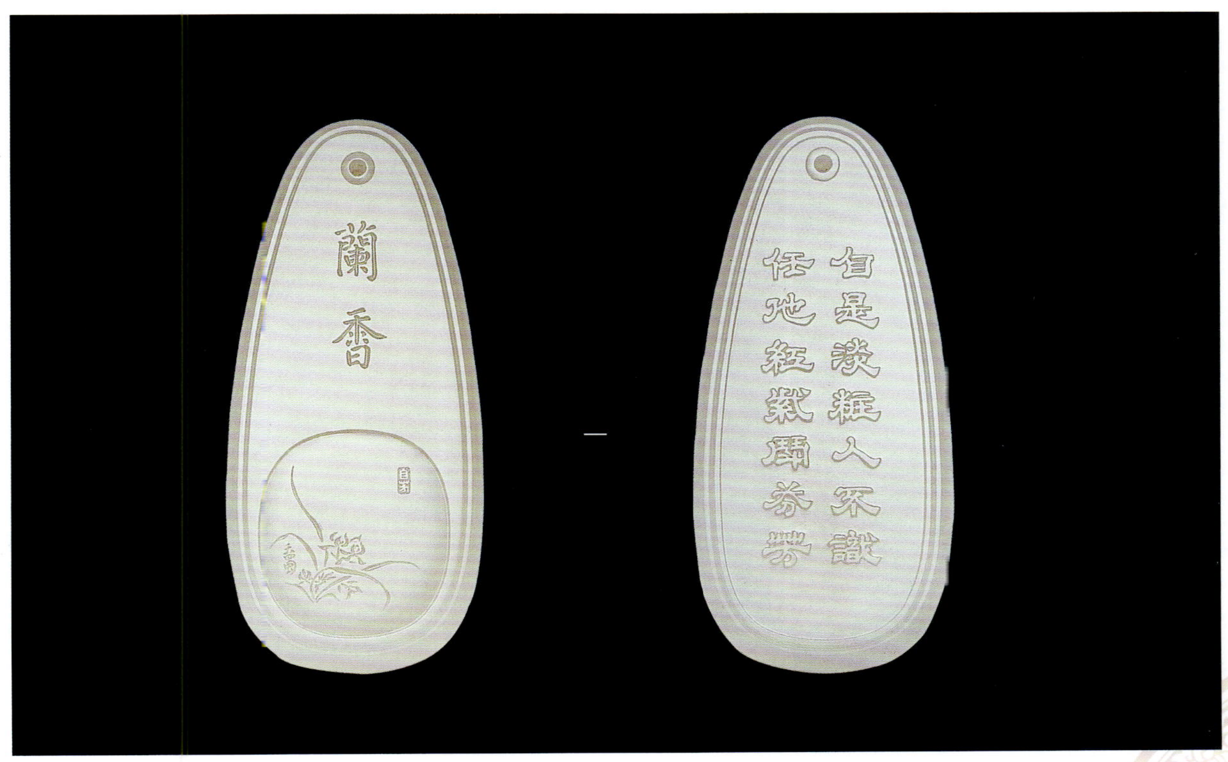

▲易少勇：《蘭香》牌

一。有心人从这些细节可以看出易少勇严谨的设计理念。2001年10月的《松龄拱寿》玉牌，正椭圆牌型，松树枝叶额首。一面阴刻隶书诗文：苍枝素影月下逢，新篁寒香心上留。钤两印，上为阳文“天”字圆形印，下为阴文“蜀”字方形章。诗文下方大片留白，仅在下方阴刻山石、芝草，连接左侧的松干状圆弧包边，一面松干，一面自然过渡成玉牌的弧面包边，于牌面左侧扶摇而上，最后在诗文上方遥遥伸展出阴刻松云，上下呼应，颇有凌云之态，形义相合，极是巧妙。另一面，只在牌面中间所辟一轮圆月里，浅浮雕以梅花与竹叶。构图疏朗、用笔精到，仿若月影里的寒梅与翠竹相对，与之遥遥呼应的苍松正好暗合诗文中的“寒香、新篁、苍枝”，诗、书、画、印融会贯通，形成一个宁静圆足的世界。这世界里忘却尘世纷扰，荡涤心灵污垢，寒风中有香韵淡淡，疏落中有生机勃勃，知己相伴，从容适意。2004年4月完成的《三清一品》玉牌，长椭圆牌型，出廓处首开先河以双龙头拱形龙加二链环作为额首。二连环在玉牌上的运用，属于佩牌历史上的首创，易少勇的这些元素上的创意，为当代玉牌的发展做出了杰出的贡献！此作画面格局放大，画面下方三株水仙冰肌玉骨、一字排开，左侧寿石一角掩映下，一丛翠竹挺拔玉立，整个画面高低错落、繁简相宜，呈现“L”型构图，右侧留白处，题楷书“三清一品”。另一面，楷书阴刻诗文吟诵

▲ 易少勇：《松龄拱寿》牌

水仙之冰清玉洁。这件作品易少勇书画皆用阴刻，让我们见识到了他的阴刻一绝到了何种精练的程度。画面上，竹是主角。《诗经》云：“瞻彼淇奥，绿竹猗猗。有匪君子，如切如磋，如琢如磨，瑟兮僩兮，赫兮咺兮。”品字三口，竹的性情，不言自明。易少勇篆笔勾勒，笔力精准。竹叶一笔而就、运笔稳健、出叶果敢。水仙线条细腻柔顺、如霞裾月珮，不染尘俗。花朵用笔繁简有度，轻盈回互，似蝶起舞，仿若清香萦绕其间。背面阴刻楷书，行文从容不迫、下刀稳健利落，字体秀美生动，笔力之精绝，不过是增一分太长，减一分太短，看似平淡天真，实则格调超逸。素来佳艺熏心，一件作品光艳溢目，往往使人目眩神夺，久之心神俱疲，而真正给予人心灵安慰与滋养的作品，往往含蓄清雅、见素抱朴，如春风化雨，需要我们静下心来细细品味。“五色使人目盲”只有当我们心明眼亮的时候，才能透过这扇窗户，闻到天蜀牌传递给我们的木樨花香。从《三清一品》玉牌可以看出，易少勇已经从前期的风格独具到了如遇无人之境的大家风范，无论从牌型的美感、手感、艺术性、独创性，还是配合内容上诗书画印的精雅绝伦，都达到了史无前例的统一与和谐。易少勇不做相同的作品，任何一件作品，无论是牌额、还是钤印，都是恰如其分地在最好的位置上，无论是梅花额首还是松树额首，只要互相置换，便美感顿失。由此可见，易少勇在创制天蜀之初

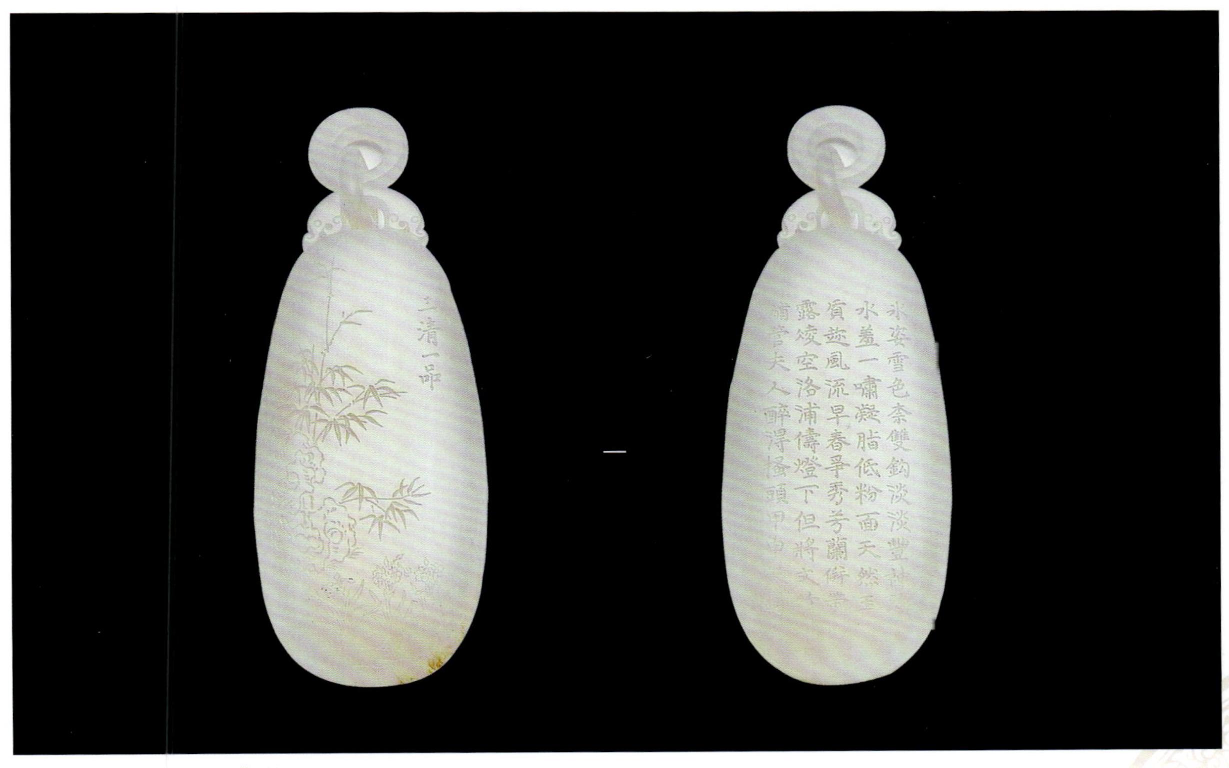

▲易少勇：《三清一品》牌

就已经是以制作艺术品的态度来创作天蜀牌，如造物主般赋予了每一件天蜀牌自己独特的气质风格，如美人在列，或冰清玉洁、或幽香静美、或丰神俊朗，但都香魂萦绕，有着天然纯净的精神气质。解如光老先生曾经评价道：“易少勇独得了宋元文人画的精髓，并把它运用到了天蜀牌的创作中。天蜀牌看似脱子冈牌而出，但却是把最精髓的部分传承并发扬光大了！”易少勇被誉为“玉界文人牌第一人”，坊间模仿天蜀者甚多，然都窃取一鳞半爪，婢作夫人，无法仿造出天蜀牌独一无二的书卷韵味。很多天蜀牌的藏家非天蜀不藏，琅嬛福地待久了，便被诗书画印所同化和滋养，性灵清真，对世间争名逐利便少了些兴趣，摒弃五光十色的世界，回归内心，在耕云钓月中享受心灵的平静，在兰馨梅香中品味美淡而悠长的人生况味。

黄宾虹曾说：“人品的高下，最能影响书画的技能。”高品之人，不为外物所动容，内心自有一方洁净天地。做玉之人，懂得玉的洁净纯美，能够把“玉性”与“人心”融洽无间，方能有神有韵。易少勇之心，既有空谷幽兰的与世无争，又有“岁寒三友”的傲雪从容，他爱水仙的冰清玉洁，更喜一丛新篁生机勃勃、向上拔节的精神气质。易少勇有句名言：“‘比较’二字，要比，不要较。因比知不足借以精进，但较就有心理较量的味道。其实是需要外物来证明自己，人向内求，自然有清泉，能够不靠他人证明来活出自己，我就是我，才能安心做自己。”从立下宏志、筚路蓝缕、刀耕笔耘，到独创天蜀、俯瞰众生，易少勇既没有在面对荆棘绝峰时妄自菲薄，也没有在一览众山小的山顶目空一切，他不挟不矜、不骄不躁，他的生命用来在幽静的空谷中蓄积力量，精进自己的不足，虚心求教以继承传统，他的生命也用来活泼泼生长，每天在创作中酣畅淋漓，在无人之境里如切如磋，如琢如磨。人磨玉，玉磨人，人玉合一，渐渐修炼成绿竹猗猗，在玉界傲然独立。2004年《三清一品》玉牌、《心经》，分别获得第三届“天工奖”金奖、银奖。从1993年开始创立天蜀牌，到成为大名鼎鼎的玉界“文人牌第一人”，易少勇用了十年的时间。这十年，易少勇从立志攀登玉界制牌领域的蜀峰起步，改牌型、落天蜀、创阴刻、形成诗、书、画、印的文人牌风格，从形式到内容，天蜀牌已经十分成熟。到2004年，在中国玉界独创一脉的易少勇已然站到了中国玉界的最高处。从1994年到2004年，这十年是整个现代玉雕从开拓发展到达到成熟的重要时期。易少勇，正是中国玉界引领现代玉雕创新这一风潮的重要领军人物。

易少勇：《心经》牌

从2004年开始，沪上一派玉雕名家开始参与“天工奖”评选，评选大师日渐火热，国内经济向好，玉界大环境渐入佳境，即将迎来欣欣向荣的黄金十年。到了这一时期，易少勇已经盛名在外，成了当代中国玉雕界金字塔上，最顶尖的玉雕大家之一。随着国内各类评选此起彼伏，各类协会层出不穷，被鲜花和掌声簇拥的易少勇，成为人人艳羡的大师。功成名就，随之而来的就是更大的名与利，只要易少勇肯，玉雕界已经为他开启了各种各样的大门，只要跨出去，他可以有更多的光环和名利。然而易少勇说：“行业和社会认可我，把我放到这个位置。但我还是在这里，做我该做的事。每个人送一个热气球，多了就容易膨胀和浮夸，紧紧攥着这些热气球不放，就会离开地面，飘到空中。只有把手松开，才能脚踏实地。”易少勇不畏浮云遮目，不屑山底的浮华喧嚣，只在别人望尘莫及的高处，攀登艺术的极峰。又是在玉雕机前的日复一日，世间开始物欲横流，他在这里；众人开始酒酣耳热，他在这里；当空中热热闹闹地飘满了人的时候，易少勇还是独自一人，在玉雕机前夙夜匪懈，只是此时，他已衣带渐宽，他已满头白发，他已年过半百，到了知天命的年龄。他说：“和田玉是大自然的舍利，是有灵性的。雕一块玉，就是赋予它一个灵魂。灵魂是死人与活人中最高尚的东西。先人把精神的东西留下，而支撑我们活人的，也是这样的东西，这就是灵魂。所谓承前继后、薪火相传，传承的，就是这样的精神和思想，而每个时代能够添加的，也是有香气的灵魂。这根接力棒，没有根、没有力量、没有精神力的人，是接不住的。上天赋予我们时间生命：每个人每天24小时。体力生命：身体的好坏，生命的长短。如果能够把这些有效的利用，就能够扛起另一条命，就是使命。这代表了生存、生活和责任。你有修炼出多大的力量，就能扛得起多大的使命！”玉界黄金十年，很多人偏离了大道，走入了所谓的捷径小路，当我们感叹“大道废、小道兴”的时候，日渐冷却的市场，也给我们反思的空间，很多人惶恐不安，虽然不断升起一个又一个的热气球，但人人清楚，那气球里装的只不过是经不起时间检验的浮名虚利，一旦捅破，还有什么可以拿出来昭告世人？

玉，何以传承？当代玉雕的灵魂和根脉，流传下去的希望，时代的亮点又在哪里？遥遥处传来回音：我还在这里！他，没有工作室，没有徒弟，只有一双手，在原处，易少勇，他哪里也没有去，无论繁华浓丽，无论冷寂无人，他都在这里。守着当代玉雕一块干净的阵地。历史上享尽荣华富贵的人不计其数，却没有在历史上留下只字片语。当代玉雕界，各种形式的宣传和造势，却忘记了玉雕人应尽的本分。玉是天地的精华，上亿年冰火洗礼才成就，上天把它交给了我们这一代。作为一个有天赋的玉雕人，一生中可以心力充盈地用在玉雕上的时间极为珍贵，如果我们离开了自己的阵地，等到力不从心的时候，会不会后悔没有为玉界留下得以传世的作品？玉的生命漫长，我们赋予它灵魂和重生，该给它什么样的面容？该赋予它什么样的精神？当我们这一代不在了，留给后人的，该是一批什么样的作品？而我们又会成为后人口里，什么样的故事？这些问号都值得我们反思。可以知道的是，易少勇谱写的是一个一生攀登的故事。当他终于攀上了玉雕界难以企及的高峰，创立了属于我们这个时代的“天蜀牌”后，他还在攀登，至今还在攀登。笔者坚信，千百年后，当很多富丽繁华的名字都已经淡去的时候，“天蜀”二字，却将在世间，闪着灼灼的光芒。

▲ 易少勇：《醉月寻花》牌

▲ 周波先生（象牙雕刻家）

在这次难忘的采访过程中，有幸结识了易少勇的好友周波先生。把酒言欢之际，偶然得阅周先生闲时为易少勇写的一篇文章。私以为，写易少勇的文章很多，然懂天蜀者周波也，遂经周先生同意将此文附于文末，与读者共赏之！

（张侨恩）

玉中兰亭

——易少勇（天蜀）曲水流觞话诗魂

乱世生枭雄，盛世出文豪。却奇愚（玉）人天蜀，处荣辱而不惊，陷贫贵而无忧。非为名而名，非为利而利。非德而有德，非才而有才。浑浑噩噩中独享清清白白，纷纷繁繁里只求平平淡淡。真可谓：人生如梦亦如幻，缘生缘尽还自在。

世人只道神仙好，哪知清闲在身边。其忽隐身于天涯，忽又流窜于市井，是天人还是俗人，其流光溢彩引来众说纷纭而莫一如是，吾却知其一二，其为人谦和中带着淳朴，诚恳中带着诙谐。性格外柔内刚，执著而又不乏机智。好性情，重情义。轻权贵，恶虚荣。其名虽已如灿烂之星光却仍清贫至今，其心境已达返璞归真之态而又不失难得糊涂之高明。天真烂漫的情趣包裹着柔情似水的内心，与生俱来的骨气恒守着质朴善良的信念，怡情于山川湖泊之秀美，呼吸于草木清淳之幽芳，临琅琊绝壁而思远怀故，处山野荒村而自得其乐，与友相聚则活脱形骸。

虽然天匠出炉却非刻意锻铸，只是性喜文笔墨意而浸泡其中不能自拔，饥食佛儒，渴饮道俗，涉奇访故如沏茶烫酒。于文墨之喜好已沁其心脾，如数十年磨志而得剑，又如腐根烂肥而奇葩异香。

五千年的中华文明是其根深蒂固的思维本源，集感恩之孝为德，修高远之心为敬。酷爱琢玉，作品风格犹如诗画，既有去繁就简刀刀见骨之旷世功力，又有浑然洁身慧根兰芯之清雅意境。高者敬其儒，贤者爱其趣，达者视如宝，俗者称其奇。故世对其有玉中兰亭之誉……所谓天蜀乃天下一俗人罢了，总是在矛盾中追求完美，在平凡里实现着自我的洒脱。若以诠释而强言：“碾玉之妙手，造水之仙簪！造四时至境入画，携诗书印笺成风！举玉润华光之格胜，括凝脂芬芳之神全！”明白恍惚中，得失自诩里。

观其看似傲骨凌云而飘至虚无之境，实尔清意随远而自处妙堂高宇。非求大雅但闲心偶得，可谓心无大志却名满当下，虽非不学无术确是无为而就，正所谓清风明月无为而自成之儒雅可见一斑，如云气散聚于无意而灵光顿显于天际，又如闲鹤游走于无形而留下美意无限之洒脱，故其玉牌雕件如倏然吐芳之浑然香魄，望之则赏心悦目有喜从天降之感，握之则润意沁心而生恋恋不舍之情，念之更是温文尔雅似有回气荡肠之牵挂，方圆里咫尺天涯，规矩中自然天成。或情芳自露，诗骨销魂。或高洁雅致，韵意松适。故名声斐然而使权贵凭显尊豪，富杰携墨傍雅，连莽夫俗女亦冥然感知。

吾喜其无为而有为，惜其无为而自得，其运笔取势之间，提按顿挫，绞转回还。尤似纯棉裹铁而不失其结体，更胜凤泊鸾漂而难掩其绝伦。若言论其颜筋柳骨则遗之华美良酝。举方阔其鹤膝蜂腰则落拓气概凛然。以玉为纸，操刀如运墨，化其瘦硬为丰腴雄浑。以雅为标，诗画如夏云，演其纵横为空灵有相。其点如坠石，其钩如屈金，其戈如发弩，其清如悬墨。浩浩然而赞其低昂有志，荡荡兮而叹其遒丽文章。运刀之处若动静之机，尤似黑白乃阴阳之母。动之则分，静之则合，需随曲就伸而过尤不及。玉刚而吾柔谓之游走，玉背而吾顺谓之行粘。运其急则急应，动其缓则缓随。由其技娴而渐悟其劲，张如剑拔，敛若一贯。握其续领而气沉丹田，其重则虚，其实则杳。仰之则弥高，俯之则弥深。进之则愈长，退之则愈促。感其无为而思之，交其无为而相知，唉！人生足矣。 添酒道俗。

（周波）

玉界之善——晏贺林

张侨恩

▲晏贺林先生

罗丹曾经说过：“美是到处都有的。对于我们的眼睛，不是缺少美，而是缺少发现。”玉界不乏具有童心之眼的艺术家，照见这世界的美，移情入怀，用最好的年华妙造自然，别构一番灵奇。在当今玉界，谁的眼光能够高而阅尽天下之灵奇取各家所长？谁的眼光锐而玉海纳珍得以建立了一个顶级玉雕艺术品汇集的殿堂？谁的眼光慧而伯乐相马于其微时？谁的眼光远正在为当代玉雕在千百年后的时间轴上闪亮而倾尽心力？答案是——晏贺林，尚善堂的创立者，玉界高端艺术品品牌的拥有者，一个不笑的时候眼睛在笑，笑的时候群星要黯然失色的70后玉界骄阳。晏贺林是他的原名，正因为玉行之人各个亲切地称他贺林，以至于原名反而知者甚少了。在玉界，贺林名声很大，但行事却极为低调。人们在叹服他的高端定位和巨大财力之余，不禁十分好奇，不到40岁的贺林，没有锋芒毕露的性格，没有显赫富贵的家世，怎样创造出了玉雕艺术品王国？贺林的故事，并不过多地与财富相关，更多的时候，是关于真诚、善良还有美。

深深海底行 所行始切

贺林是名副其实的70后，现在中国最蓬勃的中坚力量，这一代人身处变革时代，不仅经历了改革开放，也经历了玉界的沉浮，他们有着自己的勤劳和务实，因为经历过贫穷，也看到了繁盛，他们比任何人都更懂得奋斗的意义。贺林生于江西的小镇，从懂事起，就看着姐姐帮着父母干农活儿，个头还不及灶台高的时候，他就吃力地挎着大篮子，去菜园里摘菜，回来洗得干干净净，帮父母把它整理好、切好。为了分担父母的辛劳，他还要负责喂猪、喂牛、洗碗、收拾家务和照顾妹妹。从早忙到晚，小小的贺林总是极为疲惫地进入梦乡，第二天又早早地起床干活儿。一年到头忙忙碌碌，农家几乎没有一天休息的时候，贺林也就没有太多玩耍的时间，他的懂事让邻里乡亲都很心疼，但他心疼的却是父母家人，总是力所能及帮父母多分担辛劳。年龄越大，他做事情更加妥帖有序，上学之余，他还能协助父母把家打理得井井有条。老人们说贺林是来报恩的孩子，仿佛预测了贺林的未来将为家人带来福气。当时贺林的父母并不知道，自己的儿子天生就有非凡的才能。而贺林在管理方面的天赋，在1997年他20岁跟随亲戚来到上海一个玉雕厂打工的时候，很快就被老板发现了。开始是打磨车间，40几个人，一个20岁的年轻小伙儿，很快把这个车间打理得井然有序。然后是仓库，继而是办公室，最后是木雕车间。两年来一个人熟悉玉雕厂所有的流程管理，一人担起四个人的工作，贺林处理起事情来反而更加得心应手。同样是忙忙碌碌，贺林此刻管理了上百个工人，他年轻，但谦虚、勤奋、处事公道，很快赢得了全厂人的心。但大家并不知道，拥有这么大管理权限的贺林，月收入却只有1500块。相较以前每月一万多的管理人员支出，精明的老板在这个不谙世事的少年身上获得了极为丰厚的回报。然而贺林并没有感到委屈，他说，这已经比以前在村里干农活儿好太多了。人们没有办法不喜欢这样一个淳朴的贺林，这种待人的善意是人性最光辉的部分，也是贺林与生俱来的纯良。我们庆幸如今如日中天的贺林并没有失去这样见素抱朴的本性，也许正是他天性里的善良淳朴，让他成为了人生的赢家，而他首先赢得的，是他生命中最珍贵的礼物——一份不离不弃的爱情。

贺林是对待家人和朋友都极为认真的人，有了女朋友，自己肩上的担子突然重了，眼见也到了快要结婚的年龄，房子、车子、未来孩子稳定的生活，还有家中日渐老去的父母，这一切让贺林开始反思当下的生活状态。思前想后，他决定学一门技术，厂里最好的玉雕师傅一个月可以收入7000块，他相信凭借自己的刻苦和勤奋，一定可以成为很好的玉雕师。当他极为诚恳地向老板提出放弃管理岗位，想当技术人员的请求时，让他没想到的是，老板竟然拒绝了！为了留住贺林继续管理玉雕厂，他宁愿许诺未来在上海给贺林买一套房子帮他安家。很显然，对于多一个玉雕学徒来说，贺林的管理才能能够为工厂带来更大的财富。虽然老板许诺了许多，但贺林还是放弃了。这种放弃，如果站在当初贺林的角度并不难理解，远在天边的房子许诺得再大，也不一定是自己的。贺林下定决心要学一门手艺，对他来说，踏踏实实地靠手艺赚钱过日子，比吃青春饭的管理工作要长远得多。而几年来一直拼命工作的贺林，也在老板无情决绝的态度中，感到了绝望。贺林是极重感情的人，自己以厂为家，真心实意地拼命工作，不过是想以真心换真心，当自己多年来的全心付出没有收获老板的一份理解，为了骄傲和尊严，他决定离开。1998年贺林下定决心要离开玉雕厂的时候，才陡然发现，这些年他一心扑在岗位上，除了这里，自己几乎没有走出过太远的地方，离开了厂子，在人生地疏的上海，他几乎举目无亲。此时，一无所有的贺林陷入了人生中最窘迫的境地。

在这个关键时期，厂里一位资历很老的师傅向他伸出了援助之手。提起这位上海籍的张老师，贺林的感激之情溢于言表。这位师傅平时与他交际并不多，但看得出，他一直在默默地关注着这个勤奋善良的年轻人。虽然仅仅是从一个厂到另一个厂，但能在这样的时候为一个举目无亲的年轻人提供一个落脚之处，贺林说，哪怕再回到当初自己刚进厂时250块一个月，他这辈子都要感谢张老师。仿佛窥到了某种玄机，我们不难想象，一个滴水之恩，涌泉相报的年轻人，即使在人生路上吃了些苦，身边一定不乏有心之人愿意为这样品性的人提供帮助。套用时下最流行的词，我们可以说贺林的身上充满了正能量。他那种由衷的感恩，纯然出自本真，天性里的朴实和善良，让他就像一块光华内敛的璞玉，只要稍微靠近他的人，都会被他温暖，被他感动，愿意与这样温润如玉的贺林越走越近。

接下来的日子，贺林心里就认准了一个目标——学玉雕。对于很多机缘颇佳的人来说，学门玉雕技术，并不是一件难事。偏偏造化弄人，抱着满腔热情和干劲儿的贺林却三番五次不得其门而入，明明机会近在咫尺，却偏偏又远在天涯。只靠着打磨和管理消磨些时光的他，一直在默默地等待着机会。功夫不负有心人，最终他的诚意感动了一位老师傅，对方愿意教他做玉。仿佛终于看到了人生中的一线曙光，贺林紧紧地抓住了这个机会。当学徒时期他自己没有任何收入，全靠女朋友，也就是今天他妻子的收入贴补。为了感谢师傅的教导，贺林每天早上六点钟就起来给师傅做饭，干活儿，日子过得太清苦了，但从小吃苦长大的贺林，反而因为自己学到了技术感到十分满足。另一方面，他更感恩自己有福气能够得到女朋友的相信和支持。满怀感恩和感激的贺林，极其珍惜这来之不易的学习机会，因此深自砥砺、夙夜匪懈。在这一时期，贺林学到了自己一生中至关重要的玉雕技巧和知识，为他以后开展事业打下了坚实的基础。

世事往往如此，成功可以让人懂得一点，但挫折却可以教会人全部。贺林注定是有大机缘的人，所以挫折比别人来得更多。当师傅告诉他因为邻居投诉玉雕的噪音太大，不能再教他做玉的时候，贺林绚烂明亮的玉雕梦刚刚开始，却不得不又一次折翼而归。回归到每天浑浑噩噩的给别人打工、打杂的日子，日复一日，贺林的斗志慢慢快被消磨掉了，他变得越来越沉默。有一天，贺林问当年还是女朋友的妻子："如果我回老家，你愿意跟我回去吗？"她说："行啊！"随后话家常一样规划了一下回去的生活。贺林看着她年轻的面庞和与之不相称的粗糙双手，回想从1997年到2001年在上海打拼这四年的时光，心里五味杂陈，他不甘心就这样回去，更明白妻子对他的相信和期许。妻子的不离不弃，让他仿佛又有了力量，他将要被消磨光的意志又重新焕发了光彩。

2001年24岁的贺林下定决心开始独立创业，跟妻子拿出两人所有的积蓄，一共6000块钱，开始了他在上海的最后一搏。在相对偏僻的地方花了150块钱租了几个平方的一个小房子，买了一台2300块的玉雕机器，一张沙发，一张上下的床铺。这就是贺林最初创业的全部家当。最后剩下不到3000块钱。打听到南汇有个彭镇，有些乡下的玉石作坊。他到了镇子上，听到哪里有机器的声音，就去跟人家商量收些边角料，回来就夜以继日、不知疲倦地加工、雕刻、打磨。虽然跟师傅学习的时间不长，但因为机会得来不易，他比别人学得更刻苦，更扎实，历尽千辛万苦当成了玉雕人，他比谁都珍惜在玉雕机前雕刻琢磨的时光。东西做出来，他到处打听哪里可以收玉件儿，好心的朋友建议他去东台路的古玩市场试试。当初东台路是整个上海古玩界大户云集的地方，贺林壮着胆子，把自己做的玉件挨家挨户地送去任人挑选。对别的玉雕师傅来说，作品的好坏最多是赚多赚少的问题，但对一无所有的贺林来说，作品的好坏关系到明天他和妻子是不是还有饭吃。就是在人生的最低谷，他反而定下心来，每一块玉料都好好拣选，每一刀都精益求精，尽最大的可能观摩每一件他能看到的高端玉作，用心去理解融合玉雕市场所需要的每一种畅销元素。这种如履薄冰的认真，竭尽全力的吸纳，精益求精的琢磨，是一个在生存底线上挣扎的琢玉人所能做到的所有用心。比德于玉的孔子曾说："君子固穷，小人穷斯滥矣。"孔子说这句话时是他人生中最落魄的时刻，但他坚持自己的道德操守，洁身自好，绝不放弃自己的价值观随波逐流。而今对于贺林，亦做了同样的选择。人未入海底无法自觉自度，恰恰是在人生的低谷，贺林对玉道有了本质的领悟。多年后他回忆这段时光时这样写道：

“在当时最艰苦的时期，我反而对玉的美与善产生了最本质的领悟：善道不是抽象而含混的，而是凝聚在每一次的拣择、摩挲之中，倾注在每一刀每一划的精益求精之中。美与善不是人云亦云，而是不断的追求创造与突破，是在利益的诱惑面前对理念的坚守。”善是一种选择，也是一种坚持，是选择不断地创作与突破，也是坚持在利益面前坚守己心。“飓风始于萍末”这些看似微小不起眼的领悟，却是一悟即至佛地。行至深深海底，贺林捡拾到了开启成功之门的钥匙。

很多人知道贺林在黄浦区藏宝楼古玩市场摆了个玉石地摊起家，小小的一平方米的固定摊位，却是他人生中的福地。在这里，他得以面对面接触顾客，了解市场，少了中间环节，收入得以稳步提升。有了一定的资金积累，他的玉料越收越好，作品也慢慢越做越精。晚上他是精益求精的玉雕师傅，白天他是和若春风的玉器商人，还是像小时候一样，从早忙到晚，一刻不得闲。然而贺林勤勉而知足，他的好手艺来之不易，他这珍贵的一平方米摊位也来之不易，他知道上有父母，下有妻儿，他是一家老小的顶梁柱。除了勤勉，他让家人过上好生活的唯一途径，就是尽量提高自己原创作品的品质。日复一日，他对客户的需求更加敏锐，对市场的把握更加精准，对品质的坚持更是为他带来了人生中莫大的机缘。2004年，他遇到了康宁。最初看起来，是一段再也平常不过的对话，康宁说：“小伙子，你这东西挺好，你不应该在这里卖啊！在这里卖不起价。”贺林问：“那在哪里卖得起价呢？”康宁说：“东台路。”贺林说：“东台路？哪有那么简单啊！”于是康宁看着这个小伙子，意味深长地笑了笑。随后他说：“把你的东西打包全部卖给我。”事情到了这里，开始不寻常起来。二三十件作品，七万三千块钱。这对当时的贺林来说，无异于天文数字。他不可思议地看着康宁，觉得这位客人十分面善，贺林不想让他吃亏，自己就先让到七万块钱，没想到康宁坚持七万三千块。康宁问了一下他的情况，跟着他到那个几平方米的房子里看了看，看了贺林的全部家当，看了看其他作品，又看到玉雕机上的一只镂空马，马腿在打磨过程中不小心磨断掉了。康宁说：“你把这些算一下，总共多少钱。”这一次，贺林一下子做了十六万元的生意。那匹断掉腿的马，康宁坚持要，贺林坚持送，最后还是算了一千块钱。我们难以想象这件事对贺林造成了多么巨大的影响，这么多年过去了，这所有的对话、细节、甚至表情和语气，贺林至今说起来如数家珍。如果这个世上真的有天使，那在贺林心里，康宁就是。他说：“康宁对我的帮助，是彻底的，无私的。大家非亲非故，萍水相逢，他就那样子帮我。我一想起来，就默默的感动，特别的感动。”贺林的心里装着很多的温暖，一个接一个帮他的人，为他的内心垒起了一座阳光灿烂的城邦，所有的苦难他都轻描淡写，来自别人的每一份善意，都让他更加明净善良。“温润如玉，铮铮若铁”是儒家思想中对君子人格的最高评价。光华内敛，气质温暖，谦和有礼，宅心仁厚，是为谦谦君子，立世不染，直面苦难，不油滑、不世故，如寒梅立雪，傲霜绽放，正是君子铮铮铁骨的表现。贺林在熬过人生的寒冬之时，表现出了君子如玉亦如铁的气质，随着事业慢慢进入了上升期，这种气质越发的凝练纯正，既方且圆的处事做人，让他渐渐闯出了一片不一样的天空。

高高山顶立，所见始广

康宁是贺林人生中一颗启明星，从他开始，贺林的人生之路慢慢明亮起来。康宁是新疆人，通过康宁，贺林结识了郭海军、马进贵、李晨光、柯长林、马国钦等走在中国玉雕界前沿的明星。新疆人豪爽、豁达、热情，贺林的品性很快受到了大家的认可。当初新疆的产品格局主要以河南为主，上海工艺细腻生动、典雅清丽，无论是工艺性还是时代性，都走在了当时玉雕行业的前面，在新疆市场非常受欢迎。康宁把十几个比较稳定一直去上海进货的新疆大客户全部介绍给了贺林。当了解到新疆市场对高端玉雕艺术品的巨大需求时，贺林意识到：自己在玉雕行业这么多年积累的好人缘、好名声、好眼力、好手艺正好迎合了当时玉雕行业上海和新疆两地之间巨大的供求差，自己完全有能力组织品质更好、价格更公道的货源供给新疆乃至全国的大客户。机缘巧合，在马国钦的帮助下，贺林很快收获了人生的第一桶金。正所谓有心栽花花不发，无心插柳柳成荫。贺林没能在当时成为顶级的玉雕师傅，但他在玉雕行业积累的一切正是人生中那百分之九十九的准备，当百分之一的东风终于为他吹起，他极为顺利地走入了上天已经为他量身订制的领域——高端玉雕艺术品经营。考虑到全国最好的客户还是在东台路，贺林在2005年回到了东台路。与向市场经理争取藏宝楼的固定摊位一样，同样是坚持和坦诚，从那个在东台路赖在棚子店门口非要租下门脸儿的“小江西”，到以后与老板陈建国建立起了兄弟般的友谊，男人之间的情谊不是嘴上说说，一天一天看着贺林的脾气性情，人人心里都有一杆秤，从客户到兄弟，贺林身边围绕着越来越多欣赏他的朋友。贺林最初租下的东台路的这个棚子店常常挤得人满为患，以至于贺林常常一天忙下来连口水也喝不上。生意好，是因为人人都认可他的生意经。孔子说玉：孚尹旁达，信也。指的是君子应该如玉般表里如一，坦诚守信。这也是贺林生意经的第一原则。和田玉的价格在外行人看来确实雾里看花，大部分商家趁机浑水摸鱼，漫天要价，让很多真心想收藏的玩家苦恼不堪。但贺林从小本生意开始，大到一年经手几个亿的单子，从来坚持无论面对什么样的客人，多少钱买来的，实实在在告诉对方。卖多少钱，贺林会根据自己的经验给对方分析，从材料、工艺、稀缺性等各方面讲得清清楚楚、明明白白。当时店面的主人陈建国是个内行，看着贺林实实在在地做生意，真心实意地对待客户，看到他小小的棚子店实在挤得坐不下人，就让他把东西放到里面的大店里卖，贺林由衷地感激对方的这份信任，也就不论谁家的货，都销售得格外卖力！贺林的口碑就这样一传十，十传百，引来了藏家的追捧。诚信是一种智慧，不偷奸耍滑，不阿谀奉迎。信用一旦建立起来，会形成一种无穷的力量，这是生意人最应珍惜的无形财富。贺林的诚信为他积累了商业上的名声，为未来他创立自己的玉雕艺术品投资品牌“尚善堂”奠定了良好的信用基础。

在当代玉雕开始慢慢成熟的时候，从2002年开始的“天工奖”评奖，到2005年时，已经颇成气候。“玉雕大师”的评选也渐渐开始如火如荼地开展了起来。有人感叹贺林的好运时，贺林已然在务实之路上低调地走了很久。从2005年回到东台路开始，在商业上极具天赋的贺林，敏锐地察觉到了玉界未来的大潮流。他毅然决然地开始调整自己的产品结构，坚决走高端路线。为了这个目标，他几乎跑遍了中国所有能看到高端玉器的地方，拜访了不计其数的玉界高手，“操千曲而后晓声，观千剑而后识器”，贺林岂止看过成千上万的玉器，本就是做玉出身的贺林看的是各家的门道——玉作的料、工、形、纹；作品的精、气、神、韵；各家的道、法、邱、壑。隔帘花叶有辉光，贺林挑选玉器从不迷信名气，只相信自己的眼睛。贺林深知：玉雕创作中，无论是曼妙奇幻的飞天佛境，还是小桥流水的如画江南，都有着其玉雕艺术家个性化的审美体验做主导，往往创作观念差之毫厘，玉作便失之千里。玉雕作者如果不能牢牢把握住玉料的特性以及想要营造的作品意境和美感，往往中途容易走调，又落入了习惯性的牢笼里。基于玉雕创作在材质上的特殊性，工艺上的复杂性，正如《兰亭序》之于王羲之，一件好的艺术品往往是妙手偶得，就连作者本人也无法再次复制。在高端玉雕艺术品的道路上走得越深，贺林越能体会到好作品对于玉界、对于时代的意义。命运垂爱务实的贺林，一次偶然的机会，他结识了“玉坛教父”倪伟滨。这个在玉界培养了几千弟子的海派玉雕领袖，是中国玉雕界最顶尖的存在。与他鬼斧神工的玉雕艺术齐名的还有他桀骜不羁的性格，传说中牛气冲天的倪伟滨，偏偏对当初不甚起眼的贺林格外抬爱，对他多番指导，乃至到了今天，两人成了惺惺相惜的知己。贺林也在倪伟滨那里，看到了一个顶尖的玉雕艺术家对待玉雕工作的那份近乎苛求的认真。看到了更高的层面，他开始反思，如果说此前创业的顺利归功于自己的勤勉和对品质的追求，那未来更广阔的平台则需要开阔的眼界、勇于创新

▲ 尚善堂艺术展示馆内景

▲ 晏贺林先生与朋友交流

的精神与高人一等的品位。面对行业的一些乱象，他慢慢懂得倪伟滨多年来的坚持和期望。到了此时此刻，贺林看到的已经不再是一个普通玉商所能看到的风景，行至高处，俯瞰玉界全貌，他的内心添了一份沉甸甸的责任。

大鹏一日同风起，扶摇直上九万里。从2007年到2010年，玉界的繁荣程度大大超过了所有人的预期。而贺林此刻已经的人品口碑，对市场的把控都已经到了万事俱备之时，风起时，贺林一飞冲天！最好的时候，单靠贺林个人，一年过手几亿元的白玉艺术品，这在玉界几乎是无双的记录。就算在2008年经济危机的时候，贺林所受的冲击也是有限的，他的诚信经营，为他赢得了客户的信任。在玉界低迷之时，有人选择离开，有人选择坚持，只有贺林，用他的专业水准和诚信经营赢得了一个又一个回头客，为黯然的玉界点着一盏不灭的明灯。很多人对贺林魔术般的业绩感到吃惊，有人认为他是个商潮中的幸运儿。又有人把他的成功归结为贵人相助。《易经》告诉我们，天下的事，没有突变的。只有我们智慧不及的时候，才会看到某个突变的结果，实际上早就有一个前因潜伏在那里。世人常说诚信经营，又有几人能够在金钱的诱惑面前岿然不动？有些商家看到了顾客不懂，就习惯性地宰客，赚到一笔算一笔，这样的企业，岂能长久？贺林在创业之初的人生谷底领悟到美与善的本质，在生存线上苦苦挣扎的时候他仍然坚持做玉人的本分。而今路越走越宽，从谷底行至高山，他感恩自己如今的成功都来自于这种对品质的坚持，对真与善的坚持。这种坚持，恰恰是当今世界上奢侈品顶级买手的职业道德，更是艺术品经营的不二法门。而入门极难的玉界，贺林想得很清楚，消费者不过想买个安心，买到品质和工艺都真正符合内心需求的玉雕艺术品。只要自己实实在在做生意，明明白白告诉对方自己的专业判断，日久见人心，慢慢积累起来的商业信誉和口碑，才是在玉界壮大的前提。贺林的经营策略无疑真正迎合了消费者的心理需求，他的成功也印证了他经营理念的正确。

▲尚善堂艺术展示馆

2009年，经过2008年金融危机冲击的玉界开始迅速复苏，本来受到巨大冲击的一些企业也开始重整旗鼓。此时的贺林，已经不单纯是一个成功的玉行大商家，更是一个对玉界有了一份责任心的企业家。经过一番酝酿，向来低调的贺林决定挑起大旗，引领玉界一股全新的风气。他成立了“上海尚善堂文化艺术发展有限公司”，在贺林的心里，唯独一个“善”字，能包含他想告诉玉界同行的千言万语。从创业之初了悟善道的内心坚守，到今日在玉界刮起向善的飓风，自己成功的所有奥秘，皆在于此。玉本是天下积善于一身的信物，尚善堂所选中的玉雕艺术品，从来不是迷信于名头和宣传，商业的噱头的确可以迷惑世人于一时，但是真正能够经得起时间检验的，唯有玉雕艺术家巅峰时期的用心之作。玉雕家琢磨半生，思想的成熟与工艺的巅峰才会在玉雕生涯的某处坐标交汇，也许仅仅是几件作品，却是一个玉雕艺术家一生最珍贵的奉献。这样的作品会随着时光的推敲越加璀璨动人，价值也会日渐凸显，让无论是投资者还是收藏家都能够真正获益。对于一个玉界艺术品牌来说，只有经营这样的作品，才能获得企业、玉雕家和藏家三赢的局面。

贺林不遗余力地收集这样的顶尖之作，以至于玉行很大一部分大家耳熟能详的经典作品，都来自于尚善堂。吴德昇的《昆山雪莲》、倪伟滨的《翡翠羊首》、王平的《净瓶观音》、崔磊的《大梦敦煌》、刘忠荣的《仕女山水把件》、于泾的《浴女》、易少勇的《兰竹牌》、黄罕勇的《年年有余》、郭万龙的《财运连连》……翻开尚善堂的图册，懂玉之人尽可以心悦诚服。如果说中国当代和田玉顶尖作品要做一个大全，这本册子绝大部分玉雕作品可以付梓成册。玉雕企业做得大不稀奇，但要做得高却非常难。好作品需要等，需要碰，甚至需要极具眼光的经营者本人也参与其中。收集与打造如此多的名作难度可想而知，不少人好奇尚善堂是如何做到的？万变不离其宗，还是贺林的诚信经营。在赊欠成风的玉界，尚善堂以现金交易著称。非顶尖作品不买，非有升值空间的玉雕艺术品不卖，若是尚善堂找谁订制作品，那更是对玉雕家水平的莫大肯定。玉界都知道贺林选作品从来只一条——品质。一旦作品入驻尚善堂，就已经是对玉雕艺术家最好的肯定和褒扬。贺林有一双点金手，

▲尚善堂藏品 · 吴德昇《和谐》

▲ 尚善堂藏品 · 王平《净瓶观音》

▲ 尚善堂藏品 · 黄罕勇《年年有余》

大凡经过贺林参与或者指导的作品，往往更能够形神兼备、一鸣惊人。不知不觉中，“尚善堂”成了玉行中高端和田玉收藏服务的代名词。吴德昇的《和谐》是他的经典名作之一。当年贺林慧眼识珠，38万买入，中间几经易手，几年后贺林又从藏家手里600多万买回。贺林认为，这件作品是吴德昇坐标交汇处的神来之作，无论是时代性和工艺性，都属于一流的玉雕艺术品。在他看来，尚善堂有责任尽可能地收集更多有升值空间的作品。这是对藏家的一份负责，也是对玉雕艺术品品质的坚持。这份坚持最终赢得了大家的尊重，做玉人以作品进尚善堂为荣，也以贺林拜访为傲。众人对“尚善堂”的信任，让贺林总能第一时间看到玉行里最顶尖的作品，而贺林以其专业、独到的艺术触觉为玉雕艺术家提供了许多艺术灵感和思路，更以贵重的人品为玉界打造了一个让人叹服的高端玉器的王国。与此同时，他更是慧眼独具，在高端和田玉收藏领域的眼光极具前瞻性。许多如今如日中天的玉雕艺术家尚未成名之时已被贺林所关注，他不遗余力地给予他们创作上的支持，并把这些有艺术价值和升值空间的作品推荐给藏家。如今许多作品的艺术价值早已得到了市场的肯定，当年收藏其作的藏家也因尚善堂的推荐而受益无穷，这种三赢的局面，正是尚善堂所追求的。在贺林的推动下，许多艺术家和好的玉雕艺术品，得以受到藏家的重视与追捧。尚善堂成就了一桩又一桩玉界美谈！尚善堂对作品品质的坚持，也催生了这个行业的玉雕家们向着更健康的路线去追求。对品质的坚持、对艺术的尊重，让尚善堂览尽天下名玉而享誉玉坛。此时的贺林已经站在高高的山顶，俯瞰玉界风光。然而贺林从不因创立了尚善堂而高调，正如他所认为的，玉，是气质修养兼收并蓄，雍容而不露锋芒，这是玉之善道，也是贺林的做人之道。

施畅春风 善行于天下

站在玉界高峰，俯瞰百舸争流，如果贺林止步于此，已经功成名就。然而上天给了贺林一双可以发现美的眼睛，同时也给了贺林一颗真与善的心。这颗心会在低谷守护他走到山顶，也会在高处让他有勇气担起时代的责任。多年来在艺术与书画领域涉足日深，心的陶冶，心的修养和锻炼是替美的发现和体验做了更充足的准备。贺林慢慢意识到：随着玉界越来越繁荣，很多大师慢慢被捧杀，好作品越出越慢，经典之作越来越少，在利益的驱使下，速成已经成了一股泛滥的风气。很多人躺在自己的功劳簿上吃老本，不断复刻自己，靠着商业宣传养活自己，已然失去了创作玉雕艺术品的能力。如果我们这个时代，留给后人的仅仅是目前这些作品，那么千百年后的时间轴上，我们拿什么证明我们这一代人的智慧和手艺？吴冠中说：眼睛是手的老师，手技随眼力之高低而千变万化。贺林有一双可以品鉴玉作的慧眼，也有一颗能够创造至美的灵心。倪伟滨在创作《四世同堂》的时候，巧妙地把一块青花俏色出了四只蜗牛，亲亲热热的一家子，最小的赖在最老的蜗牛背上，就像祖孙俩的互动，十分生动有趣。开始设计的时候是准备把玉石下方俏色成一块山石，但贺林建议设计成一块更符合自然规律的朽木。小时候他在江西老家常常观察这些小昆虫，蜗牛喜欢在阴暗潮湿的环境中生活，破败的树干是它们最喜欢的根据地。倪伟滨采纳了贺林的建议，惟妙惟肖地雕刻了一段足以乱真的朽木，《四世同堂》因此成了一件让人拍案叫绝的俏色奇作。贺林的生活经验丰富，奇思妙想非常多，尚善堂许多作品融汇了他的心血。他了解藏家的需求，眼光也更有艺术前瞻性，他的建议常常会让本来迟滞的创作过程灵感爆棚，也常常让很多与他合作的玉雕家茅塞顿开、受益无穷。

▲ 尚善堂藏品 · 倪伟滨《共鸣》

上海雅园作品《共鸣》的创作也印证了这一点。这块437克的九口南红原料，颜色浓艳，质地温润，局部带有黑色。着手设计时就已经设定了以“共鸣”作为主题。在诸多可以鸣叫的题材中贺林建议选定两只共鸣的蛙。一方面考虑到藏家盘玩时的手感，一方面蛙的造型更加笃实耐久。回想山野草塘间雨后的蛙鸣唱和，仿佛一股田园气息扑面而来。众所周知倪伟滨雕蛙本是一绝，为了雕蛙，他还特意养了不少蛙在雅园的花园里。工作室里更是挂满了蛙前、后、左、右、上、下、局部等全方位的照片。题材的设定上二人默契十足，哪知双蛙的大型出来以后，一只蛙的下方原本黑色的局部越往下面积越大，超出了原本预想的比例。此时这部分的俏雕又成了难题，两人为此日思夜想，绞尽脑汁。突然有一天，倪伟滨给贺林打了一个电话，告诉他自己想到了。当倪伟滨说出“蛙卵”这两个字的时候，贺林兴奋得连呼“妙！妙！妙！”黑色的蛙卵是贺林小时候最常见到的东西，雕在母蛙的下方，又符合自然规律，又寓指生生不息，爱结善果。就像解开了一个谜底，两个人像孩子一样皆大欢喜。试问当今玉界，还有多少人可以为了艺术创作这样痴狂？倪伟滨年少成名，如今站在玉坛的最高峰仍然不断地学习、体悟、践行、钻研、辩证、接纳，周而复始，相比很多人未老，艺术创作力已经朽坏的大师，倪伟滨在玉雕创作上的艺术生命仍然活泼蓬勃，他善于接纳对玉雕艺术创作有价值的声音，学习一切可学习的艺术门类，融汇一切能融汇的艺术元素，践行一切可践行的艺术方向。倪伟滨常说：信仰，是一群人有同一种想法，玩同一种东西，讲同一种语言！这么多年以来，贺林是他的知音，贺林对艺术品质的坚持和对艺术创作的痴狂与他同出一辙。书法家元童为此作品题诗：双栖红土上，大善有共鸣。对玉雕作品的精益求精，对艺术的不懈追求，是玉界的大善。想做出传世的精品，为千百年后当代玉雕在历史的时间轴上闪亮，是贺林和倪伟滨的共鸣。多年来，贺林一直在寻找能够传承东方文化精髓的玉雕题材，既能容纳精神世界的万境，又能闪耀人性的光辉。终于有一日，贺林偶然看到了几句小词。

1. 琴：弦底松风诉古今，红尘里，难觅一知音。
2. 棋：颠倒苍乏亦是奇，黑白子，何必论高低。
3. 书：沉醉东风月下读，柴门闭，莫管客来无。
4. 画：纤手松烟染素纱，盈盈写，茅舍两三家。
5. 诗：漱玉含芳锦绣辞，堪吟咏，佳句费寻思。
6. 酒：与尔同銷万古愁，杯斟满，莫教泪空流。
7. 花：驿外桥边萼绿华，随风起，飘舞向天涯。
8. 茶：香喉提气人神闲，捏指间，悠然沁心田。
9. 玉：玲珑透剔纯贵雅，载万道，滋神润心扉！

这几段妙不可言的小词一下子击中了贺林的内心。从古至今，中国人的情感千言万语诉不尽，细细思量，琴、棋、书、画、诗、酒、花、茶、玉，短短九句小词，竟把国人传承千年的精神追求和人生趣味总结得如此情茂并集。贺林自此找到了最好的题材，又拿出他收集的最顶尖的玉料、找到了当代对艺术最苛刻、极具艺术天分和玉雕能力的玉雕家倪伟滨，准备完成属于这个时代顶级水平的一系列传世之作。笔者采访过程中有幸见证了贺林先生与倪伟滨先生在上海“雅园”探讨这一系列玉作中以琴为题材的作品——《知音》的创作过程，贺林对“伯牙学琴”“高山流水遇知音”的典故可以倒背如流，而倪伟滨先生则拿出收集来的厚厚一大摞与作品相关的照片和资料，二人细细地研究、讨论。力求从人物的服饰，到伯牙琴的形状都符合故事的时代背景，从二人情感的互动，到符合意境的一草一木，都一丝不苟。倪伟滨亲自用泥料先捏出玉雕作品的雏形，在大型的基础上不断修正。惺惺相惜的二人都从彼此的眼中看到了坚持与坚守的意义。伯牙与子期之间流动的感情，仿佛跨越千年，与此中二人心绪重叠，也点燃了《知音》中作品的灵魂，让人浮想联翩……

弦底松风诉古今，红尘里，难觅一知音。从《共鸣》到《知音》，贺林对“知音”这个题材的偏爱可以看到他对知己之情的重视。2014年初，坐落在老上海中心的新华路483号“尚善堂艺术展示馆”正式对外开放。这是贺林亲自设计打造的一处玉界桃源。这栋拥有多年历史的3层名楼，保留着上个世纪中期建筑的优雅与简约风格。童话般的花园内草木垂藤，绒毯般的绿地上经常可以看到美丽的孔雀。这座极其著名的宅邸曾经住过“造纸大王”金润庠、“上海滩”电影皇后胡蝶这样的风云人物，而今“尚善堂”入驻，修葺翻新，不仅重现了当年优雅、尊贵的风格，更把它改造成了爱玉人品茗赏玉的博雅之所。贺林朋友多，也在乎朋友情。多年来他内心感恩一个又一个帮助他的人，于是萌生了建立这所玉界桃源的心念。就像永和九年的春天，群贤会于会稽山阴之兰亭，畅叙幽情。贺林渴望为当代的名玉建立一个匹配的殿堂，更渴望在上海最有文化气息的地段为爱玉的朋友们独辟一处品茗赏玉的兰亭。当一群爱玉的朋友在优雅舒适的“尚善堂艺术展示馆”享受午后的诗意阳光时，静静陈列在身边的，大都是市面上难得一见的极品佳作。正如贺林所言：树高千尺，根植地很重要。他虽非高调之人，但愿意为玉雕艺术品牌通往世界品牌和百年品牌的道路上振臂一呼，挥起尚善堂的大旗。从此当世顶级美玉，有了匹配之居，爱玉之人，亦有了心灵休憩之地。

回望贺林在玉界砥砺前行的近二十年，他从深深海底行，了悟美与善之真谛，到高高山顶立，看尽玉界起伏，始得春风化雨，善行于天下。从一无所有的

“小江西”，到无人不知的尚善堂创始人，他从来铮铮若铁，谦谦如玉。若问成功的奥秘，我们只需细细咀嚼“上善若水”的本意。待人以诚，是他的善；感恩戴德，是他的善；孜孜不倦，是他的善；居高不傲，是他的善；勇立潮头，是他的善，春风化雨，亦是他的善。不需把善进行解读，世间万物触及一颗善心，回馈的永远是一颗善心所化成的态度。至善之水，是无冕之王，无色无形，泽披万物而不争，却为万物所追随。贺林很年轻，他的玉路人生还有很长的路要走，当玉界的接力棒交到了贺林这一代人的手里，我们只从他的身上，看到了在未来的风雨中屹立不倒的希望，路漫漫其修远兮，我们看到了贺林的开始，稳健而精彩，而那更精彩的未来，我们只需要拭目以待！

▲ 尚善堂藏品 · 忠荣玉典：《乐山乐水》

终始如一 重塑独玉

——记河南镇平县玉神工艺品公司总经理刘晓强先生

于 帅

▲刘晓强先生

刘晓强，1973年出生于玉雕之乡河南镇平县，他始终立足于这片坚实的土地，传承着南阳玉雕的血脉。他尽心探索着独山玉悠久厚重的历史，醉心描画着独山玉绚丽夺目的未来。

从勤奋学艺到初率玉神

在学校时，刘晓强是一位出色的学生，从小学到初中一直担任班长职务。他的组织、号召能力在当时就常常为人称赞，高中时创办的文学社在整个镇平高中都极负盛名。那时刘晓强还有一个爱好便是集邮，他常常沉浸于邮票方寸之间的艺术世界，汲取其中天文、历史、地理等各方面知识养料。方寸之间精美构图铭刻在刘晓强的心中，也影响了后来玉神公司一系列玉雕作品的艺术创作理念。

南阳作为玉雕之乡，玉雕行业早在80年代就已经非常活跃，国营玉雕厂在国内名列前茅，民营作坊的数量也位于全国前列。受环境影响，年轻人纷纷将玉雕行业作为自身发展的首选。刘晓强作为镇平青年中的佼佼者，1991年高中毕业后由亲戚引荐，幸运地进入内乡县玉雕厂学习玉雕技艺。他以理性视角敏锐观察周围工匠如何制作，第一件作品便有模有样地呈现在大家面前，也因此受到了老师的器重。然而，三年间两任老师先后离职，刘晓强又陷入了无人指导的困境，他在绘画和设计中渐渐发现了自己的欠缺。玉雕行业中，不会绘画和设计就只能依赖别人，丧失自己的生存之地。刘晓强下定决心，一定要在玉雕设计方面做出一番成就。他夜以继日地练习绘画，在知识海洋中汲取养料来弥补自身的不足。

1994年，刘晓强进入河南省工艺美术公司在郑州开设的玉雕培训班深造，在学习过程中，他的造型能力有了显著提高，对玉雕的认识也逐渐清晰。他从一位对玉雕有懵懂兴趣的青年，成为了一位具备独特审美思考和娴熟玉雕技能的创作者。通过学习，他对全国玉雕总体状况也有了一定的了解，认识到当时的河南玉雕有过于粗放的问题。在学习时，老师在课堂上讲到，南阳独山玉雕刻还没有真正的大师，没有真正的精品，在全国玉雕界也没有相应的地位。老师的话令刘晓强心中酸楚，从那时起，刘晓强下定了决心，要改变独山玉雕现状。结业后他做的第一件作品《硕果累累》巧夺天工地运用了独山玉的缤纷色彩，一经问世就获得了老师和同学们的好评，还在作品汇报展上获奖。初战告捷不仅给了刘晓强信心，也使他更加坚定地走上了独山玉雕刻的探索之路。

1995年从学习班毕业后，刘晓强回到了玉雕厂，在厂里工作了半年多后，刘晓强在石佛寺成立了自己第一个玉雕工作室。虽然由于条件所限，工作室的规模和业绩还不尽如人意，但经过几年的摸索，刘晓强的能力也得到了极大地提高，逐步走上了自己规划的玉雕之路。2000年，镇平县政府认识到，如果没有树立自己的品牌和形象，整个镇平玉雕行业便始终无法在外界赢得尊重。于是，县政府倡导成立玉雕协会，扶持成立民营玉神公司，由刘晓强出任总经理，希望利用品牌引领市场，成为整个行业的风向标。玉神公司没有辜负县里的期望，几年后玉神公司被评为河南省知名商标，成为了整个行业的一面旗帜。

玉雕语言的探索之路

玉神公司组建以来，刘晓强最关注的一件事便是独山玉雕刻语言的探索。独山玉作为四大名玉之一，区别于和田玉和翡翠等其他玉种，具有独到的特征。相对其他玉种，它的质地相对缺乏温润细腻之感，而色彩的丰富又令其他玉种无法比拟。玉雕是一门建立在材质基础上的表现艺术，只有找准独山玉独有的雕刻语言，才能体现独山玉的生命所在。通过数年研究和实践的启发，刘晓强在2009年南阳市玉雕节独山玉创作论坛上结合生动的实例，第一次提出了独山玉创作的遵循法则，归纳为八个字，即“顺色立意，依形造势”。这八个字是在传统玉雕“量材取料，因材施艺”的原则基础上，结合独山玉的自身特征总结出来的，回答了独山玉该如何进行创作设计，如何走出一条独具特色的雕刻艺术之路。独山玉多色共存，形态各具，因此为实现最佳的艺术效果，就要在色与形的方面下一番工夫。这一理念在会议上了产生很大的轰动，获得了极高的评价。在此之外，玉神公司又提出了独山玉的表现内容一定要立足于中原本土文化，立足于生活，立足于身边的山川草木、风土人情，将中原文化中的质朴和温情铭刻在独山玉独特的色泽和质感中。正如玉神公司首席设计师张克钊取材于自己父亲母亲的形象而创作的“恩爱百年系列”作品，是他为纪念早逝的母亲而饱含情感地进行创作的作品，感动了无数观者。玉神公司的这一理念从造型用色和用形、题材选取及表达方面探索出了独山玉雕刻的独特艺术风格，为独山玉的艺术创作做出了卓越的贡献。

▲《妙算》

独山玉作为四大名玉，有过历史上的辉煌。但是，如果一个玉种没有优秀的作品，它的价值就难以得到业内认可，玉质之美便常被忽视，厚重的历史文化也变得苍白。八九十年代，独山玉行业内部缺乏领先的创作者和精致的作品，玉雕工艺粗糙，模仿风气盛行，对许多优质原料造成了极大的浪费。刘晓强在创立玉神公司后，认识到了独山玉在研究、开发、宣传、包装、市场推广、媒体整合上的滞后，他与他领导的工艺团队潜心于作品的研究与开发，用雕琢精美而富于艺术性的作品来展现独山玉的独特魅力。

早年，独山玉黑白料原料无人赏识开发，价格很低，很多玉雕创作者都对它不屑一顾。而玉神公司研发团队在创作过程中发现了这颗蒙尘的明珠，他们以全新的视角开发了这一材质，重新为独山玉黑白料赋予价值。玉神公司提出“不旧老照片”的想法，唯有独山玉才能做出这种感觉。独山玉黑白料脱离了玉石的华贵感，正如老照片的黑白色彩，做出的乡土题材朴实纯粹，最接近生活。独山玉黑白料乡土题材创作，真正找到了这一材质的生命力，是其他玉种难以模仿、无法比拟的，可谓是对独山玉当代艺术的巨大贡献。

荣获“天工奖”银奖的作品《妙算》可谓是黑白料乡土人物题材的开创之作，在玉神公司成立之初就轰动了南阳玉雕界。这件作品它以原料的黑白色彩分布特征为基础创作，将中原的风土人情展现出来，拓展了玉雕艺术的表现空间，开创了独山玉黑白料雕刻的全新艺术脉络，发掘出了黑白料的艺术感染力量。作品的选材基于中原地区的民俗文化，凝固一个瞬间刻画出人物所处的场景和气氛，生动的人物和饱满的细节使作品充满诙谐幽默之感。正是这件作品使行业内外都开始对独山玉黑白料大为关注，由此一步一步形成了如今黑白料的市场地位。

从那时起，玉神公司从未停止对这一创作思路的探索，2009年玉神公司创作的独山玉黑白料作品《心路》正是这一创作思路发展的又一高峰。《心路》不仅是玉神公司优秀创作的代表作品，更可以说是当代独山玉雕刻的里程碑。这件作品由玉神公司首席设计师张克钊创作，作品取色之巧、立意之高、造型之美、韵味之浓，无不彰显出作者深厚的艺术素养和高超的雕琢工艺。作品展示了雪域朝圣者的虔诚与坚韧，表达了对人生和理想的不懈追求。俏色运用惟妙惟肖，准确地把握了人物的神态和动作。这一作品仍然关注普通人物，然而它承载的文化思想却无比崇高，其艺术高度令人叹服，业内人士也赞其为“形神兼备、厚重大气、内涵丰富”。

玉神公司对独山玉雕刻作出的另一个突出贡献则是在独山玉山子雕方面的探索，利用独山玉天然玉石原料的外形，略加修饰，达到天人合一的完美效果。如果玉石原料的外形自然，玉质相对混杂，则注重造型精雕细琢，仿佛工笔画作；如果玉石原料色彩流动感很强，则注重塑造山色氛围，仿若水墨意境。

《太行春早》正是玉神公司对独山玉山子雕这一创新探索所做出的成功代表作品之一。作品选用一块多色相间的玉石，整体风格大气磅礴，而细节之处仍不失精工巧雕，山石树木依势而设，瀑布流水气势恢宏，山上翠绿嫩芽点点。宏观轮廓粗放豪迈，微观线条细致独到，既稳健质朴，又恬静淡雅。《云烟入画》则是独山玉山子雕另一个方向的尝试，传统山子雕的镂刻技法在这件作品中近乎不见，取而代之的是云霞斑斓的变幻图像，既有中国画的气韵生动，又仿佛西洋画的光影融合，巧妙地利用独山玉自身的色调，以对比与和谐构成了强烈的感召力。

▲《心路》

▲《太行春早》

刘晓强除带领团队之外，在这一创新探索思路上也亲自进行实践，由他创意设计的作品《苏武牧羊》也是这一思路的成功之作。最初这一原料被定为花鸟题材，绿色作鸟，白色为花。然而在创作过程中，刘晓强深深沉醉于玉石原料色彩变化的流动感，一个画面忽然映入他的脑海。于是，刘晓强停下来重新调整设计思路，他从绿色想到了草原的广阔场景，中间的白色色带又仿佛让他看到了河水潺潺。经过一番充分地构思和设计，这一块白绿相间的独山玉原料被刘晓强施以灵性，白底做背景映衬，山外青天，天外白云，茫茫草原广阔旷远。白雪和白羊与苏武的白发相映，飞扬的衣襟生动传神地表现狂风场景，塑造出寒冷荒凉的塞外氛围，衬托出苏武的悲怆心境和不屈的气节。一个思维灵感可以升华一块原料，一次创新举措也可以带动一个行业，刘晓强带领他的玉神公司在独山玉雕刻的发展历史上又写下了浓墨重彩的一笔。

人才队伍的闪耀之光

玉神公司非常注重玉雕人才的培养，先后培养出王东光、喻朝光、李海奇、张克钊、刘晓波、王志亚等众多玉雕明星，很多活跃在全国各地玉雕行业的知名人士也是直接经过玉神公司培育而获得了今日的成就。刘晓强组织有潜力的年轻人在公司从事玉雕的研究和开发，着力打造了一支拥有青春活力和共同理想的创作队伍。

刘晓强认识到，独山玉雕刻人才很难依靠外地引进，上海、苏州等地玉雕人才更倾向于选择白玉，对独山玉的材料性质也缺乏全面了解。于是，刘晓强又提

▲《云烟入画》

出了发现人才、培养人才、成就人才的三步战略，培养独山玉新的年轻玉雕师。玉雕大师刘晓波在当学员时，刘晓强就看到了他的刻苦精神以及艺术潜质。玉神公司大胆启用他，让他自己独立设计、创作，为公司打造出了最年轻的首席设计师。玉神公司善于发现人才，在培养人才时也根据个人特质，为他们确定主攻方向。这些年来，玉神公司培养了主攻花鸟的刘晓波，获奖无数，广受赞誉；主攻山水的侯庆军也在2014年获得“天工奖”金奖。独山玉做小件、手把件极少，刘晓强看到学员朱运松身上有这种潜质，亲自指引他找到手把件作为主要创作方向，从白玉、翡翠等材质玉雕作品中吸收经验，探索出独山玉发展的全新方向。

现在的玉雕企业正在走上集约化的合作模式，更需要团队合作。刘晓强认为，在这个团队中，企业老板更应该承担后勤服务工作，把设计师推向更好的舞台上。刘晓强是这样说的，也是这样做的。在独山玉雕刻领域取得“中国玉石雕刻大师”称号并非易事，而张克钊大师取得这样的成就，与玉神公司的努力密不可分。玉神公司对成熟人才采取合作的模式，将玉雕大师们推在前面，推广他们的艺术成就，给予物质和精神上的双重回报。艺无止境，为了提高大师们的技艺，2014年，刘晓强派张克钊和刘晓波分别前往西安美院和天津美院进修。两位主将离开生产创作岗位，可以想象玉神公司的企业运作压力之大。然而为了今后的长远发展，刘晓强义无反顾。

玉神公司现在由三支团队构成，一个是以中国玉雕大师张克钊为首的设计师团队，将有造诣的设计师们推向艺术的舞台；一个是销售团队，由出色的销售人才完成自产自销的商业目标；另一个最具特色的则是玉文化宣传团队——文宣部，少年时创办文学社的经历使刘晓强对文学更具有独特的爱好和情怀，文宣部的创立使玉神公司更具文化气息。拥有网站、微信平台以及连续几年图文并茂广受好评的《玉神报》，持续进行独山玉的文化推广，也是玉神公司的一大亮点。

前进道路上的玉神

独山玉虽然是四大名玉，具有悠久的历史，但是它在外界的知名度和认可度仍然有限。为了使美丽多姿的独山玉得到更多人的了解和认可，刘晓强带领玉神公司多年来致力于玉雕奖项的参评，连续多年参加国内各大奖项的评选，为独山玉寻求一个更好的展示平台，起到宣传推广的目的。玉神公司独到的独山玉创作方向希望得到业内专家及同行的检验与评价，也希望看到究竟外界是否认可这一创新理念。2000年公司刚成立时就以作品《太行金秋》在当年的国石展上荣获金奖，2001年又在“天工奖”荣获奖项，一鸣惊人，赢得了行业内外的广泛关注。十几年来，玉神公司每年都要拿出几个重量级的作品参与玉雕奖项的评选，国内各大奖项的金奖、银奖都已尽收囊中。《枫桥夜泊》获得2003年“天工奖”金奖，《畅游》获得2006年“百花·玉缘杯”银奖，《和谐家园》获得2007年“天工奖”金奖，《梦鼓》获得2009年“天工奖”银奖，《馨香》获得2012年“百花奖”金奖，诸如此类奖项不胜枚举。通过多年来持续不断地参展参评，玉神公司大幅度提高了独山玉的知名度，为独山玉的形象及文化推广做出了卓绝的贡献。

在对玉雕艺术的探索中，刘晓强越来越认识到文化的重要性，他意识到玉雕文化不仅是雕刻技艺的文化，更是博大精深的美学文化。独山玉几千年的历史文化有待挖掘，它的材质之美又该如何欣赏，创作如何承载它深厚的文化沉积，这些问题引发刘晓强深深的思考。于是，刘晓强组织玉神公司与《南阳广播电视报》联合举办《我与独山玉》征文，从南阳民众自身经历来谈独山玉，拓宽独山玉的文化传播领域。这次征文是迄今为止媒体上唯一一次关于独山玉的文学活动，活动期间南阳市民对独山玉的关注度明显提高，这些过去只被少数人掌握的专业知识也有了更多人满怀热情和兴趣去了解。

玉神公司以卓绝的设计和制作为独山玉原材料提升了价值，独山玉不再是人们心目中廉价的代表，成为了充满奇妙魅力的艺术作品。经由玉神公司的推广，随着国内的玉雕热潮，独山玉的知名度也日渐提高，受到了收藏者的青睐。玉神公司并没有停止创新的脚步，它又向一个全新的领域展开冲击，那就是独山玉高端艺术品。那么，独山玉高端艺术品的价值究竟该如何判定呢？为了探索这一问题，几年来刘晓强开始将玉神公司的作品送至国内各大拍卖公司，通过拍卖会上独山玉作品的成交价格归纳出独山玉价格指数，以确立独山玉的价值。刘晓强意识到一次两次的拍卖不能说明问题，便将此列为他的长期工作计划，将专场的艺术展览及艺术拍卖常态化，以此作为确立独山玉价格的参考数据。

玉神公司成立以来，刘晓强一直希望有一个既能开展艺术创作、又能开展学术交流的具有文化品位的固定场所。2014年，南阳市中国玉雕大师创意园建成。中国玉雕大师创意园按照江南园林风格设计，把江南园林文化和南阳玉文化完美融为一体，吸引国家级、省级玉雕大师入驻，使之成为中国玉文化研发、玉雕精品加工展销的高端基地。玉神公司进驻这一集研究、设计、加工、展示于一体的大师创作基地，是园区中规模最大、设计最完善之所。小桥流水，绿荫环绕，展厅内从灯光、橱窗到观赏者所站的角度和位置都经过精心设计，全方位展现出独山玉本身的曼妙美感，清幽雅致的交流环境与气氛引得来访的行业内外人士交口称赞。

刘晓强并未止步于此，一个更远大的目标始终萦绕在他的心中——开设独山玉玉雕艺术馆。在玉神公司的引领下，独山玉这几年已经形成了独特的雕刻风格，很多作品也荣获了各大奖项。如果这些优秀作品能够集中展示，将是对独山

▲《苏武牧羊》

▲《腊梅》

玉极大的推广宣传，会让更多人来了解独山玉。然而，目前还没有一个独山玉当代雕刻艺术的专业展示平台。这个艺术馆的建成，可将当代独山玉各个时期、各位大师、各种风格的代表作收录其中，有利于总结独山玉玉雕的发展方向，对独山玉玉雕的未来发展更具意义。可以说，这个目标的实现极具难度，刘晓强也为这一想法一直努力着。

于是，玉神公司举办了“小雅集韵——独山玉精致小品艺术展”，做出了初步尝试。这次展览从2014年10月开始规划，2015年元旦在玉神公司开设第一次展览，同年4月在南阳玉雕节举办第二次展览，轰动一时，影响强烈。基于市场行情现状，独山玉传统大体积摆件的市场需求量正在减少，刘晓强开始思考，在这样的情况下，独山玉艺术作品该如何适应市场销售，又该如何探索新的创作方向？在筹备的过程中，刘晓强发现，虽是小品，也有大文章，小品要求选料更精，题材更加简洁明快，直入主题并且形象简约，用色干净准确。展览上刘晓强的作品《腊梅》引人驻足，将独山玉的黄色和绛色结合，并大量去掉黄色，只余几朵黄颜色梅花，再以绛色为梅花枝，栩栩如生，正是小而巧的体现。

这次展出的独山玉小品形式灵活，造型独特，以挂件、手把件、小型摆件为主，蕴含了“简、俏、雅、趣、亲”的意趣：体积较小而制作精美；独特运用俏色；既富人文气息，又具天然意趣；可佩可藏，形式近人；价格亲民，雅俗共赏。玉神公司还为此邀请专家召开了研讨会，探讨什么叫小品，小品的要素是什么，如何创作独山玉小品？清晰了创作理念，玉神公司近期的创作方向将更为明确，更偏向玉雕小品，去其糟粕，只留下最亮丽耀眼的精华，使人聚焦到独山玉最优质的部分。玉神公司正在筹备第三次展览，展品在用色、题材选取上更加成熟，更加完美，更加丰富。这次展览将走出南阳，计划在北京等地举办，将带领独山玉走向更广阔的舞台。

在二十年的独山玉玉雕创作中，刘晓强还有一个梦想——创作一个表现时代特征的重器，承载一个时代的精神与梦想，承载一代玉雕创作的精华与理念，承载一代玉雕人的心血与汗水。独山玉作为四大名玉之一，可谓国宝级材质。它的原材料体积大，价格又相对合理，正是制作这一作品的绝佳载体。刘晓强和他的玉神公司时刻在等待着这样一个机会，独山玉也在等待着这样一个机会。

我们期待着，刘晓强带领着玉神公司，创造出独山玉的一次又一次辉煌，为今人，为历史留下更多美好的艺术佳作！

画香万里 玉溢四海

——记中国工艺美术大师吴元全先生

文 于 帅

▲吴元全先生

吴元全，1948年出生在河南省南阳市宛城区红泥湾镇白营村，青少年时期生活贫苦，父母只能变卖家中值钱之物来供子女读书。然而由于家庭出身是地主，成绩优异的吴元全连报考初中的资格都没有。他只好到临近的农中求学，先后辗转四所学校，历尽艰辛磨砺，用了四年时间才断断续续地学完了初中课程。生活的困境练就了吴元全吃苦耐劳、坚韧不拔的精神毅力。

吴元全从小酷爱美术，又写得一手好字，早早地就展现了他在工艺美术方面的天赋。小学五年级时，他的版刻作品就获得全校第一，学校印刷学习材料的蜡版也都是他雕刻的。十几岁时，他就义务为方圆七八里的村民雕刻印章。少年时的吴元全就懵懂地意识到，上天赋予他的绘画天赋才能将是他赖以生存的本领。那时，他还未受过正规的美术教育，也没有名师指点，完全靠自己的激情和汗水，通过持续的写生练习逐渐掌握了素描、水彩、水粉、油画等基本绘画技

吴元全：《玉树临风》

能。为了生计，吴元全独自来到临近的邓县卖画。毛主席等伟人画像在当时十分盛行，他通过大量临摹练习，凭借自己勤学苦练的绘画功底和认真谨慎的创作态度，画出来的伟人像造型准确，形神兼备，得到了人们的一致认可。一时间，年轻的吴元全在邓县声名鹊起，许多单位纷纷慕名前来请他作画，他的作品也得到了当地美术界的肯定和鼓励。

20世纪50年代，吴元全进入南阳市一家日用工艺厂从事美术设计，工作是在塑料袋上设计商标图案，制丝漏板进行印刷。年轻的吴元全不仅敬业勤奋，而且积极探索新工艺，研发新产品，为整个工厂带来了前所未有的生机。吴元全渐渐地成为工厂技术骨干，自然也受到了全厂上下的尊重和爱戴。1982年，他研发的立体磨纹彩色铝面板荣获南阳地区科研成果二等奖，同年，吴元全被职工们推选为厂长。1985年，吴元全遇到了一次迟到又难得的人生机遇：西安美术学院统一招收成人高考。一直为自己没有受到正规高等美术教育而遗憾的吴元全，凭借日积月累的文化知识和绘画功底，终于如愿走进西安美术学院这所高等艺术殿堂。求学期间，他为自己刻了一枚印有“勤、恒、活、实”的书画压角印章，以此激励自己，并沿用至今。这四个字成为吴元全的座右铭，成了他一生中做好一切事情的精神保障。

凭借在校期间的勤奋和努力，吴元全的绘画水平得到了突飞猛进的提高，对美术理论也有了更加系统深刻的理解。1987年毕业之后，吴元全被分配到南阳市玉器厂工作，他与玉的缘分从这里开始，他的人生也从此开启了更具华彩的一章。玉雕艺术与美术紧密相连，进入玉器行业后，吴元全把美院学习的专业知识和玉雕艺术结合在一起，凭借坚实的美术基础和勤奋的工作态度，他在玉雕专业技术方面进步很快。丰厚的艺术修养和文化底蕴使他在进行设计时游刃有余，造型和构图尽显功力，创作思路极为开阔，诗情画意展现其中。1989年，吴元全设计的《彩玉十二生肖》获得轻工部中国工艺美术百花奖创作设计新产品一等奖。这一套造型独特、生动传神的十二生肖受到了评委的广泛好评，评委们对这套作品赋予极高的评价：“如一缕清风，为沉闷的传统玉雕创新注入了新的活力，对今后的玉雕创作意义深远。”这套作品也成为众多外贸出口企业抢购的对象，最终被天津外贸机构高价收购。初试啼声便一鸣惊人的吴元全始终不忘提携全厂发展。1990年，他在本单位办起了职工美术夜校，亲自为学员上课，讲授美术理论和造型知识。他还深入车间设计第一线，与设计人员一起探讨玉雕设计的新思路和新方法。

南阳市玉器厂在计划经济时期主要生产外销产品，早期产品直接由进出口公司全部收购，不需要销售经营。随着改革开放和市场经济的发展，南阳玉器厂从原来完全生产型转为生产经营型。吴元全敏锐地意识到，玉器产品的国内市场将会活跃起来，玉雕行业必然会迎来一个蓬勃发展的新时期。1989年，吴元全带领南阳玉器厂率先举办了玉器展销会，将原来的接待室改为玉器展销室，并且加快研发新产品，不断推陈出新。他带领南阳玉器厂在全国各大城市设立销售点，逐步建立经营网络体系，大力开辟国内外市场。2005年，南阳市玉器厂改制成为南阳市拓宝玉器有限公司，企业发展更加充满活力，产品远销三十多个国家和地区，经济效益继续处于全国玉雕行业领先地位。在人们普遍还没有意识到玉器产品的品牌价值时，吴元全又先行一步，申请注册了“拓宝”商标并大力宣传。他是这样解释品牌含义的：玉，就是精美的石头；拓，则是手和石头结合。“拓宝”既是立意于“玉石跟手结合才成宝贝”，又寓意“开拓进取”，这正是吴元全带领的整个公司的精神写照。2006年对于他而言更是重要一年，“拓宝”品牌成功完成了中国名牌的申报，吴元全也获得了“中国工艺美术大师”荣誉称号，多年的辛勤努力终于实至名归。

▲ 吴元全：《九龙晷》

吴元全认为，成为一位优秀的玉雕工作者，首先必须具备的基本条件就是造型能力、文学功力、艺术修养。其次需要深入生活、了解生活、熟悉生活，从自己印象最深刻、最熟悉的角度设计产品，才会有很强的感染力。他正是时刻以此要求自己，不断追求艺术上的高峰。1999年澳门回归，河南省政府对此极为重视。南阳市玉器厂承担了河南省赠送澳门特别行政区礼品的设计和制作任务，这件光荣而又艰巨的任务降临到了吴元全身上。于是，他亲自领导设计，耗时十个多月制作了这件优美壮丽又极富寓意的独山玉玉雕礼品——《九龙晷》。龙是中华民族的图腾，中华民族是龙的传人，作品以动态各异的九条互相盘绕于一体的龙为造型，象征着中华民族自强不息、奋发图强的民族精神。中间的日晷谐音“归”，象征着九九归一。整个作品因料施艺，四周点缀着牡丹、荷花、荷叶以及浪花、祥云图案，与主体玉雕部分相互辉映，浑然一体。为了突出河南省的地域特色，吴元全采用河南出产的独山玉为材质。细心的吴元全考虑到要求的时间紧张，独山玉在制作和运输过程中一旦出现断裂就很难补救，便选取了一块很大的独山玉原料，一分为二制作了两件相同的作品以防不测。在制作过程中，吴元全不仅找到了历代龙的造型，而且还仔细研究了各个历史时期艺术作品中龙的结构、动态和神情，制作了许多泥塑稿，进而对照设计方案，结合玉料上的颜色分布，进行创作。从白描、泥塑到玉石雕刻，大到整体造型，小到鳞爪细节吴元全都严格要求，力争做到尽善尽美。一分耕耘一分收获，《九龙晷》在澳门展出后，其恢弘的气势、精湛的工艺、优美的玉料及特殊的意义无不令人赞叹不已，受到了行业内外专家学者的高度关注和赞扬。

▲吴元全：《天驹颂》

以优美的天然原料加上精湛的创意设计，创作出一件有收藏价值的精美玉雕作品，可以说是一个天人合一的过程。独山玉的颜色丰富，一块玉往往呈现多种颜色，其丰富的色彩和诗情画意的表现力是国内外任何一种玉料所无法比拟的。独山玉多彩的魅力、独特的价值深深打动了吴元全，如何将这些颜色巧妙利用，使它成为巧夺天工、独一无二的作品，这一问题常常萦绕在吴元全心中，他深知独山玉如果在设计中不把俏色利用好，整个作品的艺术价值就难以体现。为此，他精心分析每一块独山玉原料的特征，不厌其烦地进行了一系列俏色创作的尝试。他的作品《天驹颂》就巧妙地利用独山玉的自然色彩，顺色施艺，依形造势，巧用俏色，巧妙地将黑色和灰色设计成此起彼伏、连绵不断的山脉，郁郁葱葱、枝繁叶茂的苍松和蜿蜒曲折、雄伟壮观的万里长城，白色和青色设计成轻盈灵动的白云、扬鬓奔腾的56匹骏马以及洁白清新的雪景和长城脚下的蒙古包。56匹动态各异，形神兼备，象征着中华56个民族精诚团结、和谐奋进奔腾于长城内外的骏马，跃然于作品之上。吴元全以宋代张择端《清明上河图》为灵感，选

吴元全：《清明上河图》

取《清明上河图》中最为精彩的部分——“虹桥”一段为蓝本，创作出独山玉雕作品《清明上河图》，艺术地再现了汴京清明时期的繁荣景象。作品巧妙地利用独山玉的自然色彩，顺色施艺，充分保留了独山玉原料的天然美感和神韵。作品雕刻人物400余个，舟楫50余艘，车马动物不计其数，形象地还原了北宋时东京汴梁的人文景观和市井风貌。飞虹卧波，店铺林立，整件作品用色巧妙，层次分明，大至原野河流，小到舟车人物，一丝一毫无不精细微妙，栩栩如生。

几十年来，吴元全几乎没有节假日和双休日，他节省下休息和娱乐的时间，都投入与专业有关的学习和创作，在工作岗位醉心玉雕创作。辛勤工作之余，吴元全也未放弃对绘画的热爱，业余时间悉心研习绘画技艺，从艺术海洋中汲取玉雕艺术发展的养料。功夫不负有心人，他的国画作品多次入选省及国家级美展，其中国画《情趣图》《富贵图》《拓荒牛》《奋进图》《五牛图》等先后被选入《中国当代画家作品集》和《跨世纪画家作品选》《世界华人书画精品集》及《东方之子美术卷》等作品集；作品《和谐家园》《天上人间》分别选入第二届、第三届《中国当代著名花鸟画家》作品集，作品被多家美术馆及收藏家收藏。

▲吴元全：《和谐家园》

▼吴元全：《五牛图》

二十多年来，吴元全从初入玉雕厂的美术设计，到主管工艺的总工程师，再到后来成为厂长，深厚的艺术造诣使他成为最令专业技术人员信服的好领导。2007年，吴元全被推选为第十一届全国人大代表，多年来他为玉雕行业乃至整个工艺美术行业不断呼吁，在全国人代会上对玉雕行业正式提过多次建议，建议改良行业税收政策，建议将玉雕纳入文化产业，诸此种种，国家出台的工艺美术行业保护条例也都有他的不懈努力。

独山玉自古便是我国四大名玉，具有丰富历史渊源和文化意蕴，在历史上有过极高的地位，然而因为缺乏宣传和包装，使得人们并没有充分认识到它的价值，导致独山玉只在本省内有知名度。尽管独山玉在河南境内销售状况还不错，但省外对独山玉知之甚少。2000年独山玉入围国石评选十大候选名单，2003年国石六个候选提名公布，独山玉却不见踪影。看到独山玉遭遇这般处境，吴元全十分忧心。他冒着非典的危险，怀揣着对独山玉及这片土地的热爱，带着市政府、玉雕局、省宝协等部门五份报告

▼吴元全：《情趣图》

吴元全：《福洒人间》

四处奔走，为独山玉争取应有的待遇。让各地玉石爱好者都认识它，了解它，从而对它产生兴趣。他时刻不忘自己宣传推广独山玉的职责，在人大会议上的发言中，他从政府讲到文化，从文化又讲到独山玉，生动的言辞和丰富的内容赢得了满堂喝彩。

除了宣传之外，吴元全认识到多创作有艺术价值、收藏价值的优秀作品，才能从根本上扩大一个玉种的影响力。尽管早已身为企业领导，他始终没有放弃对玉雕的热爱，对艺术的追求，多年来依然潜心钻研创新。大型玉雕作品《清明上河图》《天驹颂》《万象更新》等获得河南省“陆子冈杯”玉雕评比特别金奖；独山玉雕《清明上河图》在中央电视台《新闻联播》节目中报道；独山玉作品《清香》《金秋》《青山叠翠》等被中国工艺美术馆收藏。在设计制作产品的同时，吴元全还在一刻不停地进行着更深层次的工艺美术理论探索研究。十几年来，他主持的《宝石加工新工艺研究》《玉雕深孔加工及玉笛产品开发》《实用玉制编钟和编磬的研究与开发》等科研项目，解决了许多长期束缚行业发展的技术难题，十多次获得河南省和南阳市科技进步奖。其中，《玉雕深孔加工及玉笛产品开发》填补了国内空白，实现了工艺品实用化、日用品工艺化；《实用玉制编钟和编磬的研究与开发》项目则开创了玉制民族实用玉器的先河，被业界称为“玉雕史和民族乐器史上的伟大创举”。《彩玉组合浮雕工艺研究与开发》使玉石的边角料得到充分利用，专家将其誉为“最好地落实了科学发展观，对玉雕产业的可持续发展具有重要意义”的科研项目。这一项目被评为南阳市科技成果一等奖，并获得省级科研成果奖。

南阳市玉器厂改为拓宝玉器有限公司之后，2014年拓宝大厦的建成可以说是一个里程碑，改善了公司的经营形象，维护了公司的市场地位。除常规的商城之外，吴元全还在四楼建立了一个玉文化博物馆，以古代玉作坊的模型开始，记录了古代玉雕工序，同时收藏了许多历朝历代玉雕名品的复制品。此外还设有大师工作室，展示卓绝的玉雕作品和先进的玉雕工艺。值得一提的是全国只此一家的玉器乐器演播厅，收藏了用玉石制作的一系列民族乐器，有玉编磬、玉笛、玉箫、古玉琵琶等二十多种。拓宝公司还组织了玉器乐队，在全国玉器展、国际文博会等大型展会场所进行了演出，观者无不啧啧称奇，大加赞赏。

新疆以和田玉为主，辽宁以岫玉为主，广州、云南以翡翠为主，唯独南阳玉雕市场汇集世界各地的玉种，集各档次产品于一体，可谓是全国最大的综合性玉器市场，吸引各地人士远道而来。吴元全带领的拓宝公司早已成为南阳玉雕界最重要的标志之一，然而吴元全并不仅仅满足于玉雕，拓宝公司在文化产业方面做出的重大贡献已经使它纳入到河南省十大重点项目之一——卧龙岗文化产业聚集区。吴元全领导拓宝公司一方面围绕着藏品、礼品、时尚消费品做文章，制作适应市场各层次需求的优秀玉雕作品；另一方面也涉足旅游，吸引来南阳的游客可以到玉文化博物馆参观，使游客对玉雕的各方面知识都有所增加，同时也激发游客对玉雕的兴趣和购买欲望。

一位作家曾这样形容吴元全：“这棵生命之树卓然高标，叶茂枝繁，硕果累累，每一叶片子、每一个枝丫都具有文化意义，闪烁着智慧的光芒，这棵树上无处不是芳香四溢的丰收果实。”对艺术的无限热爱支持着吴元全在玉雕之路上不懈追求，永不停歇，我们祝愿他一路坦途，前程似锦！

▲吴元全：《平安富贵》

▲ 孟庆东教学照

风雨润桃李 黑白画春秋

——记中国玉雕大师孟庆东先生

张侨恩

中国画坛的大师很多，在美术教育上下工夫的人却不多。然而正是当年以林风眠和徐悲鸿为代表的教育先行者，为画坛带来了现代美术的曙光。在当代玉界也有一位玉雕家，从繁华的名利场中抽身而出，敲开通往艺术殿堂的大门，当他走进、蜕变、融合、超越，从而拥有了一个玉雕艺术家所真正应该具有的宽广视野和从容的创作状态时，他把自己毕生所学，奉献给玉雕界的未来，一群年轻而有梦想的少年。常有人问：玉界的未来在哪里？不妨把目光看向他——孟庆东，一位低调但却踏踏实实为玉界做实事的玉雕大师。

孟庆东地处天坛附近的办公室明亮而宁静，透过干净的落地窗放眼望去，车水马龙在具有历史感的建筑群里游动，仿佛能把这帝都古城的一方美景尽纳入眼帘。几株兰，一墙书。温润内敛的主人不紧不慢地泡着茶，人生经历随着茶香氤氲娓娓道来。直到谈及茶桌上摆放着的几件精巧规整的玉器，孟庆东的脸上露出了开心与自豪的表情，那种表情，只在父母的脸上，听到别人夸奖自己孩子时可以看到。这是北京轻工学院玉雕专业二年级学生的作品，他们是孟庆东的学生。采访的过程中，不断有学生敲门进来找孟庆东指导，他熟练地给学生画活儿，耐心地讲解，不厌其烦。如果一个人有着很深的教育情结，一定跟他的原生家庭及成长经历有着千丝万缕的关系。我们十分好奇，孟庆东沉稳敦厚的外表下，究竟隐藏着怎样丰饶的世界?随着采访的深入，我们走进了孟庆东内心深处的秘密花园……

璞玉藏于山泽

1972年，河南乡下的一个小山村，住在村边的教书匠家迎来了他们的第四个儿子，这就是孟庆东。当他可以用明亮的大眼睛探索这个世界的时候，在一片绿油油、毛茸茸、缀满野花的山坡上，孟庆东被梦幻般的景色迷住了。看牛羊成群，看小河在明亮的阳光下泛着银色的光活泼地流过，看斜枝繁花上欢悦的鸟儿，看啃了半片草叶警惕的蚂蚱，四季更替、云容雨姿、日月霜雪，都幻化出无尽的美丽，让他沉醉在大自然的画卷中不能自拔。当小伙伴们嬉戏欢闹的时候，孟庆东却安静地在自己的秘密小花园里看那露珠洗过后娟净的野花，又吐新绿的柔软翠枝，闻着泥土的味道裹挟一阵阵花香，听着蛙声蝉鸣，快乐不已。后来，当孟庆东在学校里第一次拿起画笔的时候，这些曾经看过的画面就像流水一样倾泻在他的笔端。小学时代，他本能而又自如地用红蓝墨水笔在课本的空白处勾勒出文字描绘在他脑海中产生的画卷，变成了课本上惟妙惟肖的配图。以至于吸引同学们课余时间都围绕着孟庆东请他画插图，形成班级里一处特别的风景。

孟庆东的二哥是位木匠，两人年龄相差甚大，然而兴趣却很相合。每当二哥做活儿，孟庆东就会安静地观察，闻着木头的香味，踩在柔软的刨花上，看二哥认真地在木头上画榫卯线，雕刻花样。这时候的他异常兴奋，跟哥哥讨论怎么设计，还拿下夹在二哥耳朵上的铅笔在刨花上画，他的点子经常让哥哥赞叹不已，总是夸他“灵”。孟庆东的天赋在少年时代就像埋在泥土里的金子，已经闪烁出了与众不同的光彩!

小学五年级的时候，孟庆东跟着家人去亲戚家串门，偶然见到了亲戚家堂屋的香案上摆放的南阳玉器厂制作的岫玉香炉。光润洁净的质地，流畅规整的线条，浑厚典雅的造型，孟庆东就像被电击一样，激动不已。他从来没有见过这样美丽的器物，以至于一整天都盯着香炉发呆，他虽然强烈的想拥有它，但是他知道，这是别人家的宝贝。玉，就这样埋在了孟庆东的根骨里。珍贵不可得，这是玉器留给孟庆东的第一印象。

1988年，父亲送孟庆东去了刚成立起来的镇平县工艺美术职业学校。自此他开始接触素描、国画、水粉、泥塑，三年学习让孟庆东有了进入艺术天堂的梦想。第一次接触素描的时候，他遇到了人生中第一位影响他美术道路的老师——段松伟。这位曾在部队画油画的老师初次看到孟庆东的画，就察觉到了孟庆东的绘画天赋，他给了孟庆东绘画上的理论指导，一遍又一遍示范，更给了他很多鼓励。在这个小镇上，这位过世面的老师，就像一扇窗口，让孟庆东意识到，外面的天空很大，自己应该飞出去看看更大的世界。

1991年，镇平的玉雕大部分还局限在岫玉制作工艺品的层面上，随处可见的是类似健身球、擀面杖这类低端的初级玉制品，路上也经常见到骑着自行车，带着竹筐子，里面装着玉雕制品的玉商。孟庆东从学校毕业后，暂时安身于学校的校办玉雕工厂。当他第一次踏进校办玉雕工厂的那一刻，看到了这样的场景：全身溅满玉石粉末的玉雕师傅在冰冷的凉水中切磋琢磨，伴随着巨大的轰鸣和溅起的粉尘，不断有人搬动大玉石走来走去，在布满泥浆脚印的湿滑的地面上踩上新的脚印……当孟庆东第一次真正看到玉是怎样被磨出来的时候，这个场面几乎完全颠覆了他对玉的各种绮丽幻想。一直以来，磨玉这份工作在他的脑海中，始终停留在安静的画活儿这个画面里。孟庆东一直固执而坚韧地认为，自己未来应该走艺术道路，这个梦想虽然被他默默地隐藏在心灵的深处，但根深蒂固。当他意识到自己的困境，贫困的家境，年迈的父母，居于偏僻小镇且一无所有，孟庆东还是在无奈之中走向了磨玉之路，跟着校办工厂的师傅学习一些简单的水花、草叶等玉雕技法。那时候，想进县玉雕厂，跟着那些开脸开得好，花熏做得棒的师傅学习，对孟庆东而言简直是难于上青天的事情。但在这种困境中痛苦挣扎的他并不知道，命运的大门已悄然为他打开，将引领他走向一条富有传奇色彩的道路。

1992年的春天，有一个叫刘永泽的人来到了他面前，给他们几个学徒发了名片，并告诉他们自己在北京办玉雕厂，想招收学徒工人。正是这张名片把孟庆东引向了北京玉雕。

玲珑心悟道必不远

这一年，小镇上的少年第一次来到了中国的首都北京。孟庆东的眼睛被美轮美奂的一切彻底洗礼了：琉璃厂琳琅满目的画作，王府井浩如烟海的书籍，中央美院常年开放的美术作品展。更让他欢欣雀跃的是，他还可以去中国美术馆看馆藏的作品展，自己最崇拜的王叔晖、齐白石、刘继卣、徐悲鸿等那些耳熟能详的名家名作全都可以亲眼见到。就像一头在小水洼里总是吃不饱的鲸鱼一下子跳进了艺术的海洋，孟庆东的业余时间全部用来撒欢儿一样地学习。他背得出每一条能够通往展览馆和美术馆的转车线路，更对艺术家的展览场次安排了如指掌。身边的人都被他这种对艺术的痴迷和热情打动了，刘永泽更是看到了这个小伙子的潜力，顿生惜才之心，他不仅把自己珍藏的古玉书籍借给孟庆东看，还介绍了一位北京玉器厂的老师为孟庆东做专业指导。就这样，孟庆东在做玉之路上的重大转折到来了。

北京花市上四条59号，这个地址虽已因拆迁改建而消失，然而它永远地留在了孟庆东的记忆里。1992年夏天，孟庆东在这里第一次见到了自己的恩师王振宇先生，而王振宇师从中国工艺美术大师郭石林。在北京玉器厂的86车间，王振宇是《翡翠四大国宝》的主要雕刻者之一，是当时国宝车间里最拔尖儿的师傅。最初这个不起眼的小伙子并没有引起王老师的注意，有一次师傅家里装修，孟庆东主动帮忙负责砸墙，砸到满手泡他吭也没吭，一直坚持干完。事后王师傅才发现。他觉得孟庆东真诚实在，能吃苦耐劳。又经过一段时间观察，王师傅又发现孟庆东对艺术的热情与执着，最后决定把自己在玉雕上的毕生所学倾心相授。孟庆东的悟性很强，师傅家里有一副任梦熊临刘继卣侍女图的线描原作，正是这件作品让孟庆东看到了线描的精髓。孟庆东以前认为线描只是描画一个轮廓，并没有素描的表现力强。当他看到任梦熊用一根线条把人物的头发、皮肤、五官、服饰的质感通过力度、节奏和空间感表现得淋漓尽致的时候，他才知道，原来玉雕的画活儿所用到的线描有着如此非凡的表现力，从此他转变了态度，下苦工夫练习线描，最终成就了他如今的一手丹青妙笔。那时候王师傅总拿出些他在工厂里做活儿的石膏样板给孟庆东看。孟庆东第一次看到师傅雕的翡翠摆件《刘海戏蟾》，就被作品的造型深深地震撼了。刘海的脸虽然只有大拇指大小，然而却活灵活现，面部的肌肉结构、五官的细节、嘴唇上的块面、嘴角微妙变化，都极为生动传神。孟庆东一直以来都以为雕玉就是传统的师传徒的那几个口诀，包括工具的使用都是成套路的，与绘画素描讲究的结构解剖没有明显的关系，这时候才知道，原来学习玉雕和绘画同属于造型艺术，只是形式不同而已。在王振宇的悉心指导下，孟庆东的绘画和雕玉技术都有了极大的飞跃。随着他对玉雕理解的逐渐深入，孟庆东开始意识到玉雕艺术的博大精深，对磨玉的热情开始不低于他对绘画的热情，琢玉渐渐走上了一条上乘之路。

天时地利人和

北京学习生涯一晃而过，孟庆东从一个怀揣梦想的小镇少年成长成了一名学有所成的玉雕师。1994年底，因为父亲身体不好等原因，孟庆东回到了镇平老家。回家之后，所有的人都感到了他巨大的变化。如果说当年走出去的孟庆东是一只内向的小绵羊，那么从北京回来的就是一只猛虎。当年在小镇上他一无所有，无力反抗现实，但在北京刻苦求学，天赋、才华和已然出众的玉雕能力已经让孟庆东开始自信、强大，有了足以改变命运的力量。可以想象，当孟庆东把自己的作品拿给还停留在传统工艺上的玉雕同行看的时候所引来的震撼和哗然。一个在北京的国宝车间拔尖儿的玉雕师傅带出来的徒弟，兼具悟性、天赋与勤奋的孟庆东所能带来的惊喜一定是无与伦比的。孟庆东回归，当年在镇平玉雕圈引发的轰动不亚于一场大地震，就像小学时候同学围绕在他身边让他画新书插图一样，孟庆东在玉雕上的卓尔不群同样也引发了一大批追随者。

1992年，“镇平玉雕大世界”建成营业，1993年，镇平县开始举办“中国国际镇平玉雕节”，1995年，镇平县被国家命名为“中国玉雕之乡”。可以说，孟庆东回镇平的时机，正好是家乡的玉雕处于蓬勃发展，亟需玉雕人才的时期。天时、地利已然具备，孟庆东为“中国玉雕之乡”的人和增添了巨大的力量！镇平玉雕大世界生意最好的时候，每天都有大量的顾客涌入，几百家商户巴巴地等着好的玉雕作品。然而，镇平县近十万玉雕从业人员却一直延续着古老而陈旧的玉雕工艺，作品大多平淡规矩。孟庆东认为成立工作室迫在眉睫，有太多的如饥似渴人需要学习。1997年，孟庆东成立工作室，带了15个徒弟，独立设计、创作。渐渐的，市场上开始流传一种说法，叫做“小孟的工艺”，或者叫“小孟徒弟的工艺”，但凡有“小孟”在前，大家都趋之若鹜。孟庆东在镇平，渐渐像一面旗帜，他的成长与镇平玉雕的成长，像相辅相成的两生花，都在努力，都在进步，都在渐渐辉煌。

那个年代，广交会全部做的是大件，1997年以前都是玛瑙，1997年后，和田玉登上了历史的舞台，并迅速火热，从此一发不可收拾。随着和田玉料价格的逐年上涨，孟庆东原来的加工型工作室渐渐也开始转型。2000年到2004年，孟庆东与一位买料与经营方面的行家合作，孟庆东单纯只负责设计和工艺，一旦静下心来全身心地投入到设计和制作工艺中。这几年的市场历练和对玉雕技术的摸索，使得孟庆东在玉雕上的自我挖掘又攀登到了一个全新的高度，荣誉也随之而来。2001年孟庆东年获得“镇平县玉雕创作新星”称号，2002年被县工艺美术职专聘为实习指导教师。

▲ 孟庆东工作照

到了2004年，年仅32岁的孟庆东被评为第一届“中国玉石雕刻大师”，这是由“中国珠宝玉石首饰行业协会”组织评选的国家级奖项，在国内极有影响力。首批54名玉石雕刻大师都是国内公认的、在玉雕行业表现最为突出的玉雕人才。孟庆东作为当时最年轻的国家级玉雕大师，一时风头无两，意气风发，成为“中国玉雕之乡”镇平县的骄傲和旗帜！此时的孟庆东，觉得自己有责任为家乡的玉雕做些更大的事情。

同年，孟庆东成立了“庆东玉雕工作室”并任总设计师。孟庆东力求以榜样的力量改变镇平玉雕的现状，给镇平以更好的未来。这是镇平县最好的工作室，无论是工艺水平还是工作环境。当普通人家还把空调当成奢侈品的时候，“庆东工作室”已经安装了空调，并且坚持了跟北京一样有礼拜天，休息日。工人们在窗明几净的环境中学习和工作，而且所学到的玉雕知识都是当时最为超前的。孟庆东改变了镇平县一直以来师傅带徒弟的保守习惯，例如：徒弟不能开脸，不能出大型等等这些阻碍行业发展的陋习。他无私地把自己的所学分享给徒弟，就像自己的师傅王振宇对他一样，他对每一个徒弟都是和颜悦色，诚心正意。种善因得善果，徒弟们出师后，哪怕各自成立工作室，再带徒弟，也都是沿用孟庆东的管理方式和工作习惯。“教会徒弟，饿死师傅”，出师后老死不相往来的情况因为孟庆东的引领，发生了巨大的变化，一种全新的风气给了镇平玉雕全新的面貌，玉雕工艺迅速发展，学习热情空前高涨，玉雕企业的环境纷纷改良，师徒关系走入了一种真正意义上的良性循环。因为孟庆东工作室出来的师傅工艺精湛，水平不凡，特别受到欢迎，以至于进入“庆东工作室”成了飞上枝头变凤凰的最好途径，人人挤破头而想进之，甚至于徒弟的工作室也是如此盛况。工作室人才的选拔极为严格，大部分能进来的徒弟原来都已经是地方上的师傅级别了，再经过几年的专业训练，悟性加上勤奋，他们的工艺水平自然更加不凡，他们的徒弟也是优中选优。如此良性循环下去，孟庆东的名字如日中天，代表着河南玉雕工艺的最高水平。

2003年开始，和田玉的价格一下子有了一个弥补性的飞跃，料价在几年的时间里迅速飞升，几乎一天一个价，玉雕作品的价格随之水涨船高。孟庆东的这段时间，精力体力都很充沛，在时间相对充裕的情况下，他的玉雕创作之路也很顺畅。2006年，他拿到一块比较奇特的糖白料。这块体量可以制作摆件的白玉被一层鲜艳的糖色所包裹，上半部分一边凹，一边凸。凹的部分有一条裂纹，导致次生的糖色几乎完全沁入，颜色红艳浓重。孟庆东一直琢磨这块料子，凭借多年读玉的经验，他总觉得这块料子特别有味道，似乎已然完整，只等着他去揭开面纱。那段时间孟庆东创作了一系列精美的玉雕把件，在孟庆东的理念中，把件就像藏家的好朋友，可以在闲时拿出来把玩，对话，玩耍。他翻着自己的设计图册，看到自己设计过的一件调皮可爱的把件小猴，突然灵机一动，想到了“元吉戏猴”：北宋画家易元吉喜画獐猿，常常深入荆湖深山之中，与猿猴为邻，观察其习性，常有趣事，心传目击，写于豪端。孟庆东脑海中闪现了一个场景：一位悠游自在的老神仙在山间自得其乐地下棋。这时候一只红褐色的小猴子调皮地跑来跟老者对弈，玩耍，把老神仙逗得合不拢嘴。他赶快在这块玉上即兴创作，凹处浓艳的红褐色是一只趴在棋盘上下棋的调皮小猴，高高凸起部分的糖色可以俏出老神仙的斗笠帽，棋子是糖色，正好棋盘是白的，在他们身下坐着的，是一块平整的褐色大石板。一点不多，一点不少，这块玉似乎天生就是这个样子，除了必要的雕刻，没有浪费一丝一毫的玉。而“元吉戏猴”所传递出来逍遥自在的山间雅趣，也是许多爱玉人追求的心灵境界。孟庆东把自己在把件创作上的经验尽数融合到了这件作品中，从而创造出了一件顺应造化，妙趣横生，独一无二的俏色杰作，引来了藏玉人的追捧。可以想象，在那个时期，如果如日中天的孟庆东一直镇守河南，将会获得怎样的名利。然而上天给孟庆东安排的不是物质上的丰裕，而是另外一场大机缘。

▲孟庆东：《元吉戏猴》

坐享名利还是追求艺术升华，在取舍间孟庆东最终选择了倾听自己内心的声音，他感到真正给他快乐的是那些与艺术相融合时的瞬间。到今天为止，仍然有很多人对孟庆东当年的选择表示不解，因为这个选择对于一个追求一般意义上成功的人来说是逆流而行的。然而对孟庆东而言，他本就是藏于山泽中的一方璞玉，他从小所喜欢的、追求的、乃至他所有努力的，核心都不是物质和名利。当年年迈的双亲和现实的压力让他不得不放弃自己的追求而回到家乡侍奉左右，所获得的功成名就不过是额外给予他的光环，但并不能让他的内心感到真正的快乐和满足。尽管这十年，他一步一个台阶地大跨步向前走着，但如果继续留在镇平，孟庆东害怕自己永远无法再圆那个中断了的艺术梦想，内心有一个声音一直告诉他，他真正的艺术之路道阻且长，他的才华还没有真正开始发挥，他必须尽快开始一个崭新的境界。出于一个玉雕大师对自己工艺上更高的要求，孟庆东这次的选择是上海。因为上海的玉雕工艺成熟，在当时的玉界非常有影响力。但一个朋友偶然的一句话却改变了孟庆东的想法，他说：“你需要的不是工艺的提高，而是思想的改变，只有思想的改变和突破才是真正的提高。”正是这句话，使得本来在上海一切都准备就绪的孟庆东把目标转向了北京。孟庆东了解北京，他知道北京是中国文化的中心，如果想要实现自我的突破，北京才是自己最好的选择。

前路漫漫 上下求索

2006年春天，离开了奋斗十年的镇平，孟庆东把工厂搬到文化中心城市--首都北京，一切都是一个一个崭新的开始。孟庆东的孩子那时候还年幼，睁着一双大眼睛用稚嫩的童音对爸爸说：“就好像换了一身新衣服一样。”这是孩子眼中的崭新的世界，也是他们崭新的生活状态。孩子并不知道，爸爸的这个选择需要非常大的勇气，因为前路漫漫，充满未知。与作为莘莘学子第一次到北京不同，此次来京，他的身份已然成为40多个工人的衣食父母，要选厂址，买料、管理、经营、销售，又要考虑初来乍到的工人们思乡和适应问题，所有的压力全部压在了孟庆东一个人的身上，一时间，孟庆东陷入了人生中最大的逆境中。以前从来都是别人找他，众星拱月般围绕着他，而今他却面临工人流失，急需招工。这种落差也让孟庆东失落过，然而这种失落并没有持续太久。

在与王振宇师傅探讨自己的人生追求和当今的玉雕现状的时候，两人深感玉雕行业设计人员综合素质偏低，文化教育机构缺失，整个行业重技术训练而轻艺术培养，玉雕行业急需培养有艺术素养的专业人才。同年8月，师徒二人商讨建立中国玉石雕刻教育培训中心，基地定在孟庆东成立的北京紫气东来玉雕有限公司，地点在北京顺义。此时公司还处在尚不稳定的建立初期，但伴随着这个决定战线又拉长了，框架又扩大了，一个更高的目标立在孟庆东的面前，这个目标深深触及到了孟庆东的内心。回忆父亲教书育人的一生，小时候大家围绕着他画插图的情景，在校办工厂欲学无师的困境，在北京得遇良师的巨大收获，故乡对玉雕人才的求贤若渴，河南工在工艺水平上的亟待进步……这一切汇聚成一股强大的信念，让孟庆东顶着压力，下定决心创办一个专业的玉雕学校。

孟庆东在后来的一次采访中说：“我办学缘于内心始终存在的一个情结，我一直很尊敬教过我的老师，也很留恋学校的学习环境，自己以前没有得到的一些东西，我现在愿意为别人创造。我要让那些有志于玉雕事业的孩子，能够在一个艺术氛围浓郁的环境里学习，慢慢成熟长大，我要培养的不仅仅是工艺水平一流的制作者，也要培养有思想有内涵有文化的新一代玉雕大师！创造优良的学习环境，也是我玉雕人生的一个目标。每天看到他们很努力的学习，这其实对我自己的学习和提高也有很大的影响。玉雕学校安排的课程有素描、白描人物、国画花鸟，工笔人物，还有泥塑、书法等，还安排不定期的文学艺术理论讲座，我邀请中央美院的专业老师来这里任教，邀请一些专家学者来开坛讲座。我要让学生们丰富自己的艺术修养，提高个人文化素质，而不仅仅是学一门手艺。我的学生会利用休息时间，去北京的故宫博物院观摩学习，去画家村或艺术氛围浓郁的各个地方参观。他们把吸收知识当做主要目的，开阔眼界，涉及玉雕技术以外的很多艺术领域。因为没有为学校做过宣传，现在来学校的大部分还是慕名而来的家乡的学生。市场上对‘河南工’的印象不是很好，我的本意也是想为河南培养出一批高素质的玉雕人才，逐渐改变人们对‘河南工’的看法，这是我力所能及的，也是我乐在其中的。”正是因为孟庆东这种对教育的热爱，对艺术的追求，对南阳玉雕的期许，使他办起这样一座学校：有操场、游泳池、健身房，有画室、电教室、工艺雕琢车间，走廊上挂满了学生们的画稿、玉雕作品的照片，进门处张贴比赛作品的排行榜……坊间盛传：南阳有名玉、南阳有名师、南阳出名品。因为有了孟庆东，河南的骄傲，这句话才名副其实。

▲孟庆东教学照

与此同时，孟庆东迎来了艺术中另一个大机缘。2007年夏天，机缘巧合下，他参加了中央美院的一个高级研修班，结识了雷子人、李少文等著名画家，与一群博士研究生共同学习进修。在这里，他的眼界又一次被打开了，他对文学、历史、哲学、宗教、建筑、美学等诸多知识领域都有了全新的认识，大大提升了眼界，直接影响着他对玉雕的领悟。比如2007年创作《贵妃出浴》这件作品，当时孟庆东以重金买下了这块红皮白肉的籽料，第一眼看这块材料的时候，孟庆东就产生了艺术直觉，他知道自己一定可以雕好这块玉。经过设计，这块籽料最终确定雕刻了传统题材“贵妃出浴”，虽然吸收了很多传统元素，如祥云、灵芝等，但刻画的是一个比较现代的裸女。在创作这件作品时，孟庆东感觉到了自己在各种手法运用上的自如与放松，每一根线条和块面的节奏，都准确、精到、具有表现力，与以前的创作大为不同。

▲孟庆东：《贵妃出浴》

随着学习的深入，孟庆东渐渐意识到：玉雕也是一种艺术的表达形式，玉雕艺人之所以被有些人排斥为普通工匠，跟有些玉雕人多年来局限于眼界或屈服于利益，大量复制毫无感染力的工艺品有关。然而这种狭隘的认识并不能定义玉雕本身的性质。艺术形式是没有高低的，无论是抽象、写实，古代、现代，更没有流行与过时，艺术的实质是好与不好，而不限于形式。一旦能够用艺术的眼光看待玉雕实践，孟庆东就跨越到了一个全新的境界。一个玉雕艺术家的艺术修养越高，他的作品的内涵就越丰富，哪怕是一根线条上的表现力都会有所不同。要创作好的作品，就要开阔眼界，提高修养，跨越藩篱，领悟玉雕艺术的本质。在中央美院的高级研修班进修了一年之后，孟庆东进入了雷子人的艺术工作室，开始了新的、更直接的面授式的学习。每周三天艺术进修，剩下四天专心于玉雕事业。在进行了大量的水墨写生、速写和陶艺等训练之后，孟庆东发现，同样是做玉，他在创作时进入到了一种更从容的状态，在传统元素和现代手法之间越来越游刃有余，对材料的理解更具深度，审美和思想的提升都给予了作品更大的感染力。2010年，经过一段时间的学习和修炼，孟庆东的创作进入到了更宽广，更具高度的全新领域。这时候他拿出了他珍藏的一块体量很大的山流水原料。这块完整而硕大的和田玉料通体莹润白净，玉质细腻温润，十分珍贵难得。因为总觉得创作时机不成熟，珍藏在手里已经整整6年了。到了此时此刻，相比于2004年面对此料时的谨慎，孟庆东已经有了绝对的信心给予这块玉料最适合的面貌。经过长时间的准备和斟酌，孟庆东决定创作“持莲观音”。孟庆东说，这块料就像一个导演要导一部准备很久的大片一样，要求高、投入大，要细心而大胆。从画图开始，不断修正比例；到做泥稿，校正推入的深度；继而刻石膏，细节到每一根线条；最终在玉上切磋琢磨，更是要尽善尽美。虽然是一个随型件，但追求完美境界的孟庆东从做大型开始就按照器皿件的要求去创作。每一个环节都推敲，每一个部位都琢磨，不断推翻原有的设计和成果，不惜代价归零开始。人磨玉，玉磨人，乃至于最后花费了数倍的功夫完成了这件作品。“持莲观音”体态丰盈，姿容饱满，发线明晰、思缕可见，衣纹璎珞线条流转、流畅优美，神态极其端庄平和，仿佛入定多时，散发出一种非常沉静的气质。从“持莲观音”可以看出，孟庆东对人物造型的理解深入而透彻，在玉雕创作上已然进入了一个全新的境界。这种质的飞跃是日积月累的结果，而作为玉雕培训中心的灵魂人物，孟庆东在艺术上的提升也促使学校创立了一套全新的科学、创新、完善的教学模式。

▲孟庆东：《持莲观音》

这件作品之后，他接到了台湾一位吕姓大藏家的委托，制作一套12件的白玉套牌，于是就有了2012年引起业内轰动的《十二金钗套牌》。为了完成这套作品，孟庆东不光熟读精研了各种版本的《红楼梦》，更对浩如烟海的红学资料进行了深入地分析和研究，他力求作品区别于一般的仕女玉牌，而要把十二金钗每个人的命运和性格通过不同的场景、有喻指性的花卉，以及不同的额首、边框和牌面上的细微变化，展现大观园中这十二个奇女子的故事。本来预计半年左右完成的作品，却因为孟庆东追求既有统一性又有个性化的艺术表现，用了整整三倍的时间才得以完成。这一时期，孟庆东在雷子人工作室的学习已近尾声，他在绘画以及艺术上的突飞猛进，在玉雕实践上迎来了爆发！《十二金钗套牌》一举获得2012年“天工奖”金奖，为他这段时间的学习和探索画上了一个阶段性的圆满句号。

孟庆东：《十二金钗套牌

▲孟庆东玉雕作品

从2003年中宝协举办“天工奖”开始，一年一度的玉界盛典为琢玉名家们相互交流提升创造了条件。当代玉雕新作开始在全国范围内大量出现，藏家开始追求名家、名作，加上和田玉好的原料日渐稀缺，市场进入了一个对高端玉雕作品需求暴涨的时期。然而，玉雕是一个对技术要求很高的行业。尽管随着电机和钻石粉工具的兴起，玉行已经走过了砂子铁铊用脚蹬的时代，技术成熟所要求的时间大大缩减，但传统师带徒的方式往往因为各种局限而“教标不教本”。在这炙手可热的十年繁盛期，名利游戏越演越烈，有些人抱着尚未成材的木头垒砌一个又一个城堡。然而在大家都纷纷盖房子的时候，孟庆东却用了人生中最风华正茂的7年植树造林。“十年树木，百年树人”，教书育人，需要无比的耐心和恒久的细心，当然还要不断磨炼自己的专业底蕴。无论高潮低谷，有一颗慢慢走、持续向前毫不犹豫的心，孟庆东一直坚持着。

十年树木百年树人

2012年，仿佛一夜之间，玉界感觉到了冷清。市场的变化，藏家的成长，都促使玉界众人幡然醒悟：新的时代到来了！泛泛之作已经无法再沽名钓誉，只有兼具艺术文化内涵和扎实玉雕工艺的作品才能够成为这个时代的未来。在这一时期，孟庆东的作品《风月》横空出世！虽然只是一个小小的把件，但其巨大的艺术感染力引发了玉界的地震。有别于近年来十分流行的那种比例夸张，异域风情的裸女作品，孟庆东创作的是一个极具东方之美的女性背影。在中央美院进修时，孟庆东画了几十本人体写生。当他拿到这块手感温润、如凝脂一样无瑕洁白的籽料时，孟庆东觉得自己找到了一块符合创作人体形象的原料。孟庆东说："琢磨"二字最能概括这件作品的创作过程，边做边琢磨，想法不断地改变，把写实与中国画的技法都融合在这件作品中，力求创造出属于东方女性的极致之美。看起来很简单的一个把件，把元素提炼、精简到极致，用了整整两个月的时间。我们惊叹的背后，是一种极致的追求。完美协调的身体比例，若隐若现而又含蓄娇羞的姿态，那种低头的温柔、迷人的曲线、凝脂般的光影，让人怦然心动。《风月》所触动的是国人久违的内心世界，也许我们被五光十色的世界刺激太久，忘记了、忽略了那最初最纯净的美丽。当孟庆东把一块凝脂般的无瑕白玉，琢磨成了初发芙蓉一样纯美的女子，那让人怦然心动的背影，唤醒了我们当初藏于内心最深处的"风月"。这是孟庆东的创作，不断地攀登、不断地学习、不断地总结、不断地创造。无论在任何时代，这样的创作都是受欢迎的。与此同时，孟庆东的玉雕人才培养也在有条不紊地进行着……

▲孟庆东：《风月》

当市场开始冷静，当玉行即将面临人才的青黄不接，真正支撑玉行多年的玉界脊梁在呼吁着，传承！艺术！创新！教育！大家开始问：玉行的未来在哪里？谁有成功的办学经验？谁是玉雕人才教育的专家？谁有完善的教学系统？谁又有足够的影响力完成这项历史使命？在北京市人力资源和社会保障局局长张欣庆的促成下，北京轻工技师学院承担起了培养玉雕人才的责任，学院辗转找到了孟庆东，一个浸淫玉行20多年，不断成长和创新的同时，用了7年时间为玉行植树造林的玉雕大师。

也许，上天给了孟庆东诸多机缘，正是为了此时此刻。在与副局长陈蓓在河南招生前的那一席谈话之后，孟庆东下定了决心为玉行肩负起更大的责任和使命，开始了全力以赴把自己多年的教育成果和培训经验融入到更大的平台里。孟庆东在家乡有着一呼百应的影响力，招生工作十分顺利。层层选拔，优中选优，2012年10月，首届北京轻工技师学院玉石雕刻与设计专业成功招收了78名学生，三个玉雕班正式开学，孟庆东任玉雕专业的主任。紫气东来玉雕有限公司和为北京玉雕做出突出贡献的中鼎元珠宝有限公司与学校签订了院企合作协议，孟庆东的工作室直接进入学院，开创了玉雕教育培养人才的全新模式。政府、学院、企业、大师，每一方都付出了巨大的努力！所有的努力都是为了玉界的发展与未来！难以想象，又是天时、地利、人和，正如多年前如果没有孟庆东，河南玉雕无法展开新局面那样，多年后，同样的情况，孟庆东不光为北京玉雕的振兴，也为中国玉雕的未来贡献了最重要的力量！

▲学生磨玉

北京轻工技师学院崭新的合作模式十分灵活，也契合玉界的现状。在开展教育的过程中，孟庆东也曾遭遇质疑，也曾面临困难，但独特的教育系统是他多年来亲历摸索总结出来的经验，是他整合、精简、优中选优，整理出来的最为行之有效的玉雕人才培养方法。在玉雕专业成立初期，孟庆东相反于传统的师带徒或工作室那种迅速培养上手做玉的模式，坚持基础美术训练的培训，学生们花了大量的时间学习素描、工笔、书法、国画、泥塑，按照孟庆东的要求切方、磨圆、剥料。日复一日，就像达·芬奇画蛋一样，很多人开始不满足也不理解“画蛋”的意义，有的学生想要速成，放弃了基础训练，回老家学玉雕去了。流失了几个学生后，让孟庆东意识到要让对玉雕之路茫然无知的孩子们借由他的眼睛，看到琢玉之路是怎样一步步实现的，基础训练的意义又是何等的重要。于是，孟庆东举办了“琢玉之路”玉雕专业学生作品汇报展，在这个展览上，孟庆东从学生们的基础训练成果：白描、素描、书法、雕塑等作品，到初级玉雕实习过程：切方、磨圆，到中级玉雕作品的展示：造型简单、规整细致的作品乃至到了后期，能够在熟能生巧的基础上自由从容地挖掘每块玉的特质，给予其最为适合的造型，最后展示的是苏然、张铁成、孟庆东等玉雕大师们让人叹为观止的杰作。一步一步，像一个苦口婆心的家长，用心良苦地给孩子们展示了一个他们未来的世界。通过这个展览，学生的心定了，连平时顽皮捣蛋的孩子都开始收心了。

经过一年的训练，2013年7月28日，北京轻工技师学院在“玉雕之乡”河南镇平，举办了“器成于琢”玉石雕刻与设计专业师生展，同时孟庆东大师玉雕艺术个展——“大美无言”也成功举办。孟庆东的两个成果，教育成果和个人玉雕事业的双重展出，引发了巨大的轰动，参展观众达上千人，人头攒动，场面宏大。孟庆东的作品细腻内敛，但具有触动人心的力量，引发同行思考，也使得观者内心平静，这样的作品更贴近艺术所蕴含的本来面目，孟庆东在玉雕艺术上的修养让人钦佩不已。而在“器成于琢”师生展上，学生的父母甚至不敢相信那些创意巧妙、形制典雅、雕工精美的作品出自自己孩子之手，大家众口相传，津津乐道。孟庆东为家乡、为玉界都创造了奇迹！孟庆东说：卖树建房会很快有房，但会失去一片森林，植树虽不能马上建得房屋，但若千年后却因为有着自己的浇灌而成就一片树林。两者我更愿意选择后者，后者才是人生真正的幸福，最大的快乐！

谈及未来，孟庆东正在全力以赴带领师生们准备2015年9月的“燕京八绝”红星杯作品展。届时，学生的作品有可能会被送到台湾、德国去巡展，这无疑给了学生们打了一剂强心针，学生们看到了未来，一届比一届更努力。笔者看到学生的各类艺术作品，难以想象这些栩栩如生的雕塑和张力十足的玉雕作品背后有着孟庆东怎样的付出！孟庆东说："政府已经在北京朝阳的东坝划出了40多亩地，准备建设一个书院式的玉雕学校。那里就像一个大戏台，我们要全力以赴，才能在学校建成以前准备好最棒的表演，最好的声音，最艳丽的色彩。我们现在玉雕专业有8个教学班，在校生有170多人，首届在校生也即将毕业，我们将为玉界贡献出第一批人才。现在有3600平方米玉雕专业实训基地。三年之后，我们的根扎稳了，软件硬件都跟上了，我们就可以跟东坝这么好的一个规模相匹配，谁也不浪费谁了。"听到这里，玉界的路仿佛越来越明亮了起来……

孟庆东把他的爱心、他的承担、他的智慧、他的勇气、他的才华贡献给了玉界，不计较于个人的名利显达，却始终在理想的道路上自强不息。他是一位温润如玉的玉雕家，是玉界承前启后的育英栋梁，也一位是惇淳抱道的君子！他低调内敛，不事张扬，却用他的行动一次又一次推动了玉界的前行，也给了迷茫的当下一个响亮的回答。愿更多人和孟庆东一起，努力，前行！

▲孟庆东教学照

玉界妙手 海上泾工

——记中国玉雕大师于泾先生

张侨恩

▲ 于泾先生

玉界盛传“只闻于泾工，不见于泾活”。作为一个爱玉人，一生中能够亲眼见到于泾的作品，本身就是件非常幸运的事。于泾，当今玉界的治玉妙手，与其天才般的治玉水准不相匹配的是，百度里那寥若晨星的作品数量以及少得可怜的资料。在玉界，他是隐士，是思考者，他把玉的千年古韵与时代精神融会贯通得淋漓尽致，把玉的高贵和妙趣平衡到极致。于泾是艺术家，名副其实。

于泾，祖籍浙江吴兴，1959年出生于上海。公务员的父母很早就发现儿子有绘画方面的天赋，因此喜欢书法与绘画的父亲有意寻找机会给他铺一条与兴趣相结合的路。1973年，于泾小学一毕业，父亲就把他送到了上海玉石雕刻厂工业中学，这是一所与上海玉石雕刻厂直接对口的专业学校，小于泾从此开始跟素描、色彩、雕塑、设计打上了交道。1976年，于泾顺利地进入上海玉雕厂人物车间，师从极擅丹青的玉雕名家萧海春——人物车间的总设计师。初出茅庐就能得名师指导，于泾的玉雕之路一开始就是顺利的，然而他内心却有着不一样的理想。于泾是第二代上海人，父母一代辛苦打拼为他创造了一定的经济条件，因此他可以不再完全受制于生活的压力，并开始有了一些内心的追求。学生时代，他最喜欢的课程是雕塑，米开朗基罗才是他的偶像。玉雕虽然是雕塑的一个门类，但与于泾当初的内心追求相去甚远。二十出头的少年，正是热血沸腾的时候，但是于泾不是那种不留后路、不顾一切的性格，所以他老老实实在玉雕厂里工作，但业余时间却全部用来学习和练习雕塑。1981年，他的雕塑作品《山鬼》入选“上海第一届城市雕刻设计展”，1982年，其雕塑作品《肖像》《祖母》又入选了“上海雕塑展”。雕塑上的用功，慢慢影响和启发着他的玉雕作品，不知不觉中，于泾的玉雕人物，无论是肌理的表现、结构比例的精准，还是细节的把控，都有了与众不同的气质。1985年，玉雕厂选拔技术骨干去上海工艺美术学校进修，十比一的选拔比例，于泾轻松入选。三年半工半读，实用的美术课程，实践与理论的双重锻炼，让于泾打下了坚实的美术基础。同时美术学校更专业的艺术理论学习，更世界化的艺术视角，更深入多维度的艺术解读，让他原来流连于“维纳斯”和“大卫”的眼光慢慢回归到中国的传统玉雕艺术上来。随着磨玉的时间越来越长，于泾对艺术的体悟越来越深刻，并开始重新审视玉雕艺术。“众里寻他千百度，蓦然回首，那人却在灯火阑珊处”。仿佛朝夕相处却又久别重逢，当于泾意识到玉雕正是自己一生所爱之时，他无比庆幸自己从未离开。多年来蓄积的创作激情就像浪潮一样奔涌在胸口，化为书山学海中手不释卷的动力，化为绘图画活儿时不厌其烦的动力，化为废寝忘食切磋琢磨的动力，同时他也把多年来在雕塑上的所学所感融会贯通于玉雕作品。1988年，于泾的作品《骑狮观音》被选送参加轻工业部举办的“全国现代玉雕珍品评选”，一举获得国家珍品奖，同时被中国工艺美术馆珍藏。1990年，他荣获“上海青年百里挑一金状元”玉雕金状元的荣誉。这一年，于泾才31岁，对于玉雕人来说，这是体力最好的时期，天赋、才华、悟性、勤奋加上天时与地利，于泾注定要在玉界创造属于他的辉煌！

接下来的时代，我们可以从时间的纵深回归到台湾的90年代初期。那时候，台湾是亚洲四小龙之首，经济富足，投资阔绰。作为我们的一母同胞，中国人骨子里对玉的热爱与生俱来。和田玉有着8000年的历史，从皇玺到玉佩，从冰清玉洁到玉壶冰心，这些耳熟能详的器物和词汇，都促使寻根溯源的台湾人兴起了收藏和田玉的热潮。1987年内地改革开放政策实施以来，对产品流通的管制减弱，大批古玉或者仿古玉器在这一时期从上海、苏州等地流向港、澳、台乃至国外，越来越多的台湾商人来到大陆高价收购玉器。当时上海的基础好，人才多，玉雕环境发展得比较成熟，走在前列的是以上海倪伟滨为首的市场派。倪伟滨的作品不仅能有清代玉器的味道，还加入现代审美元素，在仿古玉方面有着明显的技术优势，相当受港台两地的欢迎。而上海玉雕厂当时还是以出口创汇为主，体制僵硬、工艺也与市场脱节，工人外流严重，渐渐日薄西山。于泾是对市场非常敏感的人，早在80年代末期，他就已经意识到，自己想要真正地做好玉雕，还是应该把玉的根抓好。玉是中国人文化的根脉，几千年流传下来的精神、工艺、造型和纹饰都是玉雕艺术最重要的基础。基于各方面的考量，于泾很早就开始了与倪伟滨的合作，开始只是业余的合作。1993年，大陆开放和田玉市场的时候，于泾的玉雕，已经区别于玉雕厂的学院派风格，有了一种难得的“老味”，他已经把玉雕的根脉扎牢了。1994年，于泾从玉雕厂辞职，正式加入了倪伟滨率领的上海“雅园”。这是非常重要的一个决定，雅园是玉界大名鼎鼎的“黄埔军校”，是最早能够把中国玉雕的“精、气、神”做到出神入化的地方。与被称为“玉坛教父”的倪伟滨共事，让于泾领悟到了玉雕艺术的精髓。他意识到：真正有生命力的作品，还是靠内在的文化、精神、内涵，表面上的东西无论怎么变，本质的东西就像玉雕的心脏，是生命和根本。玉具有深沉的文化内涵，要有好的题材，更需要好的琢玉人，将其细细雕琢，才算功德圆满，才算给了这块玉最好的归宿。一块玉，假如有十种表现形式，就应该挑选一种附加值最高的来处理。真正的艺术品，是一种观念，是一种深层次的情感触动，是一种内在境界的发现。有了这种体悟，于泾的作品越做越慎重，所需时间越来越长，有时候迟滞缓慢，但往往灵感一来，就日夜不眠地在玉雕机前琢磨。为了更好地创作，1995年，他干脆在家里辟出一间小小的工作室，开始了他长达数十年的艺术创作。

走进于泾的工作室，一边是电脑，绘图设计的地方，另一边是玉雕机，切磋琢磨的地方。于泾对待玉雕的态度是极为严肃和认真的。他的工作室，四壁悬挂最多的，不是他最擅长的观音，而是维纳斯、玛丽莲·梦露、奥黛丽·赫本，是属于不同时期的，各类引领时代审美的女性形象。很少有人会像他一样，愿意跳出时代和地域的局限，用审视的第三只眼睛，来到时空的深处，研究古今中外不同的审美。他研究观音的时代演变，从男相观音到女相观音，从母亲的慈善大爱形象到符合时代审美的演化。他又站在时代的高处，从中国走到巴黎，从水墨研究到雕塑，从含蓄温柔的东方女性形象，到精致摩登的巴黎街头女郎，他的艺术触角伸到了审美最前沿。同时对于做玉方式，于泾也进行了深入研究，他研究不同时期的做玉方式并真实复现。有一次他邀约玉界著名学者于明先生到他工作室，亲自示范西周玉器解玉砂的正确操作方法，驳斥了当时学术界一致认为的西周玉器的斜面是用工具压住解玉砂制作的说法。这给了于明先生很大的启发，于明先生立即纠正了学术界的错误认知，现在大家基本上都改变了西周玉器在制作上的错误观念，“双于”的这次学术探讨也成就了玉界的一件美事。正是缘于于泾的严肃认真，他的作品绝不因为继承了古人做玉的精髓而迟滞于时代，反而因为他的妙手灵心而立在了当代玉雕创新的潮头。

于泾的作品进入成熟期很早，在仿古还是主流的当年，于泾作品中呈现出的时代性特征就已经使他脱颖而出，不光为他赢得了诸多荣誉和掌声，也为他赢得了最棒的合作伙伴！

林子权，台湾著名玉器鉴赏家，收藏家，玉石儒商。他是中国当代玉雕的推手，也是第一个把“当代玉雕”的概念带给当时玉界的人。林子权认为：只有有时代特征的原创作品，才能称之为艺术品，才能让我们的后人在千百年以后的历史经纬里，找到属于我们这个时代的坐标。带着这样的信念，林子权选择上海寻找合作伙伴。上海的精神是有容乃大、海纳百川，这座城市如同纽约，求新、求变，不拘泥，善融合，无论是才子还是豪杰，只要有心，都有可能成就一番传奇。事实证明，林子权是睿智的。1996年，林子权找到于泾。因为间接合作过不少作品，林子权对于泾的能力深信不疑，他坚信于泾能够做出他理想中的属于这个时代的闪光之作。而风华正茂的于泾虽已盛名在外，但艺术上正处在渐出蓬蒿，直待凌云的状态。两人对艺术的执著，对当代玉雕的相同信念，使他们开始了多年的合作。

炉火纯青的人物题材

1996年初，林子权把一块和田籽玉交给了于泾，1997年4月，于泾完成了作品《二乔共读》。这件作品雕工细致、体态自然，玉雕语言十分明显。二乔既各自独立，又相互依偎，浑然一体，虽然是一坐一站，但既相似又不同的迷离美目焦点却集中在一处，微翘的双唇显示二人似乐在书中，情态和谐生动。姐妹二人仪静体闲，裙带、衣袖与裙摆的飘柔质感于静处体现出灵动，如空谷幽兰静美迎风。作品结构精准，透过衣饰的凹凸，体现出人物匀称的骨肉，于泾在雕塑上的功夫已经自然地融合在了人物的形体上，使作品比例合理，同时又“老味儿”十足。这让等待了一年的林子权十分惊喜，他从中看到了于泾巨大的潜力。他们很快又合作了几件作品。

1998年9月完工的和田白玉籽料作品《送子观音》，是于泾最拿手的观音题材。雕刻的是一位极具“于泾风格”的送子观音形象。观音是玉雕中常见的题材，于泾的艺术成就里，最重要的就是他在观音造像上的贡献。观世音菩萨是佛教中慈悲和智慧的象征，无论在大乘佛教还是在民间信仰，都具有极其重要的地位。我们平素里见到的观音形象，无论是在宏大庄严的庙宇里俯瞰众生救苦救难，还是在虔诚礼佛的百姓家慈眉善目成就福德，大都是庄严而神圣的。于泾的观音却更符合“应化无量”的说法，造型多变，兼具神性光芒与众生情态，让人在敬仰之余多些亲切，崇拜之后也能会心微笑。于泾在观音造像上的高妙，在于对观音形象的塑造既不违背佛教造像的仪轨，又尽可能地赋予其“人性化”的一面。这件送子观音，观音垂首弯腰，正在抚摸一个手持大如意的小童子，观音的面部表情慈爱温柔，小童子欢笑着依偎在观音的身边，表情放松，捧举着大如意让他显得更为憨态可掬，二者形象恰如母子。这件观音不再是高居庙堂之上的神，而是让求子的众生都能感受到共鸣

▲于泾：《二乔共读》

▲于泾：《送子观音》

的母亲形象。两个人物既分又合，位置与衣饰裙带的互借，表情与姿态的互动，非常考验一个玉雕艺术家的造型能力。于泾不仅成功地塑造了二者的形象，更最大限度地诉诸玉雕语言。这块和田白玉籽料白、润、细、油，凝脂般的质地让人心动。于泾在创作过程中一方面大胆造型，用写意的方式塑造人性化的观音形象；另一方面小心创作，对两个人物间的互动及形体的错借都拿捏权衡得极为小心。依据造型需要，人物的面部、披帛、宽大的衣袖及简洁的背部线条运用的是于泾擅长的大块面压线条的创作手法，既有吴带当风的飘逸出尘，又有曹衣出水般优美从容。与此同时，细腻、精准、爽利、流畅的阴刻线条塑造的观音发髻，于笔简神俱的大块面中突出线条的优美精细，繁简对比，恰到妙处。底座仍由于泾亲自设计，色泽深沉的红木，塑造出一枝菡萏于卷曲的荷叶后亭亭玉立，更添婉约与禅意。作品至此大、小，明、暗，繁、简，多层次对比营造出极具艺术感染力的“送子观音”的形象。这件作品一经完成便参评第二届上海宝玉石博览会“玉龙奖”，在一等奖空缺的情况下，斩获二等奖殊荣。

从1988年作品《骑狮观音》一鸣惊人，至今于泾研究观音已经半生，观音素材的作品贯穿了他的整个艺术生涯。他在观音造像方面钻研之精深，拓展之深入，耕耘之勤勉，水平之高妙，绝非一文万字所能描述，唯有站在他的观音作品面前，始能感受一二。于泾被称为“海上观音第一人”，在沪上琢玉名家人才济济的情况下，可以获得这样的殊荣，可以想见他在观音造像上的功力之深厚。然他至今所作观音几乎从未重复，每一件都独一无二，也尽可能地借鉴和吸收全新的元素，完善和发挥他喜爱和擅长的玉雕手法。对比2001年5月完成的《自在观音》就可以看出，时隔三年，于泾在成熟的创作基础上，百尺竿头更进一步，观音造像的玉雕语言更为圆熟，无论是造型和手法，都达到了前所未有的完美。于泾的观音造像，引航于当时的玉雕潮流，是当代玉雕作品中，极具个人魅力、独一无二、开风气之先的妙作。

在于泾的作品中，绝大部分是独一无二的孤品，但有一件是例外，那就是名作《如意老者》。相信每一个见过《如意老者》的人，都不会忘记它。老者表情安详，但面部肌群却似在微笑；身体站立但背部惯性微驼，腹部微凸；静立垂袖，然长须、袖摆、衣裾却又微微倾斜，似风轻拂，在极静中孕育微妙的生动。老者的形象除必要的面部外几乎全用大块面压出的长线条来塑造，只在线条的微妙变化里，突出人物的形象。这位老者是静立的，但时光和惯性在他身上的痕迹通过艺术家线条与块面轻微的变化，呈现给了观众。这种微妙的变化，是玉雕中最为让人沉醉不已的部分，每一根线条的游动，要分毫不差，每一分光影的把控，要精准无误。于泾精简了自己的玉雕语言，把最为精华的部分运用到《如意老者》中，多余的表现形式全部摒弃，用精髓来表现精髓，这几乎是神来之笔，也是难以超越的杰作。毫无疑问，这件作品引发了玉界的极大反响。时隔两年后，他受友人委托制作完成了第二件《如意老者》，第二件作品比第一件略大，白度、油润度也稍好，但受制于原料本身形态的不同，第二件作品虽然也极为精彩，但与第一件并不完全相同。正如《化蝶》之于音乐，有时候天时、地利、人和的作品是上天给我们最珍贵的馈赠，《如意老者》之于玉雕也有相同境遇，可谓玉中如意，妙手偶得。《如意老者》几乎是于泾艺术创作语言的总结，有心人可以在这件作品中看到于泾之于玉雕最为突出的艺术贡献。

第一件《如意老者》完成于1999年2月，同年10月完工的《蝶醉花香仕女》

▲于泾：《如意老者》

人物立件，也标志着于泾仕女作品的成熟。这件作品塑造的是一位玲珑活泼的扑蝶少女的形象。姣美温婉的面容，柔软曼妙的身姿，动态轻盈、衣带飘扬。细：阴刻发线纤细入微，丝丝不乱；丰：玉骨冰肌丰盈匀称，立体生动；准：S型构图比例精准，360度优美无误；动：裙裾飘扬，蝴蝶翩飞，吴带当风，动态十足；润：玉质细腻温润，纯美无瑕，弧面的圆润流畅凸显了少女的靡颜腻理。从这件作品的五个特点可以看出，于泾的仕女也已经炉火纯青。

脉脉温情的动物题材

1998年到1999年间，于泾创作了不少动物题材的玉雕作品，涵盖羊、马、大象、牛等各种动物。众所周知，于泾自出道以来就对观音的创作情有独钟，更是被誉为“海上观音第一人”，他赢得金状元的时候，做观音、仕女就已经自成一格，盛名在外，然而林子权渴望的是深入挖掘于泾在玉雕方面的天赋，他需要一个具有时代精神的玉雕家，创作出打破常规的玉雕艺术品。林子权的不走寻常路，却正中于泾的下怀，很具冷幽默的于泾常常“哀怨”地编排几句林子权的苛刻，然而心有灵犀的他随后创作的各系列玉雕作品，果然没有循规蹈矩地遵循传统，每一件都非常具有“于泾特色”。于泾的动物作品，不是那种矫健雄劲、颇具侵略性的野性之美，反而都呈现出动物脉脉温情的人性化的一面。

1998年2月完成的《羊》，是以小羔羊作为题材创作的玉雕作品。身体用凹凸起伏的手法，塑造出一个肚子鼓鼓，喝完奶趴着休息的小羊羔的形象。羊羔温顺，所以于泾采用的造型都是柔顺弯曲的，低头，曲足，后背蜷曲，连羊角与耳朵都是顺着头部的线条做了变形处理，这种温驯柔顺的小羊形态，颇有拟人化的成分，让人十分怜惜。玉雕作品是以高低起伏、大小叠加的体积为艺术语言来表达节奏、力量和美感，每一根线条都是多角度立体存在于一个三维空间里。无论如何随形就势，可以改变姿态，不能随便改变结构。这件作品羊羔的脊椎线突出，虽然小羊羔丰满，但于泾依然细腻地塑造了因为蜷曲而略鼓的两侧肌肉，于泾的每一根线条都思考再三，研究再三。

▲于泾：《蝶醉花香仕女》

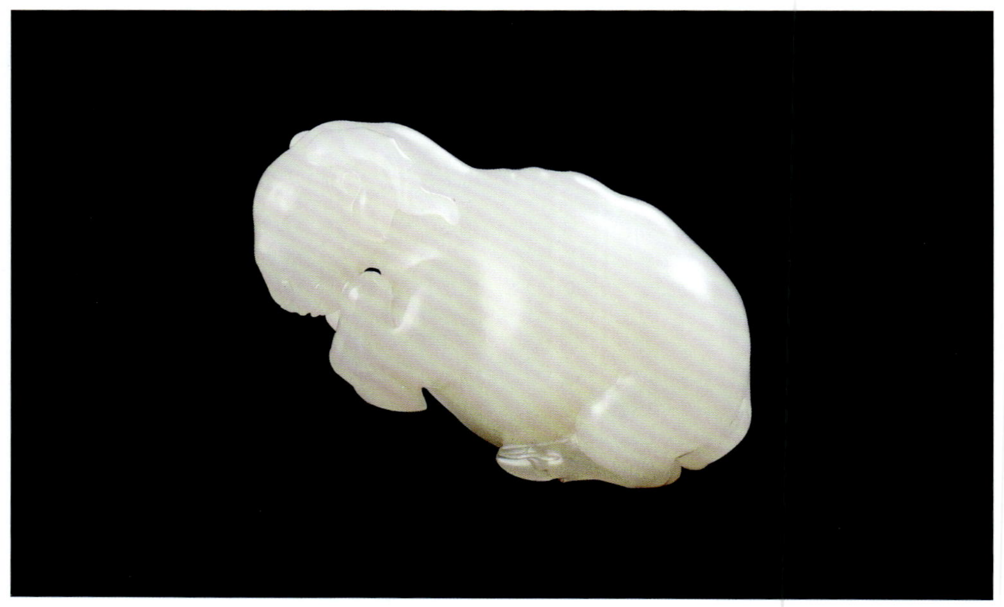

▲于泾：《羊》

见识过于泾的完美主义，就会油然而生钦佩。一个真正的艺术家，为每一件作品所付出的观察、研究、推敲、思索，数十遍，甚至上百遍的画稿、易稿，乃至于夙夜匪懈的那些雕、刻、琢、磨，都如同不能言说的故事，埋藏在了于泾已逝去的光阴里。唯有在但闻其名的时候，有心人去思索，也在幸见其工时，

▲于泾：《母子象》

内行人去感慨。在于泾创作最密集和成熟的阶段，每一年，平均也只有3到4件作品，如同古人用生命磨玉，于泾的时间概念从来不分日夜月年，全部的心力用来创作，技术以外的功夫一样下到了极致，这些努力成就了他作品中那些动人的气质，幻化成了一件又一件绝世孤品。世人常常慨叹“海上泾工”之妙，那些动人心魄的背后是一颗为艺术负责的心。

1999年1月完成的《母子象》就是这样一件极为动人的作品。母象伏卧在地，提起前右腿，正要起身，象头回首，象鼻下弯后上卷，似刚刚抚摸完小象正在回收，趴在身上的小象呈现“五体投地”的姿态趴在象妈妈身上，一副赖皮的憨态。母子姿态不同但一大一小十分相像，嬉戏中的母子二象所流露出的母子亲情让观者内心涌动出温暖的情绪。这件作品突破了以往的表现方式，大象庞大的身躯，几乎全采用凹凸起伏的大块面来塑造。隐藏在微妙起伏中的是动态之下准确的骨骼与肌肉线条，这种除大象的眉眼与尾巴处毛发外极少用到线条的大块面表现方式，最大限度地凸显了玉质的温润光泽，保留了最佳的手感和视觉效果。面的东西很微妙，内行人比较看重，有了线的基础，于泾认为应该利用更多的弧面表现玉质，以凸显专属玉雕的语言。1997年到1999年这段时间里，市面上的籽玉品质极高。和现在相比，那时候对皮色并不过分偏爱，而是更加注重材质的细度和油润度，追求作品的韵味，创新中不能缺乏玉雕传承中那股“老味儿”。这块非常“老熟”的玉料，干净温润，经过精细的抛光和打磨，玉泽流光。在于泾这种大弧面表现手法下，呈现出精妙绝伦的美感。

于泾极善扑捉动物原始的温良天性，他的动物题材作品均放大了动物人性化的一面，呈现出拟人化的特征。采访于泾，“看作品”是他挂在嘴边的三个字。在他心里，语言不能表达的，作品却能够直接把艺术家的感受传递给观者。套用时下流行的一个词，于泾肯定是个“暖男”，那些动物作品中母与子的骨肉相亲，小动物们或酣睡或赖皮的瞬间，都是一个男子的温柔心，是一颗君子的仁爱之心。于泾的动物件，看似在刻画动物，实际还是在用另一种形式创作有关人与人性的作品，对人的关怀，对情感的描绘，一直是于泾创作的主题。

虚实结合的器皿件

于泾的器皿件并不多，但艺术成就很高。有两件极为著名的器皿件可以让观者品味一二。1998年2月完成的《海东青水洗》，是一件可以载入中国当代玉雕史的作品。这件作品设计别出心裁、寓意深刻，并且开拓性地融合了虚实结合的玉雕手法，不光设计新颖独特，工艺上也十分成熟，是一件让人拍案叫绝的奇作。海东青学名鹘应，即肃慎语“雄库鲁”，意为世界上飞得最高和最快的鸟，有“万鹰之神”的含义。传说中十万只神鹰才出一只“海东青”。康熙皇帝曾赞海东青：“羽虫三百有六十，神俊最数海东青。性秉金灵含火德，异材上映瑶光星。”海东青性情刚毅而激猛，其品质之优秀可与天上的星星相辉映，其力之大，如千钧击石，其翔速之快，如闪电雷鸣。海东青性情勇猛、坚韧，可以20天不进食，但遇到哪怕比它大得多的猎物，仍然会毫不犹豫，快如闪电一样迅猛猎杀！金代一位诗人把海东青扑击天鹅的场面描写为“搏风玉爪凌霄汉，瞥日风毛堕雪霜”，表现了对海东青以小制大、坚毅勇猛的赞誉。于泾选取了海东青以小博大，猎取天鹅的题材。以大天鹅作为水洗的实体，天鹅回首，头颈贴合一侧翅膀，双翅环抱组成坚实、优美的水洗外缘，水洗开口是一只侧身飞行的海东青虚空外形。海东青的轻灵迅捷、快如虚影与天鹅的优美坚实，形成了虚与实、大与小、轻与重、刚与柔、动与静的对比。天鹅头部、颈

▲于泾：《海东青水洗》

部、躯体的造型，都是以于泾擅长的块面形成凹凸起伏的曲线来表现，双翅羽毛刻画细腻，栩栩如生。这里我们可以注意到，于泾的简约弧面和细部刻画往往形成非常鲜明的对比，需要大块面的地方，极为简洁光润，绝不拖泥带水，但到了毛发、眉眼等细部，他的细腻可以到纤毫毕现的地步。于泾认为：玉雕

▲ 于泾：《男与女水洗》

创作中，该繁就繁，该简就简，这是“因材施艺”的大原则所决定的。玉雕创作中的减法非常难，但要学会提炼元素，避免堆砌，尽量利用更多的面去表现玉质，在表现形式和表现玉质中间寻找最佳的平衡点。于泾的玉雕作品，往往让人感到玉雕的材质出奇的温润细腻，形态又极为生动巧妙，这样恰到好处的拿捏，恰恰是高手与生手之间最本质的差别。

同样的设计理念，于泾在1999年2月完成的《男与女水洗》作品中有一样惊艳的表现。男性阳刚而强壮，双手做拥抱状的躯体构成水洗实体，女人柔美而轻盈的背影构成水洗的开口，阴阳互补，刚柔相济，这种虚实结合而又言简意赅的新颖设计，在中国玉雕历史上并不多见，不光是当代玉雕史上器皿件中的杰作，也是在当代玉雕中，最早运用虚实手法、线面结合的典范之作。由这两件作品可以看出，海派玉雕海纳百川的精神特质。以于泾的创作为例，往往大胆地融合了中、西、古、今等多种有益的美学元素，通过艺术家的奇思妙想，独创出属于海派玉雕中具有时代风格的玉雕艺术品。这种大胆融合和创新，在于泾为数不多，但极具趣味性的山子雕作品中，表现更为突出。

于泾：《湖光春色》

趣味横生的山子雕

如果说以扬州为代表的南方山子以其精巧玲珑闻名于世，那北方山子的大气雄浑也让我们豪情顿生。然而于泾的山子雕既融合了二者的精华，又以轻松诙谐的叙事风格和奇趣横生的精妙构思让人莞尔不已。

1999年10月，于泾完成了山子雕的春宫秘戏系列作品之一《湖光春色》。作品以一块圆润山石为核心，依次围绕着巨石的探头水龟、自娱美妇、偷窥渔翁、窃鱼顽童，四者组成了一副春光无限的浮世绘。一只水龟拨动湖水，浮出水面，探头望向左侧，原来湖边石荫入口的台阶上坐着一个仅穿肚兜儿的出浴美妇正在自寻其乐，忘情不知巨石后却有一光身渔翁，正褪去裤子兴致勃勃地偷窥。转过山子看过来，发现还有一副有趣的场景，原来这老汉只知大饱眼福，浑然不知自己鱼篓里的鱼被身着肚兜的小顽童偷偷窃取。这件作品充满情趣，但丝毫没有淫荡之感，看似轻松诙谐的场景，实际需要非常深的人物造型功底。为了达到艺术效果，于泾易稿无数次，最终以多层次烘托完成了兼具视觉冲击力和强大叙事性的场景。第二个层次是幻化成女人躯体的山石，与被乌龟搅动的一尺春水形成了一条隐性的叙事线，这种蒙太奇式的隐喻，在同一时空，重叠了叙事场景和心理意向。与此同时，老渔翁夸张的肢体语言，惊讶的面部表情，牵引出了整件作品的动感和趣味。三个人物在各自世界里的自得其乐，又互动共生，加上背景、场景的衬托，使得作品极为动人耐看。春宫系列属于玉雕上的传统题材，但于泾这种兼具艺术性与叙事性为一体的小品式的作品，属于极为大胆的创新。当时台湾的玉器收藏，经历过从高古到明清，直到现代创新完整体系的延续，收藏者对玉雕艺术的鉴赏和审美都很成熟。开放接纳的态度，对艺术和创新的尊重，使得于泾的创新系列得到了极大的认可和追捧。《湖光春色》非常成功，很快被藏家收藏。其实当时做这样的作品是非常冒险的，一块大籽料的成本和人力成本都不低，但林子权先生一方面鼓励合作的玉雕家大胆创新，另一方面在台湾的玉雕界也做了很大的努力，他也因此赢得了玉界和藏家的尊重和钦佩。

在这件作品成功之后，于泾创作了一系列以春宫作为题材的山子雕作品，也都十分成功。于泾的山子雕作品量少质精，每一件都极具创意。跟传统山子丈山尺树、寸马分人，以山水楼阁等作为创作题材的方式不同，于泾的山子作品也是以“人”作为主要艺术对象加以塑造，人不是大环境中的一部分，而是以人作为主体，实景虚意都围绕人的情感和诉求，烘托、陪衬、绝不多着一刀，因此于泾通过作品传递出的思想情感给予观者的心灵冲击是十分集中而直接的。另一件经典之作——和田白玉籽料山子雕《送子观音》，借鉴了北方“砍山子”的技法。

正面雕刻送子观音形象，背面则是一对在云雾缭绕的山中庙宇前夫妇拜子求佛的场景，两个场景仍然是相同主题互相呼应，多角度，多层次，一实一虚，一外一内的讲述故事。作品的观音造像非常优美，同样是于泾风格的观音形象。这位送子观音颇为放松自在，右手持莲斜倚在山石上，衣饰简洁优美，表情慈爱亲切，双目微垂，看向莲花。原来在她所持莲花之上，有一个可爱活泼的小童子仰卧其中。于泾塑造的这个小童子颇具明清风格，粉雕玉琢的可爱模样，十分惹人怜爱。这件作品是于泾受西方摄影作品的启发，大胆将小童子置于花间，非常讨巧。作品完成后这个小童子受到了众人的瞩目和喜爱，成了作品中的点睛之笔。底座由于泾亲自设计，沉静敦厚、温润流光的老红木，点缀精澄玲珑的鎏金莲花，与作品相得益彰，从2001年3月完工至今，历时多年，木不裂，色不褪，足堪传世。中国艺术特别讲究浑然一体的美学呈现，对底座的要求，也看出于泾对作品完整性的重视。多年的创作，于泾早把自己的艺术梦想融入了玉雕创作，他以一个艺术家的清醒自觉，去完成他的每一件玉雕艺术作品，为此决不妥协，不遗余力。

从2003年开始，和田玉料进入了价格攀升的十年。在前面的十年中，于泾完成了自己在艺术上的蜕变与成熟，他已经以凌云之势，成为了玉界的大家，在人物、动物、器皿、山子等各领域都做出了创新和贡献，赢得了荣誉和掌声。当新的时代来临，玉界进入了空前的繁荣时期，很多玉雕工作室成立了，收徒、办厂、各种形式的作玉模式涌现了出来。玉界的资本在膨胀，乱象也开始在资本面前滋生。然而最有条件获得更多资本的于泾反而出作品更慢了，他虽然具备一切快手赚钱的能力，却选择了走一条背道而驰的艺术之路。他不收徒，不办厂，不宣传，用审慎的态度创作。于泾深知，艺术品的创作容纳不了任何急功近利的思想，只能不断吸收提炼新的美学元素，用纯粹的心精工细雕，用生命和时间慢慢琢磨，才能磨出属于时代的珍品。日复一日，在那间小小的工作室里，于泾从黑发磨到白头。

在于泾的作品中，有一个不得不说的故事，就是作品《5.12》。一件在玉雕界极为珍贵的、表现玉雕艺术家人文关怀的作品。这件以汶川大地震为题材的和田黑白籽料作品，雕刻的是在大地震中的一个沉重的场景，沉重的废墟、破碎的建筑、白色的手指与脚趾停留在窒息的刹那。作品不大，但却震撼着每一个见过它的人。于泾说："当在电视上看到了汶川大地震的惨烈，我有一种冲动，没怎么多想，创作的欲望激发我去创作这件作品！"于泾找到了钱振峰，他们决定一起策划，以艺术家的责任创作出一件以玉雕语言讲述5.12题材的艺术品。为了寻找与5.12相配的底座，2008年11月底，于泾独自去了余震不断的四川，走遍了都江堰、北川、汶川和映秀等几个受灾最为严重的地方，惨烈的景象再一次冲击着于泾的内心。在一个星期的时间里，于泾在废墟中挑选着一块又一块材料，遇到合适的，他就背回车上，到了晚上，再把白天捡到的材料一一拿出来对比，挑选。尽管返程的两大袋行李严重超标，于泾一块也没有扔掉，坚持把它们全部背回了上海。于泾最终选择了一块预制板底座，它取自映秀县小学的断壁残垣中，裂开的石缝中穿插着两条被震断的钢筋。作品《5.12》被安放在这块残破的断壁上，让人触目惊心。这件作品引发了玉界的巨大轰动，一个玉雕艺术家展现出的艺术责任和对自然与生命的反思，让玉界同仁重新审视玉雕。如今我们经常看到玉雕人为贫困灾区捐款，玉雕大师们更是积极地去做慈善，反应人文关怀和社会责任的玉雕艺术品也渐渐多了起来。古老的玉雕艺术以崭新的面貌承担起了它的艺术职责，推动这一切的其中一件著名的玉雕艺术品，就是于泾这件撕心裂肺而沉默冰冷的《5.12》，这件作品荣获2009年工美“百花奖”金奖。这件沉默而冰冷的作品，唤醒了无数温热汹涌的爱心，从此中国的玉界，从未在任何灾难面前沉默，玉界同仁的手，伸向了那些需要帮助的地方。这就是艺术的力量。

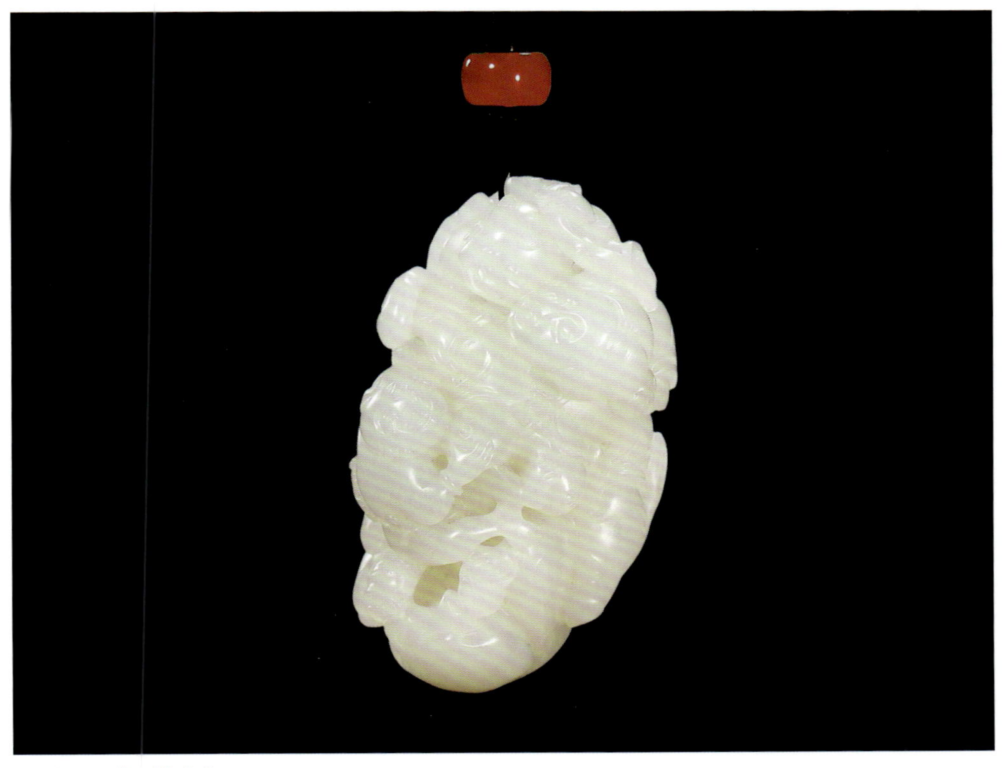

▲于泾：《回娘家》

于泾这个名字，是中国当代玉雕史上不可替代的。他对玉雕艺术的贡献，不是一个又一个事件串成的，而是一件又一件作品组成的。如果说曹雪芹是用生命写成了《红楼梦》，那于泾的生命，则用来完成一件又一件绝世孤品。用时间和心血磨成的玉，会把一个风华正茂的少年磨成一个满头白发的老者，但同时，这些时间与心血打磨成的玉会成为点燃照亮整个时代的火炬，他们明亮且温暖，明媚得无以复加。无论在任何时候，这些用心血打造出来的珍品，都会屹立在我们这个时代的坐标上，让后人为我们赞叹。尽管我们的生命并不像玉那样漫长，但铭刻在玉上的心血和故事，却会在一代又一代的藏家手里，被玉无言地诉说。

天行健 君子以自强不息

——记苏州市玉石文化行业协会会长陈健先生

张侨恩

▲陈健先生

《周易》乾卦：天行健，君子以自强不息。这一卦，几乎可以总结陈健。1958年出生的陈健，就算在精致悠闲的苏州生活了近30年的岁月，骨子里还是一个地地道道的徐州人。他刚健、务实、声音洪亮、走路带风，身上有一股精壮小伙一样的精气神，活了近一甲子的岁月，有一半的时间在玉行辗转腾挪。他是中国高级工艺美术师、中国轻工珠宝首饰中心专家组委员、中国工艺美术学会常务理事、玉石雕刻艺术专业委员会副主任、苏州市玉石文化行业协会会长、苏州市政协委员、苏州市汉皇玉苑艺术品有限公司董事长。他见证了当代玉雕的发展历程，担任过多届中国玉器百花奖、上海神工奖、苏州陆子冈杯等各大奖项的评委，也是玉界多项大奖的获得者。这些身份的背后，是他扎扎实实的工作，是他从无懈怠、自强不息的人生态度。

去过徐州的人，会更容易理解陈健。虽然同属于江苏省，但区别于曲径通幽、小桥流水的苏州风格，偌大的徐州像一个欧洲的规则园林，到处是笔直开阔的大马路，两侧是严谨对称、构图均衡的整齐植物，甚至林荫大道两旁的参天大树也排列得整整齐齐，气势十分宏大。走在马路上，感觉自己像是在阅兵，不由得要挺直腰杆，步伐矫健。徐州人也高大，健美，有军人气质。一方水土养育一方人。徐州古称彭城，位居中原要冲，北抑齐鲁，南屏江淮，东濒大海，西窥中原，特殊的地理位置和政治中心地位，使得徐州自古乃兵家必争之地，历遭兵燹造就了徐州人彪悍的基因。徐州为帝王之乡，两汉发源地，连年黄河水患导致王城屡废屡建，坊间传说徐州城下有九城，地下文物极其丰富。这样的水土，养育了陈健。在帝王旧城长大的陈健，回想起童年岁月，重复最多的一个字却是“饿”！

1958年8月，陈健出生在徐州的一户农家。老人们听到这样一个出生年月会为这个孩子叹一口气，在他嗷嗷待哺的时候，中国迎来了当代历史上最为困难和贫乏的三年。1959年到1961年，仅仅三年，官方数据饿死的三千万人是八年抗战死亡人数的1.5倍。“饿”！让陈健失去了童年，他所有的回忆中，没有一丝一毫孩童的无忧无虑，他只是饿，偶尔得到一小块喂牲口的豆渣饼，对他来说就是无上的美味。陆陆续续家里又添了三个孩子，作为老大的陈健没有一天能够吃饱饭，为了给父母分担辛劳，懂事的陈健从记事起就开始照顾弟妹、干家务农活、漫山遍野找榆树叶子，一双又干瘦又粗糙的小手似乎注定要为家人忙碌。等到这双手拿起了笔，上了学，陈健遗传了上过师范的父亲的好天赋，不光能写会画，学习成绩也一直名列前茅。有一次，他一道数学题做出了三种解法，当年水平有限的数学老师判定他错，最终级部主任仔细研究了半天才确定三个答案都是正确的。他聪明、热心、义气，在班里一直被同学们推举为班长，一当就是好多年。然而命运就是这样不公平，当他初中毕业以后，陈健却没有获得继续学习的机会。在当初那个特殊的历史时期，家里的远房亲戚曾经当过国民党官员，仅仅这一条，陈健一家人的命运都发生了巨变。继上过师范的父亲被赶回农村之后，陈健也接受了这样的安排，1976年，陈健初中毕业，回乡务农。

回乡后，学大寨、修水库，陈健一人能干两个人的活儿，不争功、不张扬，笃实肯干的性格让他有极好的人缘，无论干什么，总有一帮人愿意围绕着他。那时候，学大寨，拉土改良盐碱地，经常挖出一些陶片、玉片、铜铁器来，因为小时候这些古铜镜、石雕、陶器经常被农民种地时挖出来，在古城旧址上生活，秦砖汉瓦随处可见，也就不感到稀奇。1978年对玉界来说是个重要的转折年。这一年，内地改革开放政策实施，对产品流通的管制减弱，大批古玉或者仿古玉从蚌埠、河南、上海、苏州等玉器加工集中地流向港、澳、台乃至于国外。在那个以计划经济为主体的年代，玉雕厂所生产的产品，主要销往台湾、香港及东南亚地区，为国家赚取外汇。众所周知，徐州是两汉文化的发源地。汉代国事强盛，疆域辽阔，大量优质玉材得以输入，汉玉朴茂雄浑、精美绝伦，达到了中国玉器史上前所未有的顶峰。汉武帝罢黜百家、独尊儒术。以“孝”为本的儒家文化，体现在丧葬文化中最为明显。荀子说：“丧礼者，以生者饰死者。大象其生以送其死也。”也就是说，真正的孝，体现在丧礼上，是延续死者生前的待遇。厚葬直接带来的就是丧葬用玉的丰富和发达。徐州出土的汉代玉器数量多，种类全，举凡汉代礼仪装饰、生活等等各种玉器应有尽有。从1978年开始，徐州人发现从蚌埠、从河南、从全国各地来收古玉的人多了起来。听说玉能卖钱，穷得叮当响的农民们蜂拥而至地涌向田间地头。这是中国历史上一个真实的存在，在吃饭都十分困难的当时，我们不难想象人们会带着一种什么样的狂热去挖这些能够换饭吃的玉。传说徐州城下有九城，在陈健的记忆中，从小下场雨、塌个坑，就有可能见到这些古董玩意儿，这些陪他长大的陈砖旧瓦、古镜老玉，陈健对他们就像对庄稼一样熟悉。当古玉很快被挖光、被管制，仿古玉又开始兴起。海外的巨大需求，使得全国的玉器厂都在拼命生产、出口以赚取外汇。对新事物十分敏感的陈健对这个现象十分好奇，他跟几个好兄弟开始顺藤摸瓜，去了蚌埠、河南、苏州等仿古玉的加工基地进行了考察和学习。在蚌埠玉器厂的玉器车间，他见到了师傅们拿着从文物商店和外贸公司借来的古玉，进行对比学习。陈健突然意识到自己对设计、制作玉器的兴趣很浓厚，一件作品他只要一打眼，就能看出哪里不对劲儿。这种环境所熏陶出来的直觉，比任何人的后天学习都有效。一圈儿走下来，他预感到玉器的市场未来前景广阔，私底下就开始下苦功夫学习和钻研玉器制作的技术。

不多久农村开始大包干，一向头脑灵活、踏实肯干的陈健被大家推举为棉花队队长！当了队长，身上就有了责任，怎么能够带领队员们最快致富？陈健最先想到的是学习新技术，改良品种，提高产量。这个思路今天来看无比正确，然而在当初那个靠天吃饭的时期，大部分农民并不能理解。陈健东奔西走，到江苏省农科所引进了营养钵育苗技术，回乡后耐心地给大家讲解和动员，经过他带领队员的一番努力，原本丰年收入最多二、三百元的棉花地当年收入一千多元！经过大面积大范围的种植和改良，没多久就达到了五千元！这样的奇迹让农民们沸腾了，跟着陈健干有饭吃！大家的心特别齐，在陈健的带领下，村里很快引进了苏蜜1号西瓜品种、地膜覆盖技术、巨峰一号等果树……不多久，陈健所在的村像一个火种，点燃了附近十里八乡科技致富的熊熊大火，陈健也成了十里八乡的大能人！然而陈健并不满足于农村地里刨食儿的单调生活。

1982年下半年，向来思想超前，敢为天下先的能人陈健，在几年的市场摸索之后，把苏州当成了他在玉行的第一根据地，开始了他的第二产业。从此以后，陈健化名韩志，成立了儒玉玉雕厂，因为当年的环境还处在改革开放初期，初期的玉雕厂只能拿到微薄的收入补贴家用，陈健开始了以苏州经营和徐州发展的两地奔忙。陈健给玉雕厂起名“儒玉”，缘于其对儒家文化的情结。家乡邳县紧邻孔孟之乡——山东，文化氛围的接壤让他对儒家文化体悟深刻，从小见惯古玉，他对古玉的鉴赏力已经内化成一种本能。“儒玉”二字，代表了从小文化与物质对他的双重熏陶。一个人的性格，往往取决于他所生长的环境，对于玉行的人而言，这种环境造了他对玉的态度。古玉堆里长大的陈健，不光有一双人人艳羡的慧眼，更有一颗灵心。在经营玉雕厂的这一年里，他摸到了玉器经营的一些门道，儒玉玉雕厂的经营开始有了不少生意。

眼看着全家的生活在陈健的勤奋和努力下，就要红红火火地过起来了。谁曾想天有不测风云，一家人在生活充满希望的时候，迎来了一个可怕的消息。1983年，家里的老么，陈健最疼爱的四弟身体不适去医院检查，确诊为肺癌。听到这个消息，无异于晴天霹雳！为了给弟弟治病，全家人承包了十几亩地，没日没夜地干活儿。一生中重情重义的陈健，一个人承包了村里的七、八亩地，累了就在地头上睡，醒来流着泪干！他经营玉雕厂、拉石头、卖冰糖葫芦……除了把这份对弟弟的疼爱化为舍命干活儿赚钱的动力，一个铁铮铮的汉子不知道还能够再为重病在身的弟弟做些什么。那时候，陈健已经成家有了孩子，挣来的钱几乎全部用来给弟弟治病，孩子们也是饿得面黄肌瘦。谈到这些，陈健流下了眼泪，有一份他对孩子们的歉疚，更多的是对亲人离世的怀念和不舍。1986年，陈健的四弟离世以后，这个家已经一贫如洗。陈健告诉自己：陈健可以流血、流泪，不可以再失去自己的至亲好友！当你经受过至深的苦难，你的生命就会特别具有韧劲，当面对过生离死别的无助，陈健特别渴望拥有保护亲人的力量。这一时期，陈健就像一块儿经历过无数磨难的和田玉籽料，走过人生中最艰难最黑暗的岁月。在人生的道路上，他从此无所畏惧，大踏步地往前走！

随着玉界的渐渐繁荣，陈健把工作中心慢慢放到了玉雕厂的经营上。经营一个玉雕厂，并非说说这样简单，资金、魄力、眼光、德行、能力、勤奋缺一不可。对别人来说特别难的一件事，对陈健来说却是一种快乐，他做着自己喜欢做的事情，也能养活一家老小，这已经比以前好太多了！抱持知足与感恩的心，勤奋异常的陈健常年在苏州、蚌埠、河南、广州、北京等地辗转腾挪，他精力超群、思维敏捷、行事果敢、鉴赏力超群，儒玉玉雕厂所做产品用料考究，工艺精美，很受市场追捧，甚至在国外的玉器收藏市场，也开始有了一些名气。渐渐韩志这个名字在收藏界和古玉圈子里有了影响力，无论在经济能力还是工作经营上，他的人生开始步入了上升期。

一切步入了正轨，陈健终于可以歇一口气，完成他多年以来的一个愿望。1994年他经过自己的努力考入徐州彭城职业大学工艺设计专业进行再学习，在学习期间除掌握老师讲授的专业理论知识外，还大量阅读校图书馆中有关玉器文化方面的各类书籍，一段时间后陈健在玉雕设计、玉器雕刻方面都有了进一步提高，从那时候起，他开始结合所学做一些学术方面的研究，渐渐的，他摸到了中国玉文化的一些脉络。

学有所成的陈健并没有就此满足。对市场极其敏锐的陈健提前预测到了中国房地产将要崛起的商机。在2003年，他先后成立了徐州汉皇御苑宾馆有限公司，香港（汉皇）投资有限公司，在徐州投资开发房地产，同徐州韩世房地产开发有限公司合作望景花园项目，属徐州地区高档住宅区，同时还成功运营了一家大型商场。陈健又开始了徐州与苏州两地经营的日子。事实证明，这又是一个极其正确的预判，2004年开始，中国的房地产和玉器市场就像坐上直升机一样迅速拉升，陈健收获了事业版图的双重胜利。事业的不断开拓让陈健有了雄厚的资金支持，他通过拍卖会收藏了大量的古玉，尤以战国、两汉玉器精品为主，他的名字如日中天，陈健迎来了自己在事业上的高峰期。

三十年河东，三十年河西。就像一个天平的两端，2003年之前，海外的资本雄厚，购买力充足，玉器的消费主力在海外。内地房地产的崛起是一个信号，从2003年开始，和田玉的原料几乎与房地产一样，一天一个价，市场慢慢转向国内。从2003年到2008年，中国艺术品市场的成交额平均每年以55%的速度在增长，消费的天平开始倾向了国内市场。到了这一时期，陈健思考的已经不仅仅是个人的成功。有一次，苏州电视台做陈健的节目专访，他第一次在大众媒体前表示：他一直希望能有一个平台能够弘扬玉文化，尽自己的心力把苏帮玉雕发扬光大！一直以来，无论在人生的哪个角色里，陈健都先一步于市场，考虑到未来和趋势。苏州是自己的第二故乡，他对这个城市有着深沉的感情。苏州、扬州、上海、北京是中国玉器的四大主要市场，而苏州又是这四大市场中历史悠久，中国玉雕的发源地之一。明清时期“家家可闻琢玉声”的苏州，到了今天，得到了更为蓬勃的发展，那时已形成一定规模的有光福玉器一条街，东渚玉器一条街，沧浪区相王弄玉器市场，文庙玉器市场，平江区观前商圈玉器市场，苏州玉雕厂四周和园林路精品玉器一条街等六大玉器市场。周边还有太仓、吴江、昆山、常熟等地。陈健认为：这么大一个玉作加工、批发、销售的基地，如何理解玉？如何对待玉？如何制作玉？这对当代玉文化的传承来说，太关键了！

2006年陈健在苏州成立了“苏州汉皇玉苑艺术品有限公司”，集合了一批优秀的工艺师、设计师，力图创作出汉风吴韵，继古开今的苏作典范。与此同时，陈健把事业的中心回归到玉文化的传承上来。他想要成立苏州玉石文化行业协会，为苏州玉石文化的传承和创新做出自己的贡献。起心动念易，奋不顾身难。然而陈健下定了决心。先是自筹经费，继而多方奔走，在与同行、前辈、政府的多方探讨下，陈健构建起一个崭新的蓝图。经过一年的酝酿，苏州市玉石文化行业协会于2007年经苏州市经信委、民政局批准下成立，2008年召开成立大会。协会誓为苏帮玉器常青而献力，弘扬苏帮玉器为宗旨，力推新人新作，传玉文化知识于大众。

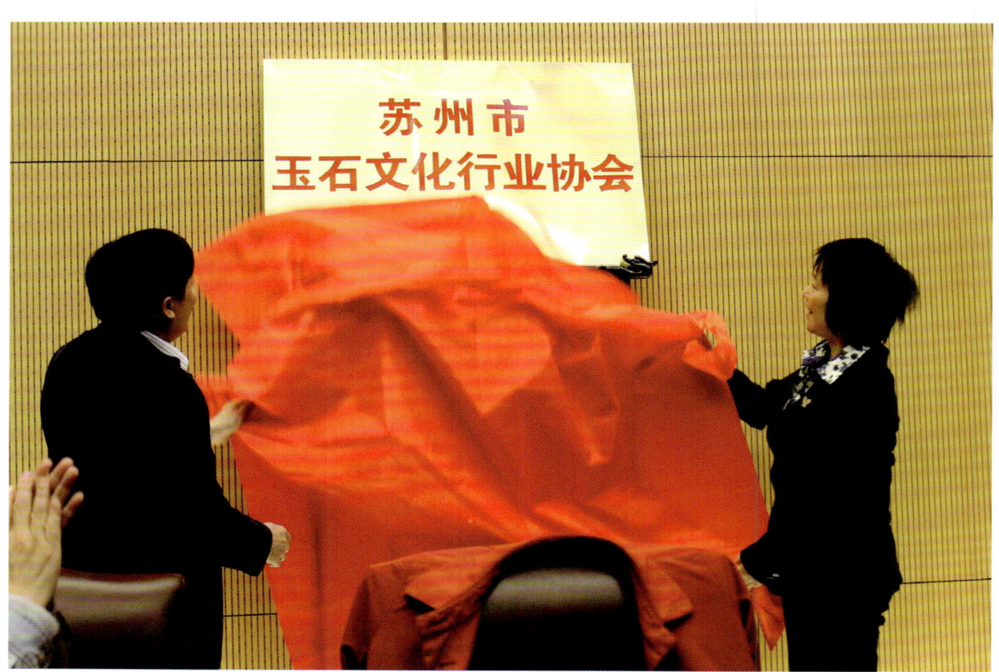

▲2008年苏州市玉石文化行业协会成立大会现场

可以想见，一个新苏州人在苏州这块地头儿上树一杆大旗需要何等勇气！质疑是必然的，虽然在古玉圈混得风生水起，但陈健历来低调，不甚张扬，想要在当代玉雕的舞台上当好一个组织者的角色，拿不出成绩来，那就让观望者看了笑话！陈健的性格就是这样，要么不干，干就干好！采访结束后，我们在写稿期间多次联系，早上六点和晚上12点左右留言是最经常的事情。工作人员说从协会成立以来，陈健一直保持着这种极度繁忙的工作状态，夙夜匪懈，近十年如一日。

陈健不缺名利，成立协会，还要自己倒贴资金，究竟图的是什么？陈健说："为的是玉文化能够传承有序，为的是新人能够有机会走上历史的舞台，也为了回报玉给予我的一切。"在这个强大信念的支撑下，组班子、招会员、办活动，面对各种各样的困难，陈健都咬紧牙关，支撑下来。从面对质疑到获得认可和成功，七年的时间，陈健带领着苏州玉石文化行业协会付出了百般努力，终于迎来了硕果累累。我们梳理了陈健带领苏州玉石文化行业协会做出的几个主要的贡献：

一、举办大型玉器展览，传播和发扬玉文化

协会成立之初，为了传承和发扬玉石文化，协会的领导班子一致认为：举办大型的展览是玉石文化最好的展示方式。是玉雕作品最近距离与观众见面的机会。经过紧锣密鼓的筹办，苏州玉石文化行业协会2008年在索菲特国际大酒店举办"高古玉、明清玉、当代玉精品展"。600多件作品亮相于市民面前，展现的是历代苏作玉的精美工艺。展览非常成功，苏州玉石文化协会的名号从此一炮打响！紧接着协会在2009年在粤海广场鑫福玉器古玩城举办苏、沪、扬三地当代玉雕大师精品展。2010年在观前街老凤祥古玩城举办京、沪、苏、扬四地玉雕精品展。四地都组团，组织当地大师优秀作品参展并前来参观交流。这次展览数量之多、雕琢之精，倾倒广大玉器收藏者和玉石文化爱好者，从此后苏州玉石文化行业协会年年举办大型展览，一年比一年成功，宣传了中华玉文化，普及了市民玉石文化知识，扩大了苏州玉石文化行业协会在行业的影响力！

▲ 2009年首届苏州玉石文化节期间苏、沪、扬玉雕大师共话玉雕艺术传承与创新代表合影

二、举办玉石文化节，推动玉雕行业的发展

▲第三届中国苏州玉石文化节开幕式

自2009年起陈健带领苏州玉石文化协会连续六届承办“中国·苏州玉石文化节”。从2011年起，在文化节期间连续举办四届“中国（苏州）陆子冈杯玉石雕刻精品评展”，汇集了全国各地的作品参评，展示了不同材质、不同风格的雕刻佳作。各大新闻媒体亦对玉石文化节相继进行了跟踪报道，通过玉石文化节的一系列的活动，扩大了苏州玉雕在全国的影响力，变成了整个玉石行业的节日。不光扩大了苏州玉石文化行业协会整体影响，更重要的是使优秀玉雕作品获得了更大的交流平台和更充分的展示空间，对玉雕行业的发展有着积极的推动作用。

▲苏帮玉雕艺术优秀作品晋京展

三、注册“陆子冈”商标，举办多次研讨会，打造苏帮玉石文化品牌

2007年，陈健以协会的名义成功申请注册“陆子冈”商标。为振兴苏帮玉雕，传承陆子冈玉雕艺术，协会先后七次分别邀请北京台北两院故宫专家，中科院和国家博物馆、北大、南大、苏大及香港大学教授参加围绕陆子冈艺术风格与当今苏州玉雕产业发展召开研讨会。先后与法国美术家协会、新西兰玉雕艺术协会、新西兰国家工艺美术馆进行了文化交流。2011年11月11日，在苏州会议中心国际厅召开了《陆子冈玉雕艺术与中国玉文化》研讨会；2012年11月24日，《陆子冈与苏作玉雕艺术》研讨会在苏哥利酒店三楼会议室召开。2013年玉石文化节期间，成功举办“苏州玉石文化产业与陆子冈品牌战略”恳谈会；2014年11月3日，《子冈牌与苏作玉雕艺术研讨会》在北京天坛古玩城举行。陈健带领着苏州玉石文化协会的领导班子，一步步，扎扎实实把“陆子冈”这个品牌，通过研讨会的形式，推广到全国乃至世界，成功地打造了一个无可替代的苏帮玉石文化的著名品牌！

2014年10月，苏州市玉石文化行业协会设立的“陆子冈艺术馆”在苏州市白塔东路东端、苏州东园西侧正式亮相。陈健任第一任馆长。这个古韵盎然、诗书画玉的空间，致力于玉文化的公开展示、艺术探讨、社会教育、交流鉴赏等活动，并免费向市民开放！2014年“陆子冈”成功申请为苏州知名商标。协会被江苏省民政厅评为4A级社团组织。

▲ 2012年陆子冈艺术研讨会现场

四、组织学员学习和进修，培养玉雕人才

陈健建立苏州玉石文化行业协会的初衷之一，是为在苏州从事玉雕行业的人才提供更多的学习机会，以便他们能够在创作中更好地传承玉文化。提高从业人员素质，是陈健首先要考虑的问题。陈健先后邀请了中国工艺美术学会、上海工艺美术学院、苏州工艺美院、苏州教育局美术中心教研组的专家、老师来苏上课，从专业技能、到文化修养乃至艺术创作，都给予了学员大量的知识。2010年协会又推荐11名会员参加中国工艺美术学会在宜兴举办的培训班，另外还参与上海工艺美术学院开设的应用艺术玉雕设计成人大专班办班。为不断培养苏州玉雕人才，提高协会会员整体技艺水平，协会特邀中国美术学会专家老师在苏州定点举办“中国工艺美术学会中高级工艺美术师”提高培训班，推荐部分会员参加学习培训。培训、考试和评审，多名学员获得了中国高级工艺美术师资格认证、中国工艺美术师资格认证。

五、带领会员走出去，为苏帮玉雕建立展示、宣传与交流的平台

苏州玉石文化协会带领苏帮玉雕走出苏州，先后组团参加全国各地有影响力的玉石雕刻类评展活动20余起，获金银铜和特别奖累计超过500枚。如全国工美

▲苏帮玉雕创新与传承研讨会现场

的百花奖，中艺杯奖，玉雕专业类的百花奖，天工奖，神工奖，不断为苏州玉雕赢得荣誉。为会员提供技艺展示平台，还先后组团去北京、杭州、深圳、天津、大连、石家庄、太原、新疆等地举办苏州玉雕宣传推广活动。除此之外协会还组团赴上海、杭州、深圳、天津、大连、石家庄、太原等地举办苏州玉雕展销活动。为行业协会拓展市场，为会员们寻找商机。创造共荣共赢和谐发展的局面。自协会成立后，不光发行了《苏州玉雕》会刊，以宣传苏州玉雕的优秀作品和杰出人才，还与《苏州日报》《姑苏晚报》《城市商报》联办各类宣传玉石文化专栏，介绍协会大师琢玉精品，介绍协会行业动态。并借助电视节目等媒体宣传玉文化及苏州玉雕。这无疑为苏州玉雕在全国范围内的推广做出了贡献，也在交流和学习的过程中，拓展了会员们的思路。

六、以玉石精品义拍为引领，为苏州慈善事业再做新贡献

2008年汶川地震，协会六十多位会员纷纷伸出援助之手，共捐得善款34527元，用于建立地震灾区希望小学。协会副会长陈华获得由苏州市工艺美术行业协会颁发的支援汶川地区抗震救灾捐款证书。

2013年12月28日，南红专业委员会成立当天举行慈善义拍活动共得 28.7万元，其中6万元捐苏州福利院配置物品。2014年10月26日，协会与姑苏区政协共同组织的“无瑕之爱”慈善拍卖活动于文化节期间在苏州市姑苏区人民政府大礼堂举行，21名大师，51件玉雕作品共113.75万元爱心拍卖款全额捐予姑苏区精神病康复机构；中国玉雕大师侯晓锋佛教题材玉雕作品55万元拍卖所得捐予儿童教育基金；江苏省玉雕名人李栋南红作品网上拍卖收入11万全额捐予云南地震灾区；相王分会、南红分会热心捐助社区养老机构和民工子弟学校。

翻开苏州玉石文化行业协会的大事记，几乎难以相信，这些密密麻麻让人眼花缭乱的工作都是在短短七年的时间完成的。时间就像以分钟计，陈健用燃烧生命一样的勤奋点燃了苏帮玉雕的一盏灯！观望者从质疑，到理解，到加入，到站到统一战线。短短七年，北京、上海、河南、安徽、新疆、四川、浙江、福建、扬州等地玉雕艺人纷纷落户苏州加入协会，苏州玉石文化行业协会的会员单位已经达到近千家。其中中国玉雕艺术家1人、中国玉石雕刻大师1人、中国玉雕艺术大师3人、中国青年玉雕艺术家15人、中国高级工艺美术师6人、苏州工艺美术大师1人、苏州工艺美术师22人、江苏省玉雕大师26人、江苏省玉雕名人9人、苏州玉雕大师8人、苏州玉雕新秀10人，姑苏高技能重点人才1人、河南省工艺美术大师4人、河南省玉雕大

师20人、黑龙江省玉雕大师11人、浙江省玉雕大师4人、以及中国工艺品（玉石雕刻类）高级技师136人、技师31人。全市有“陆子冈”玉雕品牌工作室3家、诚信经营玉雕示范店3家。协会下设相王路分会、南红专业委员会、光福玉石分会、园林路地区玉雕工作指导委员会、十全街地区工作指导委员会。并在北京、和田、太原、成都、石家庄、烟台、深圳、无锡、常州9地设有办事处。

▲陈健读玉

苏州玉石文化行业协会在陈健的带领下红红火火地办起来，汉皇玉苑的玉雕创作却一点没有落下。2009年，陈健的《仿战国多节佩》获中国工艺美术协会“中艺杯”特别金奖。这件让人叹为观止的作品由重约6公斤的一块新疆和田籽料攻制而成，共二十九节，不可拆卸，但可自由卷折。集切割、平雕、分雕、阴刻、剔地、透雕、镂雕、碾磨等多种技艺于一身，无论从用料、制作工艺、还是文化气息上都完美再现了原“战国多节佩”的精髓。陈健说：“仿古，要了解作品当初的时代背景，研究那个时期的民族思想，懂得带入，设计者和制作者哪怕

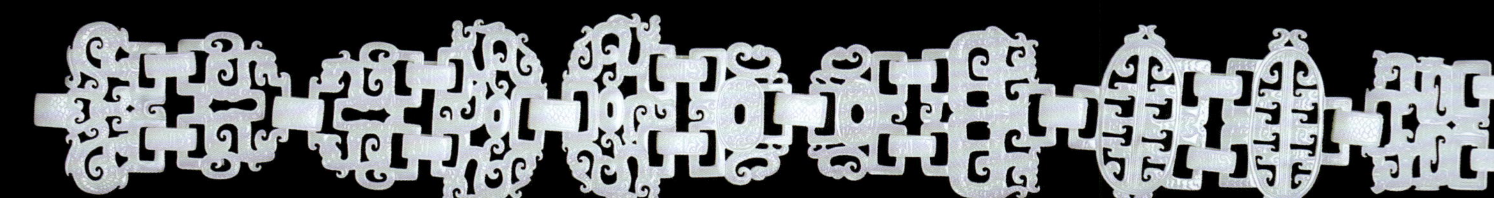

▲ 陈健：《仿战国多节佩》

是打磨者都要理解作品的内涵和精神境界，只有寻根溯源，才能在创作中获得古玉传递给我们的强大力量！所谓继古开今，继古在前，开今在后，只有把民族精神的源头找到，把玉文化的根脉抓牢，才能创作出好的当代作品。”2009年，陈健在现代教育出版社发行的《理论与实践指导全书》上发表了《吴越玉文化与工艺美术的古韵今风》，通过这篇文章我们可以看到，在古与新之间，陈健思考的是一种真正的玉文化传承。而他历时一年，苦心孤诣创作《仿战国多节佩》的本意也是如此。此后，他一直在继古开今的创作道路上坚定前行。2010年《枫桥夜泊》《竹林七贤》《开卷见佛》均获得“百花奖”金奖；2012年《龙凤梳》获得同年“陆子冈”杯金奖……

在这篇文章将要完成的时候，我们又一次联系了陈健，微信显示回信时间在清晨5点26分。那一天是“首届苏州南红文化艺术暨多玉种雕刻展”，陈健一整天没顾上喝口水。晚上12点左右，我们完成了电话沟通。“天行健，君子以自强不息”，总结陈健的过去和现在，他都在践行这一句话。无论人生境遇沉浮，不变的是一颗自强不息的心。玉界有起有落，正是靠一辈又一辈人自强不息的艰辛打拼，才有了这个崭新的玉界。乾卦为《易经》六十四卦之首，象征蕴含万物的

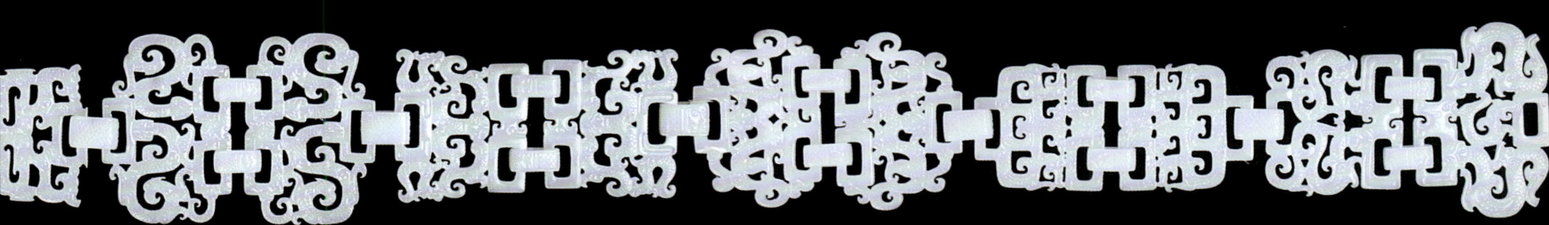

▲陈健：《龙凤呈祥玉梳》

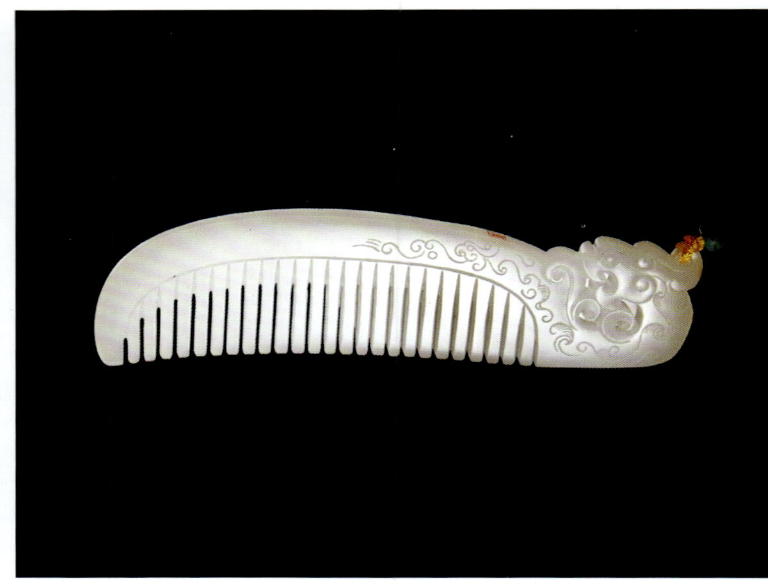

▲陈健：《龙梳》

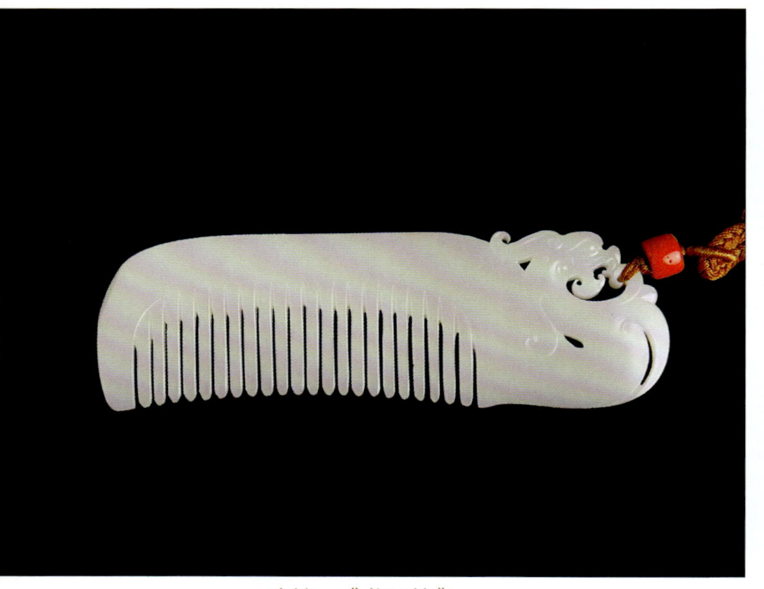

▲陈健：《龙凤梳》

▲陈健：《龙凤梳》

天道自然，它是永恒的，也是变化无穷，生生不息的。我想老一辈玉人给我们最宝贵的财富就是这份精神的力量，他们全身心地投入到玉界，热衷工作，仿佛燃烧生命来成全玉界的一切。陈健靠自己的努力和执着，赢得财富、赢得名誉、赢得跟随和光荣。“自己就是工作，工作就是自己”、保持这种态度，所有的难题都会迎刃而解，陈健用自己的成功，印证了这句话的份量！也给了玉界正在奋斗中的同仁们启发和信心！陈健会一直务实、勤奋、执着、热诚下去，愿我们能够感染到他生命的热度，也和他一样在玉界闪烁自己的光芒！

摆渡“玉”“艺” 磨砺人生

——记玉雕打磨工艺师周振兵先生

白 静

▲周振兵先生

几年前，一年一度的国际珠宝展期间，在中国玉雕大师获奖作品展区，一位衣着朴素的年轻人绕着展柜流连忘返，最终停在了金奖作品前，他双眼凝神，屏住呼吸，心底燃起一团火苗。如今，小火苗已成熊熊烈焰，年轻人也火遍了大江南北。这个人就是当今玉雕界的“打磨第一人”——周振兵。

周振兵年纪轻轻，却创造了好几个玉雕行业的先例。他是打磨行当中获得“高级技师”职称的第一人，是把打磨工艺提高到艺术创作水准的第一人，又是玉雕打磨行业开办个人工作室而一举成名的第一人……17岁学习打磨工艺，入行已20余年的周振兵，今天正在酝酿创造一个新纪录：他要把用青春热血“打磨”出来的经验编成教科书，将自己积攒的珍贵经验系统化、理论化，向学校和社会推广普及，让更多年轻人掌握并传承这门手艺，惠及大众和社会。

“琢磨”本是玉石工艺不可分割的两道工序。“琢”为雕琢、雕刻，“磨”为打磨、磨砺，两者前后相继，互为补充，同等重要，不可偏废。如《史记·礼书》：“情好珍善，为之琢磨圭璧，以通其意。”再如，清俞樾《茶香室丛钞·万年桥》:“明严嵩见其石色莹洁,琢磨工整而爱之。”可见,在古人心目中,琢磨一体方能治玉。我国历代文人在古玉诠释上极其重视“首德次符”的原则,如《荀子·大略》:“人之于文学也,犹玉之于琢磨也。”玉石的雕琢和打磨工艺已具备艺术创作和道德修养的意味。

打磨工艺的主旨在于展示玉器的精巧温润,将玉所蕴含的独特美质充分表达出来。正是为了解决治玉工艺、尤其是打磨工艺中遇到的和田玉的硬度问题,古人发明和完善了砣机,并发展出来独立的砣玉手工业,形成王室手工艺的重要组成部分。玉器泰斗杨伯达先生曾说,妇好墓出土的和田玉器的制造工艺和工具是用旋转的砣具带动蘸水的金刚砂磨玉成器,其细纹装饰也毫无例外的是用砣具碾磨的,而不是“雕刻”或“镂刻”的。足以见得,自古以来,打磨工艺在还原玉的本质、提升器的感染力方面起到的作用重之又重。

堪称北方玉雕“三大家”的北京中鼎元、玉科百惠、新疆国玉文博馆,每一家的治玉实力都在全国赫赫有名,堪称国内大家名厂。他们的作品很多都是由周振兵的工作室打磨,而其打磨的作品在“天工奖”“百花奖”上多次获奖,受到玉科百惠杨耀伟夫妇和中鼎元董事长刘书占先生的赞赏,尤其是全国著名实力派大师苏然称其打磨“很有灵气”。

“一件优秀的玉雕作品,料好、意佳、雕工巧、打磨精,四者缺一不可。然而,打磨工艺是被忽视得最严重的,一件玉雕作品获奖了,大家能看到设计师或雕刻师的名字,却从没看到过打磨师是谁”。“打磨这门手艺在我们这代将会有失传的可能”。谈起往昔岁月,周振兵感慨:“当年‘天工奖’上那件金奖作品是我打磨的,花了我一年的功夫。看到作品摆放在展柜里,当时我的胸口五味杂陈,

▲周振兵在打磨器物

▲周振兵在打磨器物

真像压抑不住的一团火！也是从那一刻开始，我下定决心把自己的打磨事业做大做强，做到高精尖的地位，做到让行内人对我们打磨工艺师刮目相看、心服口服！”从2004年开办个人工作室到今天，周振兵的创业之路走到了第一个“金十年”，如今，全国各大玉雕奖项的获奖作品，如果写上打磨师的名字，那么展览上定会出现一个奇观：“周振兵”这三个字将会不断出现在获奖作品标签上。

“我的工作室只做高端产品，当今的玉雕大师几乎都会找我打磨作品，他们也正是看中了我的工艺水准和敬业态度”，周振兵说。由于打磨工艺的劳动强度大，技巧要求高，能够全面掌握打磨工艺的玉雕师寥寥无几，当今玉雕界普遍采用雕刻工艺与打磨工艺分而治之的方式，“这为打磨工艺走向独立化、专业化的发展道路提供了机会”。玉雕工艺在当代得到了前所未有的发展，周振兵所独创的打磨工艺在传承传统手工艺的基础上，充分借用现代科技成果，其工艺流程和施工工具、工作效益都发生了翻天覆地的变化，为当代玉雕工艺做出的贡献，值得行业内人士推广借鉴。

▲打磨车间

打磨是玉雕作品的工艺流程中最后一个环节。通常说的玉雕打磨，同时还包括抛光和上蜡工艺，这三个工序的实施环环相扣，一般都是由同一个人来完成。

打磨工艺的水准决定着作品雕刻工艺的最终质量，并为下一步抛光工艺的实施打下基础；抛光工艺负责对玉石材质进行装饰和美化，提高作品的观赏性；玉器上蜡可以使玉器获得一定的光亮度，并且能在玉器表面形成一层保护膜，对玉石存在的伤和裂起到愈合的作用。

玉雕工艺中的打磨，主要是指用纯手工借助油石或砂纸在雕刻好了的玉器表面进行来回推、拉、压等作用力，把作品的表面逐步磨顺、磨细、磨光，将雕刻完工的玉雕作品的造型面进行去糙、磨细，是对雕刻工艺的延续和深入追求工艺的完美。打磨工艺又分为粗磨和细磨，粗磨使用的工具一般都是240#～320#油石条；细磨使用的工具则一般按顺序分别使用400#～600#～800#油石条。粗磨和细磨的难点主要是根据材质软硬特质，把玉雕的雕刻工艺和玉料材质两方面进一步完善。用手感经验把油石的功效全面发挥出来，将玉石表面全部打透，去除任何机器雕刻时留下的工具痕，解决掉金刚砂工具难以解决的一些细节问题，每一步替换工具都要把上一步打油石留下的痕迹彻底磨掉，既不能破坏雕刻工艺，又要追求改进和提高作品的工艺质量；并且将作品造型面的柔顺、细腻、光亮程度向实施抛光工艺过渡，为抛光工艺的质量提供保障。随着油石型号的变化，需要特别注意的是型号越小，其磨削力越大，而破坏雕刻工艺的可能性就越高，因此操作者必须集中精力，认真负责。一般的打磨师至少要磨炼4到5年，才能够熟练掌握这一步技术。

▲周振兵在打磨玉牌

▲周振兵在打磨玉牌

抛光是指使用皮砣附着抛光粉在抛光机器上，利用抛光机器的高速运转使皮砣与玉器表面发生摩擦、切削，进行深入打磨，并利用摩擦产生的一定高温使打磨好的玉器表面产生一定的光亮度。抛光技术含量较高，使用的抛光材料和工具种类很多。抛光追求的光亮度概括起来说分高光和亚光两种。高光接近于玻璃光，翡翠上用得较多；玉石一般采用亚光效果，符合玉石“温润细腻，精光内蕴”的审美特征，好的抛光令玉器柔亮而不炫目，以真实的玉之本质示人，尽情展现玉石自身独一无二的美；同时雕刻工艺的局部细节通过光感清晰可见，提高观赏性，增强摄影效果；方便把玩和佩戴，不易失手，也更容易盘出包浆，充分满足了人们对玉石玩赏的人性化需求。

周振兵说，一个优秀的打磨工艺师要突破“四大难关”。第一关是耐力。物理手工打磨抛光玉雕作品的工艺难度高，工艺上的不断重复，细节难度逐渐加大，其乏味、枯燥的程度在工业化、自动化技术盛行的今天是非常罕见的，打磨学徒在这一步骤即不堪忍受而放弃的，不在少数。第二关是悟性。要求打磨师领会雕刻设计者的创作思路，确保雕刻工艺在打磨工艺的参与下得到延续与深入，如此可以算合格。第三关是创作。努力追求在极为有限的艺术空间里对雕刻工艺进行补充和改进，为作品锦上添花，那么不但对玉石品质的呈现加分，还参与了设计制作，可以算是个好的打磨工作者。第四关是再创作。打磨师主动学习相关知识，熟知各类传统玉雕工艺的特点，用专业的文化知识结合丰富的打磨经验，以及认真负责的工作态度，达到用打磨工艺来对玉器进行再次创作，“打出了艺术”。这“四大难关”技术重点可以总结为“因材施艺”，打磨工艺的关键点在于充分运用减法原理，“只能去高点，弥补低点”，而这里的高与低是作品所要达到的

▲打磨作品：《观音摆件》

"相对"高低，是一个打磨工艺师所要认识到的"高"与"低"。认识到该减少的部分，突出要增强的部分。

一件再好的玉雕，只有雕刻而没有打磨，也只能算是半成品。打磨师是玉雕的"化妆师"，修饰雕刻的缺点，提升玉雕的美感。玉雕的材质温润感和色泽度、造型平整、圆润、流畅以及纹饰的艺术效果都要靠打磨工艺来达成。"一件打磨好的玉雕作品，能够完整体现雕工、意境，并在此基础上美化玉质、提升品质。就像苹果手机的设计一样，手感和观感臻于完美。达到这样完美的效果，对于纯手工作业的打磨师来说，实在是太难了。"而这种完美的效果，正是周振兵用他不懈的努力所做到的。

如今的打磨师周振兵，对自己的要求极为严格：心情不好不开工，身体不好不开工。必须要让自己的状态调整到最佳，一旦坐到工作台前，打开台灯，心情立刻安静下来，连心律和气息都渐渐变缓，托在掌心的玉雕，他能够一眼看准下一步即将展开的工艺要点，仿佛一张三维立体施工图在脑中展开。面对玉雕工艺和设计意图，他就像个破解谜题的"老法师"，在打磨过程中见招拆招，随心所欲，心手相应，自然流畅。

玉牌是打磨工艺的重点和难点，周振兵对玉牌的打磨工艺谨小慎微，总结出一套行之有效的经验套路。例如《妙相光明套牌》，纹饰布局极其考究，有佛像人物、山水景物、书法篆刻，雕工从高浮雕、中浮雕、浅浮雕到阴线雕，层次错综复杂、千变万化，周振兵在打磨的过程中将手法和工具运用得淋漓尽致，每一块玉牌都费尽心力、至少打磨两个月才完成。周振兵打磨的成功作品不胜枚举，

▲打磨作品：《妙相光明牌》

玉牌如《九龙璧》《衣袋铭》，圆雕有《观音摆件》等，在他打磨后，人物的衣纹展现得飘逸灵动，书法字形行气贯通，飞禽走兽的神态活灵活现、惟妙惟肖。周振兵打磨牌佩以及牌佩所阳刻、阴刻的文字，技法上在全国属于领先水平，比如由中鼎元制作、方宁先生阴刻的《大江东去》牌子上，其打磨达到了一种完善和谐的统一。

一个顶级的玉雕打磨师，必是天赋加努力的结果。周振兵的工艺水准，在短短几年内得到行业内广泛赞同，源于他对玉雕打磨工艺的纯熟技巧，更源于对这份职业的执著坚守。他说，一切的成就只能归功于“认真”二字。对于周振兵的认真态

▲打磨作品：《九龙璧》

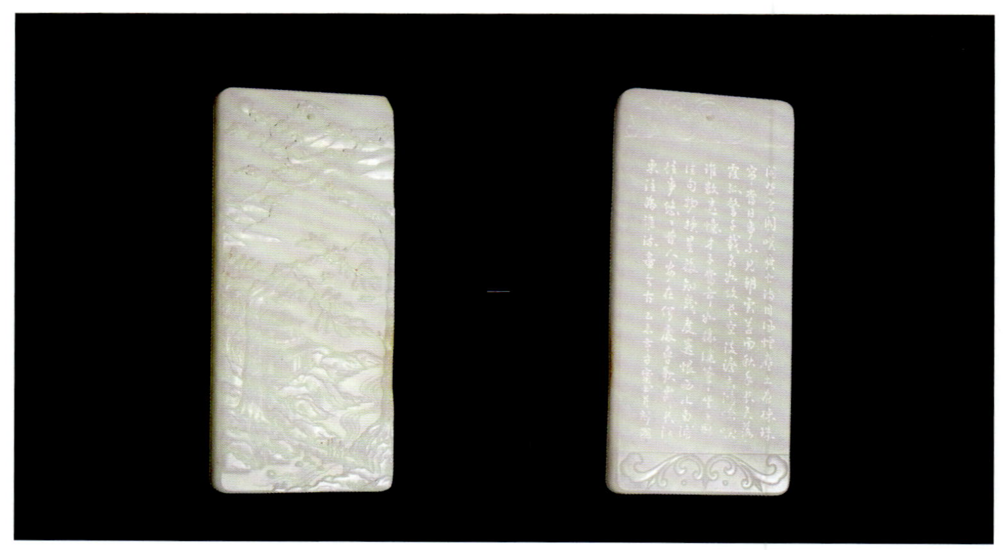

▲打磨过程中的《大江东去》牌

度，同为中鼎元“老营大将”的裘进先生感慨颇深，他说：“我们在厂里上班时，在苏然大师领导下，我们对每件玉雕作品的工艺都反复沟通，力求完善至美，现在回忆起来，却是人生中最珍贵的历程，饱含着我们的青春热血，正是那种认真的态度，成就了今天的我和周振兵。”如今的周振兵，已带出学徒百余人，他时常激励和教导学生“把别人的事情当做自己的事情去做，才能做得好任何事情”。由于打磨工艺的难度大、枯燥乏味，尤其需要这种认真、负责、专注的精神。“希望你们能学好打磨这门手艺，接着我的手做下去，哪天我老了，眼花手抖做不动了，还能有你们一代代传承，完成一个打磨师应尽的本分。”周振兵说，在机械复制的工业时代，人们为了追求快速、高利润，传统手工艺已日趋没落。他看到了太多同行业手艺人被忽视、埋没，甚至手艺人自己也放弃了自己的手艺，他希望当代人重视传统手工艺的传承，提高打磨工艺者的社会地位，给手艺人更多的学习和发展空间。

玉雕打磨师就是玉雕由“玉”到“艺”的摆渡人，每一次成功的摆渡，都达成玉雕作品登上彼岸境界的一次“涅槃重生”。打磨师的施工水平、文化修养、工作经验以及职业道德都是影响打磨质量的重要原因。周振兵对自己的要求是：“每天都拼尽全力，一天只做一点点，不但用手打磨，更要用心打磨，不但打磨作品，也在打磨人生。不求速度，只求质量，把每件玉雕都打磨到位。”他对自己的工艺仍然不满意，希望继续做精做细，把玉雕打磨工艺师的市场价值和社会价值充分发挥出来，为当代玉雕工艺的传承尽心尽责。

佳作赏析

玉文化是中国传统文化的重要载体，各个时期典型的玉器则是玉文化的中心载体，而玉器的灵魂主要是在玉雕工艺上得以体现。

美玉虽为至宝，不琢难以成器。任何一块好的玉石，经过人工雕琢，才赋予其新的价值和魅力。玉文化传承延续至今，当代玉器随着玉雕艺术品市场的不断成熟，随着玉雕工艺技术的不断进步和更新，京派、海派、苏派、扬派、西域派、徽派等多种风格流派的玉雕名家潜心治玉，百花齐放，作品在艺术创作上呈现出多元化的态势。创作风格既有沿袭传统的作品，也有刁古而不泥古的作品，还有一些极具现代风格的作品，更有写实和利用玉性玉质大胆写意创作的作品。当代玉雕名家精品不断涌现。

如切如磋，如琢如磨。神工鬼斧，天工巧夺。

一件好的玉雕作品，融佳料与天工，格调高逸，超拔出尘。细细品味，或意境深幽，遐思迩想；或味若甘醇，回味悠长。涤尘入境，静思其妙，乃悟作者必殚心竭虑，驰骋刀笔于灵石，方得佳品，举世无双。精诚所至，金石为开。

本节所收录的玉雕名家作品，每一件都是他们的精心之作，用料精良、题材广泛、创意新颖、特征鲜明、工艺精湛、精美绝伦，代表了当代玉雕艺术的最高水平。

让我们翻开篇章，一一赏析，细细品味……

（王海峰　李擘）

虎啸风生 心无旁骛

——中国玉雕大师倪伟滨作品《守业》赏析

陈泽津

“浩荡雄风藏万卷，磅礴大气独凛然。一腔热血沸腾时，万里汪洋起波澜。”

《守业》是中国玉雕大师倪伟滨先生精心设计之作，独特的构思和精湛的技艺，使得作品既富传统气息又具时代印记。威风凛凛的猛虎，守护着刚结出的果实，构成了一幅猛虎守业图。

虎是百兽之王，是勇气和胆魄的象征，代表威严、权利和荣耀。中国人自古就喜欢虎，这种代表吉祥与平安的瑞兽，象征压倒一切、所向无敌的威力；象征着权力、热情和大胆。人们给予了虎非常神圣的地位，虽然众说纷纭，但虎始终是以正义的身份在人们之间传诵。另外人们还赋予虎镇宅、避邪、运通、发财之意。《左传·成公十三年》记有：“是故君子勤礼，小人尽力，勤礼莫如致敬，尽力莫如敦笃，敬在养神，笃在守业。”《左传·昭公二十八年》也提到：“谓知徐吾、赵朝、韩固、魏戊，馀子之不失职，能守业者也。”孔颖达疏：“此四人不失常职，能守其父祖之业者也。”守业是说人尽力于自己的职守和职分，不旁骛。作品中用果实来象征已有的基业，形象生动。

玉，温润内敛，在中国传统文化中占有十分重要的地位，几千年来，以玉为中心载体的玉文化深深根植于世代中国人的灵魂深处。

该作品选取和田玉籽料雕琢而成，洁白细腻、油润莹泽。作品依料形设计雕琢一只山间猛虎，它四肢健硕，身形威猛，张口露牙，不怒自威。猛虎似正穿越山间丛野，巡视并时刻准备进攻，踞守着自己的一方领土。老虎，是百兽之王，具有无上的威严，是力量、无畏和英勇尊贵的象征，更有唯我独尊的领袖风范。作者运用圆雕、半圆雕和浮雕等技法，描摹了猛虎睥睨万象、刚毅勇猛的形象。老虎身体部位的天然沁色被巧妙地设计成一株枝叶果实具备的植物，叶子在中国传统文化寓意中也有“家业”“大业”之意，而植物的果穗又象征着收获。守业虎那种敌害难近，舍我其谁的宏大气势，仿佛伴随着一声长啸喷薄而出。这只独踞山中的猛虎，正是象征着家国大业勇猛的守护者。

猛虎的脚下，踏着坚硬的磐石，也象征着基业的稳固。

作者细致入微的刻画，使猛虎身上的阴刻条纹亦清晰可见，观者惊叹能看见猛虎身上的细微的绒毛。

倪伟滨大师的玉雕理念源于他对中国传统文化的认同，他一直秉承这个根脉，对倪伟滨来说，“信仰就是美”。所有称得上艺术之名的东西都是信仰，如果没有信仰，一切创造都将是陈腐不堪的。在这里，守业便是守住信仰。

作品《守业》所刻画的猛虎形象，打破了以往的猛虎题材固有的模式，更多的是去表达作者的思想，引导人们有所思，有所悟。这种艺术处理手法，为玉雕行业指明了新的方向。

倪伟滨：《守业》

《守业》制作过程

（1） （2） （3）

（4） （5） （6）

（7） （8） （9）

（10） （11） （12）

鲈鱼肥美 算我有余

——中国玉雕大师于泾作品《鱼》赏析

文 吴璘洁

于泾，中国玉石雕刻大师、上海工艺美术大师、海派玉雕名家，从1973年进入上海玉石雕刻厂工业中学开始，四十余载潜心治玉。如今，五十六岁的于泾先生虽已功成名就，但他一直保持低调，不受外界干扰，醉心于自己的玉雕艺术创作之中。

这件和田玉摆件《鱼》正是于泾先生的创新之作。作为“海派玉雕观音第一人”，于泾似乎更擅长于人物作品的创作，特别是观音像的雕琢，比如获“玉龙奖”一等奖的作品《送子观音》、获“天工奖”金奖的作品《观世间》《普陀洛迦观音》《观音山子》等。此件以菜肴为形式创作的和田玉摆件《鱼》不仅打破了玉雕界的传统风格路线，更是突破了于泾先生自己所擅长的题材领域。

鱼，寓意美好，是吉庆富裕、幸福美好的象征。鱼的造型生动有趣，洋溢着对生活的热爱。鱼是“余”的谐音，因此，人们用鱼来寓意“年年有余”“吉庆有余”等，直接对应了人们追求富裕、吉庆、求福的心理。鱼的繁殖能力特别强，又迎合了中国传统对多子多福、人丁兴旺幸福生活的企盼。中国的饮食文化举世闻名，“无鱼不成席”，美食中不乏名贵鱼肴。粤菜中的“清蒸鲈鱼”更是无人不知，无人不晓。

这件作品以略带皮色的和田玉为材料，玉质白润细腻。于泾大师通过匠心独运的设计，整体运用圆雕并配合以浮雕和镂雕的玉雕技艺，将“应物象形”运用到了极致，将一盘仿佛散发着阵阵香气的清蒸鲈鱼完美地呈现在观者面前。静观此道佳肴，鲈鱼造型真实形象，仿佛定格在刚出锅的那一瞬。鱼头鱼身鱼尾的比例掌握得恰到好处，张开的鱼嘴露出舌头和两排细小而尖锐的利齿，眼珠白净逼真，鱼眼周的褶皱更是被大师用灵巧细腻的雕刻手法精准地表现出来。鱼脊挺括，惟妙惟肖。鱼身则阴刻出自然排列的鱼鳞，并形象地刻画出厨师烹饪时留下的刀痕。这一切使这道“佳肴”更显生动、逼真。而盘底的两头蒜与一节藕，既可体现厨房与餐桌的气氛，又有算（蒜）我（藕）有余（鱼）之吉祥寓意，体现了作者对生活的热爱之情。

于泾大师在玉料选择上有自己独到的见解。他认为，玉料不一定非得达到最高品级，稍有瑕疵的材料反而更能让他产生灵感，从而有创造和发挥的空间。此件作品《鱼》的选材正是如此，原料并不是一块通体均匀洁白无瑕的玉料，它略带皮色和杂质，但正是因为它的不完美让于泾大师有了创作此道“佳肴”的灵感。他认为：玉雕应该是艺术的一个品种，它只是形式不同，如果将新的意识、创意、角度和手段注入玉雕之中，通过思想和艺术的附加就能够提升玉雕的价值。

《鱼》这件作品，取材独到，题材创新，构思新颖，工艺精湛。它不仅蕴含了传统文化中的美好寓意，还贴近生活、极具时代感。传统审美与当代审美完美契合，使这件作品拥有了独特的魅力。

于泾：《鱼》

春日江水映明月　道常无欲乐清净

——中国玉雕大师曹扬作品《春江泛舟山水牌》赏析

文 吴璘洁

曹扬，字润宗。中国玉雕大师，苏州琢玉名家。从艺二十余年，受父亲书法方面的影响，结合自己之前学习国画的经历，擅长书画结合，极富文人情趣。其作品集文学、书法、绘画及篆刻艺术为一体，题材内容涉猎山水、花鸟、人物、动物。作品形式包括摆件、器皿件、山子、挂件、玉牌等，作品风格唯美精致、意境深远，高雅脱俗、畅怀隽永。此件作品《春江泛舟山水牌》便是出自曹扬先生之手。

《春江泛舟山水牌》是将玉雕艺术与书法绘画相结合的成功典范，曹扬先生用自己所擅长的文人山水画题材很好地诠释了这件作品。文人山水画取材于山水自然景色，藉以抒发个人情感，讲求笔墨情趣，脱略形似，强调神韵，并注重文学修养，追求对画中意境的表达。“仁者爱山，智者乐水”，艺术风格和内涵是文人山水画不可或缺的部分。数千年来，一代又一代画家将自己深刻的生命体验融于笔墨之中，回归大自然，倾听大自然的天籁之声，把自己的艺术生命与大自然融为一体，创造出了风格独特的文人山水画。

此件作品正是取文人山水画入和田玉之中，将文人山水画的典雅之美与和田玉的温润之美完美地结合。曹扬先生经过独具匠心的构思，采材上等新疆和田白玉籽料，玉洁色白、体如凝脂、温润光泽。玉牌正面描绘了一幅动静结合、悠闲恬淡的江边图景。此画构图精妙，画面辽阔，给人以“万千气象，尽现眼前”之感，层次繁复却能清晰展现，足见曹扬先生在绘画方面的扎实功底。远处巍峨的山巅高高地昂立在天地之间，烟云在峰壑中弥漫，楼阁高塔若隐若现。一枚纤月静挂空中，诗人无眠，唯有月影陪伴。近处一座木桥从成群草木中伸至平静的江水中间，画中人立于木桥末端，静静地望着远方。一叶小舟点缀着宁静的江面，泛舟湖上，波痕恰似伤痕。隔不断的青山隐隐，望不尽的绿水悠悠，让人仿佛置身于这宁静闲雅的江边夜景。玉牌背面阴刻行草书法，由曹扬大师亲笔题字，再镌刻于玉料之上。诗文出自“初唐四杰”之一卢照邻的《葭川独泛》：“倚棹春江上，横舟石岸前。山暝行人断，迢迢独泛仙。”在京城长安参加了一场科举考试后，28岁的卢照邻踏上了入蜀宦游的征途。然而入蜀不久，卢照邻被诬下狱，出狱之后仍心有余悸。次年春天，他游走于流经昭化城的白水江边，感受到了久违的清净与闲散，看似落寞与孤寂的卢照邻其实正享受着这恍如神仙一般的闲适与惬意。

《春江泛舟山水牌》正面图景与背面诗文融为一体，整件作品画中有诗，诗中有画。曹扬大师以其娴熟的雕琢技艺，加之对光影效果的准确掌控，使唯美细腻的山水画浮出玉面，令平平玉料变得天然生动，充满了诗情画意。

和田玉在国人心中占据着重要的位置，而欣赏玉器在于“山川之精英，人文之精美”，即和田玉材质之美和玉雕大师所赋予的雕琢之美。上等的玉料、脱俗的意境、精湛的工艺共同造就了这件出色的玉牌。

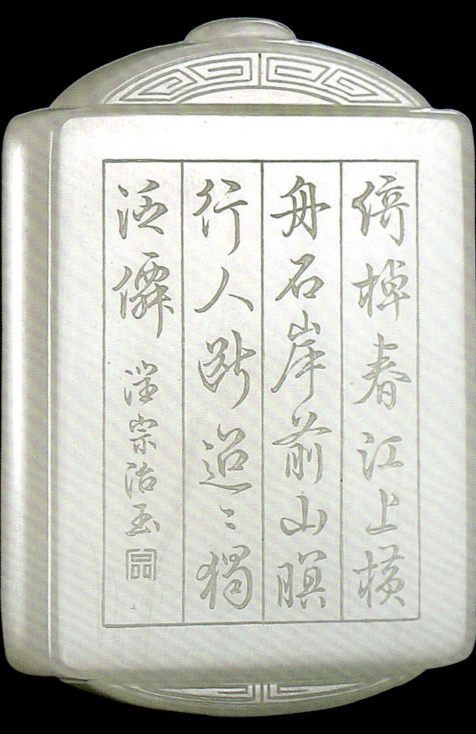

曹扬：《春江泛舟山水牌

礼之用 和为贵

——中国玉雕大师吴德昇作品《和谐》赏析

文 于明 李擘

万物各得其和以生，各得其养以成。

在当代中国，有一位玉雕大师对人体题材的创作独具艺术特色，他在传承中国传统文化的同时，将西方雕塑中夸张和立体感强的艺术理念融入玉雕的创作中，从他的作品中可以感受到“形的美感，动势的节奏，线的意境，面的空间”，其美学理念和文化追求深深地影响了当今中国玉坛。他，就是中国工艺美术大师吴德昇，《和谐》这件作品，从艺术理念的诠释和创作风格的演绎上都堪称是其代表之作。

作品取材于椭圆形的和田白玉籽料，洁白、细腻、油润、莹泽。如此精光内敛，油润外溢的美玉，本身就足以抚平外部世界的喧嚣和内心世界的浮躁。

作品立意新颖，造型独特，将美女与野兽组合在一起，以美玉为载体，为我们呈现了中国版的“美女与野兽”。凶猛彪悍的野兽在柔美妩媚的美女面前一改其往日的狂野和暴烈，增添了一分驯服和温柔。吴德昇大师刻画的裸女形象具有鲜明的标志性——丰乳肥臀、纤细腰肢、身姿扭曲、神态迷离，以艺术夸张的表现手法突出女性的性别特征。作品中的女性身材丰腴圆润、神态温婉柔媚，楚楚动人，惹人怜爱。加之选材得当，和田白玉籽料的玉质白皙细腻，凝若羊脂，更加充分地展现了女性含蓄内敛、以柔克刚的阴柔之美，充满了浓厚的东方审美情趣。画面中野兽矫健威武的身躯与柔和驯服的面部表情形成强烈的对比，野兽的两前爪锋利、尖锐，却低眉垂目、温柔小心地将美女拥入怀中，其硕大魁梧的身躯映衬得美女愈发娇小可人，令人震撼，引人动容。此情此景，激活了观者心灵深处最温柔的情感，放松了于世人面前紧绷的神经，止歇了对世俗诱惑的狂野之心，达到了身心完全放松，这种自在与放松使肉体和心灵以及人体内的阳性能量和阴性能量均处于和谐的状态，真正了实现外在大宇宙和内在小宇宙的刚柔并济，阴阳合一。吴德昇大师以另类的创作思维突破了中国传统玉雕题材和风格的束缚，用匠心独具的手法向我们诠释了“和谐”的内涵。

简单地讲，和谐就是一种对立统一的状态和共荣共存的关系。“和谐”是中华文明的精髓，在百家争鸣时期，各学派纷纷从不同角度阐述了对“和”的理解，和谐包括人与自然、人与人、人与社会的和谐等多方面的内容。此件作品以其独到的视角为我们诠释了多种和谐，如：“天人合一”“阴阳合一”“灵肉合一”等。道家主张“天人合一”，荀子说，“万物各得其和以生，各得其养以成”，意思是说，自然界有规律的运动孕育并产生了万物，万物应该和平共处。以“和”为美还是贯穿中国古代美学思想的精神主旨，哲学家们认为“和”是整个宇宙发展的根本规律，是万物生生不息、繁荣发展的内在依据。

作品因料施艺，拱肩蹲踞的野兽和呈“S”形的美女的造型圆润饱满，布局紧凑，雕工生动流畅，线条飘逸俊朗，打磨精准圆润，实现了玉料与主题的完美结合。

玉雕是一门艺术，需要制作者用工艺和文化底蕴来满足人们的审美要求，一件优秀的作品首先给人们带来视觉上的美感和冲击，进而是精神上的启迪和感悟。吴德昇大师在这件作品中大胆创新，通过独辟蹊径的立意和另类别致的刻画表达了新时期对和谐社会、和谐世界的美好愿望，他不拘一格的创作思维和夸张又恰到好处的艺术表现手法，给传统玉雕注入了一股清新的活力，为当代玉文化的美丽画卷画上了浓墨重彩的一笔。

吴德昇：《和谐》

结草衔环 知恩图报

——中国玉雕大师崔磊作品《钟馗嫁妹》赏析

文 陈泽津

“自古钟馗有威名，目光炯炯气如虹。一曲嫁妹千秋颂，方显人间有正声。”

《钟馗嫁妹》是中国玉石雕刻大师崔磊先生的精心之作。作为一个追求绝对创新的雕刻家，海派最年轻的玉雕大师，崔磊大师的作品在用料、施艺、立题、赋意等方面博采众长，借鉴古今中外多种艺术形式，常常新径独辟、出人意料。当众人的眼光都集中在钟馗的消灾辟邪上时，我们的大师却独树一帜地为我们描摹了一幅钟馗报恩图。

“钟馗嫁妹”是民间十分流行的传说。钟馗有个同乡好友杜平，为人乐善好施，馈赠银两助钟馗赴试。钟馗因面貌丑陋而被皇帝免去状元，一怒之下，撞阶而死。跟他一同应试的杜平便将其隆重安葬。钟馗做鬼王以后，为报答杜平生前的恩义，遂亲率鬼卒于除夕时返家，将妹妹嫁给了杜平。“钟馗嫁妹”是古代绘画和戏剧的一个重要题材，受到人们的普遍欢迎。崔磊大师，匠心独运，将该题材运用到玉雕上。我们隐隐能从这件作品中感受到崔磊大师向过往给予他帮助的人们所传达的那种感激之情。正如他曾说过：“每个人的人生都是在过门槛，每过一个门槛都是人家给抬过去的，我从内心感激帮助过我的人，尤其感激我的师傅。”

作品所用玉料品质上乘，温润细白，油性极佳，玉色纯正均一。作者运用了浮雕、圆雕等技法，并结合立体层次雕塑原理，来表现美感，使得整个作品极富动态。一改率鬼送亲的那种骇人场面，画面中只有钟馗与妹妹。钟馗的妹妹侧身而坐，眼望前路，巧笑倩兮，美目盼兮，风姿绰约。钟馗肌肉虬结，神采奕奕，步履矫健。车上放着嫁妆，兄妹二人，风尘仆仆，欣然而行。人物饱满，线条优美。“生当殒首，死当结草。”把钟馗死后不忘旧交，嫁妹报恩的情态勾勒得淋漓尽致。

《钟馗嫁妹》在继承传统的基础上，赋予了新的内涵。从传统文化中汲取精华，发掘优秀的素材，并经过自己的雕琢，赋予新的生命，潜移默化中，对传统工艺进行了传承与发展，这正印证了作者的创新精神，动静结合的手法，让爆发和柔美浑然一体，留给观者无尽遐想。

崔磊：《钟馗嫁妹

长寿皆人愿 福禄满人间

——中国玉雕大师代胜坤作品《寿公寿婆》赏析

董一丹

《寿公寿婆》为和田玉籽料摆件，整体由两件摆件构成，整件作品和熙吉祥，一股喜气萦绕，把玩之间，赏心悦目。这件作品是代胜坤大师的代表作，他的人物刻画细腻灵秀，力求每个作品的内涵充实饱满，栩栩如生，意蕴深远，富于人文气息，将和田玉这一稀缺资源最原始、最自然的美灵动地展示给世人。

《寿公寿婆》无论是玉料还是雕工都独具匠心，独一无二。原料为和田玉籽料，和田玉是中华民族文化宝库中的珍贵遗产和艺术瑰宝，玉质纯洁细腻，圆雕使人物形象惟妙惟肖。作品极富生活气息，和田玉原料更凸显其朴实、亲切的民风，恩爱夫妻，携手度过多年风雨，晚年儿孙满堂，一起笑看人间。人世间的熙熙攘攘、恩恩爱爱早已化作最美的笑容藏于他们的脸颊，到头来，活得明白，最重要的唯有福寿安康。

“寿公”右手持龙头杖，龙头雕刻写实精细，镂空雕刻使得龙头活灵活现，俯瞰前方，威严霸气。寿公五官雕刻细腻，面目慈祥，胡须飘逸，耳垂比肩，精神矍铄，气韵豁达，寓意吉祥。相比细腻精致的面目雕刻，寿公身上服饰雕刻简约大气，简单的造型衬托人物面部雕刻的精致。身体形态雕刻准确，憨态可掬。衣服条带雕刻线条弯曲自如，与胡须自成一体，俊雅飘逸。左下方为葫芦（福禄）雕刻，寓意吉祥。

“寿婆”笑面开怀，手拎装有寿桃的篮子，整体形象符合中国古代传统女性特征，善良贤惠。寿婆发饰为两端垂肩，线条简单准确。脸部线条饱满，牙齿细节刻画极具生活气息，为作品增添趣味，生动活泼。头部微微侧向一边，与寿公在构图上形成呼应。衣服刻画简单大气，云纹附于衣服两侧，随身体韵律变化，真实自然。装有寿桃的提篮刻画真实精细，为作品点睛之笔，造型饱满自然，竹片横纹规律填充，韵律感十足。提篮与周围装饰形成疏密关系对比，颇有美感。寿婆脚踏祥云而来，吉祥如意。

“寿公寿婆”统称寿星，因富有天长地久、白头偕老、健康长寿的爱情及人生寓意而受到大家的喜爱。作者将精巧的设计融于精湛的技艺之中，使得“寿公寿婆”的传统题材不落俗套，迸发出新意，为人们所喜爱。作者借助“寿公寿婆”的形象刻画，呈现给我们的是豁达的生活态度以及健康的美好愿望，希望我们笑口常开，健康长寿，愿吉祥与如意为大家送去些许温情。

代胜坤：《寿公寿婆》

月下眷侣 佳期如梦

——中国玉雕大师冯钤作品《心心相印》赏析

文 董一丹

作品描绘了相互依偎呈“心”形的一对天鹅浮游于水面，相守相伴的感人场景，讴歌了爱情的心心相印。《心心相印》是冯钤的代表作之一，整幅作品显示了冯钤作品一如既往的细腻、精致的特点。独树一帜的动植物题材，清新静谧的美丽画面，小镇江南的烟雨气息跃然眼前。

作品采用墨玉籽料雕刻，籽料的细腻、柔韧的质感完好地表现了作品的主题。白色部分用作作品的巧雕，黑与白构筑而成的世界，往往既简单纯粹又丰富多彩。整件作品既富于动感，又层次分明，立体感十足。

古今中外，天鹅都是爱情忠诚的守护者，它们留给人们的印象都是圣洁、忠贞而高贵的。天鹅除了它美丽、高贵的外表之外，种族之间始终保持着一种稀有的“终身伴侣制”。它们时时相伴，相依相偎，如果一只死亡，另一只也能为之“守节”，终身单独生活。

作品的画面感十足。水上，一双洁白天鹅正敛翅降落，引静湖生漪，荷浪翻卷，叶下菡萏乍露，生机盎然。白玉雕的荷浪充分显示了作者成熟的巧雕技法。纯洁的朵朵浪花，向我们传播着爱情的纯真。基于亲切呢喃的佳偶天鹅和辗转翻卷的纯洁浪花，位于作品下方的大面积墨玉部分，被作者浅浮雕成摇曳舒展的翩翩荷叶，使得画面静谧自然，灵动和谐。墨玉部分的稳重与天鹅的动态及白色浪花的生动，形成了美妙的对比和映衬关系。

作品雕刻线条舒缓而富有张力。两只天鹅更是相依相偎，神态亲密。作者雕工灵动细腻，展现了天鹅的优美体态、丰满羽翼，敛翅落水的动作更是拿捏到位，倍显轻盈优雅。天鹅的造型部分使用了圆雕、浅浮雕等技法，翅膀部分羽毛纹的填充更显画面饱满，使得作品造型生动，线条曲张自如。

作品背面略作勾勒，线条简练而流畅自然，与留白部分相互映衬，更显意蕴无穷。几笔自如的线条勾勒了一朵写意的荷花。线条没有尽头，正如我们无尽的想象。背部简单的线条图案与正面完整的画面形成了疏密对比，使作品的形象更加立体统一。

整件作品加上木质底座，材质、雕刻形式、颜色之间的对比更加增添了作品造型的完整，生动。颜色鲜明的底座完好地衬托了雕刻的主题物：天鹅。体现了大自然的无限统一。

“愿我如星君如月，夜夜流光相皎洁。月暂晦，星常明。留明待月复，三五共盈盈。”但愿月光皎洁，月下的佳人终成眷属。

冯铃：《心心相印》

招八方之财 揽四季之福

——中国玉雕大师黄罕勇作品《貔貅》赏析

文 李 擘

海派玉雕大师黄罕勇素来以雕琢玉兽类题材的作品见长，被誉为“玉兽雕琢第一人”，他所雕琢的玉兽，霸气而不失灵动，威猛而不失驯服。他的设计风格独特，各种瑞兽在他的手中都展现出不同的神态，作品《貔貅》就是黄罕勇大师的经典之作。

貔貅是一种猛兽，为古代五大瑞兽之一，称为招财神兽。貔貅又名辟邪、天禄、百解。貔貅曾为古代两种氏族的图腾，因帮助炎黄二帝作战有功，被赐封为“天禄兽”，即天赐福禄之意；它专为帝王守护财宝，也是皇室象征，称为“帝宝”；又因貔貅专食猛兽邪灵，故又称“辟邪”。它有嘴无肛，能吞万物而不泄，只进不出、神通特异，有招财进宝、吸纳四方之财的寓意，同时也有趋吉避凶的作用，是转祸为祥的吉瑞之兽。瑞兽是原始先民的一种图腾崇拜，表达了人们对吉祥好运的祈求和向往，一直以来，瑞兽的形象都是刚猛遒劲的，能给人带来极大的安全感，因此得以传承延续至今。据记载，貔貅也有雄雌之分，雄为貔，雌为貅，二者统称为貔貅。貔貅的体型像虎豹，头和尾巴像龙，有一对翅膀但是不能伸展，体色根据他吞噬的金银珠宝的种类而为金色或玉色，头上有一只或两只向后仰的角，一只角的称为天禄，两只角的称为辟邪，一般以一只角的居多。

此件作品所刻画的貔貅与古代的记载完全契合，属于较为少见的两角辟邪。作品选用和田玉籽料，质地细腻油润，艳丽的枣红皮巧雕成貔貅的嘴和尾，符合貔貅体色“亦金亦玉”的特征，又有鸿运当头的吉祥之意。其体型威武，有腾云驾雾直冲云霄的气势，然而它的神态并不似传说中的刚猛，威猛中稍带柔顺驯服之感，这就是作者在继承传统的同时又加以创新，形成自己独有的风格。再细看作品的雕刻工艺，刀法精细娴熟，线条流畅自然，不愧为大师之作。

正所谓“术业有专攻”“业精于勤荒于嬉”，黄罕勇大师专攻动物类题材的玉雕，刻苦自学，终有所成。他的作品在继承汉代玉雕狂放而有张力的风格的同时又融入了自己的创意，尤其注重保留籽玉原有的形状和皮色，雕刻简洁而重点突出玉质， 从而展现玉料与生俱来的美感，使作品极具创意，在海派玉雕中独具一格。

黄罕勇：《貔貅》

知己难得 知音难觅

——中国玉雕大师倪伟滨作品《共鸣》赏析

文 李 擘

人之相识，贵在相知。人之相知，贵在知心。

《共鸣》这件作品由被誉为“玉雕教父”的海派玉雕大师倪伟滨先生精雕细琢而成，作品构思巧妙又颇具哲理，耐人寻味。

作品取材于南红玛瑙，南红的红色沉稳端庄，正是中华民族几千年来最为崇尚的颜色，同时它又具有温润、凝腻，如美玉般的质地，若经过能工巧匠的精雕细琢，定会令人为之痴迷，《共鸣》就是这样一件材质与工艺都极为出色的优秀作品。

作品下半部分留皮，保留了南红的原生态，上半部分是两只蛙相对而鸣，似栖息在池塘边的红土之上诉说衷情，而黑色的杂质则被巧妙地雕琢成红蛙的卵，寓意相知相依的伴侣有了爱情的结晶，爱与善也会传承下去，生生不息。

早在新石器时代，蛙的图案就出现在彩陶的纹饰中，先民以蛙为图腾的崇拜意识源于对洪水灾害的躲避愿望。蛙是水陆两栖动物，不怕洪水，又有极强的繁殖能力，因此得到了先民的崇拜并奉为神灵，蛙纹有了驱灾避邪、子孙兴旺的吉祥之意。原始先民对大自然的崇拜缔造了我国早期的玉器文明，倪伟滨大师将古典的纹饰加以创新应用于玉雕之中，创作出了古典与时尚完美结合的作品，兼具文化气息和深远的意境。

人非草木，孰能无情？“身无彩凤双飞翼，心有灵犀一点通”，有一种情感，正是源自心有灵犀的默契，如能遇到志趣相投的知己，用心演绎一段美好的人生，当是一件赏心乐事。相识是一种缘分，也许会有“众里寻她千百度，蓦然回首，那人却在灯火阑珊处”的惊喜，若不能相知，也只能感叹“此情可待成追忆，只是当时已惘然”。何为相知？“恩德相结者，谓之知己；腹心相照者，谓之知心；声气相求者，谓之知音。”伯牙妙手抚琴，子期静静聆听便可知他演奏的意境，此二人是令后世钦羡不已的知音，是一对传诵千古的至交典范。艺术源于生活，用心观察生活中的点滴，大自然中的一草一木，一虫一鱼都可以作为玉雕创作的题材。倪伟滨大师以山野草塘中蛙的“共鸣”寓意人与人之间的相识相知，向我们传递了至美至善的道德内涵，给予了我们时下所需的正能量，做到了将精神层面的感悟用艺术的手法加以充分的表现，达到了玉人合一的境界。

倪伟滨：《共鸣》

时势造英雄 飞龙尤在天

——中国玉雕大师邱启敬作品《云起龙骧》赏析

潘 羽

如今的玉雕界，有位大师注重思想的传递，因其技法为辅、交流为主的理念而使其作品常给人耳目一新的感觉，这位大师就是邱启敬，《云起龙骧》就是邱启敬大师创作风格的代表性作品。作品根植于传统而又有所创新，给人以丰富的想象力和强烈的感染力。

龙，作为主要意象在《易经》中的第一卦《乾卦》中早已出现。初九：潜龙勿用；九二：见龙在田，利见大人；九三：君子终日乾乾，夕惕若厉，无咎；九四：或跃在渊，无咎；九五：飞龙在天，利见大人；上九：亢龙有悔；用九：见群龙无首，吉。乾卦以龙的活动来说明事物发展与时机的关系，告诫我们在节令与时机未到时不要盲动，自满则易失人心。作品《云起龙骧》恰当地表现了九五卦同声相应，同气相求的情景，以及此时水流湿而火就燥，本乎天者亲上，本乎地者亲下，各从其类的壮阔景象。

波涛汹涌澎湃，气势如排山倒海，黄沙一望无际，清气弥天时龙起，如此波澜壮阔、飞龙雄起之景借青花料原石来呈现可谓匠心独到。青花料原石多带黄皮，半呈其肉而通过色彩的对比将天清而地浊的状态完美地刻画出来，可谓层次分明。青花料多为黑白夹杂，古人认为五行中水为黑色，青花的墨色表现出平静的水面，白色的浪花翻腾，英雄乘龙顺势而上，描绘出龙起时的波澜壮阔，可谓动静相宜。与此相对，腾龙时，一隅黄沙漫天飞舞，冲天之势无可名状，彰显出作品的豪放大气，立意布局相得益彰，充满艺术感染力。

作品借俏色使画面鲜明丰富，浪花翻滚处色彩渐变，景象逼真。龙起于水为白，在大漠则为黑，与白云相衬，生动形象地展现出龙腾时的雄奇。龙深具其势而不具象，以抽象之物表明作品情态的手法很好地展示了邱启敬大师以诗入境的作品风格。

《云起龙骧》这一作品极具表现力地刻画了飞龙在天的张扬与霸气，与其化为侯王的寓意相互映衬，继承传统并勇于开拓创新，在新时期表达新思想。邱启敬大师在玉雕行业中乘势而起，作品表明其心意，并赋诗一首：

慷慨成素霓，啸吒起清风。震响骇八荒，奋威蚋四戎。

濯鳞沧海畔，驰骋大漠中。独步圣明世，四海称英雄。

邱启敬：《云起龙骧》

丝路觉海 玉成慈航

——中国玉雕大师苏然作品《石窟佛韵》赏析

白 静

《石窟佛韵》是苏然大师设计创作的一组浆石巧雕作品。选用新疆和田地区的顶级籽料，每件作品的用料都堪称极致，将浆石材质俏色巧用、和田玉籽料整作保形，还原了玉石原生态的朴茂之美，也同时拓展了玉雕的用料范围。“好玉不雕，顺应天然”，在设计构思上由玉的珍稀性决定作品的特殊性，保证最大限度保留白玉部分的完美、完整；在雕刻过程中，呈现白玉的天然美韵，创作出天人合一、不可复制的精妙之作。

苏然大师多次实地考察石窟佛像，领略石窟艺术景观的魅力，收集佛像造型的技法，运用到玉雕创作中。《石窟佛韵》的浆石部分俏色巧雕石窟佛像，将浆石的形、质、色、韵发挥到极致，充分利用浆石的自然特征来表现佛像的沧桑浑朴之貌。这组作品以佛教中石窟造像为题，把丝绸之路上千姿百态的石窟佛像和代表性的佛教典故雕刻于美玉之上，一幅幅恢弘壮丽的朝圣画卷展现于世人眼前，好似聆听佛音古韵，悠悠千载，清凉微妙，不绝于耳。

约两千年前，佛教自印度传入当时的西域于阗（今和田）并迅速流传发展。为了宣扬佛法，一代又一代的佛法高僧和信徒沿着古丝绸之路，创建佛寺并开凿出数以万计的佛像石窟，这些的石窟群开凿在悬崖峭壁上，气势恢弘，内容丰富，成为当时佛事活动的圣地，对信徒来说，丝绸之路也是“佛教之路”。史书载“北朝则自石勒父子信奉佛图澄，已大流行，中经魏太武帝短暂灭佛，至文成帝营造云冈石窟，地位不再动摇”，北魏与南梁先后正式宣布佛教为国教，云冈石窟是中国佛教艺术第一个巅峰时期的经典杰作。

时光轮回，沧海桑田。一度成为连接东西两大世界枢纽的丝绸之路已湮没在漫天风沙里，可沿途数以万计的佛像石窟，还在默默地守护着这条曾经驼铃叮当的繁忙商道，成为丝路文化的见证者。

佛教作为一种充满了智慧，充满了理性的教育，它的诉求对促进和谐社会、和谐世界亦有不可忽视的作用。习近平主席在联合国教科文组织演讲中强调，中国文化复兴佛教当担大任。倡导开启“佛教文化外交”，提出将佛教的发展统一于“中国梦”的实现中，为国家荣誉、民族富强和世界和平作出更大的贡献。

《石窟佛韵》系列作品，以新颖独特的设计理念，雕刻出佛教道场、建筑装饰、佛龛法器、佛像造型等，再现了东西文明融合的历史，充分展现出佛教艺术的感染力。用玉雕语言传递佛教文化返璞归真、慈悲向善的普世价值；响应“一带一路”所秉持的开放、包容、均衡、普惠精神；祈福天地和合，世界和平发展，人民离苦得乐。

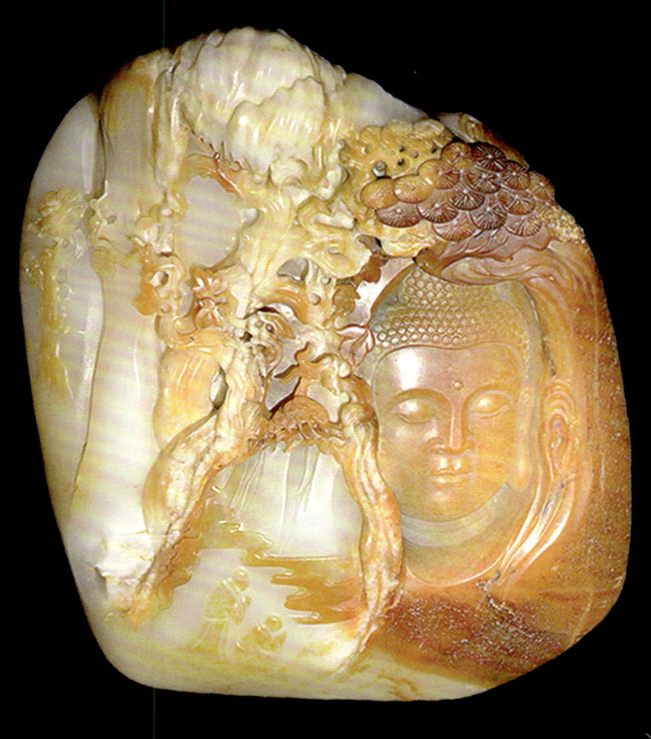

苏然：《石窟佛韵》

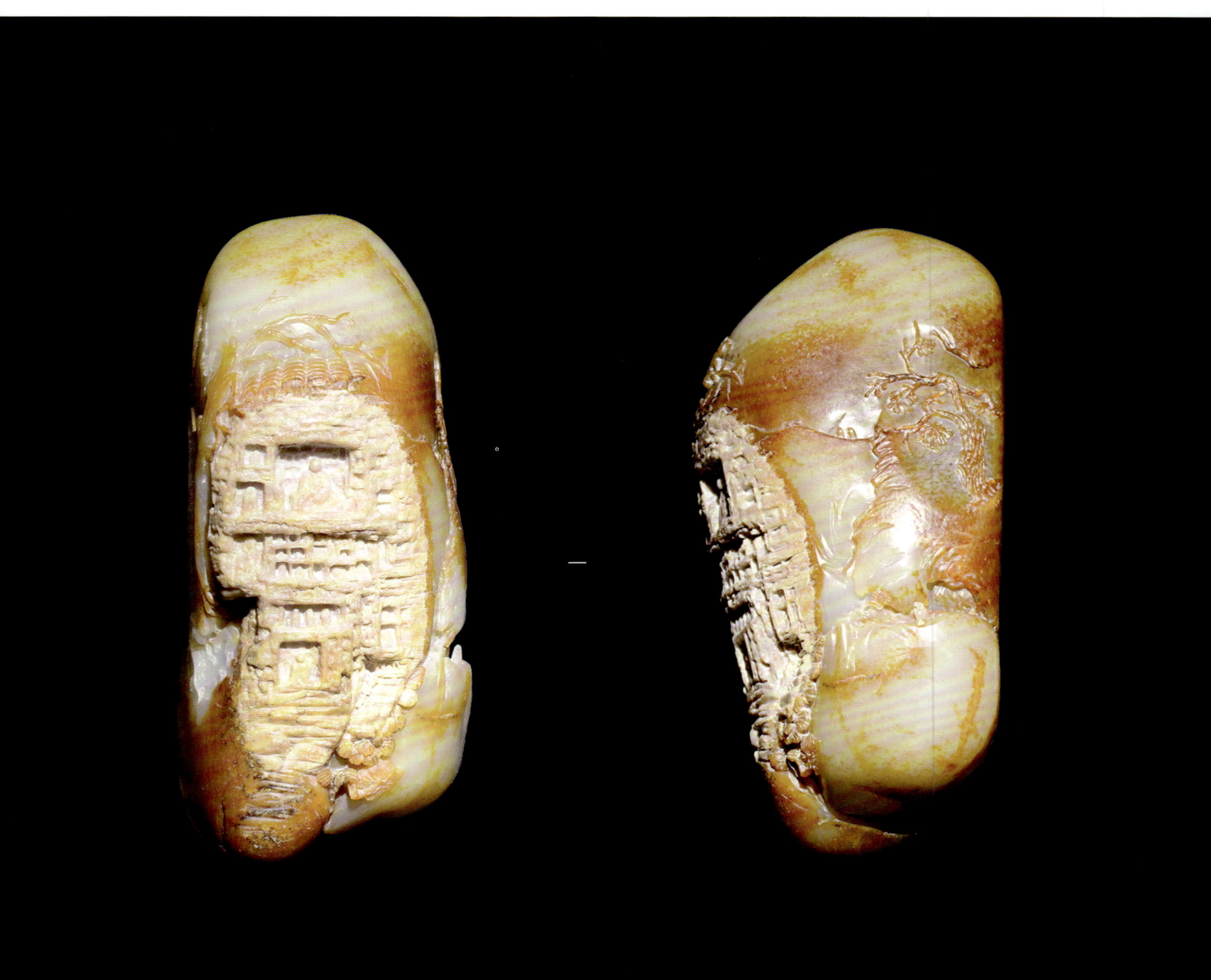

▲ 苏然：《石窟佛韵》

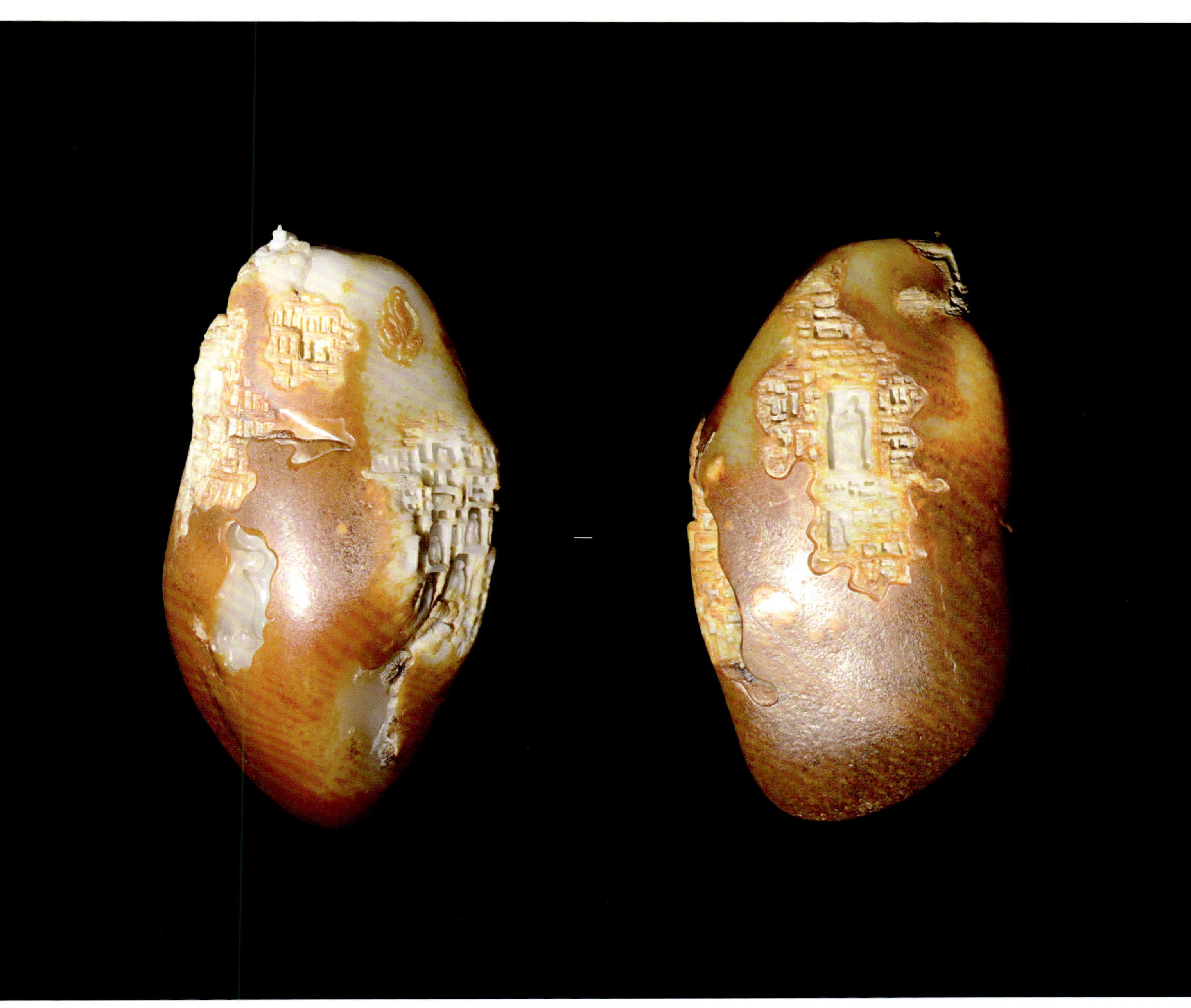

▲苏然：《石窟佛韵》

大千世界 佛法无边

——中国玉雕大师汪德海、何兵作品《大千佛国图》赏析

文 白 静

《大千佛国图》以灵山圣地佛祖弘法为主题，由首届中国玉石雕刻大师汪德海创意指导，经中国玉石雕刻大师何兵巧妙设计，悉心雕琢，书法家芮名扬运笔挥毫合作而成，其选料精良、立意雅致、工艺精湛，令观者如临其境。

作品选用和田白玉籽料，质感温润厚重，结构细腻油润，“色如截脂，常如肥物所染”。不似宝石的张扬、艳丽和耀眼，而具有精光内蕴之美，符合中国传统文化含蓄中和的审美观念，与宣扬佛法的庄严神圣相切和。

此作综合运用镂雕、立雕、深浅浮雕等复杂工艺，从大局着眼，细详入手，轻重有序，层次分明，将灵山圣地佛祖弘法的情景刻画得细腻传神，鬼斧神工，俨然天成。

正面佛祖端坐莲台，面相慈和，神态庄严，广宣佛法。弟子阿难、迦叶随伺两侧。下首文殊、慈航、普贤三大菩萨，端坐各自坐骑白象、青狮、金毛吼之上，神情庄肃，虔敬听讲，悟道得意处祥云瑞气喷薄而出，灵光圣辉灿然莹目。风调雨顺四大天王各执法器分列左右，僧侣修士参拜于下，祥云缭绕，松竹顶礼，芙蓉吐瑞，更增西方佛国雍容肃穆之意境，其间玲珑秀色、香火氤氲，梵宫座座，美不胜收。

背面雕琢人间奇景，冥府绝色，居下是地藏王菩萨，手执禅杖，端坐神兽谛听之上，谛听兽口喷吐瑞烟，浮起宫灯盏盏，飘扬天际，二者亦神态恭敬，虔诚聆听法旨道音。四周苍松翠柏，奇花异草点缀其间。远近有楼台庙宇、曲径凉亭，仙气氤氲，祥云缭绕，气势恢弘，撼人心魄。

观世音菩萨是阿弥陀佛的左协侍，佛教认为她大慈大悲，普救人间疾苦。文殊菩萨，全称文殊师利，是梵文的音译，意思是“妙德”“妙吉祥”等，为释迦牟尼佛的左胁侍，专司“智慧”。普贤菩萨是释迦牟尼佛的右胁侍，专司“理德”，将佛门所倡导的“善”普及到一切地方。地藏王菩萨安忍不动如大地，静虑深密如秘藏，曾发下誓愿“众生度尽，方证菩提，地狱未空，誓不成佛”。而佛祖如来高坐梵天，雷音授道，法度庄严。

作品背面题词风骨刚正，气度雍容，构架严谨，与作品的祥和庄肃奥义相容，俨然一体。整个作品融实景、画意、诗意为一体，敬天礼佛，向世间传达大善大德，表现出大乘佛教超脱世外而不脱离尘世的大慈大悲，所谓大千世界，佛法无边。

汪德海、何兵：《大千佛国图》

龙凤呈祥歌盛世 五谷丰登庆太平

——中国玉雕大师王金忠作品《龙凤呈祥》赏析

文 李 璧

上海玉雕名家王金忠的作品多采用玉质白润细腻、皮色绚烂艳丽的和田玉籽料，尤其擅长花鸟鱼虫等传统题材的雕琢，《龙凤呈祥》这件作品便很好地体现了王金忠大师的创作风格。

作品所选用的和田玉籽料皮色绚丽，包括“枣红皮”和“洒金皮”两种皮色，由深到浅逐渐过渡，王金忠大师巧妙地运用皮色，根据皮色的走势勾勒出一龙一凤，凤凰展翅而飞，火一般的红色给人带来强烈的视觉冲击力，犹如在烈火中经受考验，获得重生；上方的洒金皮巧雕成金灿灿光芒四射的龙头，龙头之下还有颜色由黄色洒金皮向红色枣红皮过渡的几团火焰，恰似从龙嘴之中喷涌而出，形象逼真。

龙和凤都是汉民族所敬仰的图腾，龙是吉祥雄伟的象征，凤被视为神鸟，象征美好与和平，在中国传统观念中，龙与凤同时出现则表示喜庆之事。相传春秋时代，秦穆公有一个名叫弄玉的公主擅长吹笙，公主夜间凭栏赏月，吹笙抒怀之时，有名叫箫史的青年以箫声相和，后来二人一见钟情结为夫妻，婚后箫史教弄玉用箫学凤鸣，弄玉教箫史用笙学龙音，二人的演奏出神入化，居然将龙凤引下凡间，他们出于对幽静的田园生活的向往，驾彩凤金龙离宫而去，这便是“龙凤呈祥”的典故。为纪念这一美丽动人的故事，人们用“龙凤呈祥”形容夫妻之间比翼双飞、恩爱相随的忠贞爱情。

这件作品从材质到题材都给人一种贵气逼人的感觉，这正是王金忠大师的创作风格。王金忠大师的作品，以造型精谨、工艺精湛、用料考究、风格富贵而闻名，有“院体花鸟玉雕”的美誉。所谓“院体”，指的是传统的花鸟画中皇家画院的“富贵”派，其表现出来的意境代表了社会精英、贵族阶层的社会理想，“院体”风格由于受到古代文人尤其是社会精英们审美情趣的影响，饱含典雅高贵、超凡脱俗的文化气息。王金忠大师认为，和田玉高贵典雅，玉德中所蕴含的仁、义、智、勇、洁，是一种超越现实的美，涵盖了中国传统社会的价值观，因此以和田玉为载体的玉雕作品更适合表达传统社会精英阶层对于美的认识。王金忠大师在传统题材上不断地探索创新，将绘画与玉雕两种艺术融为一体，创作出的作品富贵而不媚俗。《龙凤呈祥》这件作品的用料和造型风格尽显王金忠大师追求完美的精神，也向人们展示了他对传统玉雕文化的继承和发展。

王金忠：《龙凤呈祥》

理圆四德 智满金身

——中国玉雕大师王平作品《观音》赏析

文 许 彦

这件和田玉籽料作品《观音》出自海派玉雕大师王平之手，玉质温润细腻，造型简洁大气，线条流畅，雕工精湛，观音面相慈祥，宁静而深邃。

佛教题材是玉雕中常见的题材，观音，又称观音菩萨，或者也有观世音菩萨、观自在菩萨等不同叫法。从字面解释就是“观察（世间民众的）声音”的菩萨。有说是唐朝时为避讳皇帝李世民的名字，把“观世音菩萨”改成“观音菩萨”。观音不是世间真实存在的人物，按照佛家说法，观音心性柔和善良，仪态端庄，大慈大悲，度世间一切苦厄，具有无量的智慧和神通，是中国民间很受欢迎的形象。《大佛顶首楞严经妙心疏》中说，世间观音相皆是观世音的应身而非本相。观世音的应身有三十二数及三十三数之说，贴近民间的说法为三十三观音化身，玉雕中的观音造型也多依照这三十三种化身形象去雕刻。

王平大师选用了这块和田玉籽料表现观音这一题材，保留古朴儒雅的外皮，在其中奏刀雕琢而成一尊倚坐于山石云雾之中的观音，构图和谐，造型立体，和田白玉油润洁白的玉质使慈祥的观音更显高洁和亲切。而外皮上的寥寥数刀，则把云雾和山石表现得淋漓尽致，犹如在仙境之中。删繁就简，小中见大，无穷的意蕴藏于其中，足见作者“大气大势大手笔、大仁大义大风范”的艺术风格。

观音面部饱满、双目微启、目光低垂、神态静谧，体态丰腴，衣襟流畅，错落有致，手持莲花与净瓶，胸前饰有璎珞翠珠，高贵典雅，大度雍容，是以唐朝观音为范本创作的，具有鲜明的时代特征，与唐朝的审美相契合。唐朝观音最显著特点就是天庭饱满，地阁方圆。莲花出淤泥而不染，乃佛教宝物，象征佛与菩萨超脱红尘，四大皆空，佛教有“花开见佛性”之说，这里的花即指莲花。而观音手中的净瓶似乎吐纳天地，禅意尽显。雕件层次清晰，形象逼真，线条流畅而有力度，无论脸庞、发丝、衣襟或莲花，都凝聚着张力和生命力。风无形，却尽现，每一道曲线都是有来源有深意的，颇有“吴带当风”的气韵。

当中国传统文化碰上现代艺术审美，会擦出什么样的火花，在这里王平大师做了很到位的诠释，凭借他对传统题材的了解与对玉质的掌控，在习以为常的形式中突破常法，巧妙处理线与形、体与质的关系，用简洁凝练的刀法赋予玉石以生命，使其作品独具匠心。

王平：《观音》

自有怡然情趣 观望五子登科

——中国玉雕大师吴灶发作品《五子登科》赏析

董一丹

吴灶发大师的玉雕创作常以乡村田园生活中常见的珍禽走兽、山野田林间的花鸟鱼虫为题材。在整体把玩的舒服感、皮色的极致利用和设计的疏密简繁等方面做到了统一，这件《五子登科》便淋漓尽致地表现了作者的创作风格。

作品选用带有红色皮料的和田玉籽料进行创作，带皮的籽料为和田玉的上品。细腻、柔美的和田玉与简约、自然的作品风格相结合，呈现质朴、温馨的画面。

作品中的母鸡正带着五只小鸡在地面嬉戏觅食，可爱传神、乐趣横生。配景则是水桶、花枝、草丛等普通的生活场景。作品饱含浓郁纯美的田园气息。动物是主题，配景则是意境，精湛的工艺、简约的设计使得作品更加生动、自然。作者十分注重凸显玉石皮色的俏色雕琢，玉料上的红皮典雅艳丽，且有一定厚度，较为珍贵难得，作者在皮色之上匠心独运，以传神的浅浮雕手法塑造出五只雏鸡逐食时专注可爱的神态。母鸡造型占画面主体位置，形态饱满，线条流畅，富有张力。小鸡环绕母鸡觅食，呈分散状构图，小鸡造型可爱，线条飘逸，富有弹性。白色玉料部分，浮雕的水桶造型质朴、写实，田园气息浓厚。水桶上方和左侧摇曳伸展的花枝聚合到画面中央，使得画面完整，立体统一。白玉雕刻部分颜色清新淡雅，造型简单准确，将俏色的动物雕刻部分衬托得更加精致传神。

作者将我国宋代传统工笔花鸟作品的独特神韵与现代美学中简约、抽象等艺术表现手法相融合，是传统与现代结合的臻品。富有寓意的趣味，对家乡的思念和回归自然的渴望，无不蕴涵其中。

“五子登科”来源于民间故事，后演化成传统吉祥图案，母鸡带着小鸡觅食，小鸡成功觅到食物，寄托了一般人家期望子弟获得科考成功的愿望。

作者利用田园的自然景象描述他心中的恬静，这正符合“唯美画派”的理念。作品中的画面趣味十足，手足之间嬉戏觅食的场景温馨可爱，鸡妈妈护子心切的场景更是感同身受，这正表达出了当今社会中，父母爱护子女，期望子女有所成就的心声。这种感情的呼应向我们展示了优美、和谐、平静与细腻中的真情流露，引发人们的情感，这种优美感使人愉快轻松，心态平和。

吴灶发：《五子登科》

血染千山道 蹄踏积雪残

——中国玉雕大师颜桂明作品《雄霸一方》赏析

文 潘 羽

如途艰辛义无返，一颗雄心壮志酬。《雄霸一方》是颜桂明大师新时期的代表作。此前，颜桂明大师由翡翠转向白玉，自传统题材步入花鸟山水，多年的积淀，使作品更加平易近人。《雄霸一方》融合作者的人生经历，黑白照应，无声的作品中酝酿着对生活的深厚感情。

作品大小并不如题，置于桌面正合适。方寸之间，布局错落有致，雕刻栩栩如生，圆润饱满，情态和谐，闲暇抬望眼，方知平平淡淡才是真。

当今社会成功的原因多种多样，条条大路通罗马，而雄霸一方的必经之路则是——坚持。作品虽展现出历经风雨后的沉稳与欢乐，却于细微之处刻上坚持的荣耀。

人生难免起起落落，或荆棘密布，或坎坷丛生，风霜过后，留下的痕迹如刀砍斧削般，直入人心。由此观之，作品中俏色的运用是点到即止，恰到好处。青花料黑白间杂，作品却以黑为主体，白色疤痕点缀其间。那手臂上的伤，成圈的泛着幽光，荡漾出陷阱的可怕，哪怕是长途跋涉，或是追寻猎物也不得不小心提防。再看那颈上的划痕，或许是年少轻狂，须知成功总是需要付出更多的汗水。

纵观整个作品，坎坷与艰辛已成过去式，却弥漫着欢笑打闹的和谐气氛。沾染的污泥尚未洗净，小熊兴冲冲地展示成果，顽皮地逗笑长辈，大灰熊威严中不乏仁慈，与小熊相互逗趣，行走中，另一个孩子也不甘寂寞，借力往大灰熊身上蹭，吼叫着吸引目光。作品采用写实与写意相结合的艺术形式，表现出历经奋斗后终有所成时其乐融融的生活情景。

颜桂明大师立于传统文化而又有所创新，作品中雄霸一方的威势收敛于稀松平常的嬉笑。灰熊毛色处理恰当，毛发细腻而富有光泽，于细微处展现作品深厚的底蕴。底衬与材料色彩搭配合适，空间感良好，将整体的情韵表现得淋漓尽致。功成名就，并未抛弃成就事业时那份爱拼才会赢的态度，而是在成功后更加热爱生活，热爱生活着的一方沃土。

颜桂明：《雄霸一方》

天佑大唐 生世雍容

——中国玉雕大师于雪涛作品《唐韵》赏析

董一丹

“一朝步入画卷，一日梦回千年，醉入莺歌燕舞，坐拥大唐遗风。”

《唐韵》完整地体现了于雪涛大师细腻、传神、故事性强的作品风格。与其说作者雕刻技艺的高超，令我们流连忘返，不如说他透过作品诉说的故事与情感更让我们动容。

该作品为原石随形雕刻，材质为和田籽料中的青花，黑白分明，莹润生辉。白色部分所占面积不大，但已然达到羊脂白玉的级别。作者将白玉部分雕琢成唐朝的佳人形象，借鉴敦煌飞天中人物神态刻画面部表情，丰润饱满的面部线条凸显雍容华贵的质感。无论她是皇宫内国色天香的嫔妃，还是长安城街头质朴清丽的民女，她于微醺入梦时透露出的那一丝安然之态，足以反衬出当时闻名世界的大唐盛世。特别是于雪涛大师将女子头顶的黄色玉皮巧雕成凤簪形象，富贵庄重之感呼之欲出，更显大唐女子气度不凡。

衬托人物形象的黑灰色玉料部分，恰好渲染了梦境的色彩，抑或是唐王朝的变化莫测，展示了虚实相容之态。雕刻图案稀疏错落，虽仅有几朵阴刻祥云衬托其上，却不乏精致之感，与白玉部分密集的雕刻纹饰形成了密与疏的对比关系。人物形象下面的灰白色祥云，烘托着佳人梦境，令人不免升起“往事如烟”之感。这三个部分形成了经典的黑、白、灰美术关系对比，在传统题材中又融入了现代美术思想，体现了古今、中西方艺术思想的融会贯通。

该作品雕刻手法细腻，雕刻的画面饱满，线面错落有致，线条连接流畅，表现了多种雕刻手法的完美结合：白玉部分浮雕效果饱满精致、黄色皮部分透雕效果妙趣横生、灰黑色部分阴刻技法效果精细流畅，更彰显了国画“留白” 的艺术思想。作品中大量运用了中国古代工艺美术的经典纹饰——云纹。卷曲的云纹回转自如，恰到好处，而云纹的堆积恰如高山之上的千年灵芝，取其延年益寿，吉祥安康之意。女子头顶的发簪，采用了千年以来一直沿用的宫廷吉祥纹饰——凤鸟纹，凤鸟纹的饱满造型淋漓尽致地体现出浓厚的盛唐风格。

《唐韵》的内容、设计和制作十分新颖生动，在以往的传统题材之中融入时代新意，充满现代气息的西方美学思想与精致的传统雕刻技法交相辉映，形、神、巧于一体。同时，注重人物的神态表现，在展现人物的同时又体现了很强的故事性，鲜活地呈现了大唐盛世所传递的雍容富贵的气息。

于雪涛：《唐韵》

满天星斗 光影流转

——中国玉雕大师俞艇作品《满天星薄胎籽料瓶》赏析

文 潘 羽

此件作品为苏州俞艇大师的薄胎器皿，取名《满天星薄胎籽料瓶》。薄胎玉器作品优则轻巧、秀丽，薄如蝉翼、轻若鸿毛、亮似琉璃，可称上“水磨磨玉薄如纸”。此件和田玉籽料薄胎瓶，色泽素雅，器型简约，润泽而不轻浮，壁薄而不失厚重，可谓薄胎玉器作品中的典范。

“薄胎玉器”的出现很早，如唐代的玉莲瓣纹杯、明代的白玉花形杯，器形较小、制作粗糙，发展至清代乾隆皇帝时期达到巅峰，设立皇家御作“薄胎西蕃作”，专为皇家制作具有波斯“痕都斯坦玉”风格的玉器，造型别致、纹饰精美。如今，俞艇大师继承了清代薄胎艺术的衣钵，综合现代的艺术思想、设计理念，制作出《满天星薄胎籽料瓶》这一精美的薄胎玉器作品。

作品精美绝伦，纹饰流畅，对材料的要求可谓苛刻，无绺无裂，纯净细腻，紧密坚韧的和田玉籽料是制作薄胎的上品。他人及俞艇本人制作薄胎玉器多使用青玉，因其色彩翠绿、阳正，透光看来晶莹剔透，深雕浅镂，层次分明。此件作品采用和田白玉制作薄胎玉器，制作过程中巧妙地利用籽料上的黑点，使作品薄而不虚浮，整体散发出典雅厚重、温润端庄的气息。

薄胎玉器难得在于其壁薄，不薄无以显其轻盈透澈，所谓薄如纸而轻如铢，对制作工艺有相当的要求。作品采用白玉籽料，过薄则失玉之温润，俞艇大师不放过任何一个细节，作品胎壁厚薄一致，胎体圆润饱满，使瓶上雕花熠熠生辉。

薄胎玉器以线条流畅，通体清澈透亮为基础，繁复精美的花纹错落有致地排列瓶面，则更显飘逸。作品以花卉纹为纹饰，底部饰以上仰的莲瓣纹，采用将西洋花卉的画法和伏地隐起的浮雕相结合的手法，充分表现花卉纹的层次感。纹饰繁复典雅，线条遒劲有力，而又不失圆润灵动，加上留白空间的处理，令布局疏密相间，光影明暗起伏，似乎有一种生机勃勃的动感张力蕴含其中。

苏州玉雕工艺的“空”“飘”“细”与传统文化碰撞擦出火花，《满天星薄胎籽料瓶》将薄胎器皿的轻盈与籽料的厚重相结合，顺逆光影流转，节奏层次丰富，静态融庄重雅致与轻盈飘逸于一体，令人震撼。

俞艇：《满天星薄胎籽料瓶》

昔为童稚不知愁

——中国玉雕大师张克钊作品《老鹰捉小鸡》赏析

于　帅

张克钊大师的作品可大致分为"丽人"和"乡土"两大系列，其中"乡土"系列又分为"童谣""村头""老伴"三大创作方向，《老鹰捉小鸡》这件作品正是"童谣"系列的优秀代表。作品采用独山玉精心雕琢出一群儿童在玩老鹰捉小鸡游戏的场景，嬉戏的儿童神情各异，形象生动，举手投足间无不洋溢欢乐喜悦之情，让人忍俊不禁，回味无穷。这件作品将儿童的天真无邪表现得淋漓尽致，童年的清脆笑声仿佛在耳边萦绕。不仅令观者触景生情，回忆起自己的童年往事而会心一笑。

独山玉质地多样，色彩万千，只有合理巧妙地利用材质来确定思路，才能创造出令人叹为观止的玉雕作品。创作者不仅要充分了解独山玉的材质特征，还需要有巧妙运用材质的智慧以及独具特色的创新思维，这也正是独山玉玉雕艺术最富魅力之处。张克钊大师选用独山玉黑白料作为这件作品的材质载体，黑白料在独山玉中十分常见，早期罕有关注，价格非常低

廉。然而，张克钊大师慧眼独具，发现这样强烈的黑白对比是其他玉石材质中少见的。他将黑白料巧妙地运用到独山玉玉雕创作之中，使玉雕人物形象更鲜明，画面效果更醒目，更能引起观赏者的注目。整件玉雕作品仅用黑白两色，却在无形之中张扬着独特的艺术魅力。

老子曾言，“常德不离，复归于婴儿”；孟子常语，“大人者，不失其赤子之心也”。中国古代艺术家历来主张“白首童心”。儿童是至真至纯的符号，未经过社会环境的影响，象征着人类真、善、美的本性。儿童特有的稚拙纯真，具有自然天成的质朴之美，他们处于一生中黎明时期色彩缤纷的世界，无忧无虑地享受着生命所带来的新奇与快乐，不觉令人感到羡慕和向往。

张克钊大师的“童谣”系列作品正是将这些童年温馨的记忆运用到艺术创作之中，作品发挥了丰富的想象力，构图简洁饱满，色彩对比鲜明，极富中原乡村浓郁的地域气息。这一系列作品展示出美好的愿望和质朴的审美，让观者不禁回溯那些寄寓着理想和回忆的童年时光，在对往昔的怀念中得到慰藉。童年记忆是生活对每一个人的慷慨馈赠，这一系列作品中的童稚形象正是这一精神家园的守护者。繁华喧嚣的现代社会中，人们劳于生计，沉浮奔波。当不堪重负的人们需要片刻憩息时，这些作品静默不语，默默地为他们的心灵提供一个停泊的港湾。

▲张克钊：《老鹰捉小鸡》

金戈铁马 驰骋沙场

——中国玉雕大师张明泉、黄迁作品《金戈铁马》赏析

文 于 明

“金戈闪耀、骏马披甲，将军挥戈出征，驰骋沙场、保家卫国，勇猛无敌。金戈铁马，壮哉！”这是张明泉、黄迁通过他们的作品《金戈铁马》向世人抒发的内心情怀。

《金戈铁马》由张明泉、黄迁先生精心设计和制作，作品依材料形状和特性设计施艺，选题立意匠心独具，精雕细琢巧夺天工。

作品选材和田白玉籽料，但这块籽料非常特殊，令张明泉着实费了一番心思。他的一位徐州朋友送来一颗原籽，皮色老熟，肉质白细，但有几处裂伤纵横交错，给设计工作带来了很大的障碍。在搁置多时后，他们开始去除材料中的伤裂。这个工作完成后，他们惊奇地发现，材料整体呈现出大小厚薄重叠的方块，从里到外透露着一个字——“硬”。面对如此“硬朗”的材料，张明泉陷入了沉思。

张明泉开始搜索他的知识储备和文化积累来设计这件作品，徐州朋友也特意收集了很多徐州博物馆的馆藏文献资料和宝贵图片来配合他的设计。苦思冥想之后，他要在徐州悠久的历史上下工夫。徐州——历史上的华夏九州之一，自古以来就因其北国锁钥，南国门户的地位而成为历代兵家必争之地。作为两汉文化的发源地，徐州素有“彭祖故国、刘邦故里、项羽故都”之称谓，历朝历代必经战火，因此也造就了徐州人豪爽粗犷的性格。联想到这位徐州朋友魁梧的身材，豪爽的性格，大气的为人，与这块又方又“硬”、成熟老到的材料及徐州悠久、沧桑的历史交织在一起，在张明泉脑海之中，清晰浮现出一幅“金戈铁马”的画面。

这件作品的形制近乎玉牌，只是它的牌片略厚，正反面略呈弧面凸起，牌片四角呈不规则的圆弧形。牌顶是简化的云形额首，简约流畅。牌片正面浅浮雕有马首、风格不一的卷云纹和“金戈铁马”四个篆字。背面是正面纹饰的延续，形态各异的卷云纹错落有致地排列着。侧面则利用原料的皮色巧雕一只玉樽，上饰更为飘逸的卷云纹和规整的回纹。

作品正面左上角低垂的马首目光炯炯有神，警惕地观察着周边环境，一幅神圣庄严、凛然不可侵犯的神情，仿佛进军的号角一吹起、冲杀的战鼓一擂响，身在“金戈铁马”旗帜背后整装待发的它，便像离弦的剑一样，扬蹄奋起，嘶叫狂奔，风驰电掣般冲向剿灭来犯之敌的沙场。它那紧绷的肌肉，紧束的缰绳，向世人展示着它奇伟的风骨和骄人的力量，这种寓动于静的描摹和表现，带给观者无限的画面遐想和强烈的视觉冲击。玉料上那黑色沁皮巧雕成的戈樽，象征着中国人“人不犯我，我不犯人，人若犯我，我必犯人”的处事原则。在层层叠叠的块面上篆刻的“金戈铁马”四个字，就像一面所向披靡的旗帜，大义凛然。四周衬刻的古朴大气、变化多端的秦汉风格纹饰，恰到好处地呼应了“金戈铁马”的主题。作品上这些风格迥异，鲜明丰富的纹饰刻画，表明了张明泉不愧为“纹饰大师”的称谓。

整件作品，选材独特、雕琢精美、形神兼备，布局合理，主题分明，表达准确。从外到内，从大到小，充满了方中带圆，刚柔并济的“形”，含蓄的硬朗中，透露出无需杀气的力量和泱泱大国自信的“神”。纹饰搭配的效果，则进一步生动展现和深化了作品蕴含的意义及主题。这一切使得作品既具有经典的历史血脉传承，又不乏鲜明的时代情感演绎，更为重要的是还具备了独特的地域特色展现，是一件设计、制作具优的作品。

张明泉、黄迁：《金戈铁马》

传国受命 鼎盛乾坤

——中国玉雕大师苏然作品《中华盛世鼎》赏析

文 白 静

《中华盛世鼎》是具有商周青铜风格的艺术精品，原料采用一整块加拿大碧玉，重量将近5吨，成品约1000斤。玉料色泽均匀，玉质上乘，毫无瑕疵，是极为难得的稀世美玉。设计制作由北京中鼎元总设计师、中国玉雕大师苏然女士与扬州玉雕厂、国家一级技师杭航先生共同完成，南北两派代表性大师精诚联袂，为作品融入了先进的创作理念和灵魂。两位玉雕师对《中华盛世鼎》的设计和制作经过多次论证，并在国内专家、文物考古学者的悉心指导下完成。他们观看博物馆珍藏青铜鼎实物，翻遍资料，从识料、审玉、立意、拿形、图稿、到精画制图，雕塑1:1鼎模，逐步请专家完善改定造型。从开始设计到定稿，前后花了无数个昼夜。

《中华盛世鼎》于2010年10月在第十一届中国工艺美术大师作品暨国际艺术博览会上获得“天工艺苑·百花杯”中国工艺美术精品奖金奖。口径68厘米，高82厘米，象征顺天顺道，顺风顺水，万福万寿，万顺万达。它姿呈三足鼎立，双耳高耸，折沿圆腹，兽腿圆足，满身纹饰。可谓传国之重宝、受命之符箓。在细密的云雷纹之上，各部分主纹饰各具形态。鼎身至足雕刻三层纹饰，以两周弦纹隔开，层次分明。鼎身上半部以螭龙纹作为主要纹饰，象征中华民族都是龙的传人；以双耳正下方为对角，对称饰以四排扉棱，象征着四方祥瑞，和谐安定。鼎腹部为简化兽面纹和云纹组成。三只鼎足的纹饰也匠心独具，在高凸的足上部各施以兽面。其造型、纹饰、工艺均达到极高的水平。《中华盛世鼎》周身图案昭示着中华腾飞，繁荣富强，和谐安定，承天顺道，永寿恒昌。宝鼎形体雄浑凝重，纹饰精美，线条流畅，整体造型古朴大气，雄伟祥和，美观庄重，彰显宫廷玉作的尊贵与气派。

鼎是所有青铜器中最能代表至高无上权力的礼器。历商至周，都把定都或建立王朝称为“定鼎”。鼎是我国青铜文化的代表，是文明的见证和载体。鼎又是旌功记绩的礼器。周代的国君或王公大臣在重大庆典或接受赏赐时都要铸鼎，以记载盛况。这种礼俗影响至今。随着意识形态的演化，鼎逐渐成为了王权的象征、国家的重宝。统治者往往以举国之力，来铸造大鼎。清乾隆帝曾命玉工仿商周青铜鼎，制作了一尊象征着国运和皇权的羊脂籽玉鼎。

盛世出重宝，大鼎降祥瑞。中鼎元倾力创作的《中华盛世鼎》尊崇古意，与青铜鼎所承载的华夏文明一脉相承，旨在以此作抒发浩然情志：“中华民族一定能够傲立于世界东方，开创中华太平盛世！”

一曲清音万般情

——中国玉雕大师张克钊作品《大唐飞歌》赏析

文 于 帅

飘逸的丝裙帛衣裹挟着婀娜玉体，含苞的墨色牡丹斜簪在如云高髻，仕女垂目颔首，面容清秀安详，仪态幽娴贞静。她手持俏雕琵琶，琴音袅袅，似在耳畔；燃香在侧，香雾氤氲，如临仙境。黑与白的精心取舍，妙构成露浓香凝的盛世红妆；动与静的生动刻画，律动着婉转流畅的霓裳飞歌；神与韵的精臻毕致，呈现出淡雅含蓄的美妙心事。造型细腻传神，线条流畅婉转，形象洒脱自然，既具雍容华贵之气，又有俏丽风情之姿，盛唐之开朗自信的形象宛然可见。这件作品《大唐飞歌》是张克钊大师独山玉雕"丽人"系列中不可不提的作品，代表了他人物创作古典美的探索方向。

张克钊大师的人物创作，不仅注重对形体相貌的描摹，更以精湛的雕刻技艺表现人物的神态气质，展现出人物的精神世界。这件作品色彩淡雅自然，质地温润光洁，富有古典雅致的浪漫情调，不仅对仕女形象进行细致刻画，更充分展现了传统仕女娴静柔媚的气质神韵。仕女体态微丰，浅浅笑容流露出风华绝代的魅力，举手投足之间充盈着盛唐自信活力的风貌。这件作品在造型和雕琢手法上也汲取了西方写实雕塑作品的精华，在中国传统玉雕的隽永意味之外，又借鉴了西方雕塑的立体和张力，典雅与生动并存。张克钊大师运用雕塑中的写实方法，以坚实玉质表现出了丝绸的轻盈质感，体现了衣衫重叠遮覆的飘逸感，在衣纹的转折中塑造出婀娜身躯，精巧细致，气韵动人。

仕女自古以来就是艺术家热衷于描绘的题材，历代艺术家以高洁的审美理想展现出这些气度高华的女子形象，塑造出兼具外表美与内在美的女性美典型，是艺术家心中至美的化身。正如诗中所言"秋水为神玉为骨"，玉石材质温润沁凉，最适于表现仕女冰清玉洁的高雅气质。独山玉质地丰富，色彩万千，可以为玉雕创作者提供广阔的创作空间。张克钊大师凭借自己对独山玉材质的理解，以材质独有的纹理和质感，塑造出仕女形神兼备、端庄静淑的古典之美，微妙的姿态和神韵入木三分，在平和静逸的氛围中展现出对美的欣赏和赞颂。

张克钊：《大唐飞歌》

太极元气 函三为一

——中国玉雕大师崔磊作品《函三为一》赏析

文 于 明

《函三为一》这件作品选材上乘、立意独到、琢艺精妙、意境清朗、内涵深刻，体现了崔磊大师精良的文化素质和出神入化的艺术表现力。

作品采用和田白玉籽料，玉质细腻油润，红皮亮丽夺目，色润俱佳，品质上乘。

崔磊大师在作品中以其独到的视角为我们诠释了天地万物之始的命题。《汉书·律历志上》云："太极元气，函三为一。"唐陈子昂《谏政理书》曰："元气者，天地之始，万物之祖。"函三的"三"系指天、地、人三种精神气。天有天神，即主宰宇宙之神及主司日月、星辰、风雨、生命等神；地有地邸，大地之神，《左转·昭公二十九年》载："土正曰'后土'"；人神为孔道圣人。

作品运用写实主义的艺术表现手法，生动形象地刻画了扶龙吐珠的天神"玉帝"、手持玉简的大地之神"后土"，以及孔道圣人"孔子"。他们肢体放松、面容闲适，既有神性的庄严，又不失人性的温和。作品对皮色的运用可谓绝妙，枣红的皮色被巧雕成"双龙吐珠"和一轮红日。龙的动与人物的静形成一种动静相宜的别样意趣。

崔磊大师的作品向来不同凡响，无论是其艺术表现上的创新，还是题材立意上的深远，常常给人震撼、引人深思。中国人常企慕天人合一的境界，崔磊大师以其作品《函三为一》，一方面劝诫我们不要因红尘的喧嚣而中断与天地元气的共生关系，另一方面则直观地为我们描摹了万物一体、天人无间断的和谐意境。这种诗意的憧憬绝佳地体现了艺术家对于人性的关怀之情。

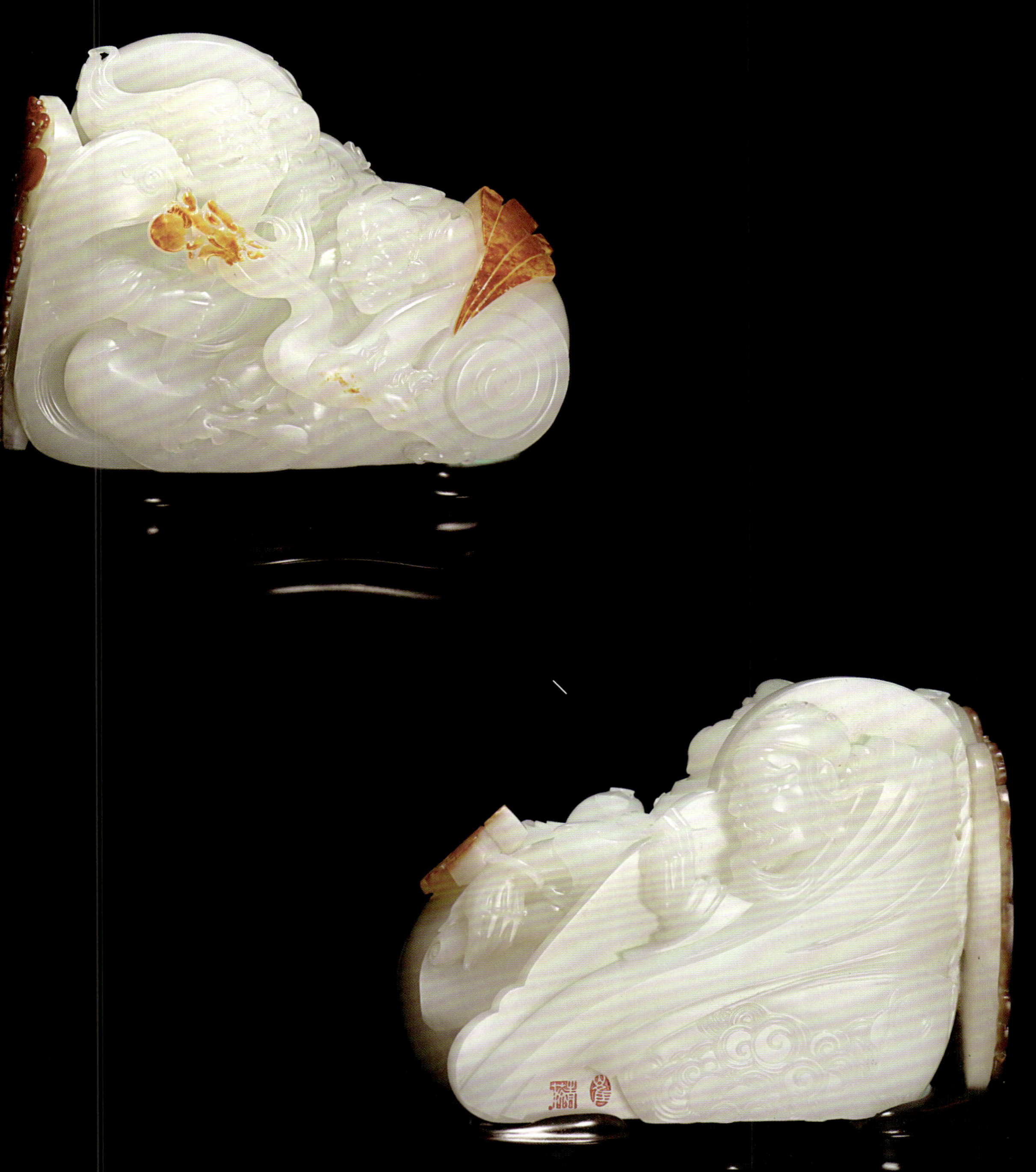

崔磊：《函三为一》

四灵佑护 四方吉祥

——中国玉雕大师黄文中作品《府上四圣》赏析

文 潘 羽

左有青龙名孟章，右有白虎名监兵，前有朱雀名陵光，后有玄武名执明，建节持幢，负背钟鼓，在吾前后左右，周迎数千万重。

2010年，黄文中大师巧妙运用传统吉祥图案，在仿古、明清玉雕的基础上大胆地创作，《府上四圣》就是他的一件创新代表作。

民间讲究“口彩”，以谐音类比寓意吉祥。作品以斧为主体，青龙、白虎、朱雀、玄武四圣兽盘踞四方，如此组合，寓意“府上四圣”。谐音的表现手法使得图案组合生动而有序，结合白玉籽料的温润内敛，并在周边饰以古代吉祥纹饰——回纹，丰富了作品的文化内涵。

我国古代军事中常有四象布阵图，早在战国时期即有“前朱雀后玄武，左青龙右白虎”的说法，究其来源，大抵是出自道教专门用于镇守道观山门的天神，青龙、白虎、朱雀、玄武各执一方，而为四灵。作品巧妙的构思和设计，使得流传至今的传统“四灵”文化直观明了，深入人心。

优秀的作品需要好的构思，尤其是原料有瑕疵时如何化解，更见大师功力。作品采用和田白玉籽料依形而制，玉料润白细腻，上覆枣红皮，美中不足有少许微裂。黄文中大师决定去裂纹以救料，在保持原料最大化的情况下，充分利用料形做斧。斧的正面上方尽去其裂而施刻朱雀，刨液成龙，结气成鸟，其气腾而为天的朱雀，神采飞扬而又威仪四射，正面下部借皮肉色彩对比巧雕虎面，白虎之刚猛立现；背面与之相呼应，仿古青龙翱翔其上，潜藏变化无尽；再将侧面巧妙勾勒，龟蛇合体的玄武威慑一方。四圣兽虎踞龙盘，雀舞龟伏，神斧携开山劈岭之威，永保四方平安。作品布局得当、纹饰华美、雕琢精湛、古意盎然，体现了作者深厚的文化底蕴和艺术修养。

青龙守东方，操控九天神雷之力；白虎守西方，百兽之长，战伐之神，操控龙卷暴风之力；朱雀守南方，众禽之长，操控焚火烈焰之力；玄武守北方，统摄万灵，操控寒冰风雪之力。四圣兽威猛刚劲，民间有“画虎于门，鬼不敢入”之说，在避邪，禳灾，惩恶扬善的同时为人们祈福，诠释着人们“镇宅辟邪”“家室平安”的美好愿望。作品将此意融于斧中，进一步希冀“府上无事，邪灵不侵”。结合四周勾勒出的回纹锁边，表现出“连绵不断、吉利永长”的富贵不到头的吉祥寓意，传达出对世事太平、平安生活愿景的向往。

▲黄文中：《府上四圣》

一片冰心在玉壶

——上海雅园系列作品《玉壶》赏析

文 张雅辉

“洛阳亲友如相问，一片冰心在玉壶”，诗人王昌龄在送别好友时，藉此诗表达自己对友人的一片赤诚和自己为官的清廉无私。冰心配玉壶，足见玉壶所蕴含的纯洁高尚的人格特质。亦足以可见，以玉制壶，在中国古代便已有之。

玉壶不同于紫砂，它除了承载着中国博大精深的壶文化以外，更是悠远闻名的玉文化的一种外在形制体现。所以，玉壶的创作，对于制壶人的审美修养有着极高的要求。多年来，紫砂壶已经形成了一套审美品评标准，而玉壶因为只是玉文化表现形制中的一小部分，所以并未有特定的标准。玉壶在紫砂壶的造型基础上要结合和田玉丰润圆融的特点，所制之壶，须形神兼备，神在形中求，韵在态中见。形者，点、线、面也；厚、薄、方、圆也；曲、直、转、折也。神者，即壶所流露出的神韵，或古朴、或玲珑、或素美、或疏刚、或挺拔、或隽秀。对于一把玉壶而言，寓神于形，方能生趣，如欲呈玲珑之意，则壶形当取小而薄，欲现古朴之境，则壶形应以厚重为宜， 更有寓诗文书画于壶者，可展阴刻、浮雕多重玉雕技法，以寄作者心境情怀。明清时期的紫砂壶因为有了文人的参与而彰显了其高雅的品格，成为一种情感与文化的体现，使紫砂文化到达了一个新的高度。玉壶同样会因为制作者的文化品位和审美意趣，成为玉文化中一种高雅的表现形制而流芳万年。雅园玉壶传承了中国古代玉文化和壶文化，成为当代三壶作品中较有代表性的作品。

▲上海雅园：《玉壶》

图一：以玉制壶，取材需规整、无瑕、一气贯通，故能制出一把好壶的玉材甚为难得。这款方壶选上品东北青玉籽，色泽沉稳庄重，质地莹润凝练，施以雅园精工，依法紫砂壶形为基础，方壶刚劲挺拔、端庄大度、规整有力。看似方正不阿，边角处却做了钝化处理，使其圆中寓方，别有趣味。壶身阴刻梅枝更添雅致，而铭文“乳泉霏雪沁我吟颊”喻此壶聚万物之灵气，乃万物之源，把壶品茗，谓之饮之水思之源矣！

▲上海雅园：《玉壶》

图二：井栏壶为紫砂壶中一经典器型，历经数百年而经久不衰，深受大众喜爱。这款高井栏选用上好的东北青玉籽重工打造。整壶看似简单，但做工精湛出色，整壶各部分比例协调工整。壶身自上而下逐渐扩充，周身皆由弧线构成，线条流畅极富张力。壶钮自盖面巧妙凸起，令壶重心上移，斜直向上的流和重心略下沉的环形把，打破壶身的曲线感，刚柔并济；壶身正面雕山石幽兰，浮雕与阴刻完美结合，阴阳相依；而反面阴刻："孤芳可挹，素淡堪移，"令整壶更具古风古韵。

▲上海雅园：《玉壶》

图三：秦砖汉瓦为中华文化之重器，清中叶以来尤受文人墨客的推崇，多有名家高手制作瓦当壶式，以现古朴之风。由于瓦当壶取线较难掌握，故一般壶匠不敢企及。此壶以东北青玉籽为材，取瓦当形体，造型奇古，构思巧妙。壶钮设计与壶身浑然一体，线条分明，做工精细，古韵盎然。此壶警示世人：凡事，全则半，半则全，欲求十全十美反而不及，无为而为，反倒有益，退一步海阔天空，曲则全，枉则直，极富人生处世之哲理。简洁大方，纯真无华、凝重朴净的个性尽显其中，可谓大方之家，美轮美奂。壶身一面阴刻一株翠竹，刀法刚劲有力，风骨可鉴，另一面的上方阴刻片片竹叶与前面的翠竹遥相呼应，下方阴刻诗文：“品出茗中香涩苦，历经世上欢忧乐。”竹以其君子之风自古为文人雅士所爱，而瓦当壶设计雅致，做工精细，加之是闻香品茗之具，故定能成为雅玩，令人不忍释手。

▲上海雅园：《玉壶》

图四：这把井栏壶采用整块东北青玉料雕琢而成，色泽纯美，玉质莹润，雕工可谓炉火纯青。井栏壶身阴刻盛开的菊花，不禁让人联想到陶渊明“采菊东篱下，悠然见南山”的田园生活，而壶身铭文“菊残犹有傲霜枝”更加凸显了文人不畏世俗的清高雅气！

▲上海雅园：《玉壶》

图五：雅园所制这把石瓢壶身呈梯形，曲线柔和流畅，造型浑厚朴拙。三足呈三角鼎立状支撑，给人以轻灵而稳重之感。壶体八字造型，亦曲亦直，曲中有直，直中见曲，皆显现简朴大方的气度。壶身阴刻梅花数枝，并刻铭文："品出茗中香涩苦。"一语道尽万千滋味，令人回味悠长！

无声的故事

——中国玉雕大师瞿利军作品《童年记忆》赏析

文 许 彦

那一年，那一天，风雨交加，除了影子，还有你……

有人说，童年，是手中的玩具，有人说，童年，是嬉笑的伙伴，也有人说，童年，是殷殷的希冀。记忆，总是喜欢追随着时间，多少画面在脑海渐渐模糊，而雨中的那一幕，我永远忘不掉。那时候，是个下午，我还小，犯了错，悄悄跑到小路上，不料天色大变，乌云遮盖了日光，阴阴沉沉，继而狂风大作，大雨瓢泼而至，小道边上的花草都被打蔫了，路上的泥巴也星星点点溅到了我的腿上，虽然是夏天，但是我却感觉到了阵阵的凉意。就在我最无助的时刻，头顶突然出现了一把雨伞，和你，我竟丢掉了我那小小的倔强，开始呜咽起来。雨后西下的夕阳，拉长了我们的影子……在你的庇护下，我茁壮成长，而你在我心中的形象，是那么的伟岸。

这是一件有故事的作品。瞿利军大师一改往日清丽俊秀的主题风格，开始用玉雕讲述有故事的情景。这件作品用墨玉做原料，玉质细腻，雕工精巧，料子颜色浓重而均匀，正好作为风雨交加时的天色，构思巧妙。左上角恰到好处的留皮，使作品富有现代感的同时又不失自然之趣。作者在雕刻中运用了雕塑的技法，奏刀如下笔，每一笔又都胸有成竹，整个画面在简洁的线条的勾勒下，亲子之情跃然“纸”上，似版画，也似剪影。观众凝视作品时可感觉到线条的动势和张力。作者突破传统的玉雕手法，顺着钻子的动势，用砣刀刻出密集的雨丝，猛烈地打在雨伞之上，线条是那么的有力度，而雨丝的走向倾斜着，散乱着，风，没刻出来，却能感觉到。画面上的刀痕看似随意，实则讲究，自然而然就把主人公身后的小路和花草丛也表现出来了，颇有油画的感觉，浑然天成，惟妙惟肖，而且有轻有重，层次分明。还有更妙的，牌子上不同的部分用了不同程度的抛光，作为主体的人物和影子，抛光程度最高，油润细腻，在画面中最为突出，天空和蜿蜒的小路抛光程度要弱，退到了画面的后方作为背景，而雨丝和雨滴部分则直接不抛光，是画面中有力的线条，如此到位的处理更加增强了画面的层次感，使之更加立体和明确。

这件作品的角度和构图也很巧妙。作者选择了一个合理的角度，儿童只有一个背影，撑伞人则是一个侧影，情节就在画面里。主体在画面的下方，显得稳稳当当，上方大量的留白表现着广阔的天空，主体的影子只出现了一部分，画面延伸到图像之外，而雨丝的走势又刚好与左上方的皮子相互呼应，最强烈的部分——雨、人、影和小路，正好构成了一个三角形，和谐而精妙。

作品是无声的，但是无论是作者还是观者，都是有情感的，有故事的。通过这件作品，谁都能看出来自己的故事，在困境中依然支持和保护自己的那个人也许是父亲，也许是别的亲人、朋友，也许是记忆里的某个人，这是一个每个人都能读懂的故事。

瞿利军大师在玉雕中营造画境，同时突破传统，推陈出新，用手中的玉料和刻刀去发现美，创造美，为新时代的玉石雕刻注入了鲜活的动力。

瞿利军：《童年记忆》

苍穹之美 尽在锦辉

——上海雅园作品《锦灰堆》赏析

董一丹

锦灰堆，又名“百岁图”“八破图”“集破”“打翻字纸篓”等,以残破的文物片段为构成要素，是中国画的一个特殊画种。起源于元代,盛行于清代。相传元代画家钱选酒后,信手将桌上所剩蚌壳、蟹脚、鸡翎、莲房等物画出,题款“锦灰堆”。后被用作描绘文人书房常见的杂物残片，如破旧不堪的字画、拓片、古书、画稿等，由于其给人古朴典雅的讯息，故深受文人雅士的喜爱，甚至被称为“非书胜于书,非画胜于画”。“锦灰堆”起初只是画家成画后对剩余笔墨的几笔游戏，通常是对书房一角的随意勾勒，翻开的字帖，废弃的画稿，参差的秃笔，杂乱无章、层层叠叠统统挤入画纸，好像打翻了的纸篓。书房物品，破烂的面貌，活像灰堆里拾出来的一样，这就是“锦灰堆”名称的由来。

这件《锦灰堆》，运用和田玉籽料进行雕刻，作品玉料细腻，韧性十足，皮色十分丰富。作者以其巧夺天工的构思，合理的布局以及精湛的工艺将籽料天生高贵的特性与作品典雅的主题进行了极好的融合。作品上残破、古老的传统图案，给人以无限的想象空间，黑黝不均的皮料更增添了作品的神秘与灵性，它就像一位老者以无声的语言给观者讲述着那些似水流年的过往，人类历史上的无数瞬间都在它的身上凝固、沉淀。作品在料皮上运用浅浮雕、薄意和阴刻等手法进行料皮巧雕，这样既可以使色彩不匀的料皮化腐朽为神奇，现出美丽多姿的纹饰，进而保留皮色最美的一面，又可不必打开玉料，从而保持玉料的完整性。作品雕刻的内容丰富，叙事感强，层次感十足。无论是市井气息浓厚的铜钱、酒盏，还是数尽风流的汉字书法，或是青龙白虎的行云叱咤，无不为作品增添一份厚重和生趣，让原本沧桑古朴、历史气息浓厚的玉料增添一份灵秀和生气。特别值得一提的是，作品玉料的颜色关系处理得极为恰当，中国美学理念应用其中，适当的留白空间更凸显其高雅的韵味，而留白空间隐约浮现的饕餮纹更是将作品的历史厚重感淋漓尽致地呈现出来，神秘而又庄重的气息扑面而来。无论是书体的古朴韵味，还是八卦图案的博学精深，都足以让我们感受到作者纯熟的艺术造诣和深厚的文化积累。

《锦灰堆》更像是一场浓缩的文化盛宴，中华文明的精华跃然石上，它用自己的方式向我们传递着华夏文明的源远流长，隶书的翻云行传，楷书的工整一气，“秦汉一月”，“乾隆丁未”无不都是华夏文明之河中的浪花。它抑或又是历史的旁观者，承载着无数风流人物的豪气，流传着大江东去的恢弘，静观着天边的云卷云舒，承受着历史的潮起潮落。辉煌散尽，铅华洗去，苍穹之下，终现青天。

上海雅园：《锦灰堆》

寿山福海 花开见佛

——豆中强先生作品《福山寿海 花开见佛》赏析

文 张 格

“瑞日当天。对绛阙蓬莱，非雾非烟。翠光覆禁苑。正淑景芳妍。采仗和风细转。御香飘满黄金殿。喜万国会朝，千官拜舞，亿兆同欢。福祉如山如川。应玉渚流虹，璇枢飞电。八音奏舜韶，庆玉烛调元。岁岁龙与凤辇。九重春醉蟠桃宴。天下太平，祝吾皇，寿与天地齐年。”

这是出自宋末元初年间赵孟頫《宋雪斋文集》中的一首词，名为《长寿仙》。福寿绵长，千百年来是古代帝王苦苦追寻的目标，但这终归是人们美好的期许和愿望，愿可福寿绵长，松柏齐肩。这件《福山寿海 花开见佛》作品是玉雕名家豆中强先生精心创作完成的，凭借其高超的玉雕技艺为我们展开了一幅蓬勃壮丽与宁静悠远并存的画卷。作品巧妙地利用玉石原有的颜色差异进行巧雕创作，不论是玉石油润的光泽、柔和的色彩还是精妙的主题元素都相辅相成，相得益彰。作者独具匠心的创意思维赋予作品更深刻的内涵之美。这一切使得这件作品成为值得赞誉与赏玩的佳作。

豆中强先生擅长仿古玉雕作品的刻画，工艺精湛，以情带意，出古入新，将艺术与美玉相结合，其作品所表达的文化内涵极为丰沛，充满了古香古韵的气息，《福山寿海 花开见佛》正是这样的一件作品。

“华屋珠帘，寿山福海，别是风烟。”该作品取和田玉为材，原石为一件黑皮的籽料，手掌般大小，内部为浓郁的褐红色到褐黄色渐变的糖色，沁色过渡柔缓自然，结构温润细腻，属于和田玉籽料中最为难得的黄玉，可谓玉之上品，甚为罕见。作者保留了玉石的天然外形与部分石皮，那略带沧桑的料皮，与玉肉交相辉映，通透宛若自然的精灵。除了保留石皮的部分外，内部纹样的设计更是精妙绝伦。作者将石料层层剥离，犹如庖丁解牛，最为可贵的是不仅将玉石内部的瑕疵去掉而且还将玉肉油润的质地展现出来。作者尤为惜料如金，他巧妙地将浅黄色的浆石俏色雕成蝙蝠与灵芝的纹样。蝙蝠，又称蝠鼠，在中国文化中最为常见，被人们视为瑞兽，在很多传统挂饰上都会使用蝙蝠的造型，寓意“福到”，这是因为蝙蝠的“蝠”与“福”同音。蝙蝠的造型在我国民族传统艺术中是值得骄傲的创作，人们用自己丰富的想象和大胆的变形移情手法，把原来并不美的蝙蝠形象变得翅卷翔云，风度翩翩。作品正面山峦俊秀，海水和缓，波涛轻拍着山石，五只舒展自如的蝙蝠上下盘旋，几束灵芝悠闲地生长在山石上，一幅波澜不惊、逍遥自在、“福山寿海”“五福捧寿”的祥瑞景象。画面构图丰满，布局完整，山、海、蝙蝠相映成趣，表达了中国吉祥文化的内涵。作品背面则是另一幅景象，上半部分呈现这样的画面：山顶烟雾缭绕间一位僧人安静盘坐，一炷心香，静默观世，放下尘念的执着，便可圆满。下半部分大片光素部分简约地塑造成莲叶模样。山中烟雾层层叠叠，此起彼伏，具有丰富的层次感与韵律感。作者并未将僧人的形象诠释得过于复杂，就是如此简约地勾勒依然能感受到僧人眉宇间那安静祥和。行云流水的烟雾，一位冥想的僧人，世间万物回到最初的本真，发人深省，引人感悟。花开见佛,花落得道,瞬间即成永恒。真正得道的人便可福山寿海、花开见佛。佛教有“花开见佛性”之说，人有了莲的特性、心境，有了莲的智慧和境界就自然出现了佛性。人生应莲，安详则步步生莲。作者更多的在作品中传递着佛家精神，宁静致远，使人一时间忘却了它是手中温润的玉，不由得走进画境中，无法自拔。

豆中强先生认为玉雕是对古文化的一种尊敬与传承，可以反映时代的文化特点与思想诉求，应该具有古玉的韵味又迎合现代人审美需要。豆中强先生以其独到深刻的思想感悟和巧夺天工的治玉工艺，赋予了《福山寿海 花开见佛》这一作品新的灵魂，既给观者带来赏心悦目的美感，及吉祥如意的感受，又为我们的心灵带来启迪，发人深省，引人深思。

豆中强：《福山寿海 花开见佛》正面

豆中强：《福山寿海 花开见佛》背面

学界心语

中国学者对中国玉器的关注和研究已有相当长的历史，并在各个时期都出现过一些有造诣、有建树的玉器研究专业人士。北宋时期吕大临的《考古图》中就包含一定数量的玉器。清末学者吴大澂的《古玉图考》是一部学术性的古玉研究专著，他把玉器的考据研究同历史的研究联系了起来，对中国古代玉器研究具有里程碑式的意义。

到了当代，如何继续传承和弘扬博大精深的中国玉文化，如何进一步推动中国玉文化的深入研究和宣传普及工作，引导当代玉石行业健康有序的发展，是当代玉石界学人一直在思考，也一直在践行的主题。他们站在行业和文化的高度深研细究，大视野，微观察，为当代玉石行业把脉。理思路，找出路，为提振玉器市场献计。

2014年，全国多场玉器玉文化学术会议、名家论坛、培训讲座等活动的举办，一系列研究论文、学术专著的出版，以及一些行业标准和鉴定标准的制定，为中国玉文化研究和当代玉雕创新注入了新的生机和活力。《中国玉器年鉴（2015）》之“学界心语”专栏即选取几位业内学者近期撰写的有思想、有观点、有内容、有理据、有影响的文章和大家共享。

（王海峰）

当代玉文化内容探讨

于　明

一、玉、玉器、文化、玉文化

玉，许慎在《说文解字》中释玉为“石之美（者）”。夏鼐先生认为，“玉在中国古代文献中，是指一切温润而有光泽的美石”。杨伯达先生定义为：“玉是远古人们在选择石料制造工具的长达数万年的过程中，经筛选确认的具有社会性及珍宝性的一种特殊矿石。”

玉器是以玉（石）为原料，按特定的工艺方法和流程所雕琢成的器物。

文化是指人类在其发展过程中逐步积累起来的跟自身生活相关的知识或经验，是其适应自然或周围环境的体现，是其认识自身与其他生物的体现。是一个国家或民族的历史地理、风土人情、传统习俗、行为方式、思考习惯、价值观念、文学艺术等方面的集中体现。文化的本质就是非强制性的影响力

玉文化是以玉器为载体，所形成的自然崇拜、典章制度、道德标准、信仰习俗、观念意识、艺术风格等方面的社会文化功能，是表现中华民族在其发展过程中的社会结构和精神面貌的文化现象。

中国玉文化是贯穿整个中国文明史的一种文化现象，萌芽于新石器时代早期，产生于新石器时代中晚期，发展于历代奴隶制和封建制国家时期，成熟于今天。它逐步地渗透到社会生活的各个领域，稳固地植根于华夏民族的心灵之中，对中国历史发展和传统文化的形成产生了至关重要的影响和不可低估的作用。

▲ 佛手形玉花插

中国玉文化是建立在玉的自然美和人工美的基础上，经过人们对玉器的神秘化、政治化和人格化的演绎和发展，长期积淀形成的文化现象。其内涵既包括以其质坚、性温、美观而久享盛名的材料物质文化，也包括在此基础上派生出来的，以其“温润而泽”“瑜不掩瑕”“气如长虹”等美德而广为历代仁人君子所推崇的人文精神文化。

二、中国古代玉文化的基本内容

中国古代玉文化的基本内容，概括起来主要有如下几个方面。

（一）玉是美丽的承载物

原始先民在制作石器的过程中发现了独具美质的玉，爱不释手之余，便倾其智慧和心血精雕细琢，并将其美好的情感和愿望融入其中，美妙神奇的玉器便产生了。先民们首先想到的是用这美丽的玉器来装饰自己，当然，这绝不是普通人享用得起的。玉器在近万年前首先是以装饰品的身份登上历史舞台的，以后在历朝历代就再也没有缺少过玉制装饰品的身影。从最初的人体装饰品逐渐发展到人们衣食住行各个领域的装饰物，足见人们对玉之美的喜爱程度。玉之美主要体现在三个方面：玉材之美、雕琢之美和意蕴之美。

首先，玉材美。我国古代艺术品，其材料本身即具美质的，莫过于玉器。将玉视为天下至美之材的观念，是构筑中国玉文化的物质基础。玉，质地细腻、折光柔和、颜色鲜艳、声音美妙。玉之美，是天然的美，是永恒的美，在不同的时代以不同的身份充当通神的媒介。

其次，雕琢美。唐太宗说过：“玉虽有美质，在于石间，不值良工琢磨，与瓦砾不别。”意思是说，石中之玉虽有美的本质，但不经过精雕细琢，与破瓦乱石没有区别。故古人云：“玉不琢，不成器；人不学，不成材。”琢磨璞玉，美玉出焉。琢磨君子，圣贤出焉。著名的和氏璧便是“理其皮而得宝”。可见，美玉来自人为，美玉来自创造。雕琢美就是玉器创作的艺术美。只有将璞玉雕琢成包含民族智慧和心血的玉器，才能使玉石的美感得到充分显现，使人们感受到玉的美好，在感叹大自然的造化和玉人鬼斧神工的琢艺的同时，产生美好动人的联想，而将其最恰如其分地使用。这样的玉器才具有无限的魅力和无比珍贵的历史和艺术价值。

再次，意蕴美。人们总是热爱美、欣赏美和崇拜美。不同时代有不同的审美风尚和审美标准。不同的阶级及其代表人物也会赋予美以不同的内涵。因此，玉

▲ 直线纹玉炉

器的意蕴之美在不同的时代也会有不同的解释。但无论如何，它总是美好事物的代名词，是人们内心美好情感的抒发。

这一因素一直贯穿于近万年的中国历史。

（二）玉是通神的媒介

在自然崇拜的年代，人们威慑于玉的神奇瑰丽和珍惜难得，又无法正确认识玉的真正来源，因而认为玉是由天地之灵化生、山水之神凝聚而成的“神物”。孔子曰，“山之精为玉”。《财货流源》云：“玉，天地之精也。”管子说，“玉者阳之阴也，故胜水，其化如神”。《越绝书》记风胡子说，“夫玉亦神物也”。在古人看来，玉既然是神灵之物，就应该有灵异之功。因而他们便把玉推崇为事物之尊者，并赋予其神奇的功能。这样，玉便从“美化”达到了“神化”的境界。

首先，神器或法器。原始先民在长期的生存斗争中，对于各种自然现象和社会现象产生误解和迷茫，进而形成错误的观念，产生了自然崇拜、图腾崇拜和祖先崇拜的原始宗教，并由初始的人人可以通神，逐步演化为由专人（巫觋）使用专门的神器或法器来完成宗教使命。新石器时代中晚期，玉神器或法器在原始宗教活动中占有至关重要的地位，如红山文化的玉龙和勾云形玉佩、良渚文化的玉璧和玉琮等。这是因为原始人认为玉具有神奇的生命力和不可抗拒的魔力，能够呼风唤雨、驱神使鬼，因而具有沟通天地神灵的功能。正如《说文》所说的：

“靈，灵巫，以玉事神。”

主要表现在新石器时代。

其次，祭器。到了奴隶社会，玉器更是作为礼制之符瑞而为王室的宗教活动服务。“六器”就是商周时期祭祀自然神的玉祭器。《周礼》曰：“以玉作六器，以礼天地四方，以苍璧礼天，以黄琮礼地，以青圭礼东方，以赤璋礼南方，以白琥礼西方，以玄璜礼北方。”就是选择与天地、东西南北色泽相近的玉石，做成祭器。这一祭祀制度为后世历代封建帝王所承袭。

主要表现在西周时期。

再次，葬器。这里所说的葬器是指那些专门为保护尸体而制作的随葬玉器，而不是泛指一切随葬在墓中的玉器。古人认为灵魂不灭，故帝王和贵族们死后用玉覆面、玉塞和金缕玉衣等玉器殓葬。希望既可以保护尸体不朽，又可以为逝者招魂，借助玉器的神力使灵魂回归或升天，从而实现生命复生或尸解成仙，进而达到永生的目的。

主要表现在新石器到汉代。

（三）玉是辟邪之物

▲玉瑞饰

古人对自然界的不测风云和人世间的旦夕祸福感到恐惧和无助，只能求助于神灵的庇护和赐福。由于古人认为玉具有超自然的力量，因而玉便成为带有神灵气息的，能够趋吉避凶的吉祥物。这一说法相信玉具有超自然的力量，认为将玉制品供人佩饰或使用，可增加精神上和心理上的抵抗力量，防御邪气的侵袭，扫除鬼祟的祸患，保障人和物的安全和吉祥。这种说法在古文文献中记载也很多。例《拾遗记·高辛》载：“丹丘之地有夜叉驹跋之鬼，能以赤马瑙为瓶盂及乐器，皆精妙轻丽，中国人有用者，则魅不能逢之。”人类希望玉能驱邪避凶。古人认为将玉制成佩饰和器具，可以增强精神上的抵抗力量，防御邪气的侵袭和鬼祟的祸患。如“刚卯”“严卯”“玉翁仲”等的流行。清代《红楼梦》中主人公贾宝玉所佩戴的通灵宝玉就属护身符。

历代都有，汉代最为盛行。

（四）玉是王权的标志

以玉器显示权力、地位的现象在新石器时代晚期就已出现，这表明了此时社会已经分化，统治集团已经形成，并行使着政治、军事、宗教等各方面的统治权力。周代以后，统治阶级为了维护封建礼制，制作了大量的玉制礼器和礼仪佩饰，二者都是权力的象征和等级的标志，都属于政治用玉的范畴。《周礼》《礼仪》《礼记》等文献记载了西周有着体现等级功能玉器的名称、形制、规格与用途。用玉制度森严、繁密。据《周礼》记载：“以玉作六瑞，以等邦国：王执镇圭，公执桓圭，侯执信圭，伯执躬圭，子执谷璧，男执蒲璧。”这里的六瑞之镇圭、恒圭、信圭、躬圭、古璧和蒲璧分别是天子和公、侯、伯、子、男五等高级职官的瑞信之物。明确规定了所处的等级不同，所持的玉器也不同。此后，历朝历代都对不同的等级持何种礼器、佩何种玉饰作出了严格的规定，以避免等级的混乱与僭越。古代的玉礼制度，既可用来标志地位身份，也可用来昭示权势尊卑。

西周时期表现最为突出。

（五）玉是德操的象征

古人将玉石本身所固有的自然品质和当时人们对于善恶、是非、荣辱、美丑的观念糅合在一起，加以拟人化的解释，作为评价和判断人们行为的标准，形成了“君子比德于玉”的观念，产生了“玉德”学说。这种学说在中国玉文化史流传最广、持续最久、影响最深。它使玉从“玉性美”升华到了“人性美”的境界。

玉德学说起源于两周的佩玉风习，确立于东周礼崩乐坏，诸子并起，百家争鸣的时代。《礼记 · 聘义》中记载了孔子这样一段话：“昔者君子比德于玉焉。温润而泽，仁也；缜密以栗，知也；廉而不刿，义也；垂之如队，礼也；叩之，其声清越以长，其终诎然，乐也；瑕不掩瑜，瑜不掩瑕，忠也；孚尹旁达，信也；气如白虹，天也；精神见于山川，地也；圭璋特达，德也；天下莫不贵者，道也。”孔子提出的玉的这十一种德性，显然是与封建社会的意识形态相适应的，可谓儒家道德规范之大全。与此相仿，管子说玉有九德，荀子说玉有七德。都是

▲ 碧玉“皇帝奉天之宝”玺

对玉的道德内涵进行了分析，强调了玉的可贵之处不在于外在的美，而在其内涵与人的精神世界彼此相通。到了汉代，“独尊儒术”，“玉德”理论得到了进一步的提炼和强化。刘向《说苑》说玉有“六美”之德，而许慎《说文》则对孔子十一德进行了提炼和概括，提出玉有仁、义、智、勇、洁“五德”，即“润泽以温，仁之方也；䚡理自外可以知中，义之方也；其声舒扬专以远闻，智之方也；不挠而折，勇之方也；锐廉而不忮，絜之方也”。以上各种论述的共同之处，都是把玉石在质地、光泽、硬度、纹路、音色等方面的优良品质和封建社会的道德规范紧密地联系在一起。

春秋至汉代时期尤为突出。

（六）玉是富贵的显示

玉既为天下至美之物，又具沟通神灵之力，且为德行操守之师，焉有不成为人间至宝之理。自古以来，玉即被视为国之重器和传家之宝而世代流传。自史传说秦以价值连城的“和氏璧”刻传国玉玺后，历代帝王皆以美玉为宝玺，成为天命皇权的象征。同时，玉在古代曾直接表现为财富，在商品交换中作为货币流通使用。《管子》说：“先王以珠玉为上币，黄金为中币，刀布为下币。”玉有时也可交换、贸易或馈赠，成为富有财富的象征。

战国直至清代都有。

（七）玉是延年的药物

古人认为食玉可以长生成仙。古代所谓的“玉屑”、“玉膏”都是可以食用的玉制品。其功效是“服之常年不老”，“服之成仙”。对玉能延年益寿之说宣传最多的，是道家的学术和法术。葛洪在《抱朴子》“仙药”一卷中说，“玉亦药而”，又说：“服金者寿如金，服玉者寿如玉。”虽然这种说法有些荒诞无稽，但部分玉石确有医疗作用。李时珍在《本草纲目》中就专门记载了玉类药物的性能和疗效；古人将玉作为供人服食的物品，还有另外一层含义。《周礼》在规定玉府职能时，就明确地规定了一条：“王斋则共食玉。”这里所说的食玉则与祭祀鬼神活动及某种宫廷仪式有关。

东汉至唐最为突出。

（八）玉是吉祥的载体

古人以玉祈求吉祥时，往往借助于雕刻在玉器上的吉祥语和吉祥图来达到祥瑞的心理暗示。唐代以后，各种吉祥图案和造型的玉器非常普遍，可谓“图必有意，意必吉祥”。表现手法或直观，或暗喻。玉文化富含神话与宗教文化内容。大多玉器的造型、纹饰，总体上都与神话和宗教文化有关，或就是它们的种种情节、故事的再现。其实玉器的神话与宗教文化题材只是形式及手段，玉器的内涵、意义和价值，却是生动活泼、丰富多彩的吉祥文化。

唐以后尤为突出。

概括地说，中国历代的玉文化表现为：

新石器时代玉文化：事神文化

商代到汉代玉文化：王权与道德文化

唐代到清代玉文化：民俗文化。

三、中国当代玉文化应包含的内容

总结历代玉文化的内容，结合当今文化特点，笔者认为，中国当代玉文化应包括，材料文化（辟邪去祟），道德文化（比德与玉），生命文化（平安长寿、长生不老），传承文化（世代相传），理想文化（社会和谐），吉祥文化（家庭和睦、国泰民安）。

（1）材料文化：玉器的材料是中国玉文化存在的物质基础，材料的美以及玉本身所体现出来的神秘元素是玉文化的前提与保障。当今玉文化应继承及发扬

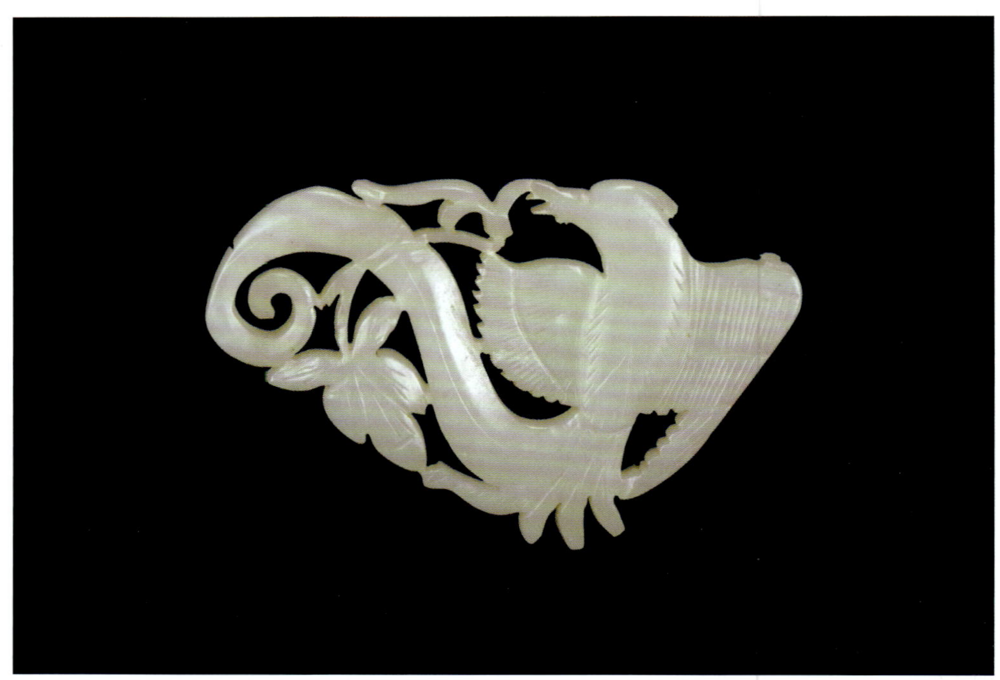

▲鸟衔花形玉佩

玉器材料的功能，特别是使玉自身具有的辟邪护身辟凶祁祥等功能，在当代能够得以最大限度地发挥与体现。

玉文化作为载体，单独表现这一思想，是通过辟凶祈祥等形式来表达的。

（2）道德文化：历史上玉已经从石性美上升为人性美，产生了“君子比德于玉”的思想。今天的玉文化也包含着道德文化的含义，它是基于材料文化基础之上，又表现材料文化的文化现象。

（3）生命文化：人的生命是有限的，延长有限的生命及让有限的生命更有意义是每个人的追求，长生进而长乐是当今人们共同的理想。玉器的立意与形式，就要表现这一思想。人们追求生命无限，但现实的生命又不可能无限，因而对生命极限超越的追求成为个体及民族的愿望。

人本性的求生欲，促发了永恒欲，追求个体生命的永恒，是每个人的理想，这种对个人、家庭和家族的永恒的追求，汇集成对民族和国家永恒的追求，才是生命文化的价值所在。玉文化的生命文化思想，赞扬生命的精神；将个人的永恒，推向人生的永恒，进而达到民族和国家的永恒。

（4）传承文化：玉器的材料是不朽的，是文化传承的最好载体，是中国文化最有说服力的载体，它无论以何种内容表现文化，都有可能传承到后世。单个个体的文化传承最后汇集成民族文化的传承，突破家庭、家族本位，通过家族昌盛、福祐子孙，延伸到民族和国家利益，从而达到国泰民安、永世康宁。

▲青玉迦楼罗神鸟

（5）理想文化：理想文化本身是超越生命极限，去追求至美至祥的天国，将各种宗教积极因素在玉文化的理想文化中得到体现。各种宗教形式都在以梦幻的但美好的情形来回答生命的终结，这种美好的理想，在中国当代玉文化中得到了体现。特别是理想文化的玉器将现实生活同神话及宗教结合起来，呈现出浓郁的理想与现实不断交替的生活气息和神秘色彩，达到了身心时刻处于平和与安静的状态，表达对人生、理想、世界及宇宙的观点，继而达到整个社会和谐的效果。

（6）吉祥文化：玉器吉祥文化是以上文化的综合表现形式。玉文化的吉祥文化最高表现形式是吉祥思想在玉器中的体现。这些吉祥思想是历史学、神话学、宗教学、哲学、美学相结合的共同表现，是在神话、宗教及民俗的基础上所表达的生活现实同理想追求的一致性。玉文化的吉祥文化以自由、浪漫与和谐的形式，表现人生价值的最高意趣。

▲《刘海戏金蟾》（雅园早期作品）

思考当代玉雕

文 陆 华

2015年，中国当代玉雕发展已经到了分水岭。

作为引领当代玉雕发展领军角色的海派玉雕，那种以“文化属性”为代表的诉求早已过了临界点，它以“城市的先觉、历史的累积、文化的底蕴、精工的基础和市场的合力”，创作出的“料好、件大、工精和意新”的作品，满足了改革开放时代第一代富贵人群蕴藏心中的传统需求。而产品的量小和需大的矛盾，让传统玉雕具备了消费、经营、收藏和投资的属性；加上收藏意识和金融资本的驱动，使得当代玉雕形成了长达10多年的价格上升期。当代玉雕，恢复了具有8000年历史的玉在中国人心中的位置，客观上传承着玉本身内藏的伦理道德价值观和修身养性人文感，弥合了中国百多年断裂的文化缝口，让今人渐渐有了回归中华优秀文化价值的可能。

而近几年风起云涌的苏帮玉雕，以自发造就的“民玉属性”的市场，真正隐含着符合时代特性的价值趋向，它以“材质丰富、功能诉求、件小工精和价格合理”，满足了蕴藏广大需求的百姓市场，开拓了玉雕的又一个新时代。

众所周知，这个前所未有的时代使得传统的中国有了更多的丰富性、更大的可能性和更快的变化性，这个具有农业社会、工业社会和互联网社会多重内质的

▲《佛境》牌

社会，今天更是面临着社会、经济、生活、财富和审美结构的大起底，大变革，而逐渐成为消费主体的80、90后和00后，他们生活的习惯、价值的普适和审美的时代与以往的社会有了翻天覆地的变化。传统玉雕，怎么正视现实？怎么传承国粹？已成了当代玉雕从业人员必须面对的问题。尤其是当今面临的移动互联网时代，世界更小了，价值观更趋同了，具有中国传统文化基因的玉雕怎样发展，更是想绕也绕不开的课题。

一、产品和作品

今天，我们已经有了比较成熟的玉雕评奖系统，据不完全统计，国家和地方有影响的玉雕评选不会少于十多个。而每个奖项每年评选出的金奖少则三十多个，多则百来个，一年下来全国应该会产生近千个金奖作品，它们应该是代表了本年度最具代表的优秀作品。尤其是那些创新、艺术等奖项更是让玉雕有了艺术的原素。至于玉雕大师、玉雕艺术大师和工艺美术大师，地方和全国一二年也会评出三、五百个。其实，不管金奖或大师评选，每年送选都是“挤破头”、“打出血”的“华山一条路”现象，而每次评选总是“公正公平”“严格筛选”的“优中选优”结果，可是评出的金奖和大师并没显出“让人眼睛一亮”的作品和人，近年来更有每况愈下的趋势。而这二年新办的奖项越来越多，征评产品在数量上和质量上却越来越难，更不用说有出跳的作品出现。

从属性上理解，玉雕起始应该不从属于文化范畴。历史上的玉器，8000年来的每一次发现、形成、变化和发展，都附会着神性、圣性和俗性的历史规律的诉求，满足着那时人们的祈祷、权属和护佑等生活和精神功能。随着时间的流逝，当失去了实用功用后，这一件件玉器才慢慢显示出那个特定时代的伦理道德、工艺特质和美学价值，后人才会运用各自时代的民族、地域、价值、文化等眼光去理解它，解释它，直至传播。新中国成立后，计划经济的玉雕归了工艺美术行业，归了轻工业系统，要的是出口换汇。改革开放后体制内的企业依然延续着玉雕的“文化属性”，生产着“红楼梦”“封神榜”和“红军不怕远征难”，直到市场经济的到来，中国香港、台湾收藏热推动了当代玉雕生产者、产品和工艺的回归，玉牌、玩件、炉瓶和摆件等实用功能慢慢显示。

其实，“产品”和“作品”的区别，就在于功能价值中的“实用功能”和“精神功能”，实用功能是必须解决、直接满足，就如“吃饭”；精神功能是完成实用功能后的愉悦，就如“美食”。再如“送子观音”玉牌，“求子”就是实用功能，“送子观音”温馨画面和玉牌玩摩就能产生精神功能。那么，具备实用功能的玉雕“产品”的组成应该是材料、诉求和工艺属于商品属性，它的生活功能和使用功能，决定了生产者追求的是相对标准化和绝对诚信制，对于购买者满足的是实际功用和货真价实。同样，在材料、诉求和工艺的价值基础上，相对减弱实际功用却多了精神效应，多了表现、联想、情感，也有了“作品”的可能性。

今天，人们需要“作品”，也需要“产品”，则是更需要“产品”回到“产品”位置，“作品”回到“作品”位置而已。当我们承认玉雕的商品属性，就让商品更具功能化、实用性，就需要按需生产、按质制作，回归工匠精神；当我们期待玉雕的文化属性，就让作品注入责任、人文、审美等时代特性。

二、功能和艺术

功能发现是当代玉雕的课题，是工业、商业和互联网社会发展到今天必须解决的问题，无论从生产、经营和买家层面，都是不容忽视的。首先，我们需要回归去理解传统玉雕文化下的实用诉求，那些传统人物、山水、花鸟的表现、功用和审美，毕竟离我们已经很远很远；同样传统造型、诗文和样式，实在不是我们能够全部理解的。譬如：文人山水题材，中国画的“张挂性”和玉牌的“佩带性”功能区别，中国画的“风水”和玉牌的“借喻”功能区别；又如：玉牌山水题材，以山为主以水为次的“立志”功能，于以小舟为主以彼岸为次的“等待”功能的区别……尤其在中国传统文化表达中，那种谐音、象形、借喻、联想等感悟方式，有些显然不是当代人们所熟悉或应用的。其实，我们去回归，去挖掘，去发现，去理解的目的，就是有机会去选择那些与当今人们生活中有关有用的题材和功能。再举玉牌山水题材为例：创作“以大山为主、以曲水为次”内容的小玉牌，标准的牌形，精致的工艺，刻琢上“立志如山，行道如水”的警句，就是一件立志功能性很强的作品，人们随身佩带，既能在佩带应用，又能够看懂内容，还能享受工艺和意境带来的美感。这样，回归当代玉雕的应用功能，就可以在实用中传承中国文化的价值观。可是，目前市场上多的是只刻琢山水图案，没有递进、联想和激励关系的内容，削弱了玉雕应该有的功能性，同样也削弱了玉雕应该有文化属性。

“我们碰到了最好的时代！”投资白玉艺术品者如是说，确实是我们拥有了历史上最有责任最具审美和最好最多的艺术家。我们的玉雕有了“人体”，只有这个开放的时代才会有个性的开放；我们的玉雕有了“环保”，只有这个责任的时代才会有记录的责任；我们的玉雕有了“大厦”，只有这个城市的时代才会有流通的城市……我们的玉雕也有“观音”，只是今天的“观音”她更

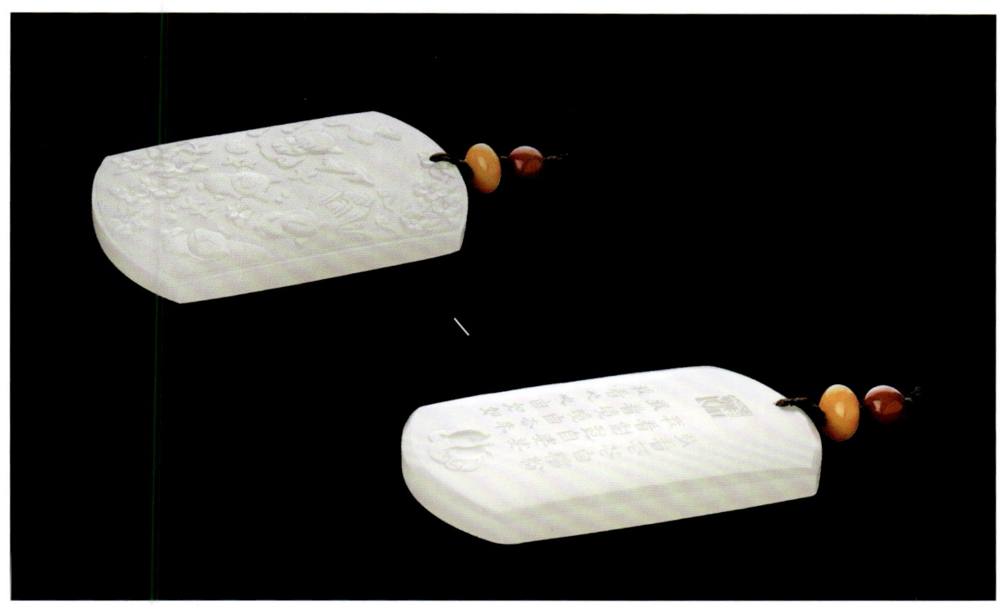

▲《禅心》牌

亲近；我们的玉雕也有“禅意”，只是今天的“禅意”它更简洁……其实，玉雕还是玉雕，只是今天的玉雕艺术家浇灌了艺术，使得它更趋于简洁；玉牌还是玉牌，只是今天的玉雕艺术家刻琢了热情，使得它更富于变化。这种变化的不断细化和不断下沉，确确实实是按着人类发展、社会进步、财富分配、文化具象的整体脉络同步前行的。它顺服规律的国家表达、群体表达、个性表达的方向，预示着人类权威分解、财富共拥和人性解放的必然趋势。

玉雕的功能是基础，如同历史上玉雕每一次的改变，都是为“神”“圣”“仕”“俗”等服务一样，是符合人类历史发展规律的。只不过这次服务的对象变成了“人”、这次服务的“人”群数更多而已。从“神”“圣”“仕”“俗”到“人”，是质变的变化，传统的玉雕不变都不行。

三、回归和出发

玉器的回归是需要发现的，前提是从业者的学习态度，学习回到原点去挖掘、发现、理解传统玉雕的每一阶段价值的能力。中华悠久历史源远流长，经书集、文史哲、儒释道……无论站在哪个学术点去研究，都会遇到“阿里巴巴”的惊奇发现；中国传统文化浩瀚博大，道德礼数、修身养性、民俗庇佑……只要沉下心去努力学习，都会感受“书中自有黄金屋”的快乐；中国伟大艺术丰富多彩，诗书画印、金银铜器、木雕壁画……随手拾拣就能遇见，都会享受“大树底下好乘凉快”的福分。可是，面对学习，关键是玉雕从业者的局限：专业的局限，养成“是以我好”的标准，不会去转身发现他人的优点；学习的局限，由于大多数的学历不高，没有继续学习的习惯，不理解学和习的作用；封闭的局限，不看书不看报，也不可能打开眼界，更不可能去了解周围世界发生的变化；财富的局限，凭着圈子，凭着经验，凭着行业优势的财富积累经验，为什么还要学习？……

但是，时代变了，财富人群变了，价值观变了，审美变了，玉雕怎么办？我们怎么办？以前，我们一直有个天大的误区，就是玉是不可再生的资源，就像房产一样。我们应该明白，当不可再生资源的房产从土地上挪走后，土地依然可以回归资源；玉加工成为玉雕，东西没少，一旦流通起来该多少还是多少。有人问玉越挖越少，其实不是少，是我们每个时代的能力局限没有发现而已，就如古人没有看到今天有这么大量又白又润的和田玉，否则玉也不会有这种神圣的地位。我们应该知道，今天中国一天生产的观音有多少件？弥勒佛有多少件？经过十多年的量产累积后，我们的观音、弥勒佛是不是应该文化多些、功能强些、表现艺术些、审美现代些？其实，我们绝大多数的人想的很少，甚至没想过。

回归和出发需要我们跳出玉雕，跳出今天，把自己的经验归零，去看看昨天的玉雕是干什么的？去想想明天的玉雕会是怎么样？那么，我们就能大概地知道现在的玉雕做什么好。同样，回归和出发更需要培育玉雕艺术的人才、概念、标准和平台，而且是刻不容缓的。

四、继往和开来

悠久的中国玉文化怎么传承？以什么业态传承？移动互联网时代需要什么样的玉雕？市场需不需要细分功能玉雕和艺术玉雕？当代玉雕艺术的标准是什么？……其实，这些问题归根结底就是“当代玉雕今后该怎么走”的问题。

中国改革开放走过了三十多年，利用土地资源、人口红利的唯GDP经济的时代已经过去。曾经依赖土地的人们，在获得财富的同时，更重要的是他们具有了全球意识、普世价值、人性平等、经济观念和娱乐态度。这种中国历史上从未有过的开放结果，使得当今的中国人好似变换了基因，注入更多的是自我、勇敢、自由、美丽、快乐……，因为这个世界足够大，容得下一个个生命的自燃；而被替换的是礼仪、中庸、谦让、合作等古人几千年曾经为傲的东西，而这些往往又是我们玉雕文化所要传递的价值中枢。中国人怎么了？中国玉雕怎么办？在这个历史的大聚变时刻，需要有志于玉雕事业的人们具备继往开来的勇气和责任，面对世界，面对人群，面对市场；转换角色，转换思想，转换方法；回归传统，理解传统，走出传统；创作，创新，创造。创作具有市场需求的功能和艺术作品，创新符合时代收藏、投资的文化玉雕，创造适合现代人佩带、使用、消费的功能性玉雕。

其实，当代玉雕的创作、创新和创造，一定是市场的需要，而玉雕产品、作品和艺术品的区别，一定是根据市场的需要决定的。这个个性化的时代，决定了艺术玉雕的商业和收藏价值。作为非物质文化遗产的玉雕，是8000年横贯中国历史的文化代表，时至今日，它的价值必须具有中国元素、普世价值和当代审美。艺术品的创作者是个性的，艺术品的收藏者也是个性的，而由材料、题材、工艺、意境和思想份额组成的艺术玉雕，价值的多少往往取决于注入文化内涵的多少。面对丰富的中国传统文化，有志于创新的玉雕艺术家，从书法、绘画、篆刻、雕塑和民间艺术中汲取营养，使得玉雕有了线的节奏、面的对比和点的呼应；从哲学、文学、诗歌、戏剧和历史中学习借鉴，使得玉雕有了时代责任、文化底蕴和人性关怀。同样，创新的玉雕又要求我们的玉雕艺术家，必须具备扎实的艺术基础、专业的玉雕技艺、丰富的文化素质、全面的审美意识和出色的表现力，来完成不辜负8000年玉雕文化的继往开来。

可喜的是越来越多的圈外新生力量的加入，让本不可能改变的传统样式注入了鲜活的艺术营养，2014年苏州、北京、上海和广东出现了一些让人耳目一

▲《温暖天堂》牌

▲《安心》牌

新的创新作品，让人非常欣慰。同样，多样化的世界使得当代玉雕有了无限可能，而受众面的年轻化、大众化和功能化趋势，使得玉雕产业化有了可能。尤其在移动互联网的今天，以玉饰为代表的料小形美、诉求明确、工精意趣的实用性、品碑化的玉件，更受“口碑”价值市场的欢迎。

艺术的个性化特质决定着非物质文化遗产的当代玉雕价值，它由中国元素、普世价值、时代审美和极致工艺组成的殿堂式作品，宣告了“作品时代”的到来；以品牌化、功能化和产业化业态形成的民玉市场，“中国玉饰”的创造性概念，符合了神性、圣性、仕性、俗性和人性的发展趋势，有序地传承着中国8000年的玉文化脉络。

这个高速发展的世界需要内心的平静，人们与玉雕相互对话经历了8000年的日日夜夜，相互欣赏，相互诉说，相互承担，相互快乐，应该是一件中国人的幸事；产品和作品，功能和艺术，回归和出发，继往和开来都是为了同一个目的，让传统的中国玉雕注入实际功能、普世价值、国际语言和现代审美，可能的世界玉文化才会具有生命力。

应该说，玉是一面明镜，见证了时代，见证了历史，见证了变化，更见证了此刻的我、此刻的你；玉也是一次体验，存载着梦想，祈盼着幸福，享受着春秋，更陪伴着此刻的我、此刻的你。

金玉良缘

——当代玉饰品的创新模式

何雪梅

众所周知，中国的当代玉雕面临着新的挑战，我们必须重新审视当代玉雕的发展历程，采用现代玉文化的新视角和新方法，融入现代审美观念，勇于创新。

玉是自然界不可再生的宝贵资源，每一块均是天地之精华，不可轻易丢弃和浪费。玉雕界需要扭转和纠正一些偏离市场正规运行的误区，不要一味追捧带皮籽料，要从技法和题材的创新中谋求出路。

当代玉雕艺术的发展必须融入文化密码符号，要有时代风格和时代特征，并且时代风格特征也应日益多元化。例如，金镶玉便不失为一种艺术风格的创新模式。

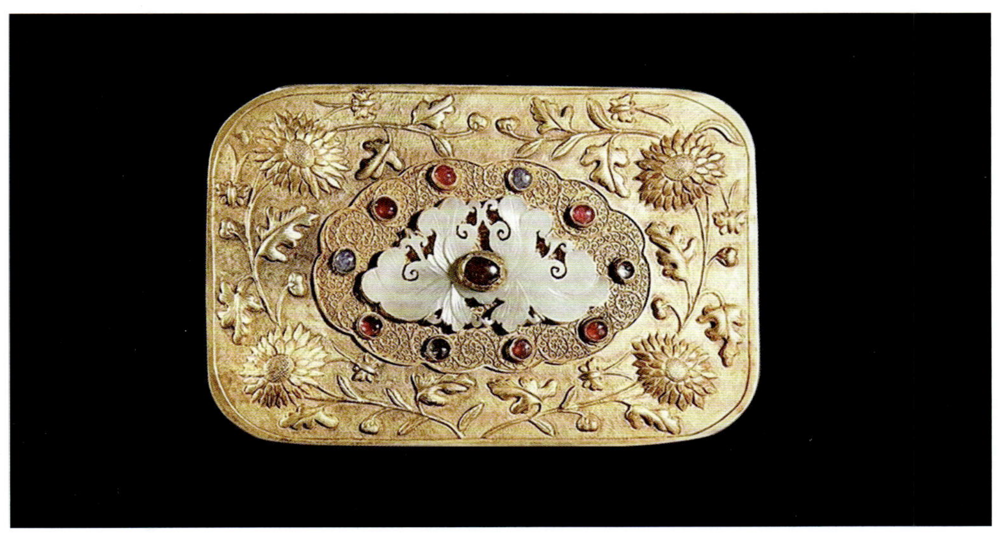

▲金镶玉作品

何谓“金镶玉”？

金镶玉是指一种特殊的金、玉加工工艺，即在金器上镶嵌各种玉石，以体现金玉辉映，有时也泛指用这种加工工艺制作而成的金、玉器物，历史悠久制作精美。在中国传统文化中，金和玉象征高贵与纯洁，堪称尊贵吉祥与超凡脱俗的完美结合。

▲ 金镶玉作品

当传统单一的玉雕形式已经不能满足人们的佩戴、审美需要时，出现了金与玉的结合。金与玉的结合运用丰富了传统的玉雕的造型风格。玉质的温润气质、金色的闪耀跃动相映成趣，是对金、玉这两种中国传统文化中最高贵的材质的强调。

金镶玉的发展历史

金镶玉的工艺最早见于战国时期，春秋战国时期诸侯混战，思想文化、工艺技术等方面却是异常繁荣，鎏金银、错金银、镶嵌技艺往往出现在同一器物上。已出土的战国中期的鸭首包金嵌玉银带钩，可视为“金镶玉”的开创之作。

汉代的金镶玉首饰多是发饰、耳饰以及佩饰，工艺多采用镶嵌、镂空、透雕、圆雕以及高浮雕等,使得首饰看上去更精致美观。代表作品“金缕玉衣”在中国玉文化中具有不可替代的地位。

隋唐时社会安定繁荣，审美能力与工艺水平也随着生产力水平显著提高。使得金镶玉首饰的造型、纹样、搭配以及制作工艺等也有很大发展，在当时十分受欢迎。隋唐时期对外文化、经济交流十分频繁，隋唐两代金镶玉作品具有浓郁的异域风情。

▲隋　金扣玉杯

▲唐　金镶玉佩

宋朝的经济、文化空前发展，瓷器极为繁荣，但少有金镶玉传世。宋代金镶玉首饰的造型古朴，表现含蓄，玉质细腻致密，气质既秀美又敦厚。宋代的写实花鸟题材成为宋代金镶玉首饰的一大特色，纹饰题材大多来源于社会生活，纹饰更倾向于世俗化、写实化和生活化的发展趋势。浅浮雕、透雕、镂雕以及镶嵌等工艺的广泛应用，使得金镶玉首饰令人赏心悦目。

元朝幅员辽阔，大量任命了欧洲人、波斯人、阿拉伯人等色目人为官。因此，元朝的金镶玉风格有明显的异域风格。

明代金银器的制作一改唐宋以来丰满富丽、清秀典雅的风格，而渐趋于华丽、浓艳，宫廷气息愈来愈浓厚。明代的金镶玉首饰造型愈趋多样化，纹饰繁缛富丽，制作工艺更加精细复杂。明代金镶玉首饰的制作工艺也大有创新,玉石的装饰花样百出，且能够做到依形布局、随形造型。明代金镶玉首饰更具生命力和艺术价值，也更具有个性化、风格化特征。

▲明　金镶玉蝴蝶

▲明　金蝉玉叶饰片

清代金镶玉首饰以精美细致、繁密瑰丽为特征，其在造型、纹饰、工艺以及材料搭配上,均达到了炉火纯青的高度。一些国外艺术元素的影响使得清代金镶玉的装饰风格浓郁，清代的金镶玉首饰成为了艺术的集大成者，无论是种类、造型还是工艺都比以往更为丰富。乾隆年间内务府造办处仿照 “痕都斯坦”玉器为范本，结合乾隆工的宫廷技艺，创造出了具有清代皇室风格的金镶玉玉器，其工艺精致也是金镶玉发展历史上的一次突破。

▲清　金镶珐翠软镯

当代金镶玉的探索

随着2008年金镶玉形式奥运奖牌的出现，新的一轮金镶玉热潮也在当代兴起。目前已有华昌珠宝、白玉世家、TTF等多家企业推出不同规模的金镶玉产品，陈世英、马进贵、苏然等大师也有过比较成功的金镶玉作品创作尝试。如何借鉴这一历久弥新的传统工艺形式，也是当代玉雕界一个值得思考的问题。

▲陈世英作品

陈世英

陈世英先生兼容中西方题材，集雕刻技术之大成，各种宝石色彩混搭，体现中西融合的文化意境。

▲马进贵作品

马进贵

作品不仅表现了薄胎加工技术，而且在薄胎之上又嵌入金丝、金片、宝石，使作品的加工难度达到无可附加的地步。把洁白的玉质、艳丽的宝石、灿烂的金丝、优美的器形、流畅的纹饰有机地结合在一起，使作品显得格外端庄华贵，风格鲜明。

▲苏然作品

苏然

开创宫廷玉雕新风格，雍容典雅之余，以丰富的文化内涵见长。金镶玉作品雕刻精湛，与黄金和宝石的搭配端庄典雅，为和田玉雕增添了首饰化风格。

马瑞

将中式珠宝与西式珠宝相结合，以和田白玉、碧玉为主要雕刻材料，搭配18K黄金、钻石、碧玺、红蓝彩宝等，将中国美学的感性意境，巧妙带入西方的理性逻辑中。

华昌珠宝

华昌珠宝创始于1908年，创始工艺传承自清代宫廷技艺。研发团队经过对传统造型、工艺进行精心研究和创新，与珠宝相融合，采用传统的花丝、焊接、镂雕、镶嵌等工艺，产品具现代感和时尚感。

白玉世家

集和田玉的原料开采、设计、生产加工和销售为一体，不断推动产品创新，引进上海、广州、苏州等地设计师及珠宝制作师，将现代珠宝设计艺术和传统玉雕工艺相结合，推出金镶玉设计工艺，开拓了新的市场方向。

TTF

TTF珠宝创新珠宝设计理念，整合设计界资源，并长期与跨界设计师，如画家、平面设计大师、服装设计大师等交流互动，并进行珠宝设计的联合创新，开创全新的合作思路和设计理念。

随着当今社会日新月异的发展，消费者对于玉饰品的需求也日趋多样化。80、90后的新一代消费者受西方审美思想的影响，倾向于快餐式的时尚化首饰。和田玉搭配钻石、彩色宝石塑造璀璨斑斓的视觉效果，与紫檀等各类木材的组合更具个性化。全新的设计风格为现代金镶玉首饰带来时尚风潮，创新形式为这一传统工艺增添吸引年轻消费者的魅力。

▲TIF作品

儒家玉德观的形成与和田玉

文 徐 琳

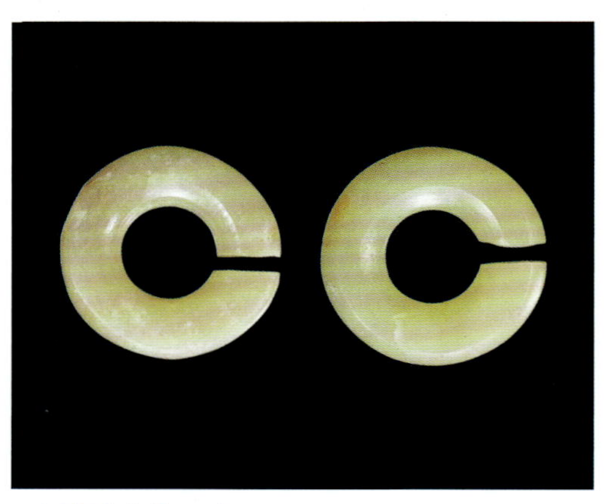
▲兴隆洼文化玉玦

中华民族是一个爱玉的民族，玉文化的历史也是源远流长，如果从目前发现的出土于内蒙敖汉旗兴隆洼遗址的玉器算起，中国玉的历史已有八千年余年。玉，这种美丽的石头也被赋予了越来越多的宗教、礼仪、文化、甚至神秘的色彩，切入体肤，深入骨髓，直至今日，尤盛不衰。

中国玉文化之所以绵延几千年不衰，究其根本，与儒家思想成为历代大一统帝国的治国之本有关，这其中儒家玉德观的形成及贵玉思想起了极为关键的作用。

儒家玉德观是一个逐渐形成的过程，记载这种观念较早的文献有《诗经·秦风·小戎》中："言念君子，温其如玉。"[1]这段话在《礼记·聘义》中也有引用，并在同篇子贡问孔子的话中提到：

敢问君子贵玉而贱珉者，何也？为玉之寡而珉之多与？孔子曰：非为珉之多故贱之也，玉之寡故贵之也。夫昔者，君子比德于玉焉：温润而泽，仁也；缜密以栗，知也；廉而不刿，义也；垂之如坠，礼也；叩之其声清越以长，其终诎然，乐也；瑕不掩玉，瑜不掩瑕，忠也；孚尹旁达，信也；气如白虹，天也；精神见于山川，地也；圭璋特达，德也；天下莫不贵者，道也。[2]

因战国风气变化，《礼记·聘义》这段话是否为孔子本人所说还有所争议，后学者也可能会将自己的学说假借为孔子之语，但此为儒家学说应无问题。从中儒家将玉归结为：仁、知、义、礼、乐、忠、信、天、地、德、道十一德性，比之于君子，实际是儒家以人德入玉德，君子道德规范的大全。

再以后，玉之"十一德"逐渐演变。《管子·水地篇》：

夫玉温润以泽，仁也。邻以理者，知也。坚而不蹙，义也。廉而不刿，行也。鲜而不垢，絜也。折而不挠，勇也。瑕适皆见，精（情）也。茂华光泽并通而不相陵，容也。扣之其音清抟彻远，纯而不杀，辞也。是以人主贵之，藏以为宝，剖以为符瑞，九德出焉。[3]

此处将玉之德又简归为九德。后《荀子·法行篇》同样论述子贡问孔子"君子贵玉贱珉"的问题，并借孔子之口将玉释为七德：

温润而泽，仁也；栗而理，知也；坚刚而不屈，义也；廉而不刿，行也；折而不桡，勇也；瑕适并见，情也；扣之，其声清扬而远闻，其止辍然，辞也。故虽有珉之雕雕，不若玉之章章。[4]

到了西汉，刘向在《说苑·杂言》中又将此概括为六美：

玉有六美，君子贵之。望之温润，近之栗理，声近徐而闻远，折而不挠，阙而不荏，廉而不刿，有瑕必示之于外，是以贵之。望之温润者，君子比德焉；近于栗理者，君子比智焉；声近徐而闻远者，君子比义焉；折而不挠，阙而不荏者，君子比勇焉；廉而不刿者，君子比仁焉；有瑕必见于外者，君子比情焉。[5]

东汉时，许慎的《说文解字》又进一步概括：

玉，石之美，有五德。润泽以温，仁之方也；䚡里自外，可以知中，义之方也；其声舒扬，专以远闻，智之方也；不桡而折，勇之方也；锐廉而不技，絜之方也。[6]

至此，仁、义、智、勇、絜五德，概括了玉之色泽、纹理、质地、硬度、韧性五个特性。从中看出，玉从先秦的"十一德"、"九德"、"七德"到汉代的"六美"、"五德"的演变过程，是一个逐渐合并、提炼的过程。

▲ 商代殷墟妇好墓出土玉圭

《礼记·聘义》提到的玉之"十一德"是"玉德"思想刚被整理之时，所记还较为杂乱、重复，其中之"圭璋特达"也确实反映了先秦之时对圭、璋等玉礼器的重视。玉圭、玉璋的流行主要在商周，但战国后期已开始衰落，尤其到汉代，玉圭虽还为祭祀用玉，但璋形器已基本不见。故从器物学角度看，《礼记·聘义》此节应早出，反映的确实是先秦的用玉情况。而后来《管子》、《荀子》对玉德的论述是在最早提出的"十一

▲商代三星堆出土玉璋

德”基础上一步步精简提炼而来，尤其是《荀子·法行》一篇，同样为子贡问孔子，但已精练为七德。两篇均不再有圭璋之说，从此也可看出两者关于玉德论述的篇章是晚出于《礼记·聘义》的。

上述文献可见，从先秦到两汉对玉德的论述均构建于玉本身的物理性质上。中国最好的玉的概念从地质学角度讲指的是透闪石软玉，构成分子式为『$Ca_2(Mg,Fe)_5[Si_4O_{11}]_2(OH)_2$』，因其中含有一定的结构水，所以呈现半透明并有油脂光泽，看起来十分温润。这种特性早已被古人认识并形成玉德中最重要的一德——“仁”，从《诗经》《礼记》、到《说文解字》，各篇文献均将“温润而泽”放到首位，且在提法上基本没有变化；另外软玉的结构为毛毡状，故韧性很好，在自然界中仅次于金刚石；玉的硬度在6—6.9之间，不软不硬，处于摩氏硬度中最佳的黄金分割状态；玉之颜色多种多样，且瑕不掩玉、玉不掩瑕。等等这些玉本身具有的物理特性使儒家引申出“仁、义、智、廉、勇、情、洁”等各种可以和君子行为相符合的“玉德观”，可以说，自然界中再没有比玉更适合的矿物岩石有这么多符合儒家君子德性的特质了，这可能也是儒家发现玉，锁定玉，并以其表达“君子之德”的原因吧，它也暗合了中国人固有的“天人合一”观念。故以玉之物理性质来象征人的德行，是中国人在众多珠宝或石头中最终选择到玉，把其作为自己几千年来崇拜或寄托思想情感的一个重要原因。

▲红山文化玉猪龙

玉德观的形成是一个渐进的过

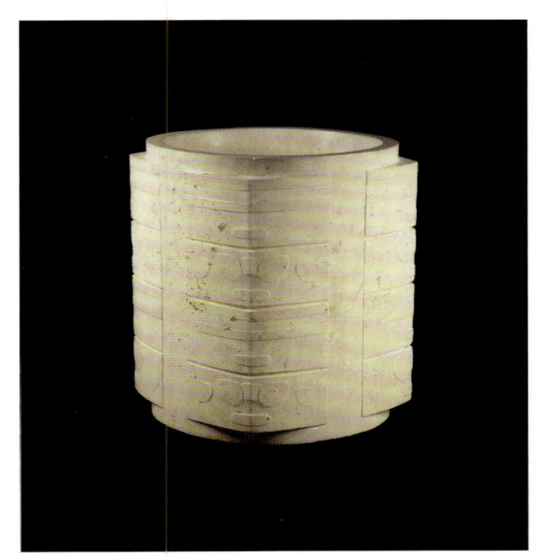

▲ 良渚文化玉琮

程。从历史事实来看，常常是某种事实发生在前，对事实形成理论发生在后。玉德观的形成应是长久以来用玉实践的产物。杨伯达先生将玉文化的发展阶段分为“巫玉——王玉——民玉”三阶段[7]，玉德观的萌芽可能早到史前时期，红山文化、良渚文化等史前许多文化遗址都出土大量的玉，此为“以玉事神”的“巫玉”阶段。但玉德观的最终形成应该是在“王玉”阶段，商代王室已大量使用玉器，殷墟妇好墓就出土755件玉器。西周时，大量的组玉佩使用已成为贵族的专利，用玉成为统治者身份的象征，孔子的玉德说应是在已有的佩玉、礼玉使用过程中对长久以来用玉的第一次深刻思考，是第一次用玉思想的总结，故有玉之“十一德”之说。但因春秋战国时期是百家争鸣的诸子时代，春秋时，孔子学说并没有太大的市场，其后学到战国才成儒家一派。儒家对社会，尤其对统治者未必有真正的影响力，大多数东周玉器的使用还是延续西周的传统，按照行为惯性中对玉的认识而来，其礼仪性、神圣性、等级性还在人们心目中有着重要的地位。所以这种用玉思想总结可能并未对社会产生很大的影响，当时未必普及，战国时还有不少人对玉器使用持反对意见，如墨子等对儒家的贵玉思想并不以为然。但不管怎样，儒家在已有用玉基础上的总结，第一次将玉的神圣性、礼仪性概括为玉的德性，成为后世用玉的思想理论基础，这一创造性的贡献是具有划时代的意义的。以后玉德观经过一次次提炼，真正被统治者广泛接受并确定地位，成为后世的指导思想是到汉代，是在汉武帝独尊儒术以后才得以成为正统。

▲ 商代殷墟妇好墓出土玉人

“君子比德于玉”自然形成了儒家的贵玉思想。值得注意的是，儒家最初提倡的“贵玉思想”并非以玉器本身

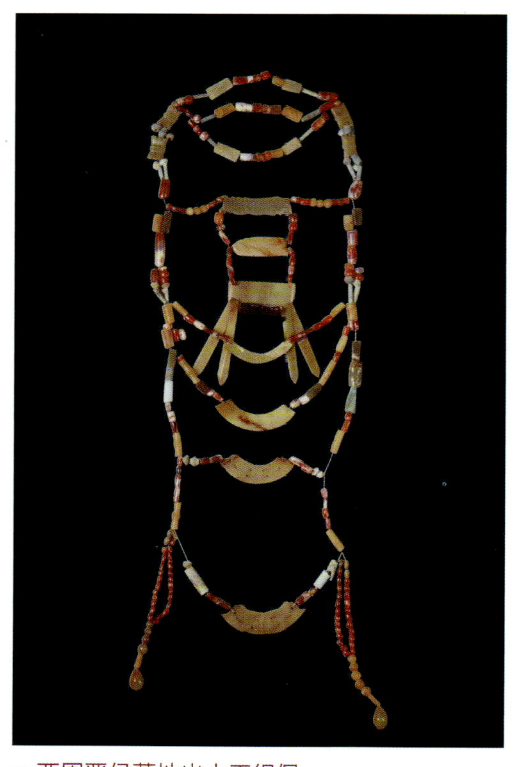

▲ 西周晋侯墓地出土玉组佩

为贵，而是贵玉所包含的德：君子之德，君子之礼。《礼记·儒行》：

儒有不宝金玉，而忠信以为宝；《聘义》：以圭璋聘，重礼也。已聘而还圭璋，此轻财而重礼之义也。诸侯相厉以轻财重礼，则民作让矣。[8]

宝玉、圭璋均为玉，孔子借玉来论儒者的近人之道。儒家提倡轻财重礼，以圭璋作礼物行聘礼，说明聘君重视聘礼，行过聘礼主君又奉还圭璋，体现了轻视财物而重视礼仪的思想。宝玉虽是贵重的财物，但先秦儒家重视的是玉所代表的礼，代表的德，代表的忠信，故有《礼记·玉藻》：

古之君子必佩玉，右征、角，左宫、羽，趋以《采齐》，行以《肆夏》，周还中规，折旋中矩，进则揖之，退则扬之，然后玉锵鸣也。……君子无故玉不去身，君子于玉，比德焉。[9]

由玉比君子之德，而“君子无故玉不去身”。玉反之也成为约束君子德行的一个重要手段。但儒家玉德思想真正取得正统地位并得到普及是到汉武帝独尊儒术以后才逐渐实现的。如果说先秦玉的使用还是使用者对玉的神秘灵性崇拜和等级制度的一种体现的话，那么儒家在西汉取得正统地位后，才真正使玉德观与人们的日常生活结合起来。儒家把玉的自然属性上升到与儒家行为规范的道德观念相一致的范畴，并使玉德观成为用玉的正统思想，在全社会得到普及。汉代用玉之发达，佩玉之盛行，是和这种儒家以玉之德比君子之德的观念分不开的。借玉比君子之行，同时也成为规范君子行为的一个法则，王公贵族以君子自比，其外在的显示是佩玉，内在的精神因素就是玉的象征义，君子之德。

▲河南黄君孟墓出土春秋玉虎

▲西汉狮子山汉墓出土玉龙佩

卢兆荫先生认为："首德次符"的传统观念是到汉代有了明显的变化和发展，由"首德次符"发展为"德符并重"。"所谓'德'指是玉的质地或本质，所谓'符'是指玉的颜色"。而先秦文献中"十一德"、"九德"、"七德"几乎只谈玉德，不谈玉符。到西汉刘向"玉有六美"，将玉的外观美提到了与玉德并重的地步，东汉许慎也讲到玉除五德外，是"石之美者"，并提到了玉之美[10]。就是说，玉德观发展到汉代，不仅包括了玉德，也注重了玉的外观美，注重了玉符，这也是优质和田玉成为最符合儒家玉德观的一个重要原因。

比起中国境内其它地区所产之玉，产自新疆的和田玉主要由透闪石矿物组成，质纯，杂质很少，其主要化学成分更接近于透闪石的理论值含量，是含水的钙、镁质硅酸盐。这种优质的和田玉可能早在殷商之时就已经进入中原，逐渐以质优打败了其它地区所产之玉，成为制作玉器的最佳原料。但这是一个被发现和被认识的过程，是和儒家的玉德观的最终形成相辅相成的。

两汉的玉德观从西汉刘向的"玉之六美"到东汉许慎的"玉，石之美，有五德"，最终明确了古人眼里真玉的含义有两个重要的衡量标准，一曰"石之美"，二曰"有五德"，缺一不可，故《说文》中有六十多个从玉的字，但定义却有"美玉、玉也、石之似玉者、石之次玉者、石之美者"之分，后人常常忽略玉有五德的定义，而只提"石之美者"，以为"石之美者"均为玉，其实早在孔子之时就有所分别。玉与珉、与石最重要的区别就是是否具有德。"贵玉贱珉"是人们对真玉经验辨别的提高，虽没有现代仪器的科学，但在长期的接触实践中逐渐提高对玉的分辨能力，这是一个渐进的过程，也是和田玉进入中原后，

▲西汉南越王墓出土玉璧

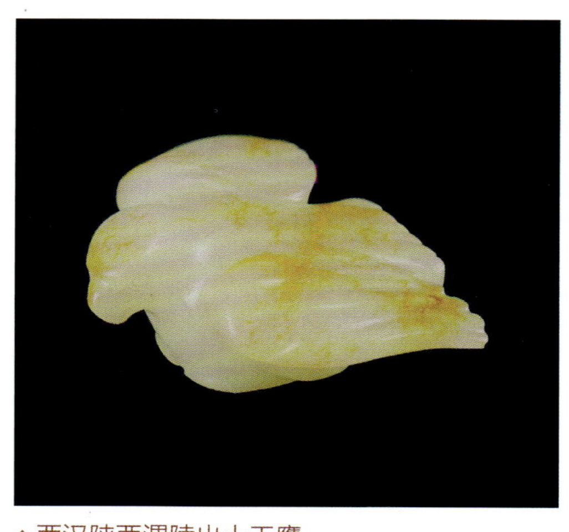
▲西汉陕西渭陵出土玉鹰

逐渐被锁定为真玉、美玉的过程，而一些我们现在看来是蛇纹石、长石、叶蜡石、石英类的东西，就逐渐成为“珉”。有学者认为：“贵玉贱珉观念的兴起，与和田玉逐渐独占中国玉作市场，几乎是同步进行的。”[11]这种观点有一定道理，但应稍作修正。从上述文献及考古实例中看出，贵玉贱珉的观点先秦已经兴起，两者是相伴产生的，这是一个相互影响，认识真玉、美玉的过程。可以说到汉代打击匈奴后，“玉石之路”的开辟，和田玉大量进入中原，其优质的玉性更为凸显，更为符合儒家玉德观的各个方面，使人们认识玉德更为深刻，辨玉能力更为提高，从而逐渐把和田玉锁定为最符合儒家标准的真玉。但汉代也并非和田玉独占中国玉作市场，当时还有蓝田玉、独山玉等被认为美玉的东西，两者并不同步，贵玉贱珉思想的兴起只能说与和田玉进入中原的过程是较为同步的，或者更应该讲是在和田玉进入中原以后影响下产生的，由和田玉的优质衬托出其它玉和石的劣质，从而使和田玉逐渐占据了古人心目中对玉德观诠释的主体地位。

许慎精炼玉之五德，并分玉、石之等级区别，应是对这一认识过程的总结。从两汉用玉的大体情况也可窥见一斑：西汉时期，王侯墓葬中出土的玉器质地还较为复杂，各种玉料似乎都在使用，如南越王墓的许多玉器，虽然有精美异常的纹饰，但本身玉质并不好。许多葬玉甚至装饰用玉使用较差的青玉或地方玉制作。文献中皇后赵飞燕的昭阳殿中，还挂着“蓝田璧”[12]，说明蓝田玉也是当时的美玉。故这一时期对玉器雕工的重视更胜于对玉质的重视。西汉中期，尤其是武帝打通西域以后，和田优质玉得以大量进入中原，出现了一批既美又德的经典之玉，如西安元帝渭陵出土的一批圆雕

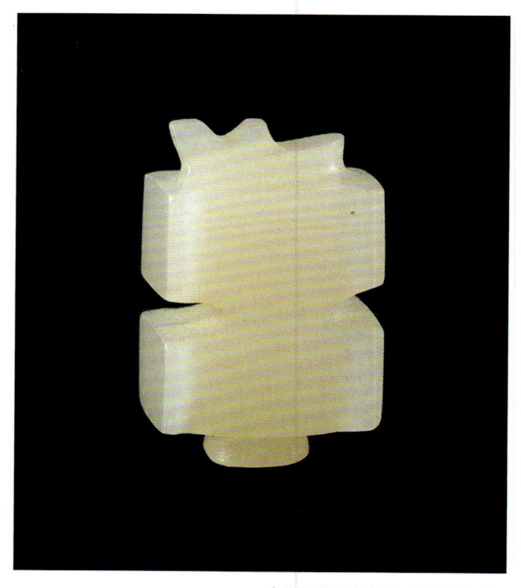
▲东汉扬州出土玉司南佩

玉件，大多为和田带皮白玉籽料。东汉时期，王侯墓中用和田上等白玉或青玉的情况较多，如佩饰的刚卯、司南佩，甚至一些玉握猪、玉塞都用优质而没有瑕疵的和田玉。说明此时也非常重视玉器本身的质地之美，尤其是对玉质温润细腻的和田玉，雕琢时尽量减少纹饰的繁杂，故许多优质和田玉制作之器雕工相对简单，体现了“好玉不琢”的用玉原则，这一原则直至今天的治玉业也多遵循。这是人们认识玉的一种提高，从更重视玉的象征意义到玉德、玉美两者兼而用之的一个渐进过程。

故和田玉进入中原玉作市场并最终占据主导地位是到西汉中期以后，它是和玉德观的完善形成分不开的，两者相互影响、相辅相成。在此之后历朝历代，和田玉都牢牢占据着中国玉器制作行业的主要地位，和儒家玉德观一样成为中华玉文化发展中的重要要素。

注释：

[1]（宋）朱熹集注：《诗集传》，卷六，秦，小戎，页75，上海古籍出版社，1958年7月版。

[2]杨天宇撰：《礼记译注》，聘义第四十八，页1099，上海古籍出版社，1997年4月版。

[3]颜昌峣著：《管子校释》，卷第十四，水地第三十九，页348，岳麓书社，1996年2月版。

[4]董治安、郑杰文汇撰：《荀子汇校汇注》，法行篇第三十，页964，齐鲁书社。

[5]汉刘向撰、赵善诒疏证：《说苑疏证》，卷十七，杂言，页518，华东师范大学出版社，1985年2月版。

[6]汉许慎撰：《说文解字》，卷一上，页10，中华书局，1963年12月版。

[7]杨伯达著：《巫玉之光——中国史前玉文化论考》，页3，上海古籍出版社，2005年9月版。

[8]杨天宇撰：《礼记译注》，儒行第四十一，页1024；聘义第四十八，页1096，上海古籍出版社，1997年4月版。

[9]杨天宇撰：《礼记译注》，卷第三十，玉藻，页515，上海古籍出版社，1997年4月版。

[10]卢兆荫：《玉德·玉符·汉玉风格》，《文物》，1996年第4期。

[11]邓淑苹：《由考古实例论中国崇玉文化的形成与演变》，载（台湾）中央研究院历史语言研究所会议论文集之四：《中国考古学与历史学之整合研究》，1997年，页816。

[12]传汉刘歆撰、晋葛洪集、向新阳、刘克任校注：《西京杂记校注》，卷一，昭阳殿，页41，上海古籍出版社，1991年5月版。

和田玉培训的实践与探索

林 男

玉学院的和田玉培训始于2008年，至今已有七个年头了。由于当时无论是珠宝界还是古代玉器收藏研究界都有了成熟的培训体系，唯独国玉和田玉比较薄弱。而我们江苏苏州、扬州和徐州等又是和田玉的主要产业基地，所以一批志同道合的古玉、当代和田玉和翡翠学者、收藏家及当代玉雕家一起策划，开展和田玉的教学培训。2011年初我们正式对外开设和田玉培训课程，到现在一共开设和田玉培训班40期，其中中级班32期、高级班4期和初级班4期，并且分别在南京大学、南京艺术学院、浙江大学、香港珠宝学院、苏州新文化学校和中金珠宝学校等院校开设和田玉鉴定课程。现就玉学院这些年来有关和田玉教学活动的一些情况和困惑作简要介绍。

一、和田玉课程的建设

（一）克服三座大山

2008年到2010年的三年是筹备及探索性免费培训阶段，主要是教师的培养、

▲和田玉鉴定与投资（HJD)高级班全体师生合影

调研、课程设计、标本购置及免费培训实践。内容涉及古代玉器与玉文化、和田玉材料和玉器工艺等方面。

和田玉的学习确实有其特殊性。主要是过好以下几关，一是要面对枯涩难懂的地质学、矿物学、岩石学等知识。如何解析成为通俗和趣味的内容是关键。二是和田玉与以首饰用途为主体的宝石、翡翠的功能不一样，即和田玉以玉器为主体，除了涉及选料、工艺、器形以外，还涉及纹饰和题材等诸多方面。我们试图建设《现代玉器物学》专门课，虽然已经起步，但是难度很大。三是面对万年博大精深的玉文化，如何进行梳理和应用，为当代玉雕服务，也是难题。这些难点被称为学玉的三座大山。这些都需要事先消化、转化和设计成为通俗的课程，并且向玉文化的涵盖面和纵深度发展，引导学员长期修炼。

（二）完成三大建设

和田玉教学与其他教学一样需要课程基本建设，也就是做好教材、教具和教师的培养。现在和田玉的基础研究比较薄弱，尚无正规教材，我们编写了初级班、中级班和高级班三本讲义。教具就是实验仪器和和田玉及各类玉石的标本。我们在标本的购置和收集方面，得到众多玉雕家和收藏家的支持。目前已拥有晶体结构模型、矿物、各种玉石、和田玉种类、品质等级、产地与产状、名家作品等标本500多件、成品和玉石原料200多件，各种仪器设备10多件套。

和田玉课程的知识面涵盖玉石材料、古玉和玉雕三个方面。因此，和田玉课程的教师是复合型人才，至少要有宝玉石或者地质、古玉器或者考古两大背景，同时要熟悉市场上各种材料和玉雕作品，这样的人才确实不多，也很难培养。

最近几年，我们首先突破中级班，在这个基础上提升为高级班、下降为初级班，形成低中高三个层次的通用课程体系。同时，每个等级横向可延伸出营业员（基本技能班）、店长（专业营销师）、经纪人（市场推广）等专业课程。

二、培训内容与课程设置

对于任何艺术品和宝玉石的鉴定而言，理论知识、眼力培养这两大内容是必不可少的，还要加上对产业链（圈子）这一至关重要的一步。所以，和田玉课程的设计，一是知识和方法，包括成因、命名、分类、产状、性质和大量替代品等知识及其鉴定方法。二是眼力训练，包括鉴赏力和鉴别力。眼力的提高得靠训练，要经过大量的标本观察和老师的指导，再通过知识与自身体验的结合来内化。训练眼力就是培养对和田玉的一种正确的感觉。三是圈子，圈子里有学玉

▲观察和田玉子料产状标本

者、收藏者、投资者、玉雕家和鉴定师等。不同的圈子有所侧重，有高端收藏的，有注重投资的，也有玩低端货的，还有在假货中乐此不疲并自认为捡漏占便宜的。进入哪个圈子，就是入门的烙印，关系到水平的提升速度。收藏类的学习必须注重理论性、实践性和所参与群体的归属性，需要设计阶梯逐步提升。

（一）初级课程

初级课程包括“和田玉鉴定与投资入门班HJI”和“和田玉基本技能班HJS（营业员班）”等。

入门班（2天1晚），包括和田玉“识、鉴、赏、用”四个基本内容，分为四个课程单元：

I1 和田玉鉴定技能

除了基本和田玉概念、历史外，重点教授和田玉鉴定的观察方法、观察内容和实践。

I2 和田玉的鉴定

对和田玉青白系列（青玉、白玉）、有色玉系列（红玉、黄玉、碧玉、墨玉）两个系列、6个种类的鉴定知识、方法和实践。

I3 和田玉作品的鉴赏

对和田玉材质、工艺、形纹、题材和寓意各个方面的鉴赏知识、方法和实践。

I4 和田玉投资、消费与收藏

对和田玉市场和价值链的剖析，对各种使用范畴的知识、方法和价值判断有个初步把握。

入门班以简单的知识和大量的感性认识来入门。我们的体会是，知识传授相对容易，感性认识往往需要更长的时间和精力。所以，我们把各种材料和作品的观摩作为重点。

“和田玉基本技能班HJS”的课程分为理论课和专业课两个部分。理论课与HJI入门班一样。专业课包括保管、保养和展示，摄影，测量，编织，装潢与包装，常见形纹与题材，鉴赏写作，网络技巧、门店技能和营销基础等10个方面。

（二）中级课程

中级课程包括“和田玉鉴定与投资基础班HJE”和“和田玉专业营销班（店长班）”。

中级班就是基础班（28个学时、4–5天），8个课程单元。

E1 和田玉鉴定基础

介绍和田玉的基本概念、产地、成因、历史、观察和学习方法等。

E2 和田玉科学鉴定

以闪石玉的物理性质为核心内容，同时比较常见的蛇纹石族、石英族、方解石族玉、斜长石族、翡翠等常见玉石的区别。除了采用科学仪器实际检测外，还教授简易科学鉴定方法。

E3 和田玉种类鉴定

以和田玉六个种类为基准，介绍各种常见亚种及其替代品和仿冒品。用大量实物标本，观察玉色、沁色和皮色，并鉴定其玉种。

E4 和田玉品质鉴定

以和田玉的细腻度、温润度、美色度和纯净度为主要品质要素，配合实物来讲解和田玉的品质鉴定方法。

E5 和田玉产状鉴定

以和田子料的外形、外观为研究对象，对市场上常见的修磨、滚子做毛孔和染色等进行区别。

E6 和田玉产地鉴定

以E3、E4和E5单元为基础，教授皮色、玉质、玉色和构造四要素综合判断闪石玉产地的方法。

E7 和田玉作品鉴定

以材料、工艺和题材为核心，鉴定和田玉作品的价值。

E8 和田玉作品采购

以和田玉玉质、颜色、工艺等各种价值要素与市场知识，提出采购流程和方法，并模拟实践。

中级班具有较强的专业性质，同时课程内容都来自市场实际，可以对和田玉从材料、作品和市场有个深入的了解、方法的指导和实际应对的能力。

“和田玉专业营销班（店长班）”也分为理论课和专业课。理论课为中级鉴定班的主要内容。专业课包括作品文化要素营销力转化、和田玉应用的研究、和田玉营销过程以及和田玉营销模拟实践等四个方面。

（三）高级课程

和田玉高级课程包括“和田玉鉴定与投资高级班HJD”和“和田玉市场营销班（经纪人）”。

高级班（42个学时、7−8天），九个课程单元和实习。

D1 玉石学基础

内容包括玉的基本概念、分类、物理性质和研究方法等。

D2 中国玉文化及和田玉地位

以玉器史为主线，提炼出和田玉的应用情况和历史地位。

D3 和田玉质地鉴定与分级

和田玉细腻度、温润度、透明度和纯净度等要素的概念、表象和分级方法。

D4 和田玉颜色鉴定与分级

剖析和田玉颜色的矿物学、矿床学、色彩学和传统文化内涵，提出美色度的概念、表象及其分级方法。

D5 和田玉外形与外观鉴定与分级

对和田玉子料外形、外观的种类、成因、美观度及其分级方法。

D6 和田玉材料综合鉴定

对和田玉子料绺裂与颜色、外观与玉质、子料与山料等方面进行综合的分析与研究。

D7 玉器物学基础

用材料特征、工艺、器形、纹饰、题材五个方面的理论来研究、评价当代玉雕作品。

D8 和田玉作品分级与实训

根据作品各方面的分级内容，提出和田玉作品的分级方法，并根据实际作品进行分级实训。

D9 和田玉估价与模拟实训

在分级的基础上，结合市场特点，对各类作品进行估价模拟实训。

D10 和田玉产业基地的实习

主要赴苏州考察和田玉材料和产品市场，与著名玉雕家进行互动。

高级班课程注重原理和分级的实践，解析初级班和中级班中出现的各种现象，具有一定的理论深度。同时，为和田玉材料和作品分级服务，从标准器入手学习分级方法和大量实物训练。

“和田玉市场营销班（经纪人班）”分为理论课和专业课。理论课以高级班中分级内容为核心。专业课为和田玉市场营销方案设计与模拟、和田玉市场

（四）玉石雕刻大师班

玉石雕刻大师班课程内容包括传统与当代文化、艺术与设计、玉学与玉文化等三类。

M1 传统与当代文化类

文学、历史是玉雕家的文化修养和艺术的源泉。提升文化修养是一个重要的课程。但是光靠几天的讲座式培训不一定有明显的效果，需要预习、互动，需要自己进一步的读书以及不断来学习进修才能有效。

M2 艺术与设计类

现代工艺的采用，加工难度大幅下降，而传统玉文化的吸收、现代设计理念的应用和艺术表达的手法等恰恰是玉雕行业的薄弱环节，并在传统行业里较难自身得到解决。所以，课程既有针对性和系统性的设计，再分步实施，并与实际的设计课程相结合。

M3 玉学与玉文化类

古代玉器博大精深，包括玉石、玉器、玉文化多个方面，就是从事玉器行业的人也显得比较单薄。所以，我们要从文化、科学和经济三个方面深入到专业的内部。

三、困惑和希望

（1）和田玉在江苏可能是比较重要的，但是到全国看基本上被边缘化了。宏观政策希望能够加强我们的国玉和田玉的研究和应有的地位。和田玉在宝玉石

体系中应该是我们的特色和核心，而目前恰恰相反。建议宝玉石行业要拓展内涵，除了首饰外，要注重玉器内涵的开发。

（2）希望学术界的研究能够为行业实际服务。不少研究脱离了行业实际，不能说没有用途，至少是大量的重复。在标本选择的可靠性，研究目标能够满足行业需要，现象解析符合行业的传统。

（3）既要讲究科学，也要传承文化。玉石行业注重经济效应，以科学为准绳应该是对的。但是传承文化方面显得不够，希望能够把我们万年玉文化发扬光大，像奥运会一样走向世界。

（4）开展教学交流。我们有点孤军奋战，高校和玉石检测研究机构认为我们不正规，不肖与我们为伍。而我们完全是从行业实际出发，培养具有科学、文化和经济内涵的从业者和消费者，提升社会大众的宝玉石认识水平。希望高校和研究机构对我们伸出援助之手，我们也愿意提供桥梁，把我们和田玉行业发展得更好。

繁华落尽见真淳

——当代独山玉艺术风格浅谈

刘晓强　郝文主

独山玉的奇形和多彩使得雕刻大师们在长期实践中总结出八字核心理念的创作理念——顺色立意，依形造势。在这一理念的指导下，独山玉在创作中遵循了“巧色巧形巧纹路”的创作原则。大师们将玉料美与技法工艺完美地结合，借助匠心独运的艺术手法，汇成虚实统一、情景交融的艺术形式，实现了形态美与色彩美的统一，并且符合对比、对称、均衡、统一等基本美学原则，从而达到“巧、俏、绝”的艺术水平。

一、当代独山玉的艺术特征

当代独山玉雕艺术，完成了题材、工艺和创意的突破。传统题材中大量现代生活元素的注入，使当代玉雕艺术达到了真正的艺术化、生活化、平民化，妙趣横生，神韵十足。特别是镇平县玉神公司的黑白独山玉作品，一方面突破了传统工艺对原料的苛求和限制，拓宽了艺术表现领域和表现手法；另一方面又引领和确立着独山玉雕刻的艺术走向。

玉神公司打破玉雕长期以来所谓的“五大品种”格局，开拓性的创造出“黑白趣人”“国画水墨山子”和“意工兼写花鸟”。玉神公司的黑白独山玉雕刻理论和艺术风格，代表着当下独山玉雕的发展方向、玉雕艺术的主流和审美观念。

当代独山玉雕在人物题材方面的成就首推黑白料立体圆雕人物。张克钊大师是乡土风情黑白料立体圆雕人物的开创者。他将村居的生活搬进了独山玉雕的创作之中，开拓了玉雕艺术的表现空间。张大师的独山玉作品以俏色人物为主，除了一些少量的传统题材以外，主要立足于独山玉自身的语言去创作。他的作品题材共分三大类：一是以黑色为主体的乡土人物。以黑色为主体的黑白料，就像一幅幅黑白老照片，他用以表达自己熟知的乡土生活。大师本着天性中的朴拙与挚诚，把他在生活中的所见所闻记录下来，在一个颇具生活趣味的场景中，描摹了人生百态。张大师的作品，深深的体现了源自土地的温淳情感，将人世间的温情铭刻在了独山玉的色泽与质感上。如《饭晌》，作品以人物群雕形式，用自然简朴的意境展现了农村村头巷口少长咸集的饭晌场景。作品的整体色调正如我们记忆中的农村，是碳笔的素描，没有悦目的光彩。然而，春阳夏荫里多少家长里短娓娓道来，谈天说地中多少物是人非欲说还休，那渐行渐远的甜蜜和谐慰藉了多少孤独疏离，那呼之欲出的音容行止鲜活了多少天伦温情。二是以白色为主体的东方丽人。以白色为主体的黑白料，他从传统的表现仕女的古典美的基础上起步，努力从中国文化中汲取滋养，自主创作出以体现神韵为主的作品来。中国古典文学所描绘的形象为他提供了丰富的想象空间，这种形象在他心中孕育、幻化，形成了某种具象，这种形象在他的创作中一旦遇到合适的载体，就会碰撞出灵感的火花，如他的独山玉作品《梦鼓》《大唐飞歌》和《雨后》等。三是多色巧雕人物。多色料是很少有人用来做圆雕人物题材的，《心路》是他用多色料做的一个圆雕俏色人物作品，白色为老妇花白的头发和遍地的白雪，酱色做高原上晒红的面部，黑色做藏袍，作品取色之巧，立意之高，造型之美，韵味之浓，无不彰显大师深厚的艺术素养和高超的雕琢工艺，以及对人生、对理想不懈的追求。它不仅丰富了俏色人物的品类，并且为多色巧雕人物提供了一个开放性的思路。

当代独山玉雕花鸟题材的创新当属以刘晓波为首的玉神花鸟设计团队。他们随心由性，任意挥洒，崇尚自然，直逼物象。这类作品有四大特色：一是在尊重自我与敬畏自然中，获得超乎自我、高于自然的成功。他们讲究实与虚的和生，讲究气与韵的圆融，讲究情与景的共享，以物比德，抒写自己的胸臆。如曾获“天工奖”金奖的独山玉作品《春》，把圆雕和镂空雕刻相结合，通过黑与白的鲜明对比，疏与密的离合聚散，动与静的和谐呼应，意与象的融会贯通，营造出自然和谐的美好意韵，将物象精神和形态美有机融合，意和境、气和韵的交融，就如同灿烂春光，生机蓬勃。二是善于营造空间境界。古人说境界要“宛似经过”“如可步入”，借用到玉雕方面，讲求的是花鸟与空间位置的关系、观赏者与花鸟的空间角度。他们以其空间境界的真切感更受作者与观者的青睐。营造境界，需要创造性想象，否则就难免平庸，甚至会喧宾夺主。独山玉作品《十八学士》则是一成功的范例：薄雾氤氲的清晨，群鹤翔集，为空山响泉打开了早春的第一声问候。它们冰清玉洁、超凡脱俗：

▲《春》

▲《十八学士》

有的饮喙清流、似润歌喉；有的独立浅底，如濯纤足；有的私语喁喁、不弃交颈之欢；有的展翅跃跃，欲试凌风仙翼……十八只白鹤各具悠闲神态，极尽淑祥美姿。观之，如听得见清唳之声，如进入空明灵秀的仙地，让人神心俱澈。三是表现人的意志精神总是以自然的面貌，以画面的生趣、天趣来呈现。把审美追求与自然形象融为一体，俨然像一个“五行之精，粹于天地之间，阴阳一嘘而敷荣，一吸而揪，则葩华秀茂，见于百卉众木”的“纯”自然的景象，是“自行自色”的“无我之境”。如玉神的《春风幽兰》《有容乃大》，正体现了古人“所造之境必合于自然，所写之境亦邻于理想”的审美观。四是清与轻的天趣粹美，自然流露。“清”是指优秀的花鸟摆件简洁干练，给人一种小窗清影的感觉，在小窗清影的一花一草中，透着一种生机生趣，日常生物的生机生趣。这种生机生趣中有一份率性和随意，一种富于书卷气的平淡天真，直与天地精神往来，更臻创作新境。“轻”，则是指花鸟作品总能让人感受到一种轻快和抒情。如顺色立意的经典之作《把酒话桑麻》，黑色作蚕匾，绿色作桑叶，白里泛红作蚕蛹，将美石、精工、绝艺、厚韵完美结合，以独特的视角，回望乡村旧事，农家风情，令人浮想联翩。作品俏色天工，造型独特，文化底蕴深厚，令人叹为观止。他们笔下的动物、花卉，都是生活在太平盛世的美丽中，没有纷扰、没有竞争、没有残酷的弱肉强食，大家都能坦然地做回自己。不管是熊、是鹤、是蝉蛹，还是荷花、玉兰或者鱼虾，它们都活在自由自在的清新的空气中。《醉卧清风》的细致与真实，《有容乃大》的庄严与凝重，《红妆素裹》的大气与深刻，《旷野之恋》的自信与豪气，《和谐家园》的其乐融融，都是坦然的率真和期待中的美好交相辉映下的经典之作。

▲《把酒话桑麻》

玉神所开创的“田园风光山子”“国画水墨山子”也冠绝当今，名噪一时。玉神的设计团队肇自然之性，写胸中逸气，以质朴野性的手法刻画出的艺术形象，律动着一种浓浓的原始味。追求“天人合一”的浩瀚气度，讲究“道法自然”的圆融化生。他们把握住了中国传统文化的精髓，非常自觉地融入源自中国的文化审美趣味，有着“气”的通脉和“势”的贯通，而这种“气”与“势”使他们的创作以气带势、大开大合。玉神的国画山子《云烟入画》，有中国画的气韵生动、淋漓尽致，又有西洋画的光影融合、色彩绚丽。如立体的画，又是无声的诗，一幅诗情画意的彩卷尽显着山川的秀美、云雾的神秘、清气的爽朗、牧童的悠闲。它合理巧妙地运用了独山玉自身的颜色。各方色彩观念和手法的移入使作品清新明快、恬淡细润。由于色调的丰富、对比与和谐构成了强烈的第一感召力，这是新鲜理念的自由引进和成功。侯庆军的山子《夕阳山外山》，设计简约，却十分写意，精致雕工于莹润的绿白独玉间流淌，匀净鲜丽，令人见之忘俗。对俏色的绝佳把握更是增添了作品别样的风情，体现出独特的韵致：绛色与主体色过渡自然，层次相递，宛若落日余晖洒满远山群峰。此情此景，李叔同的送别之情油然升腾：“晚风拂柳笛声残，夕阳山外山。”不尽的意韵在画里，亦在眼外。错落的景致亦营造出深邃的空间感，为作品意境增色不少。此外，独山玉黑白山子，如宋春峰的《云峰古道》，陈朋旭的《千里江陵》，都较好地表现了“物境”和“意境”的关系。中国人游山，是情怀、是寄托，和眼前的山水不是主客关系。是陶渊明那种“悠然见南山”的闲适，是“此中有真意，欲辨已忘言”的陶醉。

二、当代独山玉的艺术风格

当代独山玉雕成就了一大批名家大师，新秀新星。像仵金满、吴元全、魏玉中、王玉敬、仵海洲、仵应汶、张保国、刘晓强、张克钊、刘晓波、刘国皓、喻朝光、王东光、李海奇等，大师名家们思路敏捷，不拘一格，功底扎实，妙想天成，给玉雕业注入了一股全新的灵气和风尚，并逐渐形成了一种风格，对我国玉雕产品的发展产生了积极的影响。

这些玉雕大师们，在题材上注入了大量现代生活的元素；工艺上借鉴各派的玉雕风格和其他门类的艺术元素以及表现手法，将各种玉雕技法结合，赋予新时代新的主题，创意无限，独创了颇具特色的当代独山玉雕风格。

（一）表现内容：贴近生活，器以载道

独山玉雕在选材上十分广泛。在中国形态的文化中，历史的发展始终夹带着原始文化的因子。面对着一件件玉雕作品，都有一堆讲不完的神话故事和历史典故。每个美丽的传说和动人的事迹都是启发创作的源泉。乡土民俗，史海钩陈，童年旧事，梦里仙踪，这种想象和理想的追求，这种“天人合一”的内涵特点，大大扩展了独山玉雕的题材范围：刘晓强的《苏武牧羊》唱着亘古不渝的家国情怀，张克钊的《恩爱百年》颂扬地老天荒的寸草春晖，刘晓波的《把酒话桑麻》说不尽乡村旧事、农家风情，王志亚的《天路》道不完民族精神、时代激情，刘晓波的《君子之风》，自由、浪漫、惬意，似君子孤高雅洁，远离尘世的喧嚣浮躁，在寂寞清贫中实现高尚的完美……其它如仵金满的“花鸟鱼虫、瓜果蔬菜”；仵子辉的“神话典故”；李学克的“松、梅、竹、菊”；董成先的“唐诗宋词”；喻朝光的“山水情怀”；王东光的“俏色趣人”，董学清的“诗意人生”等等，各种人、神、天、地、鸟、兽、时、空之间的大融合，推动了独山玉作品从传统的题材向更宽更广的领域拓展，形成了独山玉雕丰富的创作题材和文化内涵。它们无不贴近生活，聚焦现实，以平民视角、草根情怀和冰点思维，讲述家长里短、小时代小幸福和来自身边的感动。

（二）表现手法：灵活多样，重在写实

近年来，独山玉作品在国家级的大奖中屡屡脱颖而出，破壁腾空。在手法的运用上，独山玉大师们以写实为基础，以形传神，以神融形，用简练而流畅的线条塑造出了雕刻对象的风度与神采，这使得作品朴茂浑融，不事铅华，却有着直指人心的艺术感染力。如在张克钊大师的作品中，人们能感受到一种田园诗般的恬静，在那如梦似幻的意象之外，人心远离了城市的喧嚣，隐遁入尘外。用艺术家的敏感，耕织田野的朴实无华，在那些宁静而淳朴的乡音乡土乡情中，深刻自省，在它们共同的关照与体察中，悟及生命的终极意义。古人曰：“天不变，道亦不变。”对形而上的“道”的追寻，是对宇宙生命的深刻追问，那是中华文化

的境界所在，是一种永恒的境界。由心仪到深入直至完成这一境界，是每一个游艺者的终生追寻。因为注重写实，所以朴实无华的精神迹象，是对生命的感激之情——那里有浓厚的情感和理想，那里有潜藏在草木间的亲情与慰藉。那些深爱中的吟味与悟想，在他们的作品中便有了生命的色彩。这便是源于自然又超越自然的“天人合一”；这便是“外师造化，中得心源”的艺术生产力。

（三）艺术风格：守拙含真，质朴清新

独山玉雕工艺前期受北京玉雕的影响很大，一直带有“北派”玉雕风格。九十年代中、后期，随着各类艺术门类的相互渗透，加上外出玉人的相互流动，南方玉雕的气息也带入了南阳玉雕中来。这些年，随着各类雕刻艺术书籍的广泛出版，南阳玉雕人又吸收了牙雕、木雕、石雕等其它姊妹艺术。广纳南北风格，兼容百家技艺，成为南阳玉雕的一大特征。作品既有北派的浑厚，又有南派的清秀，既有青田石雕的透雕空灵，又有寿山石雕的深邃意境，达到了“守拙含真，质朴清新”的艺术境界。

多年来，在独山玉雕刻艺术走向和艺术风格的定位上，玉神公司起到了引领和确立的作用。正如奥岩先生所说：“镇平县玉神工艺品有限公司利用独山玉特有的丰富色彩及质地的多样性，突破了独山玉原有的简单工艺品制作的状态，将独山玉雕刻引入艺术创作之中。”他们对当前中国玉雕艺术的品牌、风格、流派等作深入探讨研究。在尊重原材料的基础上，提出了“顺色立意，依形造势”的雕刻理念。在这样一种理念的支配下，他们诞生了一大批独山玉精品，这些作品已经区别于其他流派和其他玉种的雕刻风格，表现出一种良玉不雕的原生态美，适宜当代人的审美观和返朴归真的向往。同时也造就并产生了一大批具有原创性的大师作品，在文化气息上体现了中州气象：博大厚重的文化底蕴，朴拙敦厚的雕刻手法，给人以一种大气恢宏、稳健质朴、自然和谐的信息传递。

对“守拙含真，质朴清新”的另一解读，则是独山玉文化所传递的浓浓的乡土气息。多年来，独山玉雕刻大师们立足乡土，将中原文化与农耕文明结合起来，在颇具生活情趣的场景中表现了人生的百态。不论是农家小院，桑麻旧事，还是小家碧玉，白发翁媪，他们让这些作品都有了生命意识和文化依托。这样的本土和地域特色不是刻意营造的，而是自然流露的。比如张克钊担纲的人物设计制作团队始终保持着一种对传统以及精神内蕴最为本质的诉求，表现出对于严肃艺术的执着与尊崇。观赏玉神的黑白人物作品，我们能感受到两种纯真，一种是艺术表现的纯真。好似用稚拙率真的笔触、饱满纯粹的色彩，随心表现，却又意韵饱满，性情十足。另一种是内心世界的纯真。体现着一个未经世俗污染的孩子

般似水晶样的心灵世界。早期的经典作品如《妙算》《恩爱百年》《乡村旧事》已经为人所耳熟能详了，还有如《梦鼓》《大唐飞歌》《清音》《中国娃》等，却又带来别样的新奇。

（四）艺术思想：人文情怀，回归自然

当代独山玉雕作品在表达民生诉求、生命梦想，与大众亲密共舞的同时，坚守着一份不为世俗潮流所绑架的格调，一份在不断的人文追求中垒起来的高度。这些给人精神愉悦，激发人梦想的一件件作品表现了独山玉雕人的智慧与勇气，以及那博大的人文情怀与文化担当。

张克钊大师的《最浪漫的事》，一对老人在追忆相濡以沫的坎坷艰难，在回味牵手一生的风雨真情。那怡然自得的背后，是天伦，是亲情，是幸福，是“知足常乐”，多么堪嚼一生的浪漫往事。他的《压谷堆》通过儿童简单的“压谷堆”游戏，既是对劳动喜悦的表达，也是对富裕生活的向望。将劳动与希望的快乐融入其中进行的创作，表达出心中酿就的那份美好感情。还有刘晓波、杨万才的《清风朗月》，如梦如幻的场景蕴含了人与自然的和谐，融合了“天人合一”的宇宙观、生命观与道德观。这些经典的艺术作品之所以动人，就是在于创作设计者将生命中迸发出的人文情怀深深地嵌入作品中，并让人在欣赏品味之余，得到心灵的升华，产生对真善美的向往和追求。

▲《最浪漫的事》

▲《力量》

这种回归自然、贴近时代、反映生活的现实作品，代表着当下玉雕的发展方向，玉雕艺术的主流和审美观念。因为玉雕艺术不仅仅是中国的艺术，还要成为世界的艺术，后者正是我们努力的方向。在东西文化的交流和碰撞中，玉雕大师们才能在差异中找到新的灵感，创造出更多的奇珍异品，让更多的人体会到东方之美，领略到中华文化。刘国皓大师的《力量》，妙用独山玉绚丽多彩的颜色，展示生命的力量，见证生命的神奇。那一粒粒纤绿的豆芽勃发出旺盛的生命力，克服障碍，冲破阻力，永远向着有阳光的地方生长。谁都能从这生命的神奇中看到希望，看到未来。这不屈不挠的精神，俨然象征着中华民族喷薄而出的动力，一定会在属于它的这片沃土上扎根、伸展……这种艺术风格，就是玉文化这一具有浓厚的中华民族特色的文化在当今多元化的时代背景下，所融入的时代精神。

宋儒张载的四句话“为天地立心，为生民立命，为往圣继绝学，为万世开太平”是一种大人文观。而作为一个玉雕大师，把生活坐标建立在现代，让传统价值在当下能被我们生命所用，深入社会生活，要到人民群众中去，到社会实践中去，努力从思想感情上深刻地认识到新的社会生活的本质，也是一种博大的人文情怀与文化担当。

大音希声，道不自寻，造化由衷，真识于胸。独山玉雕走过的路是一条正确的路，虽未必鲜花载途，但必定险峰风光无限，我们坚信，她一定会迎风迎雨，臻于至善！

权威奖项

中国人对玉石的崇拜绵延几千年，物质、社会、精神三合一的独特玉意识是我们华夏民族的思想建树。由通天达地的“神玉”，到权利信符的“王玉”，再到品德象征的“德玉”，将玉石的自然属性与儒家的道德评判相对应，玉与“君子”结缘，成为中国玉文化的丰富思想和精神内涵。中国玉文化延续时间之长，内容之丰富，范围之广泛，影响之深远，是许多其他文化难以比拟的。

八千年的中国玉文化，为我们留下了难以数计的玉器瑰宝，滋养着我们民族的心灵。中国玉文化尤其是玉雕技艺传承、发展至今，更是百花齐放、瑰丽纷呈，大师、名作如雨后春笋般涌现出来，为人们的生活增添一抹亮丽的色彩。

各种当代玉雕奖项的评选活动，即是为创意、设计、工艺俱佳的优秀玉雕作品提供展示的舞台及交流的平台。通过评选表彰活动，宣传和展示当代优秀玉雕作品，发现和培养优秀玉雕人才，弘扬中国玉文化，引导玉雕艺术的走向，进而引领中国玉石行业健康、有序地发展。

2014年，中国玉石行业的评奖活动很多，有全国性的行业协会组织举办的，也有地方政府和地方行业协会举办的，还有以展会或博览会为依托举办的，可谓琳琅满目。但在评奖规模、范围、影响力、权威性等方面也有着很大的差距。本辑“中国玉器年鉴”重点介绍“天工奖”“百花奖”“玉龙奖”“神工奖”“陆子冈杯”“子冈杯”“百花玉缘杯”“玉华奖”“玉星奖”“国石杯”“玉英奖”等11项在2014年中国当代玉器行业颇有影响力的重要评奖活动情况。

（王海峰）

2014年中国玉石行业重要奖项

王海峰

近些年，伴随着中国玉石行业以及玉雕艺术的蓬勃发展，玉器界的行业评奖活动也在不断增加。有全国性的行业协会组织举办的，也有地方政府和行业协会举办的，还有以展会或博览会为依托举办的。有的评奖面向全国选评，有的则在特定区域内评选。有的评奖作品材质涵盖多种玉石，有的则限定单一玉石品种。

可以说，一项好的玉器评奖活动，不仅能评出创意新、工艺精的优秀玉雕作品，对玉雕专业人士起到一定方向指引作用，也有助于提高藏家们的鉴藏能力，对玉器市场的健康发展、对弘扬中国玉文化起到积极的推动作用。同时一个有影响力的玉雕奖项评比平台，对优秀的玉雕工艺师而言，更是一个绝好的表现舞台，在获得奖项荣誉的同时，不仅提高了玉雕师的知名度，也使自己作品的价值得到极大的提升。

2014年，全国各种与玉雕相关的评奖活动很多，有历届连续下来的奖项，如“天工奖”“子冈杯”“神工奖”等，也有新出现的奖项，如徽派玉雕“玉英奖”等。在琳琅满目的众多玉器奖项中，并不是所有的评选活动都具有权威性及公正性。本栏目重点介绍几项在2014年中国当代玉器行业有影响力的重要评奖活动情况。

天工奖

2014年第十三届中国玉雕石雕作品“天工奖”

中国玉石雕刻作品“天工奖”评选，是由中国珠宝玉石首饰行业协会（以下简称中宝协）主办的全国性的专业评比活动。突出权威性、公正性、史实性、导向性和参与性，侧重文化推广和人才发现。“天工奖”已经成为中国当代玉雕、石雕作品最具影响力的专业奖项。

中宝协根据协会章程中的相关规定，制定评选办法和实施细则，并设立中国玉石雕刻作品“天工奖”评选活动组委会，由组委会负责评选活动的各项具体工作。评选分为初评和终评两个阶段。评选包括当代玉雕、石雕两大部分作品。材质限定为白玉、黄玉、墨玉、青玉、碧玉、翡翠、玛瑙、岫玉、独山玉、松石、青金、琥珀、珊瑚、煤晶、水晶及各类宝石、寿山石、青田石、巴林石、昌化石等。要求作品为近年来完工的、未曾在国家级评比中获奖的作品。参赛作品产权归属无争议，作品创作署名权无争议。作品涉及内容符合国家有关法律、法规的要求，表现内容健康向上。

2014年第十三届中国玉雕石雕作品“天工奖”评选活动在经历半年筹备与13个地区的联合选拔，经最终评选后产生了本年度的各个奖项。2014年11月15日，“2014中国玉雕石雕作品‘天工奖’颁奖晚会”在京举行。共有13件作品获得金奖，35件作品获得银奖，56件作品获得铜奖，13件作品获得最佳创意奖，11件作品获得最佳工艺奖，375件作品获得优秀作品奖。

获得2014年第十三届中国玉雕石雕作品“天工奖”金奖的13件作品是：宋世义作品《水月观音》，吴灶发、张炎欣作品《十大名花》，郭震作品微雕中华孝道《二十四孝图》，李俊杰作品《佛语》，Alfred・Zimmermann作品《北极熊》，杨光、张晓斌作品《太平有象》，徐志雄作品《敦煌飞天》，林镇作品《光阴》，陈进成作品《十八学士》，侯庆军作品《深山访友》，樊军民、刘剑刚作品《高邮瓶》，叶丁雄作品《出水芙蓉》，曹扬作品《四大佛山》。

百花奖

2014年中国工艺美术“百花奖”

中国工艺美术“百花奖”由原国家经委、轻工部于1981年批准设立，自1983年举办这一奖项，是中国工艺美术界的最高奖项。参评作品主要是传统工艺美术品，包括雕刻工艺品、金属工艺品、首饰工艺品、刺绣工艺品、织绣工艺品、陶瓷工艺品等。“中国玉石器百花奖”原是中国工艺美术“百花奖”的一部分，自2005年至2013年共举办8届，2014年没有单独举办。

2014年4月28日至5月2日，在第九届中国（莆田）海峡工艺品博览会期间，中国轻工业联合会、中国工艺美术学会、中国轻工珠宝首饰中心与福建莆田市人民政府联合举办了2014年中国工艺美术“百花奖”（福建莆田）评选活动。

从年初开始向全国各省、地市工艺美术协会、学会和工艺美术技艺人员征集作品，共吸引来自全国26个省（市、自治区）的3600多件作品报名参评，经初评后有1879件作品入选，涵盖木雕、石雕、玉雕、牙雕、根雕、竹雕竹刻、金属、藤铁、刺绣、剪纸、泥塑、绘画、陶艺、珠宝首饰、篆刻等几乎所有的工艺美术种类，大部分为国家级、省级大师精品，也不乏年轻一代工艺师的新生之作。其中，莆田木雕、景德镇青花瓷、德化白瓷、龙泉青瓷、上海玉雕、福州寿山石等参评数量较大，精品较多。本次“百花奖”评选最终评出金奖257件、银奖350件、铜奖324件、优秀奖946件。

玉龙奖

2014第六届上海“玉龙奖”

上海“玉龙奖”由上海宝玉石行业协会于1997年创办，自1997年、1998年先后举办两届以后中断了10多年，于2011年复办，至今已成功举办6届，是华东玉雕行业领域中集评奖与展览活动于一体的盛事。“玉龙奖”以立足上海面向全国的开放性、注重创意设计的创造性和业内外多方参与的多元性，成为当今中国玉雕界有影响力的玉石雕刻评比活动之一。“玉龙奖”的正确定位、群体投入、精心组织、社会合力、集体奉献和年年创新，已成为其奖项的特有标志。

第六届上海“玉龙奖”评选活动，上海宝玉石行业协会以培养新人与创作、新意、创新、创意相结合，突显第六届“玉龙奖”主题内涵。本届上海“玉龙奖”参评作品，从种类上看有玉雕手把件、摆件、器皿、玉牌，材质上则涵盖了白玉、翡翠、玛瑙、水晶，甚至极具地方特色的灵璧石雕刻件等，展示了来自上海、扬州、北京、苏州、河南、徐州、平洲、天津、云南、深圳等全国十多个省、市、地区选送的玉雕艺术精品，呈现了当代中国玉雕魅力和艺术流派风格。

2014年5月7日，第六届上海“玉龙奖”颁奖典礼在上海国际会议中心隆重举行。获奖作品金奖95件、银奖136件、铜奖115件，以及最佳创意奖46件、最佳工艺奖32件、最受观众喜爱奖10件。此外，为表彰在玉雕行业做出突出贡献的人士，上海宝玉石行业协会还特意举办了“2014年价值人物”评选活动，共有“追求卓越奖、爱心大使奖、开拓进取奖、双星耀辉奖、领军大师奖、基石伯乐奖、杰出新人奖”七个类别的奖项。

神工奖

2014上海第七届“神工奖”

由上海海派玉雕文化协会联合数家文化艺术单位举办的中国玉石雕“神工奖”已连续举办7届。“神工奖”立足上海，辐射全国，已经成为具有风向标意义的知名奖项和业界盛事。

2014年9月18日至21日，2014中国玉雕品牌博览海派玉雕艺术大展暨第七届中国玉石雕“神工奖”评选活动在上海展览中心拉开帷幕。本次活动由中国民间文艺家协会和上海市文学艺术界联合会主办，上海海派玉雕文化协会、上海中福古玩城、上海神玉文化发展有限公司共同承办，全国数百名玉雕工作者的千余件精品参加展评。

2014年9月19日，第七届中国玉石雕“神工奖”颁奖典礼在上海国际会议中心举行。本次颁奖典礼上，除颁发了金奖、银奖、铜奖外，作品《新十八罗汉》和《驾驭》因精湛工艺获得“中国神工创意大奖”，王平凭借《童子拜观音》获“中国神工工艺大奖”。另外，黄罕勇、林飞、马洪伟、邱瑞坤、宋鸣放、王平、颜桂明、张铁成等获“中国神工价值人物”殊荣。宋世义、吴元全荣获“中国神工特别贡献奖”。

陆子冈杯

2014苏州第四届“陆子冈杯”

由中国工艺美术学会、江苏省珠宝玉石首饰行业协会、苏州市姑苏区政府等主办，苏州市玉石文化行业协会等承办的中国·苏州玉石文化节自2009年起已连续举办六届，“陆子冈杯”玉石雕刻精品评展自2011年起已连续举办四届，“陆子冈杯”已成为全国有影响的玉石雕奖项之一。

2014年10月25日，第六届中国苏州玉石文化节暨第四届中国玉石雕刻“陆子冈杯”精品展在苏州市观前街朵云轩拉开帷幕。来自北京、上海、河南、广东等全国主要玉器产区的1426件作品参展，入围作品有1222件。参赛作品质量提升、数量再创新高、用材范围也有扩大。最终，第四届中国玉石雕刻“陆子冈杯”分别评选出金奖、银奖、铜奖、优秀奖、最具创意金奖、最佳工艺金奖等奖项，获得金奖的作品共119件。来自苏州地区的邹小林的水晶《黄财神》和张勇的碧玉《净莲》（一对）分别获得“最佳工艺金奖”和“最佳创意金奖”。本届玉石文化节组委会还向吴元全、高毅进、柳朝国、顾永骏、宋建国、宋世义、崔奇铭、马进贵、洪新华、翟倚卫等十位当代玉雕大师特别颁发了“陆子冈玉雕艺术成就奖”，以表彰他们在继承传统、创新发展的中华玉雕艺术之路上作出的重要贡献。

子冈杯

2014苏州第七届“子冈杯”

“子冈杯”玉石雕精品展及其评比始于2008年，由苏州市工艺美术行业协会玉雕专业委员会创立，每年举办一届，至今已成功举办七届，逐渐成长为全国玉雕行业内的著名展览与专业评比之一。

2014中国（苏州）“子冈杯”玉石雕精品暨国际玉雕艺术家作品博览会于2014年9月19日至23日在苏州光福中国工艺文化城举办。本次活动由中国工艺美术协会、中国文化产业协会、苏州市经济和信息化委员会主办，苏州市玉石雕刻行业协会、呈辉（中国）集团有限公司、苏州市工艺美术行业协会、苏州市工艺美术学会等承办。

“子冈杯”玉石雕精品展览已历七届，参加本届“子冈杯”精品展的有来自北京、上海、浙江、河南、安徽、广东、辽宁、新疆、福建、山东、江苏等地300多家玉雕工作室的近800件玉石雕作品参展，基本涵盖全国主要玉石雕产地与传统制作基地，还有来自英国、新西兰、美国、加拿大等国玉雕艺术家的60多件玉雕作品参展。经来自北京、上海、河南、江苏扬州与苏州的专家、大师评审，有44件作品获金奖，66件作品获银奖，81件作品获铜奖，9件作品获最佳创意奖，2件作品获最佳工艺奖。其中苏州地区参评作品共获得24个金奖、41个银奖、68个铜奖、8个最佳创意奖和2个最佳工艺奖。

百花玉缘杯

2014扬州第九届“百花·玉缘杯”

“百花·玉缘杯”中国玉石雕精品奖是于2006年由扬州玉器厂中国驰名商标“玉缘”与中国工艺美术的最高奖项“百花”联合冠名，由中国工艺美术协会、扬州市人民政府主办的中国精品玉石雕刻评选活动，是全国玉雕行业的国家级奖项。每年举办一次，至今已在扬州成功举办了九届。

由扬州市人民政府、中国工艺美术协会共同主办的第九届中国玉石雕精品博览会于2014年4月17日在扬州工艺品交易中心开展。展会同期举行了2014年“百花·玉缘杯”中国玉石雕精品奖评审活动。本次申报参加精品奖评审的作品共计781件（套），实际参评作品742件（套），参评作品数量超过往届。参加评比的地区覆盖了苏、京、沪、浙、辽、豫等18个省、市、自治区，具有参与地区多、地域特色鲜明、精品新作多的特点。经评审委员会现场评审，2014“百花·玉缘杯”中国玉石雕精品奖共有477件作品获奖。

玉华奖

2014河南南阳第二届“玉华奖”

首届中国玉石雕刻作品“玉华奖”评选活动，在2013年南阳第十届玉雕节暨国际玉文化博览会期间举办。“玉华奖”寓意“玉润中华、玉中精华、玉业昌盛”。

2014年4月28日，由河南省人民政府、中国珠宝玉石首饰行业协会主办，河南省国土资源厅、南阳市人民政府承办的“中国·南阳第十一届玉雕节暨国际玉文化博览会”在南阳市体育中心举行，4月29日晚，玉雕节主体活动——“玉华奖”评选揭晓。本届“玉华奖”评选活动启动以来，全国各地共送评1500余件玉雕作品，入围作品496件，经过严格评选，最终《地藏王》《雀之灵》《昭君出塞》等13件玉雕作品斩获金奖，《普贤菩萨》《龙生九子》《老子出关》等31件作品摘得银奖，《威震四海》《卧莲观音》《踏春》等45件作品荣获铜奖，《佛法无边》《军旅情怀》《守护》等13件作品获得最佳创意奖，《福寿图》《画龙点睛》《君子一品》等16件作品获得最佳工艺奖，372件作品获优秀作品奖。

玉星奖

2014辽宁岫岩第五届“玉星奖”

为挖掘和培养年轻玉雕人才，推动玉石特色产业基地的发展，2010年7月，中国珠宝玉石首饰行业协会联合辽宁省岫岩县人民政府在岫岩中国玉雕会展中心联合举办了首届全国玉石雕刻“玉星奖”评选活动。“玉星奖”名称源自“岫岩玉星”，1996年12月，国家天文台兴隆观测站发现一颗小行星，编号为21313号，2006年9月30日，国际天文学联合会正式将这颗小行星命名为“岫岩玉星”。“玉星奖”则象征中青年玉石雕技工是行业的希望之星、魅力之星、玉业之星。“玉星奖”自2010年创办，至今已成功举办五届，在行业内，特别是北方地区具有一定的知名度。

2014年6月15日，由中国珠宝玉石首饰行业协会和辽宁省人民政府工业特种资源保护办公室主办，中国珠宝玉石首饰行业协会玉石分会，“玉星奖”评选活动暨中国岫岩第五届玉文化艺术节在辽宁省岫岩县玉雕会展中心举行。本届“玉星奖”评比活动，共有300多名玉雕大师参与，参评作品达到1000多件。经过初评，354件作品入围，最终共评选出金奖9件、银奖27件、铜奖40件、最佳工艺奖16件、最佳创意奖13件，其余294件作品获得优秀作品奖。

国石杯

2014新疆第十一届“国石杯”

“国石杯”新疆和田玉玉雕精品展评会，是由新疆珠宝玉石首饰行业协会举办的、中国唯一以和田玉为主要参评对象的玉雕奖项。“国石杯”玉雕精品展是为玉雕艺人交流技艺、展示工艺，提高新疆玉雕业的整体工艺水平搭建的平台。

2014年9月7日至12日，第十一届“国石杯”新疆精品展评会在乌鲁木齐市新疆玉都举行。此次展评会参评企业129家，参评作品745件，为历届展评会之最。745件由和田玉子料、山料、青花、碧玉等雕琢而成的摆件、把件、炉、瓶、壶、玉牌等，既有马进贵、赵敏、郭海军、樊军民、周雁明、陶虎、刘剑刚、马秀芳等国家级玉雕大师的精品之作，也有80后玉雕新生力量敢于创新的个性作品。

9月8日、9日，第十一届“国石杯”和田玉玉雕作品评奖活动开始，由新疆宝协专家、国家玉雕大师和新疆珠宝玉石质检部门的10位专家组成的评委会分三个组分别对作品的工艺、创意、材质、题材等进行反复比较、观摩，最终评选出金奖22件，银奖66件，铜奖129件，最佳工艺奖17件，最佳创意奖26件，优秀作品奖224件。

玉英奖

2014安徽首届“玉英奖”

“玉英奖”是安徽徽派玉雕文化协会2014年组织创办的徽派玉雕专业奖项，旨在采撷徽派玉雕之精品，培养优秀的玉雕大师，研究徽派玉雕的技法，进一步推动徽派玉雕的传承与创新。“玉英”意指玉之精英，源自《楚辞·九章·涉江》篇：“登昆仑兮食玉英。”

“玉英奖”评选主办方安徽徽派玉雕文化协会通过联合中国民间艺术组织以及艺术产业研究机构，实施有机互补、双向监督，共同主办此次评选活动、打破常规实施“超越派系、立体关照、多元评选、公平开放、作者答辩、专家点评、场外互动、优胜劣汰”的新评选模式，接受全社会的监督与评议，使得评选活动更具权威性，更符合艺术创作与表现规律，更具特色。

2014年徽派玉雕艺术大展暨首届中国玉石雕“玉英奖”评选活动是由中国艺术产业研究院、安徽省非物质文化遗产保护中心、合肥市文化广电新闻出版局共同主办，安徽省徽派玉雕协会、合肥市非物质文化遗产保护中心承办，并得到了安徽省文化厅、民政厅等相关单位的支持。10月17日至20日 ，2014年徽派玉雕艺术大展暨首届中国玉石雕“玉英奖”评选参评作品在合肥元一希尔顿酒店“元福厅”和“玉顺行典藏馆”展出。20日下午，“玉英奖”各奖项揭晓，评选出金奖作品68件、银奖34件、铜奖33件、最佳工艺奖19件、最佳创意奖14件、8人获最佳贡献奖、13人获最佳新人奖。

市场概况

应该说，2014年是变化的一年，是玉器市场开始经历暴风骤雨洗礼的一年。当代玉器已经不经意间从前几年的贵族宝座上走下来，玉器市场开始经历巨大的风暴洗礼，无论厂家、商家还是收藏家都不愿意看到市场的这种洗礼，尽管人们主观上是那么不情愿它的到来，但它还是来了。并且来得比人们想象的更加猛烈。

曾几何时，多少资金前仆后继涌入玉器市场，多少富贾土豪力捧一件玉器为宝贝。然而市场没有也不可能有那么多好的作品，于是一大批快刀手入市了。这些快刀手的快作品，填充了市场需求的不足，但也扼杀了玉器艺术。于是，令人心痛的一幕出现了：一方面，几近枯竭的和田玉籽料被大量用于低端的商品制作，另一方面，由于天然和田籽料产量稀少，大量造假籽料充斥市场，有些玉雕工心知肚明，照用不误，这些东西为和田玉的市场带来了毁灭性的打击。

如今市场出现调整再正常不过了，没有调整，就永远不知道谁在裸泳，那些浑水摸鱼的产品，那些滥竽充数的做玉人将在调整中被无情地淘汰。在许多人眼中，这种淘汰来得太残酷了，其实不然，只有这种市场淘汰来得更猛烈些，才能使市场走向更美好的明天。

经济有周期是正常的，玉器市场有周期也是正常的，这种周期调整不一定都是坏事，它给真正有实力的人以更多的机会。既然有周期，就意味着有高潮也有低谷。低谷已至，高潮还会远吗！

（于明）

2014年中国当代玉器市场总结

于 明

当代玉器在不经意间从前几年的贵族宝座上走下，玉器市场开始经历巨大的风暴洗礼，无论厂家、商家还是收藏家都不愿意看到市场的这种洗礼，尽管人们主观上是那么不情愿它的到来，但它还是来了，并且来得比人们想象的更加猛烈。

一、白玉市场

白玉市场是受冲击最大的市场之一，尽管2014年多数厂家商家表面仍在说说笑笑，但已掩饰不住内心对市场前景的恐慌（暂时是恐慌，还不是恐惧）。尽管我们一再说，中国人具有的八千年热爱玉的传统不会在我们这一代断掉，前途是光明的，但历史发展是曲折的，现实的情况是，当代玉器大浪淘沙的时代到来了，大量的低端玉器加工厂生存艰难，一部分人及作品将会被历史所淘汰。

2014年末，一位朋友对笔者说，他到一玉器生产集中的地区去，看见饭店里的几个服务员小伙子竟然是以前的玉工，他不解地问道，你们为什么到这里来工作，难道不想做玉工了吗？那几个人无奈地答道：不是我们不想做玉工了，而是大量的玉器工厂倒闭了，我们没有玉可做了，不得不出来干这种活。做玉工好歹也是个手艺人，为了生计，这些玉工不得不从社会的最底层的工作重新做起。

2014年白玉市场交易总的来说下降了15%–55%，有关部门考察了全国78家白玉经营企业，49家企业反映销售额下降，且幅度较大，14家企业销售额持平，16家企业销售额上升，销售额上升企业以玉雕大师工作室为主。这15%–55%的下降额，还是可以细化的。

首先，低端玉器受市场影响较小，交易量变化不大。以北京潘家园为代表的一线城市的玉器交易市场，东西以低端为主，2014年的交易虽说有下降，但下降10%–20%，还在市场商户能够忍受的范围内，只是购买者更加挑剔，性价比低的东西不好卖了而已。二三线的城市，低端东西成交量下降幅度就比较大了，有些城市的交易量下降有30%–50%之多。从中国最大的低端玉器批发市场河南镇平石佛寺的情况来看，低端玉器的市场与2013年基本不受影响的情况大有不同，情况还是变差了。笔者2014年两次去石佛寺，年初去的时候人还是蛮多的，呈购销两旺的态势，卖家基本上做半天生意，东西很快就卖完了，年末去的这趟就不一

▲河南省南阳市镇平县玉雕市场

样了，市场冷冷清清，卖东西的人已经比买东西的人多了，卖家全天都在市场泡着，一直坚持到每天下班。这个市场毕竟占中国低端白玉批发的50%呀，这个市场尚且如此，其他市场可想而知。在这些市场的交易中，与往年相同的是，低价位的东西仍然是交易的主体，看上去火爆的东西，都是些手串等低价的商品。

其次，中端玉器是受市场影响最大的部分。中端的玉器本来就不尴不尬，这些东西称不上艺术品，但又能跟上艺术品玉器的风，前几年这些东西好卖是因为整个社会收藏的风太大了，连猪都能飞起来了，这些东西也跟着高档作品飞起来了，风停了，猪自然掉下来了，这些作品的价格自然就下来了。遍观各个白玉市场，这些东西降价的幅度最大，与高峰时价格差去六、七成。过去几年，生产这些中端玉器的玉工基本上是坐在家里，不出去卖东西，上门求购的人络绎不绝，东西都供不应求。今年的情况悄然开始发生变化，扬州苏州的一些厂家开始走出本地，到全国各地的市场卖东西，而且卖得非常便宜，通常能打到三折，但要现钱，绝不赊账。想想看，从坐等商家上门收货、价格高高在上、气指颐使地卖东西，到主动出去推销，谨小慎微地说小话，降价卖东西，这是多么大的反差，虽然对个别人来说这是迫于生活压力之所为，但对整个当代玉器市场而言，这预示着市场淘汰的开始。造成中端市场这种局面的原因，笔者总结起来，原因有这么几条：(1)作品毫无创造性，完全是模仿别人的作品。前几年，市场还是相对封闭的，你模仿别人的东西，大部分买家不清楚是模仿的东西，以为就是你的原创，争相购买。几年下来，买家明白是怎么回事了，这些东西也就无人问津了。

（2）代工代做。这些人的作品本不怎么样，在前几年，东西好卖，这些玉工也牛起来，每天忙于应酬，俨然成名成家了，根本就没时间做东西，结果找徒弟代工，甚至找外面的人代工，最后落他的款，卖出大价钱，现在好了，大家知道真相，也就没人买账了。（3）料子以次充好。这些人有点名气了，但身价没那么高，又想挣大钱，只能在料上以次充好，用差的和田籽料甚至是俄料来冒充好籽料，试想，别人一两次看不懂，长期还能看不懂吗？在目前市场不景气的情况下，他们这些不会飞的动物能不从天上掉下来吗？将来的趋势是，这部分东西会越来越差。毕竟，这些既不是艺术品也不是商品的东西，是没有任何收藏价值和性价比的。

再次，高端玉器基本不受影响。与中低端市场价量齐降局面形成鲜明对比的是，那些会飞的大师仍在天空中翱翔，而且飞得更高。这些具有高深工艺与艺术修养的玉雕大师开始显现出自己的功力，如上海玉雕大师倪伟滨、北京玉雕大师苏然等人，在这种情况下，更加绽放出自己的艺术特色，他们的作品不仅没有降价，反而节节升高。海派大师倪伟滨所创作各种器型的作品正显现出强大的生命力，如他创作的莲花，玉料与文化结合得贴切恰当，其他玉雕师争相模仿，为当代玉文化注入新的活力。大师作品的价格也在节节攀高，海派玉雕大师吴德昇的作品拍出来3400万的价格，同为海派玉雕大师翟倚卫的作品价格也屡创新高，京派大师苏然作品也拍出1000多万，这一切表明，优秀作品到任何时候都会受到人们的追捧。

2014年的白玉拍卖已经大不如以前了，白玉拍卖那种人头攒动的场面已经成为过去，总体表现不温不火，较有亮点的当属西泠、嘉德、保利和博观的当代玉器专场拍卖。西泠秋拍创出单件作品的新高，嘉德、保利虽说白玉拍卖的总额不高，但有些大师作品单价拍得还是挺高。往年流行一时的无底价拍卖，今年的成交量也大幅减少，博观仍以无底价拍卖为主。（2014年拍卖市场详情请参见附表）

二、翡翠市场

2014年翡翠市场的情况出乎人们的预料。从2014年缅甸公盘情况来看，缅甸公盘翡翠毛料大幅减少，翡翠原石价格大幅攀升，毕竟全球优质翡翠资源仅出于缅甸，当前原料市场又被缅甸政府控盘，6月份的一次玉石拍卖为缅甸政府挣得超过20亿美元的收入。按正常的情况，翡翠高涨的公盘效应传导到国内，翡翠价格将再度走高。让人意想不到的是，国内翡翠零售市场极不给力，出现了量跌价降的局面，与2013年相比，成交量总体下跌了30%-60%。形成这种情况的原因，主要还是大环境不好，翡翠原料价格下不来，普通人买不起，造成了绝大多数翡翠没有交易，翡翠有价无市，使得翡翠交易量跌得很厉害，市场极度萎靡，有些地区店面的翡翠销量减少了50%-70%，这种不景气会淘汰一批商家，在经过市场洗礼后，情况可能会好转。

三、南红市场

南红作为玉石品种，前几年价格突然如火箭般的速度上升，去岁曾红透半边天，简直达到了疯狂的地步，从几百元一斤直窜到几十万元一斤，真是令人目瞪口呆。然而，它毕竟没有更深刻的文化根基和消费环境，加之供应量急剧增加，今年的行情不能说飞流直下，至少也是拦腰一斩。去年几十万元一斤的料，今年也就十几万元一斤。笔者既不愿意看到南红原料价格上涨太快时的情景，更不愿意看到它们跌得太狠的局面。值得注意的是，随着南红价格的攀升，南红造假大量涌现，不仅局限于过去普通的玛瑙烧红，更有在质量较差的南红上注胶染色等技术，使得南红成为新的较为难鉴定的品种之一，这也是南红跌价的一个重要因素。

四、岫岩玉市场

岫岩玉既古老又年轻，说她古老，是说她跨越了五千年，言其年轻，是说她近些年才走向大众，无论她古老还是年轻，2014年前行的步伐显得太沉重了。别的玉种说形势不好，是说一小部分厂家商家形势不好，说岫岩玉形势不好，是说大部分厂家商家形势不好，部分厂家商家已经关门了。其中的原因笔者在近几年的总结里也谈到过，这里不再重述。但有一点笔者要再次强调，岫岩玉一定要创新，才能有更大的发展空间，虽说有些岫岩玉作品已经很有新意，但没成为主体和常态，只有创新，让岫岩玉作品贴近当代人的生活，才能使岫岩玉这一古老的玉种焕发出青春的魅力。

展望2015年，笔者对玉器市场的前景并不乐观，随着经济增长个位数时代的到来，人们无论哪种名义的收入都会减少，在这种情况下，人们的第一反应就是会削减与生活无关的收藏品消费，这些消费的减少直接会影响玉器市场，玉器市场的严冬远没有到来，但愿玉器的厂家商家过去几岁已将棉衣备好，2015年穿厚点，迎接寒冬吧，相信寒冬过去就是春天。年年岁岁人相同，岁岁年年话不同，无论每年怎么说，笔者都是衷心地希望中国玉器市场繁荣起来，让玉文化的旗帜在我们这一代人手中永远高高飘扬。

附：

表一　2014年中国古代玉器重要拍品拍卖成交前10名

序号	拍品名称	年代	成交价	拍卖行	拍卖时间
1	白玉御题诗文吉庆有余如意	清・嘉庆	RMB 23,000,000	北京翰海	2014-5-11
2	御制青白玉瑞兽鱼雁纹铺首衔环耳壶	清・乾隆	HKD 19,160,000	邦瀚斯	2014-11-27
3	白玉雕五龙纹笔洗	清・乾隆	RMB 14,950,000	中国嘉德	2014-5-18
4	白玉仙人贺寿双蝠如意	清・乾隆	RMB 10,350,000	北京保利	2014-6-4
5	御制白玉英雄双联盖瓶	清・乾隆	RMB 9,200,000	北京翰海	2014-5-10
6	御制白玉雕“喜上眉梢”图兽耳活环盖瓶	清・乾隆	HKD 10,600,000	邦瀚斯	2014-11-27
7	白玉御题诗罗汉山子	清・隆乾	RMB 8,050,000	北京翰海	2014-10-25
8	黄玉仿古兽面纹六方觚	清 17-18 世纪	HKD 7,000,000	苏富比	2014-10-8
9	白玉饕餮纹出戟朝冠耳三足盖炉	清・乾隆	RMB 5,750,000	中国嘉德	2014-11-20
10	白玉雕兽面纹双筒形花插	清・乾隆	GBP 494,500	邦瀚斯	2014-5-15

表二　2014年中国当代玉器重要作品拍卖成交统计（100万元以上）

序号	拍品名称	年代	成交价（元）	拍卖行	拍卖时间
1	邱启敬　极乐世界・识心	当代	73,600,000	西泠拍卖	2014-12-14
2	吴德昇　双娇　白玉摆件	当代	40,250,000	西泠拍卖	2014-12-14
3	于雪涛　喜气袭人　白玉摆件	当代	23,000,000	西泠拍卖	2014-5-3
4	吴德昇　春韵	当代	17,920,000	中晟国际	2014-10-11
5	吴德昇　妙趣横生	当代	13,800,000	北京保利	2014-6-4
6	王胜　和田黄玉　九天飞流	当代	13,800,000	北京保利	2014-12-3
7	翟倚卫　赫赫姜嫄　白玉牌	当代	10,925,000	西泠拍卖	2014-12-14
8	苏然　三国三事　白玉牌（一组）	当代	10,350,000	西泠拍卖	2014-12-14
9	瞿惠中　太白壶（一组）	当代	9,200,000	西泠拍卖	2014-12-14
10	殷建国　溪山清逸　和田籽料文房 11 件套	当代	8,625,000	西泠拍卖	2014-12-14
11	俞艇　梅花薄胎瓶	当代	8,280,000	北京保利	2014-6-4
12	新疆和田黄玉　度	当代	8,050,000	北京保利	2014-10-8

续上表

序号	拍品名称	年代	成交价（元）	拍卖行	拍卖时间
13	顾永骏　天音　白玉山子摆件	当代	7,820,000	北京匡时	2014-6-5
14	吴德昇　共舞	当代	7,820,000	北京保利	2014-6-4
15	俞艇　花开富贵　薄胎白玉瓶	当代	7,590,000	北京匡时	2014-6-5
16	张春明　和田白玉岁寒三友如意耳瓶	当代	5,520,000	北京艺融	2014-6-3
17	白玉双龙钮玺（二件）	当代	5,462,500	北京翰海	2014-5-11
18	汪德海　小乔观书	当代	4,370,000	北京保利	2014-6-4
19	和田玉籽料鹤望把件	当代	4,025,000	北京博观	2014-7-6
20	王平　荷间拾慧　白玉摆件	当代	3,795,000	西泠拍卖	2014-12-14
21	崔磊　高乐图　白玉摆件	当代	3,565,000	西泠拍卖	2014-5-3
22	白玉龙凤杯	当代	3,471,600	中国艺海	2014-11-15
23	和田玉籽料渔樵耕读套牌	当代	3,450,000	北京博观	2014-7-6
24	翟倚卫　雨沥　白玉牌	当代	3,450,000	中国嘉德	2014-11-20
25	和田黄玉四美图	当代	3,450,000	北京保利	2014-10-8
26	吴德昇　春光如意　白玉把件	当代	3,220,000	西泠拍卖	2014-12-14
27	和田黄玉往事如烟	当代	3,220,000	北京保利	2014-10-8
28	陆爱风　古兽　白玉把件	当代	3,162,500	北京匡时	2014-6-5
29	陈冠军　竹云松涛　白玉对牌	当代	2,990,000	西泠拍卖	2014-12-14
30	于雪涛　白玉天印	当代	2,990,000	中国嘉德	2014-11-20
31	翟倚卫　云蹄留柳	当代	2,645,000	北京保利	2014-6-4
32	和田白玉笔洗	当代	2,603,000	中国艺海	2014-11-15
33	白玉双龙活环耳三足盖炉	当代	2,303,880	佳士得	2014-11-26
34	陈冠军　十牛图　白玉对牌	当代	2,300,000	北京匡时	2014-6-5
35	翟倚卫　秋声一笛　白玉牌	当代	2,300,000	中国嘉德	2014-11-20
36	曹国斌　贺寿	当代	2,300,000	北京保利	2014-6-4
37	和田黄玉达摩	当代	2,300,000	北京保利	2014-10-8
38	殷建国　凤首活环　白玉匜	当代	2,300,000	西泠拍卖	2014-5-3

续上表

序号	拍品名称	年代	成交价（元）	拍卖行	拍卖时间
39	和田玉籽料双娇摆件	当代	2,070,000	北京艺融	2014-6-3
40	张春明　和田白玉籽料如意耳香炉	当代	2,070,000	北京艺融	2014-6-3
41	孟庆东　和田白玉籽料观音	当代	2,016,000	中晟国际	2014-10-11
42	和田玉籽料龟鹤延年把件	当代	2,012,500	北京博观	2014-7-6
43	神人面具	当代	1,909,380	中国艺海	2014-11-15
44	陈健　游川寄隐　白玉牌	当代	1,840,000	西泠拍卖	2014-12-14
45	瞿利军　龙腾凤舞　白玉对牌	当代	1,840,000	西泠拍卖	2014-5-3
46	崔磊　钟馗　白玉把件	当代	1,840,000	北京匡时	2014-6-5
47	葛洪　玄武　白玉把件	当代	1,840,000	西泠拍卖	2014-12-14
48	南红玛瑙　独占鳌头摆件	当代	1,840,000	上海金艺	2014-12-17
49	王金忠　醉舞双清荷　白玉摆件	当代	1,840,000	西泠拍卖	2014-12-14
50	杨曦　银杏·梦影　白玉手镯	当代	1,725,000	西泠拍卖	2004-12-14
51	黄杨洪　绿度母　白玉把件	当代	1,725,000	西泠拍卖	2014-12-14
52	黄罕勇　鹤鹿同春　白玉把件	当代	1,725,000	西泠拍卖	2014-12-14
53	杨曦　银杏·舞夜　青花摆件	当代	1,725,000	西泠拍卖	2014-12-14
54	羊脂玉夔龙纹扳指	当代	1,667,500	北京博观	2014-7-6
55	羊脂玉庄周梦蝶把件	当代	1,610,000	北京博观	2014-7-6
56	吴金星　吉祥如意　黄玉把件	当代	1,610,000	北京匡时	2014-6-5
57	张克山　报喜　白玉摆件	当代	1,610,000	北京匡时	2014-6-5
58	白玉天司礼鉴玉人	当代	1,562,220	中国艺海	2014-11-15
59	俞艇　薄胎白玉蕉叶壶	当代	1,552,500	北京匡时	2014-6-5
60	范同生　和田玉籽料蟾宫折桂摆件	当代	1,495,000	北京艺融	2014-6-3
61	和田玉籽料禅宗把件	当代	1,437,500	北京博观	2014-7-6
62	颜桂明　观音插牌	当代	1,380,000	北京保利	2014-6-4
63	王金忠　财神到　白玉把件	当代	1,380,000	西泠拍卖	2014-5-3
64	吴灶发　池娇	当代	1,380,000	北京保利	2014-6-4

续上表

序号	拍品名称	年代	成交价（元）	拍卖行	拍卖时间
65	翟倚卫　乐路	当代	1,380,000	北京保利	2014-6-4
66	洪新华　白玉笑口常开	当代	1,380,000	北京保利	2014-6-4
67	吴金星　和田玉太平有象摆件	当代	1,380,000	河南日信	2014-6-1
68	黄杨洪　绿度母　白玉把件	当代	1,265,000	西泠拍卖	2014-12-14
69	黄罕勇　虎虎生威　白玉牌	当代	1,150,000	西泠拍卖	2014-12-14
70	苏然　华严三圣　白玉牌	当代	1,150,000	西泠拍卖	2014-5-3
71	赵琦、庞然　四大菩萨　白玉套牌	当代	1,150,000	西泠拍卖	2014-12-14
72	赵显志　安居乐业　白玉把件	当代	1,150,000	北京匡时	2014-6-5
73	刘国皓　萧竹凝翠　白玉首饰套装	当代	1,150,000	西泠拍卖	2014-12-14
74	水晶童子观音摆件	当代	1,150,000	北京博观	2014-7-6
75	苏然　罗汉白玉摆件	当代	1,150,000	北京匡时	2014-6-5
76	吕德　白玉雕童子戏佛摆件	当代	1,008,000	上海联合	2014-10-11

表三　2014年中国玉器（或含玉器）拍卖会100场重要专场拍卖情况统计

序号	专场名称	拍品总数（件）	总成交额（万元）	成交率	拍卖公司	拍卖日期
1	瓷器·玉器·工艺品	1861	RMB 2990.058	65.18%	北京保利	2014-1-11
2	古董珍玩（三）——玉器专场	270	RMB 146.947	58.52%	北京翰海	2014-1-12
3	玉器、工艺品	1013	RMB 1886.920	81.54%	中国嘉德	2014-3-24
4	玉润冰清（三）——中国当代玉雕名家作品及翡翠精品拍卖会	333	RMB 344.586	76.58%	上海联合	2014-3-29
5	玉器专场	187	RMB 97.762	65.24%	北京翰海	2014-4-13
6	瓷器·玉器·工艺品	431	RMB 687.068	77.49%	华艺国际	2014-4-13
7	工艺珍玩、玉器陶瓷	349	RMB 311.28	64.18%	中信国际	2014-4-19
8	南红玛瑙雕刻艺术精品专场（三）	76	RMB 177.215	78.95%	北京博观	2014-4-20
9	当代玉石雕刻名家精品无底价拍卖专场（七）	264	RMB 1167.656	100.00%	北京博观	2014-4-20
10	玉器、工艺品	1311	RMB 3981.933	72.31%	北京保利	2014-4-27

续上表

序号	专场名称	拍品总数（件）	总成交额（万元）	成交率	拍卖公司	拍卖日期
11	中国当代玉雕大师作品专场	277	RMB 7475.345	83.03%	西泠印社	2014-5-3
12	翡翠雕件专场	42	RMB 188.255	14.29%	荣宝斋	2014-5-9
13	中国玉器	274	RMB 5040.105	75.55%	北京翰海	2014-5-11
14	中国玉器	158	RMB 1786.512	81.01%	天津文物	2014-5-16
15	瓷器玉器工艺品	146	RMB 2682.375	52.05%	北京华辰	2014-5-17
16	陶瓷珍玩·玉器珠宝	251	NTD 1070.938	66.53%	中信国际	2014-5-18
17	珠宝玉器精品	141	RMB 363.059	58.87%	未来四方	2014-5-23
18	玉器珍玩专场	213	RMB 728.145	43.19%	北京中孚	2014-5-25
19	2014 中国玉器及艺术珍品	316	HKD 1671.347	44.62%	香港万昌斯	2014-5-25
20	瓷器、玉器、工艺品	261	RMB 1959.255	63.60%	苏州东方	2014-5-30
21	瓷器、玉器、文房、杂项、家具专场	399	RMB 1286.793	24.81%	雍和嘉诚	2014-5-31
22	古董珍玩—瓷器、玉器、工艺	176	RMB 3307.055	75.57%	广州华艺	2014-5-31
23	外籍玉器收藏家专场	91	HKD 158.194	100.00%	香港普艺	2014-5-31
24	琬琰天工——懿德轩玉雕名家专场	89	RMB 5571.175	47.19%	北京保利	2014-6-4
25	妙臻百艺—杂项·家具·玉器专场	395	RMB 1700.503	67.09%	中拍国际	2014-6-4
26	山中商会宝藏乾隆御题天青釉笠式碗，宫廷艺术与重要瓷器、玉器、工艺品	114	RMB 18478.200	67.54%	北京保利	2014-6-4
27	百业呈财——当代玉雕大师作品专场	120	RMB 4475.570	67.50%	北京匡时	2014-6-5
28	精石雅韵——名贵珠宝与翡翠	303	RMB 9115.820	64.36%	北京保利	2014-6-6
29	中国书画、玉器、杂项	363	HKD 1980.530	8.26%	澳门中信	2014-6-8
30	琢玉名石专场	113	RMB 199.058	64.60%	北京卓德	2014-6-20
31	玉器、工艺品	982	RMB 1670.950	82.89%	中国嘉德	2014-6-22
32	琰琬精琢——玉石珠宝专场	192	RMB 268.180	19.27%	盘古拍卖	2014-6-25
33	和田玉精品专场	92	RMB 494.305	96.74%	深圳市拍卖行	2014-6-29
34	玉润冰清（四）——中国当代玉雕精品专场	162	RMB 454.077	74.07%	上海联合	2014-6-29
35	澄怀·玉器专场	79	RMB 2454.492	72.15%	江苏爱涛	2014-7-6
36	大雅巧琢·当代玉雕珠宝专场	115	RMB 914.940	64.35%	中宝拍卖	2014-7-6

续上表

序号	专场名称	拍品总数（件）	总成交额（万元）	成交率	拍卖公司	拍卖日期
37	雅韵——海派玉雕名品专场	49	RMB 190.325	12.24%	北京博观	2014-7-6
38	浅吟——苏邦玉雕名品专场	46	RMB 458.850	28.26%	北京博观	2014-7-6
39	小酌——当代玉雕名家精品无底价专场	100	RMB 813.280	100.00%	北京博观	2014-7-6
40	夜宴——顶级和田玉、翡翠珍品夜场	35	RMB 1949.250	25.71%	北京博观	2014-7-6
41	瓷器·玉器·工艺品专场	264	RMB 5036.195	42.26%	中贸圣佳	2014-7-6
42	悦容 珠宝翡翠专场	186	RMB 3824.098	40.86%	江苏爱涛	2014-7-6
43	珠宝·玉器·工艺品专场	176	RMB 1573.752	35.23%	中贸圣佳	2014-7-6
44	“璞玉浑金”—中国玉器专场	128	RMB 415.323	80.47%	北京印千山	2014-7-19
45	瓷器、玉器、工艺品	1912	RMB 3104.483	76.20%	北京保利	2014-8-2
46	当代玉雕名家精品专场	83	RMB 391.230	90.36%	北京尚品润博	2014-8-3
47	和田玉籽料原石专场	95	RMB 152.145	82.11%	北京尚品润博	2014-8-3
48	玉器·古董珍玩专场	808	RMB 1482.005	56.68%	北京翰海	2014-8-24
49	瓷玉工艺品	395	RMB 1092.730	33.67%	北京匡时	2014-9-17
50	玉器、工艺品	1004	RMB 1457.280	85.96%	中国嘉德	2014-9-22
51	古董珍玩—瓷器、玉器、工艺品	497	RMB 680.455	72.23%	广州华艺	2014-9-28
52	玉润冰清（五）——白玉、翡翠、寿山石精品拍卖会	104	RMB 1245.698	56.73%	上海联合	2014-10-11
53	玉为石精—和田玉、翡翠、珠宝专场	373	RMB 4116.650	100.00%	中晟国际	2014-10-11
54	“玉海拾贝”（三）——白玉、翡翠、寿山石精品及无底价拍卖会	171	RMB 119.748	59.65%	上海联合	2014-10-11
55	当代玉雕作品专场	61	RMB 57.178	9.84%	浙江六通	2014-10-19
56	馥郁奇珍—玉、翠专场	86	RMB 73.035	16.28%	一得阁	2014-10-20
57	石韵清玩—寿山石雕精品专场	287	RMB 1257.180	94.43%	福建东南	2014-10-25
58	补天遗珍—寿山石雕珍品夜场	30	RMB 1101.470	96.67%	福建东南	2014-10-25
59	玉器、工艺品	1668	RMB 4367.010	68.59%	北京保利	2014-10-26
60	中国玉器	265	RMB 3360.300	72.08%	北京翰海	2014-10-26
61	熠美流光—翡翠珠宝专场	96	RMB 1471.655	50.00%	福建东南	2014-10-26
62	瓷器、玉器、工艺品	309	RMB 2876.840	72.49%	苏州东方	2014-10-30

续上表

序号	专场名称	拍品总数（件）	总成交额（万元）	成交率	拍卖公司	拍卖日期
63	玉润草原——中国当代玉石雕刻大师精品专场	96	RMB 772.455	92.71%	呼和浩特宇辰	2014-11-2
64	清音雅韵—当代玉石雕刻精品无底价拍卖会专场	106	RMB 490.935	100.00%	呼和浩特宇辰	2014-11-2
65	玉璞神工 ——玉石珠宝专场	176	RMB 896.392	80.11%	盛世嘉宝	2014-11-2
66	中国玉器	186	RMB 2024.512	79.03%	天津文物	2014-11-15
67	第五届如日方升——当代实力派青年玉雕名家精品无底价专场	205	RMB 939.435	100.00%	北京博观	2014-11-15
68	第七届大玩家——中国玉石雕刻大师艺术精品无底价专场	158	RMB 1216.010	100.00%	北京博观	2014-11-16
69	瓷器玉器工艺品	158	RMB 1428.300	51.90%	北京华辰	2014-11-19
70	于玉比德——玉器选粹	90	RMB 2527.355	44.44%	中国嘉德	2014-11-20
71	天撷英华——当代玉石雕刻艺术家专场	59	RMB 1884.850	45.76%	中国嘉德	2014-11-20
72	玉玩珍赏	145	RMB 436.195	49.66%	中国嘉德	2014-11-20
73	犹珍 19—瓷器玉器工艺品专题	191	RMB 670.105	72.77%	北京中汉	2014-11-21
74	古董珍玩—玉器·杂项·家具专场	420	RMB 561.338	44.76%	北京翰海	2014-11-22
75	可石怡情——现代国石臻品	169	RMB 558.555	60.36%	中国嘉德	2014-11-22
76	瑰丽珠宝及翡翠首饰	304	HKD 73341.100	83.55%	佳士得香港	2014-11-25
77	英国 Somerset de Chair 先生重要玉器收藏	15	HKD 2687.250	60.00%	香港邦瀚斯	2014-11-27
78	中国玉器及艺术珍品	371	HKD 1154.032	32.61%	香港万昌斯	2014-11-27
79	中国书画、玉器、杂项	296	HKD 922.875	7.43%	澳门中信	2014-11-30
80	瓷器、杂项、玉器工艺品专场	491	RMB 4316.922	65.78%	中拍国际	2014-12-3
81	云在意迟——文人赏石、玉雕专场	52	RMB 1558.595	88.46%	北京保利	2014-12-3
82	宫廷艺术与重要瓷器、玉器、工艺品	79	RMB 8270.800	65.82%	北京保利	2014-12-3
83	光分太乙——名家藏元明清玉器精品	50	RMB 1448.425	66.00%	北京保利	2014-12-5
84	玉英锁云——新疆和田玉专场	76	RMB 428.227	98.68%	南京嘉信	2014-12-5
85	瓷器·玉器·工艺品专场	130	RMB 1643.005	44.62%	中贸圣佳	2014-12-6
86	博古搜珍——珠宝玉石文玩杂项	101	RMB 426.698	68.32%	山东图腾	2014-12-6
87	如琢如磨	52	RMB 11141.200	53.85%	艺融国际	2014-12-8
88	古董珍玩——瓷器·玉器·工艺品	172	RMB 3753.140	70.35%	广州华艺	2014-12-9

续上表

序号	专场名称	拍品总数（件）	总成交额（万元）	成交率	拍卖公司	拍卖日期
89	经典永恒—精品翡翠及瑰丽珠宝	157	RMB 3299.868	42.04%	华艺国际	2014-12-9
90	和光同尘Ⅲ·邱启敬玉雕作品专场	59	RMB 11889.390	88.10%	西泠印社	2014-12-14
91	中国当代玉雕大师作品专场	245	RMB 14505.525	80.00%	西泠印社	2014-12-14
92	澄心明道·古典家具及玉器	353	RMB 5126.930	72.80%	北京盘古	2014-12-14
93	凝翠——翡翠珠宝专场	164	RMB 1459.050	43.90%	北京九歌	2014-12-17
94	玉器、工艺品	951	RMB 438.765	83.60%	中国嘉德	2014-12-20
95	韫质珠光—翠玉专题	99	RMB 2633.220	88.89%	北京传是	2014-12-21
96	清隽——当代玉雕名家精品专场	61	RMB 1083.300	55.74%	北京博观	2014-12-21
97	小酌——当代玉雕名家精品无底价专场	117	RMB 641.815	100.00%	北京博观	2014-12-21
98	夜宴——顶级和田玉、翡翠珍品夜场	26	RMB 494.500	11.54%	北京博观	2014-12-21
99	翡翠、玉器、珠宝首饰	364	RMB163.594	34.07%	郑拍总行	2014-12-21
100	石雕翡翠专场	42	RMB 1183.350	19.05%	世纪经典	2014-12-28

2014年北京珠宝玉石专业市场情况

吴陈仲　师俊超

据统计，截至2014年，北京市范围内共有珠宝玉石专业市场约43家，按照2014年北京市常住人口约2100万人（国家统计局公布）计算，相当于每48万人拥有一个珠宝专业市场。这43家市场，有39家市场分布在四环内，相当于四环内（面积约为300平方公里）每8平方公里分布一个珠宝专业市场。

这些市场的分布如下：

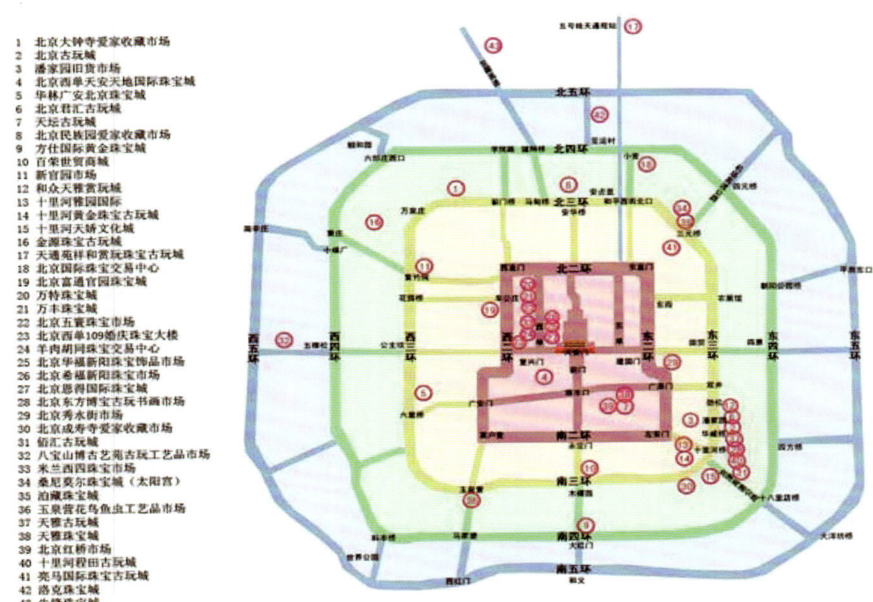

图一　北京珠宝玉石市场分布图

这43家市场的招商经营情况大不相同，差别很大。

1、市场招商情况

这43家市场，招商全部招满的有22家，所占比例为51.2%；10家市场入住率在90%，占23.3%；11家市场入住率为70% -90%，占25.5%（见下图）。

2、商户经营情况

市场里的经营商户竞争激烈，利润微薄。据统计，目前北京各珠宝专业市场中经营的商户，盈利的商户不到1/3，有2/3处于持平或亏损状态。

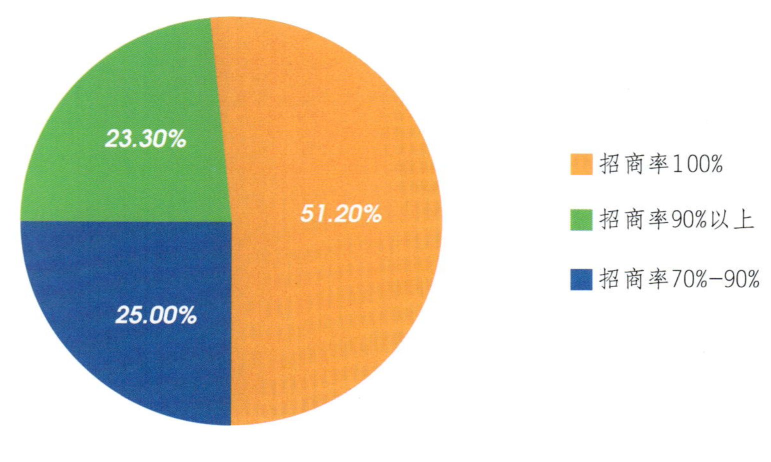

图二 市场招商情况统计图

北京是首都，是全国珠宝市场的晴雨表，北京目前专业市场面临的主要问题有：

1. 北京珠宝玉石市场总体饱和

从目前的市场分布及招商情况来看，北京珠宝玉石卖场总体饱和，市场调整将进一步延续，现有市场的功能与定位将进行调整，新建珠宝玉石市场将会减少，市场的定位、品类选择和商业规划攸关重要。

2. 市场商户竞争激烈

由于整体购买力下降，2014年珠宝行业总体处于不景气，产品销量下降，翡翠、白玉、黄金、琥珀等下跌非常严重（其他品类钻石、彩宝等品类也有上升）。由于市场内产品同质化严重，经营商户竞争激烈，以致利润微薄，甚至亏损。

虽说有这些问题，但也不是没有机会，当前市场的机遇与发展在于：

（1）随着市场的调整，各专业市场的分工逐渐明确，这种分工明确的专业市场，将会对市场的招商起到极大的提升作用。同时，市场的专业管理团队将会对市场的成熟起到作用。

（2）市场商户应走差异化的经营路线。经营同质化的产品是竞争最惨烈的市场，也是最不容易赚钱的市场。市场应鼓励商户走差异化经营路线。这就要求市场管理者在招商时就有统一规划。要求经营者在经营过程中经营差异化产品，这样才能保证市场的健康发展。

材料状况

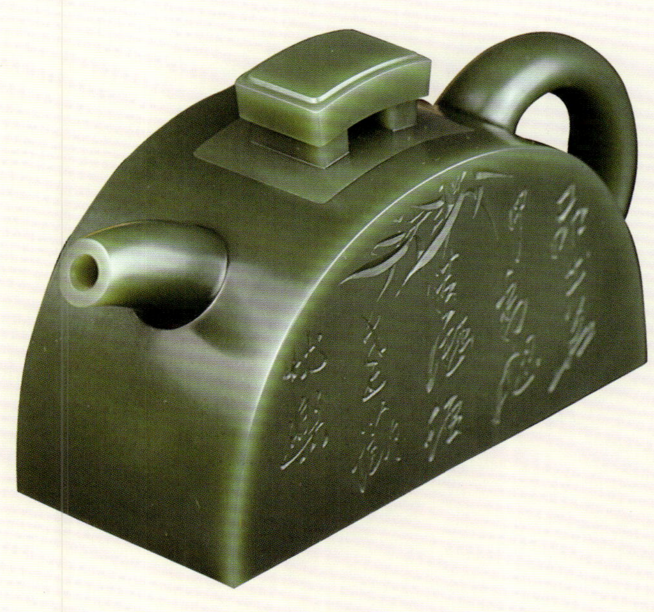

玉器材料——玉石，是中国玉文化的基础，是中国传统文化的一种物质载体，可见，材料对玉器来说实在是太重要了。

多年来，我们对玉器原料的认识和重视也有一个逐渐深入的过程。回首往事，新中国成立以来，玉器材料的价格可谓前半程平静似水，后半程步步惊心。以和田籽料为例，前半程，新中国成立初至80年代中期，价格变化可谓平静似水，每公斤基本价格情况是，特级：120元；一级：120元；二级：80元。后半程90年代初至今价格波动可谓步步惊心：以特级料为例，90年代初是300元一公斤，90年代末达到1000多元一公斤，2000年初达到1万元一公斤，2005年达到5万元一公斤，2008年达到10万元一公斤。2010年达到100万一公斤（1万元一克），变化之快、波动之剧令人瞠目，用步步惊心来形容一点也不为过。

时代在前进，社会在发展，价格波动、物价的上涨本是正常现象。近些年，艺术品价格的上涨很是惊人，玉器作为当代艺术品的一个门类，价格上涨也在情理之中，作品价格上涨了，原料价格自然也要跟着上涨。但是，这种原料的上涨太出乎人们的意料了。究其原因，人们在搞不懂玉器艺术的情况下，还是买料吧，料是不会骗人的，料越来越贵，以至于成了今天这个样子。

玉器材料价格近几年有所分化。和田玉的材料价格有升有降，升的是低端材料，降的是高端部分，翡翠材料的价格一直在涨，其他材料只能说平稳吧。其他材料一直在现在的价位徘徊，没降也没升。有人说原料的价格还会大涨，没错，普通的材料的确一直在涨，也有人说原料的价格会大跌，是的，高档的材料的确有跌，但跌的幅度并不太大。

（于明）

2014年中国玉器材料供给的基本情况

于　明

2014年，市场销售情况不好，对材料市场也产生了一定的影响，但各种材料表现不一，有的材料继续上涨（如翡翠），有的材料较为稳定（如和田玉），有的材料有所下跌（如南红），有的材料大幅下跌（如岫岩玉）。我们来看具体情况。

一、和田玉

前两年我们谈过，和田玉是一种商品种类的名称，不具有产地意义，无论哪里出产的玉，只要透闪石成分占95%以上，都可以使用和田玉这个名称。可以根据产地的不同，具体区分出和产地有关的名称，如：新疆和田地区出产的玉称为新疆料，青海产的玉称为青海料（昆仑料），俄罗斯出产的玉称为俄罗斯料（简称“俄料”），韩国出产的玉称为韩国料（简称“韩料”），加拿大出产的玉只有碧玉，称为“加碧”。今年的情况与往年还是略有不同，我们谈的时候要分别来谈。

1. 新疆料

新疆料是和田玉中精华，和田玉就是因这种玉最初出产在新疆和田地区而得名。新疆产和田玉的纤维状晶体颗粒较细、较短而且排列致密，透闪石含量约为95%－99%，其他的杂质矿物含量极少，比重约为3g/cm^{3}左右，莫氏硬度为6－6.5。

新疆产和田玉矿床为非蛇纹岩型矿床，成因是典型的接触交代作用，而其他地区软玉矿床多为蛇纹岩型，属超基性岩，这使得新疆产的和田玉具有坚韧的质地、温润的光泽、绚丽的色彩、致密的结构的特点，有着玉材的所有美感，代表着中国玉器材料之美，与其他产地的和田玉有所区别。

新疆和田玉的分布和产地基本介绍：

新疆和田玉主要分布在新疆所辖昆仑山和阿尔金山一带。西起喀什地区的塔什库尔干塔吉克自治县，中经和田地区，东到巴音郭楞蒙古自治州的若羌县，北至塔里木盆地边缘，南到昆仑山和阿尔金山主峰，全长约1300公里，宽约80－150公里，地域范围内包括3个地州共14个县市。原生矿约60处，主要矿区有：莎车矿区、和田矿区、于田矿区、且末矿区、若羌矿区和天山矿区等。

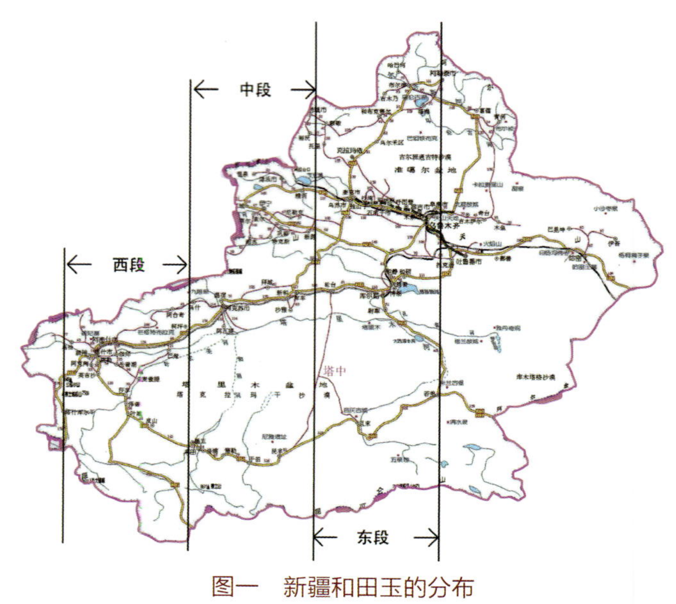

图一　新疆和田玉的分布

（1）莎车—叶城矿区。

原生玉矿主要有大同、密尔岱、库浪那古等地。密尔岱山玉矿资源丰富，以青玉和青白玉为主，白玉较少。它也是古代重要的玉料产地。

莎车—叶城矿区2014年产量约在100-150吨，每公斤价格3000-5万元，与2014年相比差别不大。

（2）和田矿区。

新疆最著名的产玉矿区。玉矿产地多，资源量大，多为青玉，兼有白玉、青白玉等，特别以产籽料而著名。

籽料产于和田河中，以玉龙喀什河（白玉河）和喀拉喀什河（墨玉河）为主，两条河流域上游的原生玉矿经地质变迁，由山料崩塌滚落于河中，形成籽料，山上原生矿虽有线索，但山上常年积满冰雪，海拔甚高，人所能到达活动范围有限，有关部门几次科考均未能发现籽料玉矿原生地，各界对和田籽料的形成产生分歧。

为此，2014年下半年，由中国传统文化促进会玉文化研究会召集，北京国玉具体承办的“和田子料成因探讨座谈会”在北京新疆大厦国玉新疆和田玉文博馆（北京）举行。会议就和田籽料的成因做了学术探讨。出席会议的有中国传统文化促进会玉文化委员会主任于明，北京大学地质系教授王时麒，故宫博物院研究员、玉器专家徐琳，有儒玉府董事长蒋有儒，北京中鼎元珠宝有限公司董事长刘书占，观喜堂董事长林子权，国玉新疆和田玉文博馆馆长杨翔宇等人。本次座谈会由于明主持，主要探讨和田玉子料的形成原因。座谈会上，蒋有儒先生首先提出自己的观点，他认为：山料经过河水的冲刷可以形成子料，但和田现在的子料不全是从山上滚落下来冲刷而成的，部分子料很可能是亿万年前火山爆发形成的。并且他提出了十点疑问，以证实他的观点。例如，为何河流下游广大地域会出产大量玉石，为何硬度高于普通石头的玉石仍可在河流中与石头部分共存，为何统一河段所产出的玉石在颜色、质地等各方面都大体一致等。基于蒋有儒先生的部分问题，王时麒老师也发表了自己的看法，他认为传统的观点是正确的，即：子料是山料从山坡上滚落下来经过河水的冲刷打磨所形成的。因为地壳运动是一个演变的过程，更是不均衡的，原料在地下形成，在地壳不断运动、昆仑山脉不断隆起的过程中，原本在地下的原料不断剥蚀使其形成现在的子料，反映在地面上就是有的河段有，有的河段没有，而没有的，可能就是这段时间没有透闪石原料的剥蚀。关于子料的皮子，王时麒老师说到，子料的皮子不可能是在河流中运动时所形成的，一定是在它滚动停滞后埋在了沙子下方，矿物质慢慢侵蚀，各种染色离子沁入其中造成，而沁入时间的长短也造成了它皮子的薄厚程度。

这次会议对和田籽料的形成有了初步的认识。

2014年，高档籽料（又称“玩料”，指适合直接把玩的籽料），产量约在500公斤左右，较2013年增多。价格与2013年持平，每克价格1万–10万元。

中档籽料（适合制作玉器的籽料），产量约10吨左右，产量减少了一半。每公斤价格在30万–100万元以上。

（3）于田矿区。

玉矿位于于田县东南的柳什塔格山中的阿拉玛斯，是世界上罕有的白玉矿山，在地表及浅部出产优质的白玉和青白玉，是从清代开始一直到现在都在开采的重要玉矿。阿拉玛斯玉矿上层矿主要是白玉和青白玉，青玉较少；中层矿主要是青白玉，白玉所占比重不高；下层矿在50米以下，主要是青玉。近年来白玉开

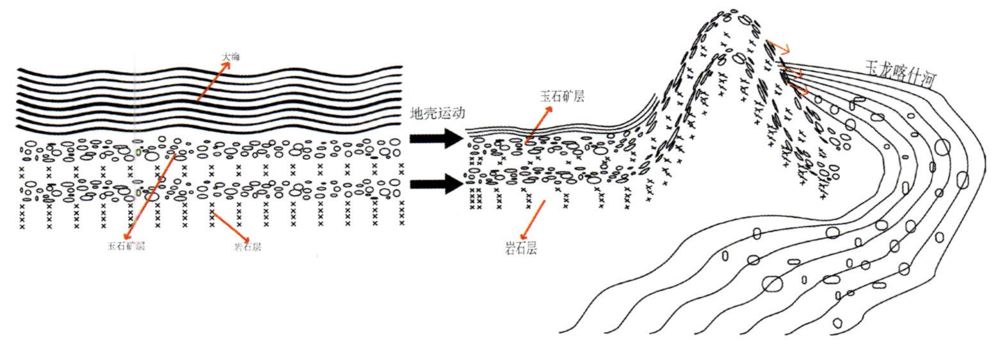

图二　和田籽料形成过程图

采量已经很少，主要出青玉。

2014年于田矿产量50吨左右。每公斤价格1万-5万元。

（4）且末矿区。

阿尔金山产玉的主要矿区。新疆南疆的昆仑山，整体可称昆仑山，又可细分为昆仑山和阿尔金山，二者分界在且末县内。且末玉矿分布于且末县东南的阿尔金山上，主要以青白玉为主，其次是青玉，少量白玉。玉料块度较大，曾采出重达1.5吨的青白玉，且以糖玉著名，不论白玉、青白玉和青玉多以糖色包裹玉石，但也有纯白玉料，整体有裂。其中最著名的是天泰玉矿和金山玉矿， 2014年且末矿产量在800-1000吨左右。成色不一，每公斤价格100-5万元。

且末料的产量这么大，它是怎样销售的。实际上，且末玉料大量出产自且末一个叫天泰矿的矿区，2013年9月，笔者一行20余人前去考察。 2014年的年鉴中，笔者曾撰文“新疆玉矿十日行”，详细描写了笔者2013年考察这一玉矿的情况。2014年秋，笔者又一次去了天泰玉矿。这次着重考察了天泰玉矿出产的玉料去向。笔者在这之前多次去河南南阳镇平这一原料及成品的集散地，偶然也会发现一些天泰矿的玉料在售，但量不大，这么大的玉料集散地销量都不大，那么天泰矿那么大的产量都销到哪里去了呢？带着这一问题，2014年笔者又去天泰矿，着重考察了天泰矿的原料销路去向。

▲且末玉矿购料现场

在天泰矿的销售现场，笔者看到买料的人仅有少量汉族人，主要是河南镇平人，他们选料主要以无绺无裂的完整玉料为主，其余大部分是维吾尔族人，他们选料的标准是“白”，绺裂他们倒不在乎。问过他们才知他们买料的目的就是为了造假籽料。为了更好地了解情况，笔者深入到这些维吾尔族人的工厂做了调查，观看了完整的用天泰矿原料做籽料的过程，终于明白了维吾尔族人买回这些有裂的料后，顺裂将其切成小块，磨圆成籽，再加以染色，成为伪籽料。这也是维吾尔族人为什么选天泰矿的料只选白而不怕有裂的原因。

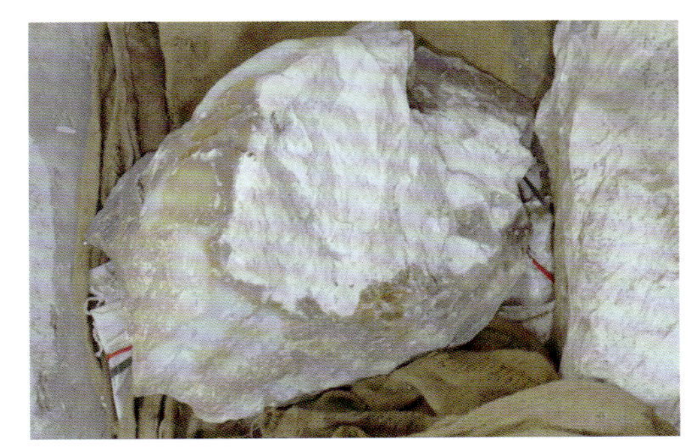

▲且末玉料

笔者从且末经和田回京，在和田停留了一天，到玉龙喀什河边的玉料市场看了下，里面卖的籽料80%是且末山料制成的，真正的和田籽料越来越少了。

（5）若羌矿区。

分布于若羌县，玉矿带是阿尔金山从且末一直向东延展至若羌，玉石以青白玉和青玉为主，黄玉出的量少了。

2014年若羌矿产量在200吨左右。每公斤价格还保持在1000–20万元，和以前没有太大的变化。

▲籽料造假现场

▲和田市场出售的假籽料

（6）天山矿区。

位于玛纳斯境内，实际上是南疆了，也是新疆主要出玉地区，因其主要品种为碧玉，故有“玛纳斯碧玉”之称。玛纳斯碧玉颜色多带蓝色调，色浅，杂质、裂纹及黑点较多，其价格较低。

2014年玛纳斯碧玉产量在几百吨左右，质量差别较大，每公斤价格在几十元至几千元之间。笔者2014年到玛纳斯玉矿去了一趟，详细地考察了玛纳斯玉矿的情况，得知其开采量还是很大。

除了上述几个大的矿区之外，在其他地区，还散落着许多小的玉矿，这些小玉矿，单体产量都不大，质量一般，价格也不高。

新疆境内其他小矿合计产量在200–300吨。每公斤价格1000–2万元。

粗略地算下来，2014年新疆境内的和田玉产量应该在1500–2000吨之间。

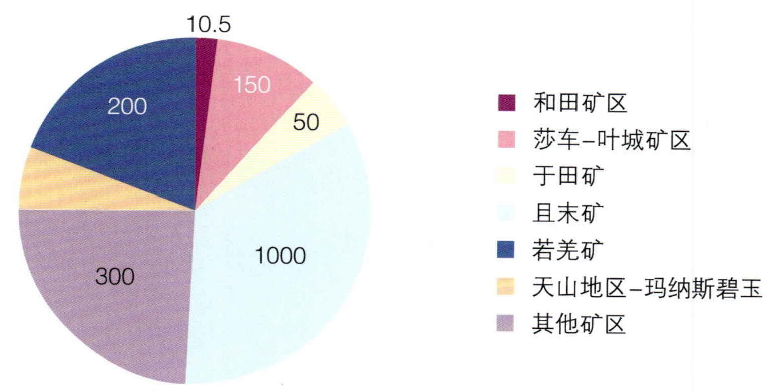

图三　新疆和田玉各矿区产量图

表一　2013年新疆各地区和田玉产量及价格对比表

产地	产量（吨）	最低价（元/公斤）	最高价（元/公斤）
和田矿区—高档籽料	0.5	10000（元/克）	100 000（元/克）
和田矿区—中档籽料	10	300 000	1 000 000
莎车–叶城矿区	150	3000	50 000
于田矿区	50	10 000	50 000
且末矿区	1000	100	50 000
若羌矿区	200	1000	200 000
天山地区—玛纳斯碧玉	几百	几十	几千
其他矿区	300	1000	20 000

2. 青海料（昆仑玉）

青海玉矿区大致在青海省格尔木市青藏公路沿线一百余公里处的丘陵地区，产玉地点位于昆仑山东脉进入青海省部分，西距新疆若羌约300余公里，与且末、若羌等出产和田玉的山脉在地质构造背景上有密切的联系，实际上就是这些山脉的延伸。该地出产的玉料以山料为主，没有籽料。有白玉、青白玉、青玉等品种。主要颜色呈灰白——蜡白色，透明度明显高于新疆地区的白玉，质地细润，玉料单体体积较大。

青海料由于矿权的集中度比较高，价格的垄断程度也比较高，为了使青海料价格稳定在一个相对好的水平，青海料的矿主采用了以保持市场相对稳定来决定供应量的方法，就是只拿出一部分原料当年进入市场，另一部分暂不进入市场。2014年青海主要矿区产料1000吨左右，青海境内其他数十个小矿产量在300–500吨左右，共计产量约1300–1500吨，进入流通的青海料大约在1000吨左右。每公斤价格1000–3万元。

3. 俄罗斯料（“俄料”）

俄料主要产于俄罗斯布里亚特自治共和国首府乌兰乌德境内的达克西姆和巴格达林，邻近贝加尔湖地区。俄料的质地非常接近新疆和田玉，玉质纯正、色彩丰富，常见颜色有白、黄、褐、棕、青、青白、碧等，但其相比新疆和田玉来说，瓷质感较重，油性略差，白中泛青，多数带有些糖色。

▲ 2014年出产的俄料

俄料主要有白玉与碧玉两种。2013年俄料产量有所下降，白玉价格基本稳定，碧玉价格也有所下降。

2014年俄料总产量在200吨左右。其中碧玉的产量大些，估计在120-150吨，每公斤价格1000-3万元，白玉产量在50-80吨，每公斤价格5万-30万元。

4. 韩国料（“韩料”）

韩料出产于韩国的春川地区，矿藏储量丰富，玉石颜色青里泛黄，部分有糖色，质地略松，呈粥状结构，目前是我国低档玉器的主要材料来源。2013年价格有所上涨。

2014年韩料产量仍然维持在300吨左右，价格略有上扬，每公斤价格1000-2万元。

5. 加拿大碧玉（“加碧”）

加拿大拥有目前世界上最大的、已探明的碧玉储藏量，其3个主要的矿区分布在不列颠哥伦比亚省，阿拉斯加边境以东100英里的地段。由于加拿大的碧玉储量大、品质好、单件玉料体积可以达数十吨甚至数百吨，从而被全世界的碧玉爱好者和消费者所喜爱。加碧虽然产量很高，但质地稍差的碧玉数量很大，品质很高的精品碧玉的产量不多。加拿大碧玉过去几十年每年均有约250-350吨出口量，中国是加拿大碧玉的主要的出口市场。

2014年加碧向中国出口200-300吨，每公斤价格在2000-3万元之间。

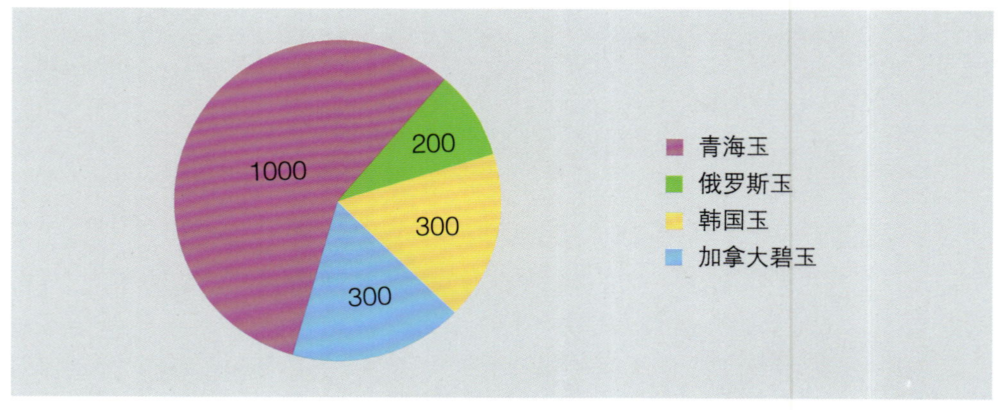

图四　其他地区和田玉产量

表二　部分产地和田玉估价表

产地	最低价（元/公斤）	最高价（元/公斤）
青海玉	1000	30000
俄罗斯白玉	50 000	300 000
俄罗斯碧玉	1000	30 000
韩国玉	1000	20 000
加拿大碧玉	2000	30 000

二、翡翠

习惯上称为翠、翠玉，莫氏硬度6.5−7，比重3.25−3.35，缅甸、日本、俄罗斯、墨西哥、美国加州等地均产翡翠，但只有缅甸的翡翠能达到宝石级，因此人们将缅甸翡翠作为翡翠的代名词。

2014年第51届缅甸珠宝交易会(俗称“缅甸翡翠公盘”)，从6月24日至7月7日，在缅甸首都内比都正式开拍。

缅甸翡翠“公盘”即缅甸政府组织的翡翠原料石拍卖与交易会，是全世界规模最大的翡翠交易会，也是全球翡翠市场的风向标。中国的翡翠毛料90%以上从缅甸进口，其中公盘竞投部分占全年进口量的80%。自2010年以后，缅甸政府对翡翠资源管理严格，只有通过“公盘”才可交易出境，其他一律视为走私。

▲2014年缅甸翡翠公盘“标王”

从2009年10月起，缅甸“公盘”实施保证金制度，即每位去缅甸“公盘”投标的玉石商人要先交纳1万欧元的保证金方能办理入场证。2014年的保证金是5万欧元，并且在缅甸交易会结束之后一个月内付清中标玉石价格的

10%，公盘结束3个月内付清全部玉石货款，如有违约则没收保证金。

2014年缅甸公盘共有原石数量7454份，其中暗标7160份，明标294份，与2013年相比，无论数量还是质量均有大幅下降，仅数量就比2013年的10300份大幅下降1/4，质量上优质原石减少更多。

最终开标结果以5664份中标，中标率达75%，总体成交价格再次攀高，总成交额约为人民币 230亿元。原石涨幅最低约1/3，涨6-7倍已经非常正常，最高的超过百倍。一块标价9万欧元的毛料，中标价格为929万欧元，税后折合人民币1.1亿元。2014年缅甸公盘的标王，是一块重达233公斤的翡翠毛料，起拍价达6000万欧元，相当于当时人民币5.28亿元，最后流拍。

2013年公盘竞拍出现不少天价原石，但最后这些竞拍者成功竞拍后没有提货，未提货比例超过50%，出现“高中标、低提货”现象。这种做法造成了原料价格大幅飙升的假象。

为了应对这种不提货的情况，2014年缅甸政府要求参拍者交押金5万欧元，约40万人民币，中标者拍卖不提货，也要承担40万损失，就是说，即使超过50%竞拍者最后悔价，缅甸政府也可以得到数亿元的“净收入”。

参加2014年第51届缅甸公盘在人数上略低于2013年，华人买家超过九成，翡翠珠宝专业人士大大高于往届公盘，同时显得比较理性，这也说明市场有理性回归的迹象。

公盘对于整个翡翠市场的信号是：翡翠行业在经过近年的疯狂之后，逐渐回归理性，这可能是翡翠市场恶性局面的结束，良性循环的开端。

翡翠涨价是正常的，但突然大幅上涨就不正常了，近两年翡翠价格飞速上涨的主要原因是资本介入，尤其是2012年，外行资本大举进入，这样一来，原本正常价格的翡翠，被加一个零买下。在缅甸人眼里，这些人敢加零拍下原料，说明缅甸翡翠的价格“被严重低估”，缅甸人由此产生了一个极大的幻觉，价格还有极大上涨空间，因而大幅调高价格。经过这几年经历翡翠市场的历练，资本投资人终于明白，买进便宜的翡翠是运气好，好翡翠能不能卖个好价钱，靠的却是专业的综合实力和极为强劲的销售能力，翡翠市场并不好玩。

由于没有投资人的大规模卷入拍卖，今年的公盘出现了以中小业主、中端材料为主的局面。应该说，这是一个可喜的回归。

据了解，缅甸翡翠生产情况：

2008-2009财年出产32 000份。

2009-2010财年出产25 795份。

2010–2011财年出产22 550份。

2011–2012财年出产24 439份。

2012–2013财年出产16 745份。

2013–2014财年出产10 300份。

2014–2015财年出产7454份。

2014年公盘，成交总额仍然达到230亿元人民币左右。

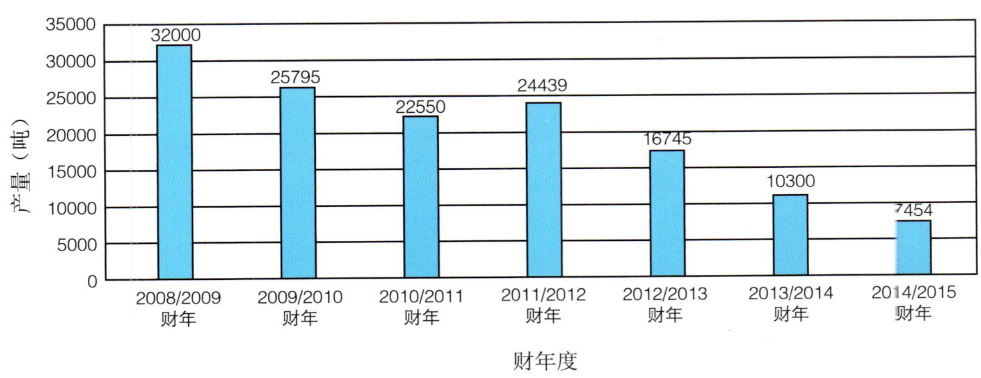

图五　缅甸翡翠各财年产量图

三、岫岩玉

岫岩玉又称岫玉，因最早发现于辽宁省岫岩满族自治县而得名。岫玉广义上可以分为两类，一类是老玉，属透闪石玉，硬度在6以上，质地坚实凝重、色泽淡黄绿偏白。老玉又分矿料和籽料，矿料产于细玉沟和小孤山矿，细玉沟矿2014年基本没有出料，小孤山矿出了几十吨。籽料在当地称为河磨玉，目前有两处出产，以岫岩县与海城市交界处的小孤山为分水岭。山的南侧是偏岭地区，此处出产的河磨玉以黄白料为主。山的北侧小孤山镇至析木镇这一段，海城河流域的河床中所出产的河磨玉，以黄绿色为主，质地细润，外表通常包着一层表皮。

2014年，河磨玉采掘量较少，只有几吨，大部分出在海城河一段，价格不等，质地一般的在几千元一公斤（当地计量单位按市斤计算），质量好的在几十万元一公斤。

2014年，岫岩透闪石玉（老玉）产量在几十吨，每公斤价格5000–20万元。

另一类是岫玉，属蛇纹石玉，质地坚实温润，细腻透明，颜色多样，有绿、黄绿、褐、红、黄、白、黄白、绿白、灰白、黑等色，其中以深绿、通透无瑕为上品。折射率1.57，硬度为3–6，密度为2.5g/cm^3。岫玉在全国各地多处出产，其产地主要有：

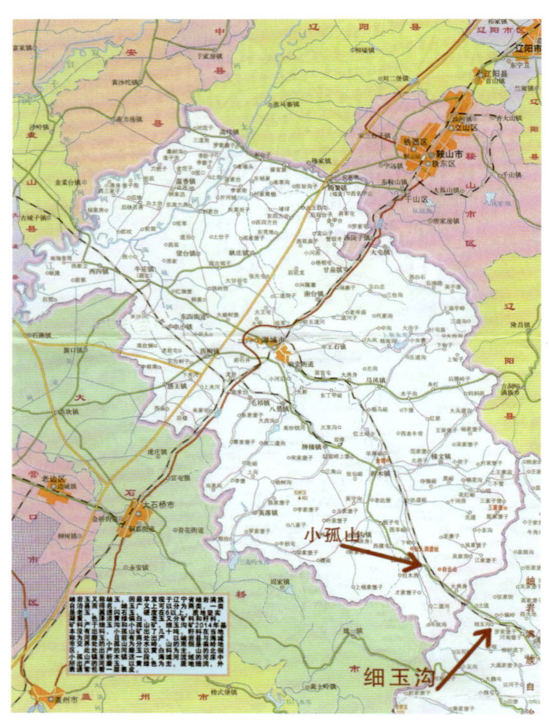

图六　细玉沟、小孤山玉矿地图

（1）岫岩岫玉。产于辽宁省岫岩县的蛇纹石玉，历史悠久，产量最多，市场上所见的岫玉大多产自此地。岫岩玉是以豆绿色为主色的多色玉，质地细腻，硬度较高。

（2）酒泉岫玉。产于甘肃省祁连山地区，又称祁连玉或祁连山玉。是一种含有黑色团块的暗绿色蛇纹石玉。酒泉岫玉多呈深绿色、黑色条带状，半透明至透明，硬度较低。

（3）信宜岫玉。又称南方岫玉、南方玉，产于广东省信宜市境内。所产岫玉表面有深浅不一的绿色花纹，大多呈黄绿色、绿色，玉石表面有蜡状光泽。

（4）陆川岫玉。产于广西壮族自治区陆川县。玉石表面有浅白色的花纹。

（5）台湾岫玉。产于台湾花莲县，常含铬铁矿等包裹体。玉石表面有暗绿色的条纹。

岫玉（蛇纹石）产量因各地统计差异，2014年估计全国产量2000-3000吨。每公斤价格50-1万元。

四、独山玉

独山玉因产于南阳独山而得名，也称“南阳玉”或“河南玉”，独山位于南阳市东北。独山玉玉质坚韧微密，细腻柔润，色泽灿烂，有绿、蓝、黄、紫、红、白六种基本颜色，常交织在一起，硬度为6-7。2011年起，国家对独山玉矿采取统一管理方式，实行科学有序地保护性开发。

2104年独山玉产量在80吨。每公斤价格5000-5万元。

五、南红玛瑙

玛瑙的一种，因产于南方而得名。质地细腻，油润度高，韧性较好，质地微透。

南红玛瑙的应用历史悠久，西周时已有红色玛瑙串珠，以后历代多有南红饰品，作为稀少珍贵的半宝玉石作品，历代南红玛瑙精品都被统治者所珍视，历史上曾称之为“赤玉”，古人曾以南红玛瑙入药，养心养血。信仰佛教的人认为它有特殊的功效，佛家七宝中的赤珠（真珠）即指南红玛瑙。同时，红色在中国拥有喜庆吉祥的寓意，是中国人对美好愿望的一种寄托，相信红色能够保佑平安。

南红颜色依次以锦红、玫瑰红、柿子红为好，并以微透明为好。

具体来看，评价南红材料优劣应注重以下两方面：

1. 质地完整

南红质地有裂是天然形成的。材料再美，有裂就不能成器，相对完整的南红材料非常罕见。材料的裂越少，材料的价值越高。近年来，随着凉山南红的发掘，出现了非常完整的大块材料。南红作品历史上多以珠饰为主，就是受到了南红材料体量的限制。在其他指标相同的情况下，体量越大越好。

2. 颜色纯正

南红这两年之所以能成为炙手可热的品种，是与其基本品质密不可分的。南红的红，是纯正的红，与其他石头的红完全不同，她美而不艳，色正不斜，与中国人文化中的红完全相符，正如古人对南红的质地的总结，陈性在《玉记》中记载：南红应“体如凝脂，精光内敛，质厚温润，脉理坚密”。

目前南红的产地主要有以下几处：

（1）云南保山南红。最具代表性的区域为该省保山市的玛瑙山，当年徐霞客所记，“上多危崖，藤树倒罨，凿崖迸石，则玛瑙嵌其中焉。其色月白有红，皆不甚大，仅如拳，此其蔓也。随之深入，间得结瓜之处，大如升，圆如球，中悬为宕，而不粘于石，宕中有水养之，其晶莹紧致，异于常蔓，此玛瑙之上品，不可猝遇，其常积而市于人者，皆凿蔓所得也。”保山南红以柿子红居多，微透明，但裂严重，很难出大件作品。

（2）四川凉山美姑南红。凉山南红是近年新发现的南红品种，有九口、瓦西、联合等多个矿口，颜色和云南保山略有区别，有锦红、柿子红、玫瑰红、樱桃红等多种颜色。凉山南红有几种典型的皮壳，一是铁皮料，原石表皮较薄，肉质细腻。二是红皮料，肉质也不错。三是包浆料，是乌石包玛瑙

▲南红手串

▲南红原料

料，亮皮较好。四是麻皮料，需要去掉较厚的外皮才能看到里面的肉质。五是风化料，因玛瑙长期裸露在外，风化所致。

2014年南红的产量虽然较多，但质量稍高的原料极少。好的南红材料在当地已经很少能见到了，但由于2014年珠宝玉石行业的整体形势不好，南红受到的影响也很大。2014年7月24日西昌南红“公盘”零成交。一方面是因为主办方的预期比较高，拍品底价标的比较高，另一方面，由于市场不好，人们出手谨慎。加之这是南红第一次公盘，各方经验都不足，所以公盘不是很成功。但是，由于南红本身的特点，其优点还是被大家认可的，因而2014年价格低迷也许是暂时的，相信南红今后的价格还会平稳发展的。

2014年南红整体产量在几百吨，大部分价格不高，每公斤在几百至几千元之间。优质的南红只有几吨，价格为每公斤50万−60万（当地计量单位以斤计算，每斤25万−30万）。

价格指数

随着我国艺术品市场的不断发展完善，我国玉器市场也迎来了大发展大繁荣的新时代，越来越多的海内外藏家开始关注中国玉器，玉器的拍卖专场也愈发多见。伴随着市场的快速发展，藏家的收藏目的更加多元化，将获取精神享受与获取投资收益并重，所以玉器具备的金融资产属性越来越强。

但是，中国玉器的金融化仍面临诸多难题，其中之一就是玉器的估价难题。破解这一难题的关键在于确定中国玉器这类艺术品的基准价格。但由于中国玉器同时具备珠宝和雕刻艺术的双重身份，与中国书画、油画等主流艺术品差异很大，玉器的价格走势与那些艺术品的价格走势也不完全一致。市场上已有的艺术品市场价格指数，如雅昌指数、中艺指数的编制基础均为国画、油画等门类，无法作为中国玉器的估价基础。因此，编制中国玉器本身的价格指数迫在眉睫。在编制方法上，由于玉石材料本身就具有较高价值，影响玉器价格的因素比影响书画的复杂得多，因此无法借鉴雅昌指数的“平均价格法“；由于我国玉器市场起步较晚，同一艺术品的重复交易很少，所以也无法借鉴梅摩指数的“重复交易法“，因此必须借鉴国际学术界先进理论，探索出一条新的玉器价格指数编制道路。

在《中国玉器年鉴（2014）》中，我们已经对国际上艺术品市场价格指数的几种主要编制方法，以及主流艺术品市场价格指数实践进行了总结。本年度，我们再进一步，探讨了各种方法对于编制玉器价格指数的适用性，并提出了玉器价格指数的理论模型。希望这篇文章能够抛砖引玉，与收藏界、艺术界和金融界的朋友探讨，共同开创中国玉器的金融化之路！

（于佳宁）

中国玉器价格指数构建基本思路

于佳宁　白　钰

一、指数构建方法的选择

中国玉器，这里简称玉器，是指以玉石为材料雕刻成的器物，分为古代和当代玉器，在艺术品分类中，属于艺术收藏品（亦称“瓷器杂项”）类目中的一类，本文所涉及的玉器特指当代和田玉器。编制当代和田玉器（以下简称玉器）市场价格指数的方法和理论与编制艺术品市场价格指数的一般性方法和理论基本一致，仅需要根据玉器的特点加以调整完善。艺术品市场价格指数的主要编制方法有三种，分别是平均价格法、重复交易法（Repeat-Sales Regression）、和特征价格法（Hedonic Regression，HR）。玉器价格指数编制的难点在于，由于我国玉器市场起步较晚，具有重复拍卖纪录的玉器的数量非常有限，因而无法获取“配对交易数据”来使用重复交易法编制指数。同时，玉器价值既受创作者的艺术水准影响，也受制作材料的影响，这就意味着影响玉器价格的因素更为多元，不同玉器之间同质性较低，价格可比性也就较差。特征价格法在缺乏同质商品的情况下，可以用非同质的商品在基期与报告期之间进行比较，并从价格的总变动中逐项剔除特征差异的影响，剩下的便是纯粹由供求关系引起的价格变动，因此可以消除不同年份交易的玉器在特征方面的差异，较为适于编制玉器价格指数。至于平均价格法则可以视作简化版的特征价格法，亦可采用。

二、特征价格法的理论基础和计算过程

（一）特征价格法的理论基础

特征价格法的理论基础是，将艺术品假定为一系列特征的集合，每种特征都能给收藏者带来一定的效用，因而都具有一定的价值。这种方法假定，每件艺术品的交易价格受到三方面因素的影响：第一个方面的因素是艺术品自身的“特征”，例如名家创作的艺术品，价格就会高些；第二个方面的因素是随机因素，例如艺术品投资者在某场拍卖会上的情绪如果恰好比较好，那么当场拍卖的艺术品成交价格可能会稍高些，这种因素完全是随机出现，没有规律可循；第三个方面是时间因素，这个因素实际上就是市场总体行情因素。由于艺术品市场供求关系在不断变化，导致了类似的艺术品在不同年份的交易价格也会不同。所以，可以利用回归等计量经

济学方法，将艺术品交易价格进行分解，分解为特征因素、交易时间因素和随机因素的影响。事实上，艺术品市场价格指数希望揭示的，就是不同时期的可比价格，也就是特征相同的艺术品在不同年份交易价格的差异，交易时间因素的影响可以反映这种差异。通过构建回归模型，计算交易时间变量的参数，可以得到交易时间因素影响的量化数值，进而以此参数为基础，构建价格指数。

（二）特征价格法的计算过程

特征价格法的计算过程如下：

第一步，找出对玉器价值有影响的一系列“特征”。

第二步，构建特征方程，方程的被解释变量是玉器实际成交价格，解释变量包括多种特征变量、交易时间变量 、随机扰动项。特征方程的形式如下：

$$\ln p_{kt}=f(x_{1kt}，\cdots，x_{mkt}，\cdots，x_{Mkt})+g(t)+\varepsilon_{kt}$$

$\ln p_{kt}$是玉器k在t年出售的价格的自然对数，X_{mkt}是玉器k在t时间的可测量的特征m(m=1，…M)，g(t)是关于时间的函数，ε_{kt}是随机扰动项。

第三步，将特征方程转化为回归模型的形式：

$$\ln p_{kt}=\sum\alpha_m X_{mkt}+\sum\beta_t Z_t+\varepsilon_{kt}$$

α_m是玉器某具体特征的影响价格的参数估计值，Z_t是一个虚拟变量，当该玉器的拍卖在t期发生时等于1，否则等于0，β_t也是参数估计值。

随后使用合适的回归方法，估计每个变量参数的估计值。其中，特征变量的参数（α_m）表示艺术品的各个“特征”对价格的影响；每个交易时间变量的参数（β_t）表示的是，在各个特征保持不变的情况下，交易时间对艺术品价格的影响；随机因素的影响反映在随机扰动项之中。

第四步，使用指数化的方法，将交易时间变量的参数的估计值形成指数，即为艺术品市场价格指数。例如可以使用$e^{\beta t}$计算得到玉器价格指数。

（三）特征价格法和平均价格法的关系

平均价格法是编制目前我国艺术品价格指数的常见方法。绘画类艺术品在使用此方法编制时，过程如下：针对某种类型的艺术品，首先，选定若干作品交易较为频繁的艺术家为样本；其次，在每个时间段内计算该艺术家交易成功的作品的总价除以这些作品的总面积，得到该艺术家的作品单位均价；再次，加总样本内各个艺术家的本期单位均价，并作指数化处理，即得到本期的艺术品市场指数。这种方法隐含的假设是，一件艺术品的价格主要受作者、尺寸、类型等少量主要因素的影响，所以采用了固定样本、求平均数等方法对这几类变量加以控制，以保证各期数值的可比性。所以说，平均价格法在本质上就是特征价格法的简化形式。通过使用特征价格法，可以更加有效地发现影响玉器价格的核心特征，并据此设计更为科学的平均价格模型。使用特征价格法要求样本量较大，主要适用于编制全部玉器价格指数。如果要编制分作者、分类型的玉器价格分指数，样本量可能偏小，则可以考虑使用平均价格法进行编制。

三、影响玉器价格的主要特征

一般进行艺术品特征研究时，采用的特征包括：创作艺术品的艺术家的个人特征，艺术品自身的物理特征，以及艺术品拍卖时所在拍卖公司的特征。根据玉器的特点，我们认为，影响玉器价格的特征可以分为三类：第一类是玉器的材料特征；第二类是玉器创作的工艺特征；第三类是玉器交易特征。

（一）玉器的材料特征

玉器的材料为和田玉，传统概念的和田玉特指新疆和田地区出产的玉石，目前的国家标准GB/T16552-2003《珠宝玉石名称》明确规定了可以使用“和田玉”作为鉴定定名的名称，这意味着“和田玉”这个名称已演变成天然玉石品种基本名称，不再具有特定产地的含义，透闪石成分占98%以上的石头都可以被称为和田玉。玉器的材料特征具体包含了十一类特征。

第一项，重量。和田玉原料有一定的块度，越大越难得，价值也越高。同样质地、颜色的和田玉，大的价值高，小的则价值低。

第二项，产状。和田玉按产状和形成状分类可以分为山料、山流水和籽料三种。在质地、块度、颜色等条件相同的情况下，籽料的价值最高，其次是山流水，山料的价值最低。

第三项，产地。和田玉的产地与玉料的种类和价格息息相关。产地具体可以分为：和田、于田、策勒、皮山、且末、若羌、叶城、青海、俄罗斯、韩国。

第四项，质地。质地是和田玉所表现出来的性质，主要由和田玉的矿物质颗粒形状大小及密度、内含物等因素构成，是和田玉质量评价的重要因素。一般来说，同品质（白度、光泽、油润度相同）条件下，和田玉比重越高，分子结构就越紧密，质地细腻度就越好。根据和田玉的细腻度和是否可观察到内含物，可以将质地细腻度分为3A、2A、1A、3A-、2A-、1A-六个等级。

第五项，颜色。可以分为：羊脂白玉、白玉、青白玉、青玉、黄玉、糖玉、碧玉、墨玉八种。

第六项，光泽度。光泽度是指玉石表面反射光的能力，和田玉的光泽属油脂光泽。一般来说和田玉的质地细腻，纯净致密，光泽就好；质地粗糙，杂质多且结构松散，光泽就差。可以用油脂程度来认定和田玉的光泽好坏，分为3A、2A、1A、3A-、2A-、1A-六个等级。

第七项，白度。白度是指和田白玉表现白色的程度，以白色含有量的百分率表示，测定物质的白度通常以氧化镁为标准白度的100%，并定它为标准反白率100%。习惯上以白度的单位“%”作为度的同义词，如某物质的白度为50%-60%之间，即白度值为50-60度。可以将这个特征按照白度值的大小分为3A、2A、1A、3A-、2A-、1A-六个等级。

第八项，皮色。皮色是指和田玉的外皮的颜色，是和田玉的外皮长期受外来矿物元素表面侵蚀堆积的结果。皮色具体可以分为：洒金皮、聚红皮、橘红皮、枣红皮、黑油皮、秋梨皮、虎皮、无皮色等八种。

第九项，形状。形状是指和田玉（白玉）籽料的外观形态。和田玉籽料是因碰撞搬运而形成的块状，均匀性、对称性、饱满性不同而形成不同的适合各种佩戴、把玩及材料利用性好坏程度的形状。原料形状的好坏，对加工成品的选择会有限制，而且对原料的利用率也会有一定的影响，所以对和田玉的价格会产生一些影响。一般来说，块度大、形状规则的原料，如方形、板状、近圆形等就比较好，而片状、楔形、条形就不太好。按照形状是否饱满圆润以及对称性，这个特征可以分为3A、2A、1A三个等级。

第十项，透明度。宝玉石的透明度是指宝玉石允许可见光透过的程度，一般分为透明体、半透明体、微透明体和非透明体四个级别。和田玉属于微透明体，说明和田玉品种透明度太好不行，不透明也不行，微透最好。

第十一项，是否有严重缺陷。和田玉的缺陷一般包括：水线、棉、裂、浆四种，这些缺陷直接影响了和田玉的价值。

表一　材料特征组

特征	分类及量化标准	变量形式
重量	直接称重得到，单位为克（g）	连续变量
产状	山料：产于山上的原生玉矿，没有风化面表皮的或风化层很薄的玉石荒料 山流水：原生玉矿石经风化崩落，并经洪水冲刷搬运至河流中上游的玉石 籽料：产于山上的原生玉矿经自然风化崩落于河床中，经流水搬运到河床中下游或冲积扇中，磨圆程度较高，呈滚圆，表面光滑达到一定程度的玉石	虚拟变量

续上表

特征	分类及量化标准	变量形式
产地	和田地区：产于和田地区的玉龙喀什河流域和喀拉喀什河流域。 于田：产在昆仑山终端的和田地区境内 策勒：产于中国新疆和田地区及西昆仑山前的西河床河流冲积扇、戈壁滩等地域 且末：产在位于新疆维吾尔自治区南部，塔里木盆地东南缘，阿尔金山北麓的且末县境内 若羌：产在位于新疆维吾尔自治区东南部，塔里木盆地东部，塔克拉玛干沙漠东南缘的若羌县境内 叶城：产于塔什库尔干至叶城区域 青海：产于青海省格尔木市青藏公路沿线一百公里处的丘陵地区。是昆仑山东脉进入青海省的部分 俄罗斯：产于俄罗斯境内贝加尔湖地区 韩国：产自韩国的春川市	分类变量
质地	3A：细腻度非常细，手电侧强光下有极不明显絮状结构 2A：细腻度很细，手电侧强光下有不明显絮状结构，阳光下肉眼观察无絮状结构 1A：细腻度细，手电侧强光下有絮状结构，阳光下肉眼观察有不明显絮状结构 3A–：细腻度较细，手电侧强光下有明显絮状结构，阳光下肉眼观察有絮状结构 2A–：细腻度较粗，阳光下肉眼观察有明显絮状结构，室内正常光线下有絮状结构 1A–：细腻度粗，室内正常光线下有明显絮状结构	离散变量
颜色	羊脂白玉、白玉、青白玉、青玉、黄玉、糖玉、碧玉、墨玉	分类变量
光泽度	3A：光泽度为油脂光泽，非常油润，感观非常柔和，油润度非常强 2A：光泽度为油脂光泽，很油润，感观很柔和，油润度很强 1A：光泽度为油脂光泽，油润，感观柔和，油润度强 3A–：光泽度为油脂或少许蜡状光泽，较油润，油润度尚好 2A–：光泽度为油脂或蜡状光泽，欠油润，油润度尚可 1A–：光泽度为蜡状光泽，不油润，油润度差	离散变量
白度	3A：白度非常好，达到特级羊脂白玉（白度值在 45 度以上） 2A：白度很好，达到羊脂白玉（白度值在 42 度以上） 1A：白度好，或泛浅灰或泛浅青，达到白玉等级（白度值在 38 度以上） 3A–：白度尚好，或泛灰或泛青，达到白玉等级（白度值在 35 度以上） 2A–：白度尚可，或偏灰或偏青，达到白玉等级（白度值在 32 度以上） 1A–：白度青，白度尚可（白度值在 30 度以上）	离散变量
皮色	洒金状皮色：和田玉玉石表面点状均匀的金黄色皮色，似金子般的颜色，故定名为金黄色洒金状皮色，简称洒金皮 聚红皮：和田玉玉石表面红色形成细致的聚集，颜色较鲜艳 橘红皮：和田玉玉石表面的深黄色皮因含金黄感，与橙子和橘子皮的皮色相似（有些书籍内描述为橙红皮） 枣红皮：和田玉玉石表面颜色和红枣的表皮颜色相似 黑油皮：和田玉玉石表面的颜色有如黑色的石油 秋梨皮：和田玉玉石表面皮色与秋天的梨子受冻后发黑状皮色相似 虎皮：和田玉玉石表面的皮色就像老虎毛皮的颜色一般，红色带浅黑褐色条状	分类变量

续上表

特征	分类及量化标准	变量形式
形状	3A：形状非常好，非常饱满，非常对称，或非常圆润 2A：形状很好，对称性很好，很饱满或很圆润 1A：形状好，对称性好，饱满，圆润	离散变量
透明度	微透光、透光强烈、不透光	离散变量
缺陷	水线、棉、裂、浆	分类变量

（二）玉器的工艺特征

第一项，作者级别。玉器工艺水准实际上是作者艺术修养的表现，是作者思想、文化水准的表达，这既需要相当的美学功底，又需要相当的文化修养，还需要相当的技艺水准。作者的级别可分为三类：大师、中等玉工、普通玉工。其中大师又可分为三类：① 当今玉雕界最具代表性的大师，他们传承了中国玉文化的理念，其艺术理念与创作方法具有时代意义，他们影响并推动了整个玉雕行业的发展，这些大师将作为当代玉器的代表人物而留名后世，如倪伟滨、刘忠荣、吴德昇、苏然等大师；② 主要流派的代表人物，这些大师在玉器地域流派、风格流派的形成与发展中起到关键作用，具有开宗立派的地位，他们在中国当代玉器史上占有一定的地位；③ 某些风格独特的玉雕大师，这些玉雕师并不一定是当下著名大师，其风格不一定为所有人喜爱，但其作品可能作为一种独特的玉器艺术现象而特立独行。

第二项，作者派系。目前中国当代玉雕大师主要分为四派：京派、海派、苏州扬州派和西域派，这四派的划分并不是依据作者所在地来划分，而是根据作品的风格来划分，京派以苏然大师为龙头，海派以倪伟滨、刘忠荣、吴德昇、易少勇、于泾、崔磊等大师为代表，苏州扬州派以杨曦、蒋喜、顾永骏、汪德海等大师为领军人物，西域派则以马进贵、樊军民等大师来引领。

第三项，作品分类。可分为把件、摆件、佩件、印章、原石、其他等六类。

第四项，作品题材。可分为人物、走兽、花鸟、器物、文字、其他六个类型。

第五项，作品形制。就是玉器的形状。可分为几何形、肖生形等，几何造型又有圆、方、三角、椭圆、菱形等，有规则和不规则之分。肖生形有人物、动物和植物等。

第六项，作品纹饰。纹饰就是物品表面装饰的图案等，玉器纹饰就是刻在玉器表面的装饰图案，人们往往将自己的愿望、追求，通过玉器上的纹饰表现出来，玉器纹饰文化内涵的深邃与制作工艺的精美直接关系到人们对美的感觉，是玉器美的灵魂。纹饰具体可分为画意纹饰、古典纹饰、外国纹饰、集成纹饰等。

第七项，制作工艺。分设计、初雕、细雕、打磨等。

第八项，雕刻技法，分透雕、镂雕、高浮雕、浅浮雕、阴刻、阳刻等。

第九项，特殊工艺。如薄胎技术、梁链技艺、镂空技艺、俏色技法等。

第十项，适用人群。分为男性适用、女性适用，或是男女通用。

表二　工艺特征组

特征	分类及量化标准	变量形式
作者级别	当今玉雕界最具代表性的大师 主要流派的代表人物 某些风格独特的玉雕师 中等玉工 普通玉工	离散变量（重要的大师做分类变量处理）
作者派系	京派、海派、苏州扬州派、西域派	分类变量
作品类型	把件、摆件、佩件、印章、原石、其他	分类变量
作品题材	人物、走兽、花鸟、器物、文字、其他	分类变量
作品形制	几何形：有圆、方、三角、椭圆、菱形等，有规则和不规则之分 肖生形：人物、动物和植物等	分类变量
作品纹饰	画意纹饰：将中国绘画的意境与玉雕的形式表现出来的纹饰 古典纹饰：护身辟邪等我国古代经典纹饰 外国纹饰：借鉴西方雕塑或国外艺术特征绘制的纹饰 集成纹饰：即在一定的玉雕空间内，安排进几种纹饰	分类变量
制作工艺	设计、初雕、细雕、打磨	分类变量
雕刻技法	透雕、镂雕、高浮雕、浅浮雕、阴刻、阳刻	分类变量
特殊工艺	薄胎技术、梁链技艺、镂空技艺、俏色技法	分类变量
适用人群	男性适用、女性适用、男女通用	分类变量

（三）玉器的交易特征

玉器交易主要通过销售渠道来实现。可以分为传统的销售市场和拍卖市场两大类。

第一项，传统市场。可以进一步分为：古玩市场、珠宝专营店、展会展卖、私下交易四个类别。

第二项，拍卖市场。主要由拍卖机构和拍卖方式来实现。玉器拍卖机构主要有：苏富比、佳士得、邦翰斯、北京嘉德、北京博观、西泠印社、北京保利、北京荣宝、北京瀚海、荣宝斋、北京匡时、上海联合及其他拍卖行。玉器拍卖方式可以分为：定期综合性拍卖会（包含春季拍卖、秋季拍卖等，俗称“大拍”）、非定期综合性拍卖会、玉器专场拍卖会。

表三　交易特征组

特征	分类及量化标准	变量形式
传统市场	古玩市场：指各类古玩城、古玩市场 珠宝专营店：指设置在市区内较繁华的商业区和大型综合商场内的珠宝店或柜台。 展会展卖 私下交易	分类变量
拍卖市场	拍卖机构： 苏富比、佳士得、邦瀚斯、北京嘉德、北京博观、西泠印社、北京保利、北京荣宝、北京瀚海、荣宝斋、北京匡时、上海联合及其他拍卖行 拍卖方式： 定期综合性拍卖会（春拍、秋拍） 非定期综合性拍卖会 玉器专场拍卖	分类变量

四、后续研究展望

下一步，我们将广泛收集玉器交易数据和交易信息，通过查阅拍卖纪录，访谈名人、调查市场等方式，收集较长历史期间内的资料和数据。并基于上述特征量化标准，将历史拍卖的玉器的各项特征予以量化，形成中国玉器交易数据库。随后基于此数据库的数据信息，尝试使用特征价格法编制中国玉器价格指数。在收集数据阶段，也会根据各项特征的实际可测量、可收集情况，不断完善特征体系，并改进量化测度标准的科学性。

参考文献：

[1]Agnello R. J. Pierce R.K.Financial Returns, Price Determinants, and Genre Effects in American Art Investment[J].Journal of Cultural Economics,1996,20(4):359−383.

[2]TEFAF. Art Market Report 2013[R].2013.

[3]孙玉欣：我国艺术品市场价格指数研究[D]. 北京:中国人民大学, 2013.

[4]于明：中国玉器年鉴（2013）. 科学出版社. 2013.

[5]于明：中国玉器年鉴（2014）. 科学出版社. 2014.

[6]马国欣：新疆和田玉（白玉）子料分等定级标准及图例. 新疆人民出版社. 2014.